마하트마 간디 평전

이정호

HUEBOOKs

마하트마 간디의 평전을 내며

인도라는 나라에 대한 별반의 지식도 없이 인도 유학을 떠났었다. 그리고 5년여 동안 인도어문학 특히 현대 인도문학을 전공하면서 마하트마 간디와 동시대 역사에 관심을 갖게 되었다. 인도의 장구한 역사 속에서 인도의 민중과 함께 인도의 역사를 바꾼 사람이 바로 20세기 인도의 국부(國父)로 추앙받고 있는 마하트마 간디이다. 그는 죽었지만 그의 삶의 궤적과 사상은 인도는 물론 전 세계에 지금까지 살아 숨 쉬고 있다.

그는 한마디로 진리를 찾아 나선 진리추구자였으며, 그것을 행동으로 옮긴 구도자의 삶을 살았다. 한편 진리를 추구하되 그 수단은 반드시 비폭력(아힌사)이어야 한다는 것이 바로 간디의 중심사상이다. 그는 진리를 신이라고까지 표현하며 신에 이르는 유일한 수단을 '아힌사'(Ahinsa)라고 말했다. 그에게 아힌사는 바로 사랑이고 자비인 것이었다.

한국과 인도 두 나라 모두 제국주의의 식민지였을 때, 인도의 독립운동을 주도하던 간디는 1927년 1월 다음과 같은 편지를 동아일보에 보내왔다. "조선이 비폭력 방법으로 조선의 것이 되기를 바란다." 이것은 그가 당시 조선의 독립운동을 잘 알고, 조선인들에게 격려와 희망의 메시지를 보낸 역사상 아주 중요한 사실로 필자는 생각한다.

아힌사 사상은 고대로부터 인도에 존재해 왔다. 불교와 자이나교의 핵심사상이 바로 아힌사이다. 그러나 그는 도덕적, 윤리적 가치관에 머물던 아힌사 사상을 통해 민중을 각성시키고 사회적 민중 운동(Satyagraha)을 이끌어 냄으로써 남아프리카 인도인들의 인권을 향상시키고 나아가 인도의 독립 쟁취에 성공을 거두었다는데 그의 위대함이 있는 것이다.

이 책은 위대한 성자 간디, 한 개인의 삶이기도 하지만 인도역사의 한 부분이기도 하다. 그는 자신과 가족의 안락보다는 공동체, 즉 국가와 민족을 위한 삶을 살았다. 한국과 인도 두 나라의 인적, 물적 교류가 확대되고 있는 이 시점에 이 책이 한 인물을 통하여 우리의 삶을 되돌아봄과 동시에 인도를 이해하는 교양서가 되기를 기대한다.

이 책이 나오기까지 많은 조언을 해준 인도학 전공자인 이은구 교수, 교정을 맡아준 대학원생 윤나라 양 그리고 출판부의 신선호 선생님에게 깊은 감사를 드리고 싶다.

2013년 8월

이 정 호

이 책에 대하여

1.

오늘날 인도의 모든 부분 - 정치, 경제, 사회, 문화 등 - 에 마하트마 간디의 영향은 살아 숨쉬고 있다. 많은 사람들이 간디를 추앙하고 회상하는 것은 그때나 지금이나 그의 메시지는 진리라는 사실일 것이다. 간디는 자신의 일생을 '진리와의 실험'이라고 표현했다. 그는 진리를 찾아 나선 구도자의 삶을 살았다.

20세기 그의 이름은 인도뿐만 아니라 아시아, 아프리카 식민지 국가에 하나의 희망이요, 등불이었다. 그를 가리켜 아인슈타인(Albert Einstein)은 '앞으로 다가오는 세대가 간디와 같은 인물이 이 지구상에 존재했었다는 사실을 믿을지 의심스럽다'고까지 했다.

이 책에서는 간디의 일생을 4 부로 나누어 그의 삶을 추적해 보았다. 제 1 부에서는 출생에서부터 영국유학을 마치고 변호사가 되어 귀국하기까지의 활동을 살펴보았다.

'진리추구'라는 간디의 사상은 가정과 학교, 사회에서 형성된 것이다. 바이샤 카스트 가문에서 태어났지만 그의 어머니는 신앙심이 대단하였다. 아버지는 소왕국의 재상으로 왕에게는 충성하고 재물에는 욕심이 없었으며, 자식에게는 참사랑과 관용을 보여준 자상한 아버지였다. 어린 시절 간디는 학업 성적이 특출함을 보이지는 않았지만 심성이 곧고 정직하였다. 영국 생활에서 간디는 법학 공부만 아니라 여러 종교의 경전을 읽었으며 나아가 채식주의자들과 신지학회 사람들(Theosophists)과의 교제를 통하여 학문적·사상적 토대를 넓혀나갔다.

2.

영국에서 변호사 자격을 취득하여 귀국하였지만 간디의 변호사 활동은 부모와 가족의 기대만큼 성공하지 못했다. 실망과 좌절감에 빠진 그에게 기회가 왔다. 간디는 고향의 한 무역 회사로부터 분쟁 해결의 부탁을 받고 1년 계약으로 남아프리카(South Africa)로 건너가게 된다. 1893년 4월 1년 계약으로 갔었지만 그곳의 상황은 간디를 21년간이나 남아프리카에 머물게 하였다. 21년간의 남아프리카 생활은 자신의 소극적 성격을 극복하고 자신의 능력에 자신감을 갖게 해주었으며 나아가 정치 사회적 행동력을 개발한 리더십의 수련장이 되어 간디를 훌륭한 인권 변호사로, 사회 개혁 운동가로, 민족 지도자로 만들었던 것이다.

간디는 백인의 유색인종(인도인)에 대한 차별 정책을 시정하고 철폐하기 위한 운동을 벌였다. 당시 남아프리카에는 4개 주(Natal, Transval, Cape, Orange Free State)가 있었는데 간디의 주된 관심은 나탈과 트란스발의 인도인이 겪는 인종차별이었다. 당시 대부분의 인도인들이 나탈과 트란스발 두 주에 밀집되어 있었고, 그 곳에서 심한 인종차별 정책(선거권, 재산권, 시민권, 주거지역 및 이민의 제한)이 자행되고 있었다. 마리쯔버거, 요한네스버그, 프레토리아, 더반 등에서 겪은 그의 개인적인 차별경험이 간디로 하여금 대중운동을 이끌게 하였다. 간디는 처음에는 영국 헌법의 신봉자이며 영국에 충성을 맹세한 자로 합헌적이고 평화적인 방법으로 악법과 차별 정책의 시정을 촉구하였다. 그러나 개선의 징후가 없자 이후 그는 보다 많은 대중에 호소하는, 직접 행동으로 옮기는 운동을 전개하게 된다. 1906년 트란스발의 백인 정부는 인도인들의 시민권, 투표권, 주거와 입국, 상업의 자유를 제한하는 아시아인 등록법(Asiatic Law Amendment Ordinance)을 공고했다.

1906년 9월 법안의 심각성을 논의한 간디와 트란스발의 인도인 대표들은 그들의 반대에도 불구하고 그것이 입법화되면 그 법을 따르지 않을 것과 그리고 법을 지키지 않음으로써 일어나는 모든 처벌을 감수할 것 등을 엄숙히 결의하였다.

인종차별 정책을 담고 있는 이 악법의 철폐운동이 간디가 벌인 '사띠야그라하' 운동이다. '사띠야'(Satya)는 '진리'로 사랑을 의미하며 '아그라하'(Agraha)는 '확고한 의지'를 뜻하는 힘의 동의어로 간디는 해석했다. 그는 인도인의 저항운동을 사띠야그라하(Satyagraha) 다시 말해서 진리와 사랑(비폭력)에서 나온 힘(운동)으로 불렀다. 사띠야그라하 운동은 진리를 추구하는 그의 끊임없는 실험의 장이었다. 이 운동은 1914년 1월 8년간의 투쟁 끝에 인도인들의 요구가 정부에 의해 최대한 수용됨으로써 막을 내리게 된다.

이 위대한 사띠야그라하 투쟁의 승리는 목숨까지 아끼지 않은 수많은 인도인들의 동포애와 조국애가 바탕이 되었다. 그러한 것이 없었다면 남아프리카의 인도인들은 영원히 농노가 되었거나 추방당하였을 것이다. 한 개인의 부나 입신출세를 넘어 동포들이 당하고 있는 인종차별을 없애기 위하여 오직 비폭력으로 진리(악법철폐운동)를 추구해 온 간디의 굳은 신념이 사띠야그라하 운동을 성공시킨 것으로 필자는 생각한다.

남아프리카에서 사띠야그라하 운동의 역사는 간디의 생활의 기록이며, 진리를 향한 그의 끊임없는 실험의 역사였다. 이 사띠야그라하 무기는 후일 인도 독립운동의 초석이 되어 독립을 쟁취하게 된다. 간디의 남아프리카 생활은 한 개인의 기록을 떠나 남아프리카 역사의 한 페이지이고 그곳에 이주한 인도인들의 이민사이다. 이러한 내용을 제 2 부에 담았다.

3.

제 3부에서는 남아프리카 생활을 청산하고 인도로 귀국한 이후부터 독립 이전까지의 간디의 활동과 인도의 정치상황을 조명해 보았다. 이 시기는 간디의 주도하에 독립운동의 전성기였다.

1915년 귀국한 간디는 조국의 여러 곳을 여행하며 현실의 제도적 정치 무대에 뛰어드는 것을 서두르지 않았다. 그는 마치 견습생과 같은 자세로 처음에는 지역분쟁 해결에 뛰어들었다. 비하르의 참파란 지역의 농장주와 소작농 사이에 갈등, 아흐메다바드의 공장 소유주와 노동자들의 갈등, 케다 지역의 관청과 농민 사이의 조세 분쟁 등을 해결하였다. 이 기간의 사띠야그라하 실험은 제 1차 세계 대전 중이어서 그는 가능한 한 정부와 충돌을 피하였으며 전국적인 소요를 일으키지 않고 지역적인 문제로 국한하여 소작농이나 노동자들의 권익을 찾아주었던 것이다. 이러한 간디의 지역분쟁에의 개입과 해결은 그를 인도 중앙정치 무대에 영향력 있는 배우로 등장하게 만들었다고 할 수 있다.

간디는 남아프리카에서나 인도에서 영국과 협력을 아끼지 않았으나 1차 세계대전 후 인도에 자치정부가 배제되고 전쟁기간의 탄압정책이 계속되자 처음으로 영국 제국주의에 반대하는 신중한 행동을 취한다. 그 탄압정책이 로우라트 법안(혁명 활동을 하는 사람들을 탄압하기 위한 법안)이고 신중한 행동으로 표출된 것이 '로우라트 사띠야그라하'였다. 로우라트 사띠야그라하로 발생한 잘리안왈라 공원 학살사건은 영국만행의 대명사가 되었다.

로우라트 법안에 반대하는 사띠야그라하 운동에 폭력사태가 발생하자 간디는 잠시 시민불복종 운동을 중지하게 된다. 그 후 그는 킬라파트(Khilafat)와 비협력(Non-Cooperation) 운동을 통해 다시 사띠야그라하 운동을 전개한다. 로우라트 사띠야그라하로 중앙 정치무대에 입성한 간디는 킬라파트와 비협력 운동을 통해 인도 국민회의의 리더가 되고 이후 독립운동의 중심에 서게 된다. 킬라파트 운동은 제 1차 세계대전에서 승리를 거둔 영국이 오토만 제국을 유럽과 아랍 지역으로 분할하려고 했을 때, 인도의 무슬림들은 형제애로서 터키제국(Calipha)을 유지해야 한다는 신념에서 나온 영국에 대한 항의운동이었다. 비록 실패한 운동이지만 간디는 형제 커뮤니티로서 힌두-무슬림의 결속을 다지기 위해 그 운동에 뛰어들었다. 킬라파트 운동을 전개하는 과정에서 비협력 운동이 나오고 이것은 1920년 이후 전국적인 반영저항 운동의 모델이 되었다. 간디의 비협력 운동에는 자주독립, 불가촉천민폐지, 힌두-무슬림의 결속, 모국어 사용, 입법, 사법, 교육기관의 보이콧 등이 포함되어 있었다. 비협력 운동 기간 중 간디가 그렇게 비폭력을 주장하였지만 1922년 2월 24일 '차우리 차우라' 폭력사태로 비협력 운동은 중지되고 그는 3월 18일 기소되어 6년형을 선고받고 예라브다 형무소에 수감된다.

모든 운동이 한 개인(간디)에 의해 주도되었는데 정치활동 무대에서의 그의 제거는 독립운동에 치명적 타격이 될 수밖에 없었다. 결론적으로 간디가 1년 안에 독립을 쟁취하겠다는 약속과 킬라파트와 비협력 운동을 통한 두 종교 집단 -힌두와 무슬림- 의 단결과 화합은 실패로 끝났다.

간디의 비협력운동은 자유와 독립에 대한 인도인들의 각성과 열망을 불러 일으켰고, 그것은 인도역사에 새로운 장을 열었으며, 그의 이미지는 국민들 속에 깊이 각인되었다. 그는 정파를 떠난 중재자로, 뛰어난 군중 동원가로 국민회의 지도자가 되는 데 성공하였다. 1924년 2월에 석방된 간디는 건설적 프로그램(스와데시의 증진, 불가촉천민 제도의 타파, 힌두-무슬림 단결의 도모 등)의 선전과 실행 그리고 국민회의의 조직문제의 해결에 진력하게 된다.

1920년의 간디의 비협력 운동이 무저항적 운동이었다면, 1930년의 시민불복종 운동은 이전의 운동보다 더욱 적극적이고 저항적이었다.

소금법 반대행진(Dandi March)은 1930년 3월부터 약 1년 동안 지속된 시민불복종 운동이었다. 이 행진의 목적은 정부의 전매사업인 소금법의 철폐였으나 더 깊은 근본적 의미는 독립 정부를 구성할 인도인의 권리를 되찾는 것이었다. 간디와 어윈 총독과의 협정에 따라 소금법이 일부 수정되었지만 소금법 반대 시민불복종 운동이 실제적 결과를 가져오지는 못하였다. 완전 독립이란 목적이 달성되지도 않았고 헌법제정에 깊은 영향도 주지 못하였기 때문이다. 그러나 이 운동은 국민회의의 깃발아래 여러 지역의 민중들을 결속하고 자유와 독립을 향한 민족의식을 일깨우는 데 크게 기여하였다고 볼 수 있다.

인도사회의 사회악의 하나인 불가촉천민의 차별 폐지와 나아가 그들의 정치·사회·경제적 권익과 지위 향상을 위한 간디의 관심과 투쟁은 대단하였다. 그러나 간디의 이와 같은 노력에 시각을 달리하는 사람이 있었는데, 그가 바로 불가촉천민 출신인 암베드까르 박사이다.

불가촉천민의 정치적 지위 문제가 제기된 영국의 원탁회의와 불가촉천민의 문제를 보는 간디와 암베드까르 두 사람의 사고와 입장은 판이하였다. 간디는 카스트 제도를 지지하였으며 그것의 바탕 위에서 불가촉천민 문제를 해결하려고 한 반면에, 암베드까르는 카스트 제도 때문에 불가촉천민제가 존재하므로 카스트 제도 그 자체의 폐지를 주장하였다.

간디는 반 공업주의자였고 조상 대대로 내려오는 직업에 종사하며 살아가는 촌락을 이상 사회로 보았으며 불가촉천민들이 조직화되어 강력한 집단이 되는 것은 물론 그들이 힌두교라는 울타리에서 벗어나려는 어떠한 시도에도 단호히 반대했다. 반면 인간의 존엄성을 중시한 암베드까르는 촌락은 카스트 제도의 억압과 경제·사회적 후진이 존재하는 무지의 세계이며 거기에서 시민사회의 의식의 변화는 일어날 수 없다며 불가촉천민제의 폐지를 궁극적 목표로 삼았다. 그는 불가촉천민에게 교육을 받아 세상을 보는 시야를 넓히고 스스로의 힘으로 사회개혁에 헌신할 것을 주문하였다. 기계문명을 높이 평가한 암베드까르는 산업화· 도시화가 카스트 제도의 소멸을 위해 불가결한 조건이라고 주장했다.

1939년 9월 3일 영국이 독일의 폴란드 침공에 대한 대응으로 독일과의 전쟁을 선포하자 인도 총독 린리스고 경은 인도도 전시 비상사태임을 선언했다. 총독의 선언은 전쟁에 인도의 자동개입을 뜻하는 것으로 인도인들을 완전히 무시한 처사였다. 국민회의는 인도의 정치적 희망을 충족시켜줄 수 있는 영국의 확약 없이 영국의 전쟁 사업에 협력할 수 없었던 것이다. 1939년 10 - 11월 사이 국민회의의 6개 주 지방 내각은 사퇴했다. 한편 진나와 무슬림 연맹은 국민회의 내각들과 맞서 싸우는 힘든 일에서 벗어나 당파의 목표에 관심을 집중하였다. 사실 이전에도 그러하였지만 이때부터 분리 독립이 이루어지기까지 국민회의와 무슬림 연맹은 서로 반대의 길을 달리게 된다.

라호르에서 열린 무슬림 연맹 회의(1940.3)에서 진나는 파키스탄이라는 국가건설을 선언하여 분리 독립의 행보를 시작하였다. 그는 힌두교도와 이슬람교도는 두 개의 서로 다른 종교, 철학, 사회적 관습을 가지고 있으며 서로 다른 두 문명에 속해 삶의 양상도 서로 다르다고 강조하면서 무슬림들은 하나의 민족으로서 그들의 영토, 그들의 국가를 가져야 한다고 역설하였다.

일본이 랑군을 점령하고(1942.3) 인도의 문 앞에 들어오자 다급해진 윈스턴 처칠은 크립스 사절단을 파견하였다. 사절단의 초안에는 인도 연방에 완전한 자치령적 지위가 부여되며, 헌법은 인도인들이 스스로 제정할 것이며, 영연방으로부터 탈퇴할 수 있는 권력을 갖는다는 것이 들어 있었다. 그리고 인도 연방에 소속되기를 원치 않은 주나 토후국은 탈퇴할 권리가 있으며, 전쟁기간 중 그리고 전쟁이 끝나고 새로운 헌법이 제정될 때까지 영국 정부는 인도의 방어를 책임지고, 통제와 지휘를 유지한다는 내용이었다. 이 내용은 간디는 물론 국민회의뿐만 아니라 모든 당파나 집단에 의해 거부되었다.

크립스 사절단의 실패와 일본 침략의 위협은 간디의 입장에 분명한 변화를 가져왔다. 간디는 이제 영국이 순순히 인도를 떠나야 하고 그러면 인도는 다시 태어날 것이라고 생각했다.

와르다에서 열린(1942.7.14.) 국민회의 운영위원회에서 영국에 대해 대규모의 비폭력 저항운동을 제의하는 간디의 '인도를 떠나라'라는 운동 결의안이 채택되었다. 거기에는 인도에서 영국의 지배는 즉시 끝나야 하고 만약 영국의 인도 철수에 대한 호소가 받아들여지지 않을 경우 마하트마 간디의 지도 아래 모든 비폭력적 힘을 동원하여 광범위한 시민불복종 운동을 전개할 것임을 분명히 했다. 간디는 독립을 달성할 때까지 끝없이 투쟁을 계속해야 한다는 사실과 자유가 아니면 죽음을 불사하겠다는 맹세를 강조하였다. 그때 간디가 내건 구호가 '까레가야 마레가(행동으로 옮길 것인가 아니면 죽을 것인가)'이었다. 이 구호는 모든 인도인들이 영국인들을 향해 외친 함성이요, 가슴속에서 나오는 절규였다.

그러나 바로 다음 날 간디, 네루, 아자드 등 국민회의의 최고지도자들이 체포되어 푸나의 아가칸 궁으로 끌려갔다. 지도자들의 체포는 대중의 폭력시위를 낳았고, 정부는 이런 시위들을 가혹하게 진압하였다. 도시와 농촌을 가리지 않고 사람들이 모여 영국의 지배와 권력의 상징으로 여겨지는 공공장소들을 공격했다. 운동기간은 불과 몇 주였지만 경찰과 군 등 정부의 공권력은 심각한 타격을 받았으며 8월부터 11월까지 수백 명의 사상자를 내고 6만 명이 넘는 사람이 체포되면서 봉기는 점차 힘을 잃기 시작했다.

'인도를 떠나라'는 간디의 마지막 사띠야그라하 운동도 어떠한 정치적 목적을 달성하는 데는 실패하였다. 하지만 이 운동은 자유와 독립을 위한 인도 국민들의 의지를 분명히 천명하였으며, 그리고 영국 지배가 더 이상 오랫동안 지속될 수 없다는 국민적 여망을 형성하는 데 크게 기여하였다.

국민회의가 '영국은 떠나라'라는 운동을 전개할 때(1942) 진나는 '영국 철수' 운동을 '영국정부로 하여금 국민회의의 통치에 항복을 강요하는 처사'로 비난하며 강력히 반대하였다. 이 기간에 간디와 진나의 사상적 괴리감은 더욱 커져 갔다. 간디에게는 힌두-무슬림의 화합이 우선이었고 진나는 파키스탄의 분리 독립이 우선이었다. 두 사람의 대화가 결실을 맺지 못하자 인도는 피의 바다로 변했다. 분리 독립의 운명이 다가오고 있었다.

4.

제 4부에서는 인도의 독립을 전후한 급변하는 분리 독립의 순간들과 그 주역들의 활동, 나아가 간디시대의 막이 내리는 역사의 현장을 담았다.

분리 독립을 앞두고 인도에는 종교적 갈등으로 인한 폭동과 살인, 방화, 부녀자 폭행 등의 폭풍이 휘몰아 쳤다. 그 배후의 주역은 마하트마 간디와 무함마드 알리 진나이다. 이들 두 사람은 독립을 쟁취하기까지 30여년 이상 갈등과 반목을 이어왔다. 간디를 사띠야그라하 운동의 주창자로, 비폭력의 상징으로 모든 사람들이 칭송하지만 진나 역시 세계의 지도를 수정하고, 한 나라를 건설한 지도자임에는 틀림없다. 간디를 인도의 국부라고 한다면 진나도 파키스탄의 국부로 추앙받고 있는 것이다.

간디와 국민회의의 진나와 무슬림 연맹에 대한 무시와 무관심이 결국 진나로 하여금 국민회의를 떠나고 파키스탄을 건설하게 하였다. 간디의 도덕적 가치와 이상이 힌두교에 뿌리를 둔 것은 사실이다. 자신의 공공연한 힌두주의가 이슬람교도들에게 악영향을 미치고 있다는 것을 간디는 깊이 간파하지 못한 것 같다. 결국 이슬람교도는 국민회의가 진정으로 그들의 이익과 열망을 대변하는지 의심하게 되었고, 때가 오자 진나는 그들의 의심에 불을 지핌으로써 인도는 분열하게 되었다.

1935년 인도통치법에 따라 1937년 2월 실시된 선거에서 11개 주 가운데 6개 주에서 다수를 차지한 국민회의는 7월 주 내각을 구성하였다. 한편 어느 주에서도 다수를 차지하지 못한 무슬림 연맹의 진나는 '국민회의 뒤에 줄을 서라'는 네루의 주장에 크게 분노했으며, 비교적 이슬람교도가 많은 연합주와 펀잡, 벵갈 주의 연립통치에 참여할 수 있는 길을 모색하기 위해 간디에게 도움을 요청하였으나 거부당했다. 국민회의는 진나와 무슬림 연맹을 모든 직에서 배제하였던 것이다. 여기에서 힌두와 이슬람교도, 인도와 파키스탄의 직접적인 분리의 씨앗이 잉태하였다. 진나에 대한 네루의 반감이 국민회의와 무슬림 연맹의 연립정부를 막아버렸고 그것은 더 큰 불행의 씨가 되었다.

1937년 지방 선거 뒤에 벌어진 상황은 진나로 하여금 이슬람교도들에게 그들 나름의 민족적 자아의식을 계발할 것을 호소하게 하였으며, 1940년 3월 라호르(Lahore)에서 열린 무슬림연맹 회의에서 진나는 약 10만 명의 이슬람교도를 모아 놓고 파키스탄이라는 국가건설을 선언하였다.

1946년 5월 16일 공표된 영국 내각 사절단의 계획은 식민통치를 끝낼 수 있는 제안으로 널리 수용되었다. 내각 사절단의 안은 인도를 분할하지 않고 3단계 구조를 바탕으로 하는 전인도 연방이었다. 힌두와 무슬림을 하나의 헌법아래 큰 틀에서 하나로 묶는 타협안이었다. 1946년 7월 국민회의의 의장으로 취임한 네루는 기자회견에서 내각 사절단의 계획을 거부했다. 이것은 특히 '지역적 집단들'에 거의 자치에 가까운 지위를 약속한 내용을 파기하는 것이었다. 네루의 발표에 분노한 진나는 무슬림연맹에게 사절단 계획의 수용을 철회하고 파키스탄을 건설하기 위한 '직접적인 행동'을 준비시킨다. 진나의 '직접행동의 날' 선포 이후 1946년 8월 16일부터 전 인도는 분리 독립 때까지 종파간의 살인과 약탈, 방화, 강제적 개종 등 대규모의 폭력이 계속되었다.

네루는 진나의 직접 행동으로 인한 폭력 사태에도 불구하고 9월 2일 총리로 취임했다. 반면 9월 2일을 '애도의 날'로 선포한 진나는 힌두 국민회의와 그들의 추종자들이 영국과 함께 인도의 무슬림을 지배하려 한다고 강력히 비난하였다. 그러나 몇 주 뒤 무슬림연맹은 입장을 바꾸어 임시정부에 들어가 임시정부를 무력화하였다.

와벨과 네루는 국민회의-무슬림연맹 제휴는 절대 불가능하다는 것을 깨닫게 되고, 파키스탄의 독립만이 정치적 혼란과 내전을 피할 수 있는 유일한 길이라고 생각했다.

1947년 2월 20일 애틀리 수상은 영국은 1948년 6월까지 분명히 인도를 떠날 것이며 그때까지 책임 있는 인도인들에게 권력을 이양할 것이라고 발표하고 루이스 마운트배튼 경(Lord Louis Mountbatten)을 와벨에 이어 총독으로 임명하였다.

벵갈과 비하르, 펀잡에서도 폭력과 살상행위가 계속되자 네루는 마운트배튼에게 힌두교도와 이슬람교도의 수가 비슷한 벵갈과 펀잡의 분할을 포함하기만 하면 국민회의는 분할 자체를 반대하지 않는다고 말했다. 펀잡과 벵갈을 분할하지 않고 통일 인도를 유지하느냐? 아니면 벵갈과 펀잡을 분할하여 인도를 나누느냐? 둘 중의 하나를 선택할 수밖에 없는 진나는 결국 후자를 받아들였다. 이렇게 해서 인도의 분할이 이루어지게 되었다.

인도가 분할된다면 다음 세대들은 우리가 물려준 자치에 대해 우리를 저주할 것이며 국가분할이 두 나라 사이에 참혹한 비극적 유산이 될 것이라며 간디는 끝까지 분할을 반대하였다.

이무렵 인도의 정치 무대에서 간디의 시대는 막을 내리고 있었다. 그는 국민회의에 어떠한 영향력을 행사할 수도 없으며, 분할에 반대하는 그의 주장에 더 이상 동의하는 세력도 없었다. 기도회 때마다 간디는 힌두 광신도들의 거친 항의를 받았다. 이와 같은 청중들의 적대적 반응은 그의 죽음과 그의 시대가 막을 내리고 있음을 알리는 전주곡이었다. 이제 인도는 그의 평화와 형제애의 호소에 귀를 막았던 것이다.

오랜 세월 동안 너무 지쳐있는 인도의 지도자들에게 마운트배튼의 분할 계획은 탈출구를 제공했고 그들은 그것을 붙잡았다. 그러나 두 집단 간의 살인, 방화, 약탈, 개종의 폭력이 소용돌이 칠 때 간디가 실천한 진리와 비폭력, 용서, 사랑, 형제애, 자기희생의 정신은 영원히 간디의 사상으로 길이 남을 것이다.

20세기를 풍미했던 비폭력의 대명사인 마하트마 간디는 힌두 광신자인 37세의 힌두 마하사바의 당원인 나투람 고드세에 의해 암살되어 생을 마감하였다. 간디는 일생동안 생체가 절단되지 않은 한 나라의 자유롭고 두려움 없는 사회에서 살기를 희망하였지만 그는 인도의 분할을 저지할 수 없었다. 인도와 파키스탄으로 분리 독립은 이루어졌고 그로부터 6개월 후 간디는 암살된다.

일생을 독립운동과 하나의 인도를 위해 온 몸을 바친 간디도 노후에는 당대의 정치지도자들에게 부담이 될 수밖에 없었다. 동시대를 살았던 영국의 통치자들은 하나같이 간디를 '반쯤 벌거벗은 선동적이고 타협이 불가능한 자'로 혹평하였다. 하지만 20세기 인도는 분명히 마하트마 간디의 승리였고, 그의 이름은 역사에 영원히 남을 것이다.

독립 이후 간디는 델리와 펀잡 그리고 카슈미르의 유혈사태를 막기 위해 최선을 다했다. 그는 가는 곳마다 힌두교도, 이슬람교도, 시크교도 모두에게 무기를 버리고 자신을 정화하고 서로 사랑하라고 공개적으로 호소하였다. 그는 악을 악으로 갚는 양측의 폭력을 비난하였다.

간디는 일생동안 모든 고난을 열정적으로 끌어안고 자신의 내면의 소리가 안내하는 곳으로 당당히 나아가 진리와 사랑의 메시지를 전하고 실천하였다. 간디에게는 아힌사가 사랑이었고 진리가 신이었다. 그에게 사랑은 신에 이르는 수단이었다. 그는 일상생활에서 사랑(아힌사)을 실천함으로써 신과 영적 교섭을 이룰 수 있다고 믿고 인류에의 봉사가 곧 신에 헌신하는 것이라고 강조하였다. 식민지하에서 인도의 독립을 위한 투쟁 그리고 편견과 증오의 상징인 종교와 카스트의 갈등으로부터 인도인을 해방시키려는 그의 노력은 역사에 길이 기록될 것이다. 비록 육신은 총탄에 의해 죽음을 맞이하여 역사적 인물이 되었지만 그의 진리 추구와 사랑의 실천은 인도만이 아니라 이 지구상에 영원한 빛으로 길이 남을 것이다.

2013년 7월

이 정 호

목차

3 간디의 독립투쟁과 인도의 독립

4 인도의 독립과 간디 시대의 종언

1

학창 시절의 간디

1. 간디 가(家)와 가정 교육

간디(Mohandas Karamchand Gandhi)는 아버지 까람찬드 간디(Karamchand Gandhi)와 어머니 뿌뜰리바이(Putlibai) 사이에 3남 1녀의 막내로 1869년 10월 2일 인도의 서해안 카티아와르 반도에 있는 작은 군주국인 포르반다르(Porbandar)에서 태어났다. 카티아와르 반도는 서쪽으로는 아랍해, 위로는 쿠치(Cutch)만, 아래는 캄베이(Cambay)만 그리고 북쪽은 란(Rann) 사막으로 둘러싸여 거의 직사각형 모양을 이루고 있는데, 포르반다르는 이 반도 서쪽 거의 중심부에 위치하고 있으며, 오늘날 이곳은 구자라트 주의 소우라스트라(Saurashtra) 지방에 위치한다.

간디가 태어난 집

이곳은 1872년 조사에 의하면 608

평방마일에 인구가 72,077이었으며, 군주국(제후국)이라고 부르지만 읍 규모보다 작은 나라에 불과했다. 군주나 제후는 지주나 영주(타꾸르), 나밥(무슬림 귀족) 또는 라나(라즈뿌뜨 카스트) 출신으로 서로 시기와 질투 속에 세력 확장을 위해 싸움을 벌여 만성적 불안과 음모 속에 영웅적 무법자들이 활개를 치는 그런 시대였다. 군주는 백성위에 폭군으로 군림하면서도 영국인에게는 두려움 속에 아첨만 부리는 무력한 존재였다. 이 지방은 정치적 수준이 낮은 후진지역의 하나였으며, 지난 수세기 동안 3백이 넘는 소군주국이 난립하여 흥망을 거듭해 온 약탈의 장이기도 했다.[1] 내륙과는 염전에 의해 연결되어 있어 때때로 물속에 잠기기도 하며 인도의 주요 역사적 사건과 유럽의 영향은 거의 미치지 않았다. 이렇듯 불안한 환경 속에 살다보니 사람들은 자연히 강하고 거칠었으며 주로 항해나 상업에 종사하였다. 이러한 직업과 자연환경 속에 사람들은 신앙심이 강하기도 하고 미신적이기도 하였다. 이 무렵 이미 인도의 계약 노동자들이 모리셔스(Mauritius)와 남아프리카로 건너가 교역시장이 개척되었다.

어린 시절의 간디

이 지역 서해안에 위치한 드와르카(Dwarka)는 『바가바드 기따』의 크리슈나 왕이 통치한 전설적인 왕국의 수도로 힌두들에게는 성지였다. 이곳 사람들은 주로 힌두교의 베스나브(Vaishnav; 비시누 신을 믿는 사람들)파에 속해 있었는데, 자이나교와 무슬림의 수피즘이 이들의 신앙심을 더욱 강하게 하였다. 이러한 사회 환경 속에서 간디는 힌두카스트 상 바이샤(주로 농업이나 상업에 종

1 Krishna Kripalani, *Gandhi : A Life*, National Book Trust, 1982, p.1.

사)의 중산층 가정에서 태어났다.

조상 대대로 잡화상(Grocery)을 꾸려 왔으나 간디의 조부(Utamchand)가 포르반다르 왕국의 재상이 되면서 가문의 사회적 지위는 급부상하게 된다. 성격이 강직하고 대담했던 그는 왕이 죽고 난 뒤 여왕의 눈밖에 나 곤경에 직면하게 되자 이웃나라인 주나가드(Junagadh)로 도피하였다. 주나가드의 무슬림 통치자 앞에 불려간 그는 오른손은 아직도 포르반다르에 충성을 맹세한다면서 왼손으로 경례를 했다고 한다. 주나가드의 통치자는 그의 충성심과 담대한 행동을 칭찬하면서 그에게 피난처를 제공해 줌은 물론 특별 호의를 베풀어주었다. 그 후 포르반다르 왕국에 새로운 왕이 즉위하여 그가 포르반다르로 돌아가는 데도 무슬림 통치자는 영향력을 행사하였다.[2]

간디의 조부는 첫 아내에서 네 아들, 그 후 아내가 죽자 재혼하여 두 아들 등 모두 여섯 아들을 두었는데 그 가운데 다섯째가 간디의 아버지 까람친드 간디였다. 간디의 아버지도 포르반다르의 재상을 지냈다. 정상적인 교육을 거의 받지 못했지만 까람찬드 역시 진실하고 용감하고 합리적인 상식을 지닌 엄격한 성품의 소유자였다.

간디는 아버지에 대한 회상을 이렇게 적고 있다.

"아버지는 가문을 사랑했고 진실하고 용감하며 관대했다. 다만 성격은 아주 급했다. …… 집안 밖에서의 공과 사를 분명히 하는 엄격한 공정성과 왕국에 대한 충성심으로 이름이 높았다. 정규 교육을 받지 않았지만 경험에 의해 문제를 해결하고 많은 사람들을 잘 이끌어 갔다. 그리고 재산과 물질에 대한 욕심은 없었다."[3]

---

2 M.K. Gandhi, *An Autobiography: The Story of My Experiments with Truth*, Navajivan Publishers House, 1976, p.1.

3 *Ibid.*, p.1-2.

까람찬드 간디는 아내가 죽어 4번 결혼했는데, 4번째 부인인 뿌뜰리바이에서 한 명의 딸과 세 명의 아들을 얻었는데, 그중 막내가 모한다스 까람찬드 간디였다. 어머니 뿌뜰리바이는 간디를 모니야(Moniya)로 부르면서 극진히 사랑했다. 간디에게 어머니의 기억은 아주 강하게 남아있다. 훗날 뿌나의 예라브다(Yeravda) 감옥에서 간디는 비서(Mahadev Dessai)에게 이렇게 말했다.

"당신이 나에게서 어떤 성스러움이나 깨끗함을 발견한다면 그것은 아버지가 아닌 어머니로부터 물려받은 것이다. 그녀가 나에게 심어준 유일한 인상은 성스러움, 거룩함 바로 그것이다."[4] 간디의 어머니는 신앙심이 깊고 우아하고 헌신적이며 금식이나 종교의식은 꼭 지키는 여성으로 상식도 풍부하여 주변의 존경을 받는 인물이었다.

간디는 7세에 약혼하고 13세에 동갑나기 까스뚜르바(Kasturba)와 결혼한다. 그 또래 나이의 소년에게 결혼이란 새 옷을 입고 브라흐만이 결혼의식을 진행하는 동안 가족들의 축복 속에 앉아있는 즐거운 축제일 것이다. 무엇보다 먼저 같이 놀아 줄 다정한 한편으로는 이상한 친구가 생겼다는 것일 것이다.

간디는 어릴 적 결혼 생활에 관해 이렇게 회상하고 있다.

"나는 남자로서의 권위를 누렸다. 까스뚜르바가 밖에 나가 놀고 싶으면 남편인 나의 허락을 받아야 했다. 나는 질투심 때문에 허락해 주지 않는 경우도 많았다. 그녀도 고집이 있어 나가고 싶으면 나가서 놀곤 했다. 그러면 더욱 화가 나서 며칠 동안 서로 말 한마디 안하고 지내기도 했다."[5]

---

4 Krishna Kripalani, *op. cit.*, p.2.
5 *Ibid.*, pp.20-21.

간디는 결혼 후 아내를 감시해야 할 정도로 질투심이 많았으며 나아가 성적 욕망이 대단히 강했던 것으로 자신을 적고 있다.

"학교에서도 나는 그녀를 생각했으며 저녁때가 되면 그녀를 만난다는 생각이 계속 머리속에 맴돌았다. 떨어져 있는 것을 견딜 수 없었다. 배우지 못한 아내 까스뚜르바를 가르치고 싶었다. 밤에는 시간이 있었지만 그때는 육체적 욕정 때문에 그렇게 하지 못했다. 아버지를 마사지 해 드린 후 잠시 쉬는 동안 나는 침실로 가서 자고 있는 아내를 깨워 부부 생활에 들어갔다. 5~6분이 채 안 되었는데 아버지께서 임종하셨다는 연락을 받고 나는 동물적인 인간의 본능에 눈이 어두워 아버지의 임종을 지켜보지 못한 불효와 수치감에 빠졌다."[6] 훗날 간디는 아내에 대한 새로운 인식 – 아내는 남편의 종이 아니라 반려자, 협력자, 동반자 – 을 갖게 되고 어린 시절 아내에게 가졌던 권위, 위엄을 후회하게 된다.

간디는 힌두교의 베스나브파 가문에서 태어나 종교적 분위기에서 성장하였다. 부모는 다양한 신을 모시는 여러 사원에 간디를 데리고 다녔으며 때로는 자식들만을 보내기도 하였다. 그러나 간디는 힌두사원의 번쩍거리는 화려한 외양과 형식적인 종교의식 나아가 사원에서 벌어지는 비도덕적 행위로 인해 힌두사원에 대해 관심이 없었다. 집안의 람바라는 보모는 귀신을 무서워하는 간디에게 서사시 『라마야나』를 읽게 하였는데 이것이 그에게 선이 악을 이긴다는 올바른 심성을 심어준 계기가 되었다. 13세에 『라마야나』를 암송하고 황홀해했는데 이것이 그가 『라마야나』에 깊은 신앙을 갖게 된 계기가 되었다.

어린 시절 간디는 『바가바드 기따』를 암송하기도 하였다. 그러나 그

---

6 M.K. Gandhi, *op. cit.,* pp.7-8, pp.20-21.

때는 기따 경전에 크게 심취하지 못했다. 훗날 기따를 신앙심을 고취시키는 경전의 하나로 꼽으면서 그는 어린 시절에 그와 같은 경전 낭송을 많이 듣지 못한 것을 아쉬워하기도 했다.

간디의 아버지는 이슬람교도, 조로아스터교도, 자이나교도 등 여러 종파의 사람들과 교류하면서 종교에 대해 토론을 벌이곤 했다. 이러한 모습을 보고 성장한 간디는 모든 종교의 관용성을 습득하게 되었다. 그러나 기독교에 대한 간디의 자세는 부정적이었다. 당시 기독교 선교사들이 술과 고기를 먹고, 힌두교의 여러 신 숭배를 미신이라고 심한 모욕을 하는가 하면, 개종을 강요하여 개종자들이 조상 대대로 내려오는 관습과 조국을 비난하는 모습이 그에게 기독교에 대한 거부감을 불러 일으켰던 것이다.[7]

그 무렵 간디는 아버지의 책 중에서 『마누 법전』(Manu Smriti)을 읽고 무신론적 사고를 가지게 된다. 지적욕구가 불타는 어린 시절 간디의 결론은 '도덕은 모든 것의 기본이고, 진리는 도덕의 본질이다'이었다. 또한 당시 잘 알려진 아래의 시 - 악을 선으로 갚아라. - 도 간디의 인생에 큰 영향을 미친 것으로 그는 기억하고 있다.

물 한 사발을 한 끼 식사로 갚고
다정한 한마디 인사에 공손히 절을 하라.
동전 한 닢을 금으로 갚으며
네 목숨을 살려주었거든 목숨도 아끼지 말라.
바른 말과 행동을 존중하고
조그마한 도움도 열 배로 갚아라.
진정한 현자는 인간의 평등함을 알며

7 *Ibid.*, p.24.

기꺼이 악을 선으로 갚는다.[8]

2. 학교 교육

1) 초·중·고등학교

모한은 포르반다르에서 초등학교에 입학했는데, 이듬해 일곱 살 때 가족들이 카티아와르에 있는 라즈코트(Rajkot)로 이주하는 바람에 그곳에서 초·중·고등학교를 다녔다. 모한은 성실하긴 했으나 아주 수줍어하고 소심하여 친구들과 잘 어울리지 못하는 키가 작은 평범한 학생이었다. 간디는 초·중·고등학교 시절에 공부를 잘하는 우등생이거나 특출한 학생은 아니었다. 다만 어릴 때부터 거짓말을 하지 않고 선생님을 존경하는 등 심성은 착하고 품행은 바르며 대단히 정직했다. 그는 수학과 체육은 싫어했다.

간디의 수줍음은 영국에 가서도 이어진다. 그는 '영국에 머무르는 동안 계속 수줍음 속에서 지냈다. 사교 모임에 가서도 6-7명의 사람이 있으면 벙어리가 되고 말았다'고 자신의 수줍음을 고백하고 있다. 그 이후에도 연설 원고를 준비하고서도 제대로 읽기조차 하지 못하는 자신의 무능함을 그는 부끄러워했으며 슬퍼하기도 했다. 그는 런던 채식주의자 협회의 집행위원으로 선출되었는데 회합 때마다 수줍어 발언을 하지 못했다. 영국에서 귀국하기 바로 전 홀브론 식당에 채식주의자 친구들을 초대한 자리에서 그는 연설을 하려 일어섰으나 몇 마디만 하고는 더 이상 계속하지 못하는 우스운 장면을 연출하였던 것이다.[9]

---

8 *Ibid.*, p.25.

9 *Ibid.*, pp.44-46.

그러나 그의 도덕적 의식을 강하게 암시하는 한 사건이 있었다. 고등학교 1학년 때 교육 담당관이 교실을 방문하여 시험을 치르는데 간디가 틀리게 쓴 단어를 발견한 담임선생님이 바르게 적은 다른 학생의 것을 베껴 쓰라고 발로 힌트를 주었는데도 그는 자기 고집대로 그 힌트를 무시했다. 나중에 그는 어리석다고 선생님으로부터 꾸중을 들었다. 그러나 간디는 '나는 결코 남의 것을 베껴 쓰는 컨닝을 할 수 없었다.'고 회상했다.[10] 이 무렵 간디는 학교와 집만을 오고가는 소심한 성격이었다. 그러나 학교 밖에서는 수줍어하는 소극적 소년이 아닌 대담한 모습도 보여주기도 했다. '영국인이 인도인을 지배할 수 있는 것은 영국인은 고기를 먹어 힘이 세기 때문이다'라고 한 친구가 들려주자 정통 채식주의 가문에서 태어난 간디는 대담해지고 싶은 마음과 애국심의 발로에서 몰래 양고기를 먹었다. 그러나 한 조각 고기를 삼키고 난 후 힘이 나오기는커녕 몸속에서 살아있는 양이 '매애 매애' 하고 우는 것처럼 느껴졌다고 술회했다. 결국 몰래 먹은 고기가 부모를 속인 결과가 되어 양심에 무거운 가책을 받고서 몇 번의 실험 끝에 그는 고기 먹는 것을 포기하게 된다.[11]

또 다른 체험은 흡연이었다. 형들이나 어른들이 태우다 버린 꽁초를 주어다 피운 일이 있는가 하면 호기심이 더해지자 담배를 피우기 위해 하인들의 담뱃대를 훔치기도 했다. 더 심각한 모험은 친구 세이크 메흐땁이 그를 창녀에게 데려간 것이었다. "나한테 오는 여자는 거의 장님이나 벙어리였다. 여자가 옆에 앉았으나 말이 나오지 않았다. 여자는 자연히 참지 못하고 욕설과 모욕을 퍼부으며 나를 내쫓았다. 나는 남자의 체면에 상처를 입은 것처럼 창피하고 모욕감에 땅 속으로 숨어

10 *Ibid.*, p.4.
11 *Ibid.*, pp.13-17.

버리고 싶었다. 그러나 그 후 나는 자신을 구해준 신에게 감사했다."[12]

또 다른 잘못으로 간디가 기억하는 것은 그가 형의 부채를 갚기 위해 형의 금팔찌의 일부분을 약간 깎아서 팔았던 일이다. 아버지에게 벌을 내려 달라고 서신으로 고백할 때까지 그는 죄의식에 눌려 있었다. 자식의 편지를 읽고 흘리는 아버지의 눈물이 그의 마음을 깨끗이 했으며 죄를 씻어 내렸던 것이다. 이와 같은 체험, 즉 아버지의 참사랑이 바로 아힌사(사랑)라는 것을 간디는 깨달았다.[13]

간디가 어린 시절 소홀히 하여 후회하고 있는 것 중의 하나가 그의 나쁜 필체였다. 훗날에도 그는 다른 사람의 아름다운 글씨를 보고 자신의 나쁜 글씨를 부끄러워했었다.

1887년 대학 입학시험에 합격한 간디는 바브나가르(Bhavnagar)의 사말다스 대학(Samaldas College)에 입학하여 한 학기를 마치고 집으로 돌아왔다. 바브나가르의 생활은 그에게 큰 고생이었다. 그는 처음으로 부모와 집을 떠나 생활하고 영어와 공부에 어려움을 겪어 첫 시험에도 실패하고 생필품을 가지러 집에 와 있었다. 그때 아버지의 친구인 마브지 다베(Mavji Dave)가 어머니와 형을 강력히 설득하여 간디를 영국에 유학 보내게 한다. "시대는 변하고 있다. 너희들 중 어느 누구도 정상적인 교육을 받지 않고는 너희 아버지의 자리를 계승할 수 없다. 지금 모한이 공부를 하고 있으니 너희들 모두 그를 도와 아버지의 자리를 지키도록 해야 한다. 영국에서 공부하고 돌아 온 변호사를 생각해봐라, 얼마나 화려하고 부유하게 살고 있을지. 그가 변호사가 되면 재상에도 오를 수 있다. 모한을 영국에 보내기를 나는 적극 권장한다."[14]

---

12 Krishna Kripalani, *op. cit.,* 1982, p.4.
13 *Ibid.*, p.4.
14 James D Hunt, *Gandhi in London*, Promilla & Co Publishers, 1993, p.5.

당시 카티아와르에서 변호사의 전망은 매우 밝고 인도인을 규제하는 법도 영국 법으로 바뀌어 가고 있었다. 당시 야망을 가진 변호사들은 영국에서의 변호사 자격 취득은 새로운 법제도 하에서 상당한 경쟁력도 있고 그 과정도 그렇게 어렵지 않으며 비용도 비싸지 않다는 것을 알고 있었다. 그러나 학비 조달이 문제였다. 아버지의 사망(1885) 후 가세도 기울고 재산도 거의 없었던 것이다. 장학금을 얻기 위해 간디는 왕국의 영국인 행정관(British Administrator)과 라즈코트의 영주에게 접근했으나 실패했다. 결국 그는 대부를 받아 유학길에 오르게 되었다.

19세 때(1888.9.4.) 간디는 처와 자식을 남겨두고 영국 유학을 떠났다. 비록 장남도 아니고 보호자인 아버지도 세상을 떠난 뒤였지만 가족들은 그의 장래를 위해 영국행을 지지하였던 것이다.

간디의 아버지 까람찬드는 변화하는 정치권력의 구조를 알고 자식들을 라즈코트에 있는 영국식 학교에 보냈었다. 당시 신교육 제도의 창안자인 메콜레이(T.B. Macaulay)가 1835년 메모에서 영어 교육을 강력히 지지하고 난 뒤였다. “우리는 피나 피부색은 인도인이지만 사고 방식과 도덕관, 지식은 영국인인 소수계층을 만들어야 한다.”[15] 메콜레이의 이 메모는 인도 사회에 영어 교육을 받은 새로운 특권층을 낳게 하였던 것이다. 간디의 두 형은 고등학교 교육을 마칠 수 없었다. 자연히 기회는 간디에게 돌아갈 수밖에 없었다. 간디는 가문의 유일한 희망이요, 등불이었다. 병석에 있는 아버지는 이렇게 말했다. “간디가 나의 명예를 지켜줄 것이며 우리 가문의 명예를 드높일 것이다.” 원래 간디는 의사가 되고 싶었으나 아버지가 변호사가 되기를 희망했다. 영국의 변호사 자격은 조부와 부친의 뒤를 이어 후일 왕국의 행정 관료가

---

15 Anil Chandra Banerjee, *The New History of Modern India*, K.P. Bagchi & Company, 1983, p.388.

되는 데 확고한 보장은 물론 부와 명예를 가져다주는 지름길이었던 것이다.

바이샤 카스트인 간디 가문에서 외국에 나간다는 것은 종교적, 사회적, 문화적으로 큰 충격이었다. 간디의 삼촌도 종교문제와 영국에서 공부하고 돌아온 인도 변호사들의 서구식 생활방식 모방 등을 이유로 조카의 영국행을 반대하였다. 신앙이 지극한 어머니 뿌뜰리바이는 한 자이나교 스님의 조언을 받아 자식으로 하여금 술과 여자, 고기를 가까이 하지 않는다는 맹세를 받고 영국 유학을 승낙하였다. 가족의 동의를 얻어 봄베이에서 영국행을 기다리고 있던 간디는 바니야(Baniya) 카스트 가문 회의에 불려가 가문으로부터 추방을 당하게 된다. 하지만 간디에게는 이러한 종교적인 충격이나 장래 문제보다는 아내와 출생한 지 몇 달 안 되는 아들(Harilal)이 더 걱정이었다.

간디의 영국 유학은 그의 인생에 큰 획이 된다. 유학시절에 누구를 만나고 무엇을 보고 어떠한 사고와 행동을 하였는지 다시 말해 영국의 생활과 경험은 그의 사고에 중요한 초석이 되었던 것이다.

항해 중 승객은 인도인 변호사 한 명을 제외하고는 모두 영국인이었다. 유난히 수줍어하고 부끄러워하는 성격에 영어마저 서툴러 승객들과 어울리지도 못해 간디는 처음부터 큰 시련을 겪는다. 항해 중에는 물론 영국에 도착해서도 고향과 아내와 어머니 생각에 그는 여러 번 울기도 하고 불안에 잠기기도 하였다. 하지만 인도로 되돌아 갈 수는 없는 것, 결국 참고 견디고 기다려야 된다고 그는 굳게 다짐하였다.

2) 영국 유학

간디의 영국 유학은 짧은 기간이지만 몇 개의 구간으로 나눌 수 있다. 1888년 9월에서 1889년 여름 늦게까지는 공부는 열심히 하지 않고 주로 그 자신이 영국 생활에 적응하는 기간이었다. 1889년 8월쯤 그는 런던대학교 입학시험을 준비하기 위해 공부에 들어가 1890년 6월에 통과하였다. 동시에 법학 공부도 열심히 하여 1890년 3월 로마법 시험을 통과하고 1890년 12월 마지막 변호사 시험에 통과하였다. 이후 귀국할 때까지 약 6개월간 그는 아주 자유로운 상태에서 채식주의자들의 모임과 신지학자들(Theosophists)의 모임에 적극적으로 활동하였다.

간디를 태운 배는 1888년 9월 29일 런던으로부터 20마일 떨어진 템즈강 하류 틸베리(Tilbury) 항구에 도착했다. 긴 항해는 수줍은 한 소년에게는 음식과 의사소통의 어려움 속에 문화적 탐험의 모험이었다. 간디가 도착한 런던은 대영제국의 수도이며 인도를 지배하는 힘의 심장부였다. 2년 8개월의 유학을 마치고 귀국할 때 어느 인터뷰에서 "무엇이 당신으로 하여금 영국에 와서 변호사가 되게 하였느냐?"는 질문을 받고 그는 "야망이었다. 영국에 가면 위대한 변호사가 될 뿐만 아니라 철학자와 시인을 만나고 문명의 대국인 영국을 볼 수 있어서였다."고 답했다.[16] 당시 영국은 인도 청년들에게는 동경의 나라였다. 영국에 유학 가는 인도 청년들을 위해 간디는 『Guide to London』(1893)이라는 소책자를 펴냈는데 그 글에서 그는 영국에 수학함으로써 얻을 수 있는 여러 가지 장점(학비가 적게 들며, 새로운 많은 학문을 배울 수 있고, 공부에 전념할 수 있으며 기후도 좋고…등등)에 대해 자세히 기술해 놓았다.[17]

런던에 도착하여 그는 빅토리아 호텔에 투숙하였는데 호텔의 웅장함에 놀라고 반면 계절에 어울리지 않는 옷을 입은 자신이 초라하게

16 *Collected Works of Mahatma Gandhi(CWMG)*, Volume 1, p.42.
17 *Ibid.*, p.71.

느껴졌다. 빅토리아 호텔의 방에 들어갔을 때 그는 '일생을 이러한 방에서 살았으면' 하고 그곳의 호화로운 시설에 감탄하였다.

먼 이국땅에 와 있지만 간디는 혼자가 아니었다. 그는 카티아와르인들과 쁘란지반 메흐따 박사, 달 빠뜨람 슈클라 등의 보호와 도움을 받았다. 특히 리치몬드 교외에 살고 있는 미래의 변호사인 슈클라는 간디와 한 달 가까이 함께 지내면서 영국에서의 음식과 생활습관과 예절에 대해 자세히 안내해 주었다.

한 달 여의 보호와 도움을 받은 후 간디는 서부 켄싱톤에 있는 한 때 인도에 거주한 적이 있는 영국인 집에 하숙을 하였다. 그 집에 간디가 첫 번째 채식주의 하숙생이었는데 아침에는 빵과 버터, 잼, 홍차가 나오고, 점심은 빵과 버터, 치즈였으며 저녁은 야채수프와 야채, 감자, 신선한 과일 몇 개가 전부였다. 하숙집의 음식에 대해 간디는 하숙생의 식생활을 전혀 생각하지 않은 것으로 평했다. 간디는 이 집에서 약 8-9개월 머물었는데 그곳의 경험을 다음과 같이 적었다. "영국인의 매너와 관습을 배우기 위해 가족들과 어울려 사는 것은 일반적으로 바람직하다. 그러나 이것도 처음 몇 달은 좋으나 한 가정과 3년을 보낸다는 것은 지겹기도 하고 불필요하다. 그리고 규칙적인 학생 생활을 하는데 불가능하기도 하다."[18]

처음 몇 달 동안 그는 영국식 생활방식을 배우고 익히는 데 열중하였다. 차츰 간디는 외로운 생활에 빠지게 되었다. 캠퍼스 생활도 없고 출석해야 할 수업이나 강의도 많지 않았다. 그 자신 스스로 모든 것 - 음식, 숙박, 친구교제, 오락 - 을 해결해야 했다. 자연히 그는 대영제국의 수도에서 이방인이 되었다. 대부분의 인도학생이 그러하듯이 간

---

18 *Ibid.*, p.118.

디도 영국인과의 접촉은 거의 없었다. 선생님은 오직 교실에서만 만났고 영국 관리들은 두려운 존재였다. 영어로 교육은 받지만 영어가 유창하지도 못했고 더구나 너무 수줍어하는 성격에 영어 실력을 빠른 시간에 향상시킨다는 것도 어려운 일이었다. 큰 외국 도시에 외롭게 혼자 있다 보니 유혹도 많고 돈 관리 등 모든 것을 결정하는 어려움도 컸다. 고향의 몇몇 사람들 이외에는 아는 사람이 거의 없어 인도인이든 영국인이든 친구를 사귄다는 것도 어려운 일이었다. 경제적 형편도 어려워 값싼 방을 구하다 보니 집주인 아주머니가 친절하기는 하나 인도 음식에 대해 아는 것이 전혀 없어 불편도 컸던 것이다.

처음 간디는 서구의 유행에 민감한 반응을 보이기 시작했다. 그는 봄베이에서 사 입은 양복이 있으나 양복과 이브닝코트를 새로 맞추고 값비싼 실크 모자도 샀다. 매일 거울 앞에서 넥타이와 머리 손질에 많은 시간을 소비했다. 영국 신사가 되기 위해 불어와 사교춤, 대화법, 바이올린을 배우고 옷치장에도 많은 돈을 투자했다.[19] 그러나 약 3개월 후 간디는 법학공부가 아닌 이러한 바깥 활동에 시간과 돈을 투자하는 것이 잘못된 것임을 깨닫고 옷에 신경 쓰는 것을 제외하고는 모든 것을 포기하고 학생 본연의 자세로 돌아왔다(옷에 대한 까다로운 관심은 수년간 지속되었는데 이것은 당시 변호사에 어울리는 어떤 수준의 옷으로 생각된다).

1889년 초기 간디는 차츰 자신에 대한 자신감을 가지면서 음식과 생활을 단순화하고 경비를 절약하기 위해 방과 거실이 있는 집을 구해 자취생활을 시작하였다. 이로서 생활비를 반으로 줄였고 또한 이곳은 법학원과 런던대학교에 가까이 위치하고 있어 시간과 교통비도 절약

19 B.R. Nanda, *Mahatma Gandhi, A Biography*, Beacon Press, 1958, p.28.

되었다. 그 다음에는 생활을 더욱 간소화하여 거실을 세놓고 방안에서 음식도 직접 만들어 먹었는데 주당 14링으로 해결하였다. 이때가 건강 상태가 가장 좋았으며 열심히 공부한 시기로 간디는 기억하고 있다. 간디는 유학비를 보내주는 형의 어려움을 생각할 때 자신의 지금의 생활이 가정 형편에 어울리지 않으며 또한 많은 학생들이 자신보다 더 어렵게 살아가고 있다는 것을 알고부터는 생활을 더욱 간소화하고 시간을 절약하였다. 이로써 생활은 더욱 성실해지고 성숙하여 그는 정신적 안정을 찾게 되었다. 그는 매일 잠자리에 들기 전 가계부를 쓰고 정리하였다. 이와 같은 생활의 단순화와 근검, 절약을 통해 간디는 장래 변호사로서의 자신의 신분에 대한 자존심과 절제의 모습을 보여주었던 것이다. 그러나 특이한 것은 비록 임대비용 등 경비를 줄여 나갔지만 그는 가난한 사람들이 사는 곳이 아닌 좋은 주거지역에서 살았다. 간디가 방을 얻은 세 곳 – Store street, Tavistock street, St.Stephen's Garden's – 은 모두 중산층 이상 부유층이 사는 주거지역이었다.[20]

변호사 시험이 그렇게 어려운 것이 아니라는 사실을 안 간디는 다른 활동에 많은 시간을 할애했다. 그는 런던 대학교 입학시험 준비를 위해 라틴어, 불어, 영어, 역사, 지리학, 수학, 역학, 화학, 열과 광학을 공부하였다. 그는 1890년의 1월 시험에는 낙방하였으나 6월 시험에는 합격하였다. 따라서 그는 런던 대학교의 법학사를 같은 3년에 취득할 수 있으나 이 과정을 선택하지는 않았다.

영국의 변호사는 두 계층-사무 변호사(Solicitor)와 변호사(Barrister)로 구분하는데 사무 변호사는 10:1의 비율로 그 수도 많으며 주로 하급 법원에서 일하며 의뢰인과 직접 법률 자문을 한다. 이들은 수습제도

20 James D Hunt, *op. cit.*, 1993, p.10.

하에서 계약을 맺어 법률 사무소에서 훈련을 받는다. 변호사는 상급법원(고등법원과 대법원)에서 변호권을 가지며 의뢰인과 직접 만나지 않고 사무변호사들과 법률 자문을 논의한다. 모든 변호사들은 영국 법학원(Inns of Court)의 회원이 되며 그곳에서 교육도 받는다.

영국 법학원은 4개의 캠퍼스(The Inner Temple, The Middle Temple, Lincoln's Inn, Gray's Inn)로 구성되어 있는데 변호사들은 13세기 이래 여기에서 교육을 받으며 동시에 이것은 대학(college)으로 간주되기도 했다. 4곳 캠퍼스의 교육 내용은 크게 다르지 않으며 차이가 있다면 캠퍼스의 분위기와 비용에 차이가 있다. 학비가 가장 비싸고 명성이 있으며 규모가 가장 큰 곳은 Inner Temple이었다. 대부분의 인도 학생이나 식민지 학생들은 비용이 적게 드는 Middle Temple에 입학하였다. 다만 이상한 것은 간디가 Inner Temple을 나왔지만 Lincoln's Inn을 가장 경제적이고 훌륭한 도서관을 갖춘 좋은 곳으로 언급하였다.[21]

법학원을 통해 변호사가 되는 공식적인 요건은 72번의 만찬에 참석하고 두 시험에 통과해야 하며 그리고 나아가 21세 이상이 되어야 한다. 만찬에 참석하는 것을 'keeping terms'라고 부르는데 1년에 4term씩 3년에 12term이 있으며 한 term에 24회가 제공되는데 6회는 꼭 참석하도록 되어있다. 만찬은 정해진 시간에 자신의 출석을 알리고 약 한 시간가량 참석하고 비용을 내는데 꼭 먹어야 하는 것은 아니다. 한 때는 소수의 학생들만이 만찬에 참석하여 법학원 간부들과 대화도 나누고 연설도 하였다. 이러한 기회는 깨끗한 매너와 세상의 지식을 얻게 해주고 대화술 향상도 가져왔다. 그러나 간디는 그 당시나 그 후로 이러한 만찬이 학생들로 하여금 훌륭한 변호사가 되는 데 어떤 기여를 하

21 *CWMG*. Vol. 1, p.103.

는지 회의를 가졌다.

학과시험은 아주 쉬운 것이었다. 당시 로마법과 관습법 두 과목의 시험이 있었는데 시험문제도 쉽고 시험 또한 1년에 4회나 시행되어 75% 이상이 합격하였다. 이처럼 변호사 되기가 쉽고 상대적으로 변호사의 지위는 높아 영국 법학원에 입학하는 인도 학생의 수가 급격히 증가하여 우려의 소리도 없지 않았다(1907년 통계에 의하면 당시 영국에 700명의 인도학생 가운데 380명이 런던에 있었으며 그중 320명이 영국 법학원에 등록하고 있었다).[22] 간디는 시험에 필요한 교재는 아무리 비싸도 구입하여 정독하였다(일부 학생들은 시험이 너무 쉬워 책을 구입하지 않고 다른 사람들의 노트나 개인 지도를 받기도 했다).

로마법 시험을 위해서 간디는 Justinian code 전 교재를 택해 라틴어로 된 로마법을 읽었는데 이것은 그에게 큰 결단이었다. 그는 1890년 1월 라틴어 시험에 실패하고 그해 6월 시험에 합격하였던 것이다. 사실 그는 고교나 대학에서 라틴어를 배우지 않았었다. 다만 런던 대학 입학시험 준비를 위해 약 1년간 배웠을 뿐이다. 이 경험은 훗날 남아프리카에서 화란법을 가지고 일하는 데 큰 도움이 되었다(화란법은 로마법을 기초로 하였다).

간디는 1890년 3월 로마법 시험을 치렀는데 46명의 응시에 40명이 합격하였는데 그중 6등을 하였다.[23] 변호사 최종 시험은 4일간 실시되는데 이 시험에는 재산법과 형법, 형평법을 포함한 관습법이 들어있었다.

간디는 재산법을 위해 윌리암스(Joshua Williams)가 지은 『Principles

---

22 Report of the Committee on Indian Students, 1921-22, London, 1922, pp.95-97.
23 James D Hunt, *op. cit.,* pp.17-18.

of the Law of Real Property』(1887), 에드워드(William Douglas Edwards)가 지은 『A compendium of the Law of Property in Land』(1888), 구데베(Louis A. Goodeve)의 『The Modern Law of Real Property』(1885), 『The Modern Law of Personal Property』(1887)을 관심 있게 읽었다. 관습법을 위해 그는 인더마우어(John Indermaur)가 지은 『Principles of the Common Law』(1885), 브룸(Herbert Broom)의 『Commentaries on the Common Law』(1885)을 흥미 있게 읽었으며, 형평법 시험을 위해 스넬(Edmund H.T. Snell)의 『The Principles of Equity』(1887), 화이트(Fredrick T. White & Owen D. Tudor)의 『Leading Cases in Equity』도 읽었다. 간디는 최종 시험을 1890년 봄, 여름, 가을 준비하여 12월에 치렀는데 109명이 응시, 77명의 합격생 중에 34등을 했다. 간디는 1891년 1월 12일에 합격 소식을 듣고 그해 6월 12일에 귀국할 때까지 남은 6개월 동안은 특별한 의무감 없이 자기 생활을 하였다.[24]

3) 유학 시절의 활동과 귀국

(1) 사회 활동

간디는 유학시절에 현실 사회에 많은 관심을 보였다. 그는 당시 지식인 사회에 큰 영향력을 미치는 신문(Liberal Daily News, Conservative Daily Telegraph, Pall Mall, Gazette 등)을 매일 읽었다.

간디는 1889년 8월의 런던 부두 파업 때 파업을 해결한 만닝(Miss Elizabeth A. Manning) 추기경을 방문하였으며 파리(Paris)에서 개최된 대 박람회(1889-1890)에 가서 일주일 동안을 보냈다. 에펠탑도 올라가 보고 Norte Dame 성당에도 들러 휘황찬란하고 웅장한 모습에 감동되.

24 *Ibid.*

기도 했다. 간디가 인도 문제에 관심을 보인 기록은 여러 곳에 나타난다. 1885년 결성된 인도국민회의(Indian National Congress)의 영국 위원회(British Committee of the INC)가 1889년 6월 20일에 조직되어 런던에 사무실을 열고 1890년 <INDIA>라는 간행물을 냈다. 간디는 인도국민회의의 활동에 직접 참여하지는 않았다. 그러나 그는 1865년 나오로지(Dadabhai Naoroji)[25]와 바네르지(W.C. Bannerjee)가 창립한 런던인도협회(London Indian Society) 모임에는 참석하였다. 이 협회는 인도 문제를 중도적 개혁적 관점에서 토론의 장을 마련하는 단체였다. 간디는 변호사 소라워티(Abdullah Al-Mamoon Sohraworthy)가 1886년에 세운 Anjuman-e-Islam 모임에도 참석하였다.

영국이 지원하는 인도 학생들을 돕기 위한 두 단체가 있었는데, 그 중 하나가 The National Indian Association(1867)인데 이 조직의 소장인 만닝은 자기 집에서 차 모임을 자주 가졌었는데 수줍고 말없는 간디도 그곳에 자주 참석했다. 또 하나 영국 가정에 머무르는 학생들을 보호하는 Northbrook Indian Society가 그것인데 이 단체는 도서관이 달린 클럽 룸을 운영하고 있었는데 간디도 자주 이곳을 이용하였다.[26] 그러나 영국에 있는 동안 간디가 관심과 인간적 관계를 가지고 접촉한 것은 채식주의자들과 신지학자들이었다.

음식은 간디의 영국 생활에서 중요한 문제가 되었다. 간디의 어머니와 그의 카스트 어른들도 음식을 아주 중요히 여겼다. 간디의 어머니는 추운 지방에서 고기와 술 없이는 살 수 없다는 이야기를 듣고 간디

25 Naoroji는 봄베이 출신으로 INC의 의장을 세 번이나 역임했으며, 간디가 런던에 올 때 그에게 보내는 소개장을 가져왔지만 워낙 수줍어하는 성격 때문에 그는 마지막까지 그것을 활용하지 못했다.

26 *Ibid.*, p.12.

로부터 맹세를 받았던 것이다. 그의 카스트 어른들도 해외로 나가는 것과 영국인들과 함께 음식 먹는 것을 반대하였다. 간디는 이와 같은 것들을 아주 중요한 것으로 여기지는 않았으나 어머니의 당부와 그가 속한 가문의 관습을 받아 들였다. 항해 기간이나 런던에 도착하여 그는 이러한 조건들을 지키려고 노력하였다. 항해 중 한 영국인이 영국식 음식과 고기를 먹지 않고는 건강해질 수 없으며 런던에서 지낼 수 없다고 하였으나 간디는 자신의 뜻대로 가지고 온 과자와 과일을 먹으며 보냈다. 리치몬드에서 함께 지내고 있던 친구 달빠뜨람 슈클라가 간디에게 이렇게 말했다. "배우지 못한 어머니 앞에서 한 맹세가 무슨 소용이 있느냐. 여기서는 그러한 것을 무시해라. 그것은 결코 맹세가 아니야."[27] 이러한 친구의 회유에도 간디는 어머니와의 맹세를 꼭 지켰다.

앵글로 인디언 집에 하숙을 하고 있으면서 간디는 음식에 큰 어려움을 겪는데 채식주의 식당이 몇 군데 있다는 그녀의 말을 듣고 식당을 찾아 나서게 되었다. 처음 발견한 곳이 파링톤 거리의 채식 위주의 식당 The Central Restaurant이었는데 그곳에서 그는 처음으로 맛있는 음식을 배불리 먹었다. 그 식당에서 'A Plea for Vegetarianism' 제목의 헨리 살트가 지은 책을 사서 읽었는데, 어머니와의 맹세도 있었지만, 큰 감명을 받아 후에 채식주의자가 되었다고 그는 밝히고 있다. 이제 간디는 자기가 스스로 택해서 채식주의자가 되었으며 동시에 그가 살아남을 수 있고 맹세를 지킬 수 있다는 확신을 갖게 된 순간이었다. 이때가 1888년 10월 22일 무렵이다.

채식주의에 확고한 신념을 가진 그는 채식주의에 관한 책들을 구입

---

27 *Ibid.*, p.19.

하여 읽었는데, 그 가운데 『The Ethics of Diet』(호 워드 일리람스 저), 『The Perfect Way in Diet』(안나 킹스 포드 저) 등은 그의 건강과 섭생에 큰 도움이 되었다. 여기서 중요한 것은 초기에는 건강과 섭생, 어머니와의 맹세에서 채식주의를 택하였지만 나중에는 종교적 이유에서 간디가 채식주의를 택하였다는 사실이다. 그는 <The Vegetarian Messenger> 라는 잡지를 사서 런던에 있는 10여 개의 채식주의 식당의 주소를 알아내어 규칙적으로 그곳에서 식사를 하였으며 잠시 채식주의 하숙집에서 지내기도 하였다. 브라이톤(Brighton)이나 파리로 여행을 갔을 때도 그는 채식을 하는 숙소를 이용하였다. 그는 가는 곳마다 건강에 좋은 음식을 발견할 수 있었을 뿐만 아니라 친절한 유럽인들도 만날 수 있었다.

그가 리치몬드의 교외에 방을 얻어 달빠뜨람 슈클라의 도움을 받고 있을 때 하루는 친구가 값 비싼 홀본 식당에 초대하였는데 수프가 야채인지 고기인지 확인하는 과정에서 친구와 말다툼을 벌여 저녁을 굶는 해프닝이 벌어지기도 했다. 사실 친구는 건강과 영국 생활에서의 적응을 위해 간디의 채식고집을 꺾으려 했던 것이다.

간디는 채식주의에 대한 여러 글을 접하고 본격적으로 활동했다. 당시 영국에는 채식주의 운동이 종교적, 과학적, 의학적 측면에서 활발히 전개되었는데 간디도 이 운동에 적극 참여하게 된다. 맨체스터에 위치한 옛 채식주의자 협회의 기구로 새로 설립된 「런던 채식주의 협회」가 Central Restaurant 가까이에 있었는데 간디는 협회에 가입하고 이 식당에서 여러 채식주의자들을 만나고 채식 요리도 맛보며 섭식에 관한 실험을 하게 된다. 이때부터 그는 집에서 부쳐오는 향료와 양념을 먹지 않는다. 이때 달걀이 육식이냐 아니냐를 놓고 고민하다가 그는 어머니의 주장(달걀은 고기다)을 따르기로 하고 달걀도 먹지 않는다. 채식 식당에서도 달걀이 여러 음식에 가미되는 현실에서 그는 큰 어려움에 직면하지만 달걀이 들어 있지 않은 채식을 고집하여 음식의 간소화를 꾀한다. 이렇게 하는 것이 더 위생적이고 더 맛이 있으며 나아가 어머니와의 약속 이행이 더 그의 마음을 화평하게 만들었던 것이다. 그는 '개종자가 새로운 종교에 대해 가지는 열망은 그 종교 속에서 태어난 사람의 것보다 더 강하다'[28]면서 채식주의로 변한 자신을 그렇게 비유했다.

'런던 채식주의자 협회'는 이론과 실제를 내세워 채식주의를 보급하는 야망 찬 계획을 추진하였다. 좋은 채식주의 식당뿐만이 아니라 강연과 토론, 매스컴을 통해 채식주의 철학을 홍보하였다. 이 협회는 1888년 <The Vegetarian>이라는 주간지를 내면서 "인간애와 깨끗함, 절제, 건강, 부, 행복을 증진시키기 위한 신문"임을 표방했다. 이 협회는 그 후 수년간 12개의 산하기구를 가지게 되었으며, 채식주의자 연맹을 결성하게 되는데 이 두 단체의 회장은 당시 대기업가인 힐스(Arnold F. Hills,1857-1927)가 맡고 있었다. 그는 채식주의자 협회에 재정적, 조직적 지원은 물론 채식주의에 대한 열렬한 대변자 겸 전도자였다.

힐스는 <The Vegeterian> 첫 호의 사설에서 채식주의는 영양학적 식사법의 개혁이라는 물리적 의미가 아니라 육체적, 정신적, 도덕적, 영적으로 이상적 삶을 추구하는 데 가장 기본적이고 필요조건이며 나아가 신에 복종하고 진정한 구원에 이르는 길이라고 주장했다.[29]

채식주의자들의 모임이 조직화되었지만 무엇을 먹을 것인가에 대한 다양한 의견과 의학적, 도덕적 문제도 제기되었다. 육식을 금하는 것

28 M.K. Gandhi, *op. cit.*, p.43.
29 The Vegetarian, Ⅰ, (Jan. 7.1888), p.1.

은 당연하였으나 물고기와 계란에 대해서는 의견이 다양했다. 힐스는 생명 유지에 꼭 필요한 음식 - 태양열을 흠뻑 받은 요리하지 않은 채소, 과일, 견과 - 을 권했다.

간디는 1890년 9월 19일 '런던 채식주의자 협회'의 집행위원으로 그가 영국을 떠날 때까지 규칙적으로 모임에 참석하였다. 그는 12월의 시험 준비에 몰두하고 있었는데 기관지염을 앓게 되었다. 의사가 고기 수프와 고기를 먹으라는 처방을 하자 그는 "그것이 신의 뜻이라면 나는 죽겠다. 나는 맹세를 깰 수는 없다."고 하면서 이를 거절하였다.[30]

12월 시험을 치른 후 다음해 1월 12일 시험에 통과했다는 사실을 안 후 6월 12일 귀국 때까지 6개월 동안 그는 모든 것에서 해방되어 그야말로 자유롭고 행복한 런던에서의 사교적 시간을 가졌다. 그는 이제 더 적극적으로 채식주의자 협회 일에 참여하게 되었다. 그는 <The Vegetarian> 잡지에 '인도의 채식주의자들', '인도의 축제들'이라는 글을 기고하기도 했으며 위의 글에서 영국의 인도에 알코올 수출을 항의하기도 했다. 그는 1891년 3월 채식주의에 대한 글도 쓰고 묵고 있는 베이스워터(Bayswater)에서 채식주의자 클럽을 운영하기도 했다. 4월 21일 그는 '인도의 음식들'이란 글을 발표하고 5월 5-6일 채식주의자 연맹회의에서 '런던 채식주의자 협회'의 대표의 일원으로 임명되었다.

마지막으로 영국을 떠나기 전 간디는 화려한 홀본(Holborn) 레스토랑에 채식식단을 마련케 하여 런던 채식주의자 협회 임원과 힐스 등을 초청하여 송별 파티를 마련하였다. 여기서도 그는 연설을 하지 못했다고 전기에 적고 있다. <The Vegetarian> 주간지는 6월 13일에 간디의 사진을 싣고 '우리의 친구(Our Workers)' 제하의 기사에 그의 인터뷰와

---

30 James D Hunt, *op. cit.*, p.25.

런던에서의 활동을 크게 보도했다. 간디는 귀국 후 남아프리카에 가서도 영국의 채식주의자들과 오울드필드(변호사이고 신학도인 그는 <The Vegetarian>의 편집자였으며 간디가 런던 채식주의자 협회의 집행위원이 되는 데도 큰 도움을 주었다. 조시아 오울드필드(Josiah Oldfield)는 젊은 간디가 영국에서 우정과 평등 속에서 같이 지낸 유일한 영국인이었다)와 서신 연락을 하였다. 간디는 인도인들이 영국에 도착하게 되면 친절한 오울드필드와 접촉하고 채식주의 호텔에 머물 것을 조언하기도 하였다.

1894년 <The Vegetarian> 주간지에 그는 인도 학생들에게 런던 채식주의자 협회에 가입할 것을 권유하면서 채식주의가 가져오는 여러 가지 이점을 열거하였다. "채식주의 운동은 채식주의자들 사이에 공동의식을 느끼게 하며 정치적으로도 간접적이나마 인도를 돕게 될 것이며 영국 채식주의자들도 인도인들의 소망에 적극적으로 공감을 나타낼 것이다. 또한 그것은 여러분에게 정신적, 육체적 자신감을 가져다 줄 것이다."[31]

채식주의자들 외에 젊은 간디를 환영하고 그에게 영적 정신적 토양을 마련해준 일단의 영국인들이 있었는데 그들이 바로 신지학자들이었다. 영국 유학 시절 간디의 종교에 대한 관심은 어린아이 수준이었다. 그의 관심을 적극적으로 불러일으킨 것은 신지학회(Theosophical Society) 구성원들이었다.

1875년 뉴욕에서 결성된 신지학회는 당시 왕성한 활동을 전개하고 있었는데 이 단체를 세운 사람 중의 한 사람인 블라바스키(Helena Petrovna Blavatsky, 1831-1891)가 런던에 있을 때 간디는 학생이었다.

---

31 *Ibid.*, p.28.

당시 서구의 예술가, 작가, 음악가, 기타 창작활동 종사자들에게 신지학의 강한 매력과 성장 발전의 배경에 대해 역사학자 부루스 켐벨(Bruce Campbell)은 신지학이 빅토리아 시대의 지배적인 지식인 사고인 다윈의 진화론과 힌두교와 불교에서 나온 동양적 종교적인 개념을 결합하는 데 성공했으며 현대 사회에 있어 종교의 두 가지 중요한 문제 - 다양한 종교들 간의 조화와 그리고 종교와 현대 과학과의 조화 - 에 대해 적극적인 반응을 보였기 때문으로 풀이하고 있다.[32]

간디와 신지학의 첫 접촉은 1889년 에드윈 아놀드(Sir Edwin Arnold)의 기따 번역판 『The Song of Celestial』을 읽고 있던 두 영국인의 도움의 요청에서 시작되었다. 신지학자인 그들은 『The Song of Celestial』을 산스크리트 원본과 대조하여 읽으면서 인도인의 도움이 필요했던 것이다.

그 순간을 간디는 다음과 같이 적고 있다.

"나는 창피함을 느꼈다. 나는 산스크리트로 된 것은 물론 구자라트어로 된 기따도 읽지 않았었다."[33] 간디는 그들과 함께 기따를 읽기 시작하였는데 그것이 훗날 간디에게 진리 추구에 가장 필요한 책으로 받아들여졌으며 매일 읽는 경전이 되었던 것이다. 힌두이즘과 불교에 크게 감명을 받은 신지학자들은 산스크리트 고전 경전을 많이 읽게 되었던 것이다. 사실 신지학을 통하여 간디는 조상의 문화유산의 위대함을 알게 되었던 것이다.

벵갈의 민족주의자 비삔 찬드라 빨(Bipin Chandra Pal)도 자신의 전기에 다음과 같이 적고 있다. "1876년 무렵 올코트(Col. Olcott) 대령과

---

32 Bruce Campbell, *A History of the Theosophical Movement*, Berkeley, 1980, pp.45-60.

33 M.K. Gandhi, *op. cit.,* p.50.

블라바츠키가 새로운 메시지와 임무를 띠고 봄베이에 왔다. 그들이 세운 신지학회는 힌두교의 부흥과 보수 경향을 불러오는 강한 힘이었다. 이 단체는 인도 사람들에게 그들의 옛 조상 - 현인과 성직자 - 들은 최고의 진리를 주창해 왔으며 그들의 저서는 인류 구원과 지혜의 보고이므로 그들의 조상이 남긴 유산을 자랑스럽게 여겨야 한다고 말했다. 이 지구상에서 가장 진보하고 발전된 문화와 문명을 가진 사람들로부터 나온 이 새로운 메시지는 우리들에게 자존심과 자긍심을 불러 일으켰다."[34]

두 영국 친구는 에드윈 아놀드가 지은 『불타의 전기』(The Light of Asia)를 간디에게 주었는데 이 책도 그에게 큰 흥미와 관심을 불러 일으켰다.

두 친구의 소개로 간디는 신지학회의 블라바스키와 베산트(Annie Besant) 여사를 소개받고 그들과 교제하게 되었다. 1889년 5월 베산트 여사는 신지학으로의 개종을 선언했다. 저널리스트, 점진적 사회주의자, 노동 운동가로 널리 알려진 그녀의 개종은 크게 보도되었다. 이 무렵 이미 그녀는 런던에 있는 '인디언 커뮤니티'로부터 존경을 받고 있었다. 그해 8월 "내가 어떻게 신지학을 만나게 되었는가?"라는 그녀의 연설을 간디는 들었다. 연설에서 베산트 여사는 "신지학은 자유사상에 의해 해결되지 못한 여러 가지 심리적 문제 - 사고와 투시력, 최면, 꿈, 그리고 지각문제 - 가 육체에서 어떻게 일어나는가를 다룰 수 있다"고 역설했다. 그녀는 힌두 전통에서 나온 영적인 힘을 믿고 있었다. 영적인 힘을 존중하는 신지학의 사고는 그러한 힘을 탐지한 사람들에 의해 전해졌다. 그녀는 화신을 믿으며 진리에 헌신할 것을 다짐하였는데 이

34 Bipin Pal, *Memories of My Life and Times*, Calcutta, 1932, p.425.

것은 젊은 간디를 흥분케 하였던 것이다.[35]

종교적 실험이 계속될 때 간디는 한 기독교인의 권유로 성경을 읽게 된다. 특히 신약 성경의 산상수훈(마태복음 5장 1절-12절)은 그에게 큰 감명을 주었다.

예수께서 무리를 보시고 산에 올라가 앉으시니 제자들이 나아온지라, 입을 열어 가르쳐 이르시되, 심령이 가난한 자는 복이 있나니 천국이 그들의 것임이요, 애통하는 자는 복이 있나니 그들이 위로를 받을 것임이요, 온유한 자는 복이 있나니 그들이 땅을 기업으로 받을 것임이요, 의에 주리고 목마른 자는 복이 있나니 그들이 배부를 것임이요, 긍휼히 여기는 자는 복이 있나니 그들이 긍휼히 여김을 받을 것임이요, 마음이 청결한 자는 복이 있나니 저희가 하나님을 볼 것임이요, 화평하게 하는 자는 복이 있나니 그들이 하나님의 아들이라 일컬음을 받을 것임이요, 의를 위하여 핍박을 받는 자는 복이 있나니 천국이 그들의 것임이라, 나로 말미암아 너희를 욕하고 박해하고 거짓으로 너희를 거슬러 모든 악한 말을 할 때에는 너희에게 복이 있나니, 기뻐하고 즐거워하라 하늘에서 너희의 상이 큼이라 너희 전에 있던 선지자들도 이같이 박해하였느니라.

앞에서도 지적하였듯이 간디는 고향의 기독교 선교사에 대한 부정적 이미지 때문에 기독교에 대해 관심이 없었지만 좋은 기독교인을 만나 교회에도 규칙적으로 다녔다.

비록 어린 나이였지만 간디는 이들 - 『바가바드 기따』, 『불타의 전기』, 『성경』 - 의 가르침을 통합해 보려고 하였는데 이것이 그의 범종교적 사고를 가져온 것으로 생각된다. 자신보다는 남을 위하는 것이 종교의 본질이라고 그는 믿었다.

---

35 James D Hunt, *op. cit.,* p.31.

(2) 영국 유학에서의 귀국

19세 때(1888. 12. 4) 간디는 처와 자식을 남겨두고 영국 유학을 떠났다. 비록 장남도 아니고 아버지도 세상을 떠난 뒤였지만 가족들은 그의 장래를 위해 영국유학을 지지하고 보냈다. 원래 간디는 의사가 되기를 희망하였지만 아버지가 변호사가 되기를 바란 것으로 되어 있다. 영국 변호사 자격은 조부와 부친의 뒤를 이어 훗날 소왕국의 행정 관료가 되는 데 확고한 보장은 물론 부와 명예를 가져다주는 지름길이었던 것이다.

그의 유학 목적은 법학 공부와 변호사 자격을 취득하는 것이었다. 3년간의 영국 유학을 마친 간디는 1891년 6월 10일 변호사 시험에 합격하여 변호사가 되어 11일자로 고등법원에 등록을 필하고 12일 귀국행 여객선에 올랐다.

런던에서의 3년은 젊은 그에게 사회적, 도덕적, 지적 소요의 시기였다. 그곳에서 그는 여러 계층의 사람들을 만남으로써 서구 생활양식도 배우고 책만이 아니라 신문이나 잡지 등을 통해 정치와 사회 문화적 견문을 넓혔다.

귀국은 그가 기대한 만큼 즐겁고 행복한 것은 아니었다. 그토록 보고 싶었던 어머니의 죽음과 바니야 카스트 가문의 자신에 대한 태도, 그리고 직업 변호사로서의 앞으로의 생활 등에 대한 불안이 가중되고 있었다.[36] 이제 간디의 관심은 새로운 사회 활동과 직업을 갖는 것이었다. 사실 간디에게 바라는 가족들의 부와 명예에 대한 기대는 대단했다. 이와 비례하여 그의 사회생활의 시작은 좌절과 절망 바로 그것이었다. 그는 친구들의 권유로 봄베이에 나가 변호사 사무소를 열었다.

36 *Ibid.*, pp.63-67.

영국에서 자격을 취득한 변호사였지만 힌두법이나 이슬람법의 경험이 전혀 없는 그는 경험이 풍부한 토박이 하급 변호사들을 감당해 낼 수가 없었다. 그는 하급 변호사는 물론 유명한 변호사도 사건을 의뢰받으면서 소개비를 지불하는 것을 보고 변호사 직업에 회의를 느꼈다. 간디는 지식은 없으면서 허세나 과시를 일삼는 변호사 직업을 좋게 여기지 않았다.

인도 법과 역사에 관한 지식이 전무한 그는 처음으로 작은 사건을 의뢰받아 법정에 서게 되었다. 그때의 상황을 그는 자서전에 이렇게 적고 있다. "원고 측 증인에게 반대 심문을 하기 위하여 일어섰는데 머리가 빙빙 돌아 마치 법정 전체가 흔들리는 것 같았으며 심문해야 할 문제가 생각나지 않았다. 재판관은 물론 다른 변호사들도 이 광경을 보고 웃었을 것이다."[37] 당황한 그는 사건을 다른 사람에게 넘겨주고 도망치듯 법정을 빠져 나왔다. 변호사로서 그의 첫 시도는 수줍음과 용기 부족으로 완전한 실패였다. 이 일이 있은 후 그는 남아프리카로 가기 전까지 법정에 서지 않았다. 그의 영국 변호사 자격과 법학 공부만으로는 자신은 물론 그의 가족들이 기대하는 부나 명예를 얻을 수 없음은 물론이고 변호사를 개업하여 성공할 수 있다는 보장도 없는 것이었다. 절망한 나머지 그는 고등학교 영어 교사를 하려고도 하였으나 대학 졸업장이 없다는 이유로 그것마저 거절당했던 것이다. 그가 공부한 과정은 London Matriculation으로 정규 대학과정이 아니다.[38]

약 6개월간의 봄베이 생활을 청산하고 그는 라즈코트로 돌아와 진정서나 청원서를 작성해 주는 대서일(Petition writer)을 하게 된다. 라즈

37 *Ibid.*, pp.68-70.

38 Judith M. Brown, *Gandhi's Rise To Power, Indian Politics, 1915~1922*, Cambridge University Press, 1972, p.2.

코트로 돌아온 간디는 당시 카티아와르 지방의 제후국의 궁중 정치에 만연된 권력투쟁, 음모, 시기, 아첨 등에 실망과 좌절, 모욕을 겪게 된다. 특히 제후국의 영국인 정치 고문이 휘두르는 절대 권력에 의한 피지배 백성의 비애를 겪기도 했다.

한 번은 이런 일이 있었다. 포르반다르의 제후가 왕위에 오르기 전 간디의 형(Laxmidas)은 그의 비서로 일했는데 조언을 잘못했다는 이유로 비난을 받게 되었다. 간디는 형의 권유를 받아들여 선처를 부탁하기 위해 이 문제를 다루고 있던 영국인 정치 고문을 찾아가게 되었다. 그는 이 영국인 정치 고문을 영국에서 만났었고 친분이 있었다. 사실 간디는 개인적인 목적을 위해 아는 사람을 이용해서는 안 된다고 생각했었지만 형의 부탁이라 어쩔 수 없었던 것이다. 영국 관리는 아주 냉담하고 고압적이었다. 그는 간디의 형을 음모자로 처벌해야 된다면서 강제로 간디를 내쫓아 버렸다.[39] 영국에서는 인간 대 인간으로 대화를 나누었던 그가 인도에서는 지배자로 피지배자들 위에 군림하고 있었던 것이다. 울분과 굴욕감에 분노를 삭이지 못한 간디는 그를 고소하려고 마음먹는다. 그러나 그는 봄베이의 유명한 변호사 메흐따(Pherozeshah Mehta)로부터 충고를 듣게 된다. "이런 일들은 많은 변호사들이 겪는 일이오. 인도에서 돈을 벌고 편안한 생활을 영위하려면 모욕을 참을 수밖에 없소. 영국인 관리를 고소해 봤자 아무런 소득도 없고 자신만을 파멸시킬 뿐이오. 당신은 아직도 인생을 모르오."[40] 이것은 정의감에 불타는 청년 변호사에게는 견딜 수 없는 고통이었다. 이 충격이 자신의 인생행로에 큰 변화를 주었다고 그는 술회하고 있다.

위에서 보듯 변호사로서의 실패와 소왕국의 음모, 시기, 그리고 영

39 M.K. Gandhi, *op. cit.*, pp.70-72.

40 *Ibid.*, pp.70-72.

국 관리의 횡포 등에 시달리고 있던 간디는 어떻게 해서든 이와 같은 분위기에서 탈출하여 새로운 길을 모색하고 싶었던 것이다. 바로 이러한 시기에 운명의 기회가 온 것이다.

귀국한 지 2년이 되는 어느 날 간디는 포르반다르에서 무역 회사를 경영하는 형 친구로부터 다음과 같은 제의를 받는다.

"우리 회사(Dada Abdulla & Co)는 남아프리카에서 사업을 하는데 같은 이슬람교도 상인과 4만 파운드의 민사소송을 벌이고 있습니다. 만약 당신이 남아프리카에 온다면 우리에게는 물론 당신에게도 미지의 세계가 큰 도움이 될 것입니다. 계약 기간은 1년으로 왕복 일등석 선표와 105파운드의 임금, 기타 부대비용 등을 제공하겠습니다."[41] 이처럼 간디는 분쟁 해결의 부탁을 받고 남아프리카로 가게 된다. 위의 조건은 자신과 형의 가계 운영비에 충분할 것으로 생각한 그는 주저 없이 수락하였다. 회사의 제의는 변호사가 아니라 사무원이었다. 현지 인노인 변호사들도 있었지만 그들은 영어 실력이 부족해 필요한 법적 대응을 할 수 없었던 것이다. 그래서 영국에서 공부한 사람으로 영어에 능통한 포르반다르인을 구하고 있었던 것이다.

다다 압둘라 엔드 회사의 제의를 수락한 간디는 1893년 4월 남아프리카로 향한다. 남아프리카 행은 간디에게 새로운 기회나 미지의 세계에 대한 도전이라기보다는 실패에 대한 현실도피 수단이었다.

---

41 *Ibid.*, pp.73-74.

2

남아프리카에서의 간디

1. 인권 운동

1) 인종 차별의 체험

남아프리카는 간디가 직업인으로서 사회생활을 처음 시작한 곳이고 부끄러움과 수줍음을 극복하고 정치적, 사회적 행동력을 개발한 곳이며 나아가 자신의 능력에 자신감을 갖게 한 곳이었다.

1893년 4월 괴로웠던 고향 생활을 청산하고 남아프리카[42]에서 행운

---

42 1487년 포르투갈인 디아즈에 의해 발견된 남아프리카는 그 후 네덜란드인에 넘어가 17세기 중엽 이후 네덜란드 동인도회사는 케이프 타운을 중심으로 일대를 개척한다. 당시 네덜란드인과 프랑스인 이민 사이에 태어난 사람이 보어(Bore)인이다. 19세기 영국인에 의해 쫓겨난 보어인은 집단적으로 북방으로 이주, 원주민을 정복하여 트란스발공화국과 오렌지자유국을 세워 주로 농장을 경영하고 있었다. 이어 영국은 이 두 나라의 독립을 허락하고 케이프 타운 식민지와 나탈지방을 합병한다. 그런데 19세기 후반 부근 일대에 다이아몬드와 금광석이 발견되어 이들 두 나라와 영국은 치열한 보어전쟁(1899~1902)을 치른다. 1902년 승리한 영국은 이 두 나라를 직할령으로 만든다. 이어 1906년에는 영연방 내의 자치주로 승격시킨다. 1910년 이후 트란스발, 오렌지카운터 두 주에 케이프, 나탈 주를 합쳐 4개의 주로 구성된 남아프리카 연방이 되어

과 기회를 잡겠다는 열망을 품고 간디는 인도를 떠났다. 한 달간의 항해 끝에 풀을 먹인 흰 와이셔츠에 검은 넥타이, 프록 코트, 줄무늬 바지, 검은 가죽구두에 검은 터번을 두른 간디는 영국의 직할 식민지 나탈의 더반 항구에 도착했다.

도착 후 그는 소송 의뢰인 다다 압둘라 세트(Dada Abdulla Sheth)를 만나 더반에서 약 일주일 간 함께 지냈다. 이 상인은 많이 배우지도 못했고 영어 실력도 거의 없는 늙은이였으나 나탈에서 가장 부유한 인도인이었다. 소송 사건의 내용은 '다다 압둘라 세트가 차용증서를 받지 않고 신용으로 그의 친척인 세트 타이에브 하지 칸 무함마드(Sheth Tyeb Haji Khan Muhammad)에게 상당한 돈을 빌려주었는데 돈을 갚지 않아 그를 상대로 4만 파운드의 손해 배상 청구 소송을 제기해 놓았다'는 것이었다. 그리고 이 소송 사건은 세트 타이에브 하지 칸이 살고 있는 트란스발(Transval)의 프레토리아(Pretoria)에서 진행되고 있었다.

프레토리아로 가기 전 다다 압둘라는 남아프리카 법정의 진행 과정을 보여주기 위해 간디를 더반의 법정으로 데리고 갔다. 터번을 머리에 두르고 법정에 들어선 간디를 본 영국 판사가 그것을 벗도록 요구했다. 그러나 간디는 터번은 인도 남성의 상징이라며 이를 거절하고 스스로 법정을 빠져나왔다.[43] 여기서부터 그의 시련은 계속된다.

더반에서 약 350마일 떨어진 프레토리아로 가기 위해 그는 일등석 차표를 갖고 기차에 올랐다. 출발한 지 얼마 안 되어 한 유럽인 승객이 그에게 다가와 기차 후미에 있는 유색인들이 타는 수하물 객차로 가도록 명령했다. 간디는 일등석 차표를 보이며 승무원에게 항의했으나 소용이 없었다. 승무원은 기차가 마리츠버그(Maritzburg)역에 정차하자

오늘에 이른다.

43 M.K. Gandhi, *op. cit.*, pp.78-79.

청원경찰을 불러 그를 강제로 끌어내리고 짐을 내팽개쳐 버렸다. 그는 춥고 어두운 역 대합실에서 밤을 보내게 된다. 짐 보따리 속에 코트를 넣어두었는데 그는 그것을 돌려달라고 할 용기가 없었다. 프레토리아로 가야 하나? 고향인 라즈코트로 돌아갈까? 아니면 수모를 참고 자신의 권리를 위해 싸워야 하는가? 그는 이날 밤새 고민했던 것이다. 간디는 그 날 밤의 사건이 그의 인생의 한 분기점이 되었으며 그의 비폭력 활동도 그날부터 시작되었다고 훗날 그를 찾은 미국인 선교사(John Mott)에게 밝히고 있다.[44] 그는 이 개인적 모욕을 전 인도인, 나아가 전 유색인종에 대한 모욕으로 간주하고 뿌리 깊은 유색인종 차별정책과 정면 대결키로 다짐하고 다시 프레토리아로 가는 역마차를 타게 된다. 보어인 차장은 간디를 유럽인 승객들과 함께 앉지 못하게 하고 마부 옆에 앉도록 했다. 항의를 했지만 허사였다. 역마차가 파르데코프(Pardekoph)에 멈췄을 때 차장은 담배를 피우기 위해 간디에게 발판 대에 앉도록 명령했다. 간디가 참을 수 없는 분노와 모욕감에 그렇게 못하겠다고 항의하자 차장은 그의 멱살을 잡고 뺨을 때리고 마구 폭행하였다.[45] 요한네스버그에 도착해서 간디는 한 호텔에 들어갔는데 호텔 관리인은 그를 훑어보고는 방이 없다면서 거절했다. 다음날 간디는 프레토리아로 가는 일등석 차표를 사가지고 기차에 올랐다. 저미스톤(Germiston)에서 차장이 일등석에 앉아 있는 그를 보고 화를 내며 3등석으로 가라고 손짓을 했다. 그러나 함께 있던 영국인 승객의 호의로 그는 계속 그곳에 앉아서 프레토리아까지 갈 수 있었다. 프레토리아에 도착해서 호텔에 들어간 간디는 호텔 주인으로부터 이곳에는 유럽인들만이 투숙하기 때문에 유색인은 방안에서 혼자 식사를 해야 한다는

---

44 Krishna Kripalani, *op. cit.,* p.20.
45 M.K. Gandhi, *op. cit.,* pp.80-81.

조건으로 방을 주겠다는 제의를 받는다.[46] 이처럼 더반에서 프레토리아로 가는 여행은 간디에게는 시련과 모욕의 연속이었다. 그가 당한 모욕과 시련은 남아프리카의 인도인들이 겪는 현실 바로 그대로였다.

남아프리카에 인도인이 처음(주로 나탈 주) 들어온 것은 19세기 이후였다.

1833년 영국은 자신들의 식민지에 노예제도를 폐지하였는데 이것은 당시 국제 무역에 있어서 남아프리카의 중요성이 증대되고 있을 때 인구가 적은 그곳에 값싼 노동력의 공급 중단을 의미하는 것이었다. 그 당시는 수에즈 운하도 없었고 거의 모든 배들은 남아프리카로 돌아가야 했다. 더구나 갈수록 남아프리카의 설탕과 커피, 차에 대한 수요가 급증하고 있던 때였다. 그리하여 영령 남아프리카는 영령 인도로부터 계약 노동자들을 수입하게 된다. 그리하여 1860년 11월 만성적인 가난과 전염병, 기근에 시달리던 인도의 남녀 문맹자(어린이도 포함)들이 거의 노예수준에 가까운 임금을 받고 5년 계약으로 모집되어 남아프리카로 건너가 유럽계 농장주들에게 인계되었다. 이 일만 없었더라면 남아프리카에 인도인은 없었을 것이고 간디의 사띠야그라하(Satyagraha) 운동도 전개되지 않았을 것이다. 계약 기간이 끝난 뒤에도 이들 노동자들은 대부분 앞으로의 보다 나은 전망 속에 그곳에 하인, 막노동자, 정원사 등으로 눌러 앉았다. 차츰 그들의 수가 증가하자 인도에서 상인이나 고리대금업자, 사무원, 교사, 의사 등도 자원하여 모여들기 시작했다. 높은 출생률과 이민 등으로 당시 인도인들의 숫자가 유럽인 숫자를 능가하고 있었다. 1894년 나탈지방에 인도인 4만3천명, 유럽인은 4만, 원주민은 약 50만이 거주하고 있었다. 나탈만큼 인도인의 숫자

46 *Ibid.*, p.87.

가 많지 않지만 1904년 통계에 의하면 트란스발에는 11,321명의 인도인(주로 상인)과 299,000명의 백인, 945,000명의 아프리카인이 살고 있었으며 케이프에는 10,192명의 인도인이 거주하고 있었다. 반면 오렌지 자유주는 일찍부터 인도인의 유입을 차단하고 있었다.[47] 초기에는 인도인 노동자들은 백인 고용주에 의해 환영을 받았으며 백인 사회에 경제적 위협이 되지 않았음은 말할 나위도 없고 오히려 경제적 자산으로까지 여겨졌었다. 그러나 차츰 그 수가 늘면서 백인 사회의 사고는 변하기 시작한다.

유럽인들은 모든 인도인들을 꿀리(Coolie, 막노동자)라고 불렀다. 따라서 인도인들은 그들의 직업에 관계없이 '꿀리' '꿀리 사업가' '꿀리 가게주인' '꿀리 고리대금업자' '꿀리 변호사' '꿀리 선생님' '꿀리 의사'등으로 호칭되었다.[48]

당시 남아프리카의 유럽인들은 주로 네덜란드인과 보어인, 그리고 영국인이었다. 보이인들은 17세기, 영국인들은 18세기 말에 각각 들어오기 시작했다. 보어인들은 주로 농부로 깊숙한 초원지에서 소를 사육하거나 농장을 경영하고 있었다. 칼빈주의자로 보수적인 그들은 인도인이나 원주민들에게는 다소 엄하고 잔인한 면을 보여주고 있었다. 반면 영국인들은 주로 도시에서 예술가, 사업가, 관리, 의사, 변호사 등의 직종에 종사하여 유색인종에 대해 다소 유연성을 보이고 있었다. 값싼 노동자의 수요가 증가함에 따라 영국 식민지보다는 보어 지역에 인도인의 수가 증가하고 있었다. 따라서 자연적으로 나탈과 케이프보다는 트란스발과 오렌지 자유주에서 인종차별이 더 심하였다.[49]

47 Antony Copley, *Gandhi Against The Tide*, Oxford University Press, 1993.
48 Ved Mehta, *Mahatma Gandhi and His Apostles*, Penguin Books, 1977, p.102.
49 Judith M. Brown, *Gandhi, Prisoner of Hope*, Oxford University Press, 1992,

1885년 트란스발 주정부에 의해 제정된 법령에 의하면 인도인들은 지정된 지역 이외에서는 재산(토지)을 소유할 수 없으며 (지정된 지역이라 해도 자유로운 소유권이 주어지지 않았다) 매년 3파운드의 인두세를 내야하고 (처음에는 25파운드였으나 1886년 3파운드로 줄었다) 공공 보도(Public footpaths)로 걸어 다닐 수 없으며, 밤 9시 이후에는 통행이 금지되어 있었다. 또한 그들에게 투표권이 주어지지 않았음은 물론이다. 간디 자신도 크루고 대통령 관저를 지나다 경비병으로부터 사전 예고도 없이 떠밀리며 폭행까지 당하였다.[50]

남아프리카에서의 간디의 모습

오렌지 자유주도 1888년의 특별법에 의해 인도인은 일체의 권리를 박탈당하였다. 이리하여 간디는 보고 듣는 것만이 아니라 직접 체험과 접촉에 의해 남아프리카에 있는 인도인들의 비참한 상황을 상세히 파악하기로 결심하였다. 그리고 어떻게 하면 이와 같은 상황이 개선될 수 있을까? 그는 깊이 생각하게 되었다.

간디는 먼저 인종차별 실상을 파악하기 위해 그곳 인도인들과(주로 상인) 접촉을 시작하였다. 그는 세트 타이에브 하지의 집에 인도인들을 모아놓고 처음으로 대중 연설을 하였다. 이것이 그의 공공활동의 시작이었다. 그 내용은 주로 사업(장사)을 하면서 신의를 지킬 것과 위생적인 생활 습관을 가질 것 그리고 인도인들 사이의 종파와 카스트 - 힌두, 무슬림, 파르시, 기독교인, 구자라트인, 마드라스인, 편잡인, 신두인, 수르티인 등 - 를 떠나 단합할 것을 강조했다. 그리고 이곳에서

pp.31-33.

50 *Ibid.*

생활하기 위해서는 영어를 배워야 한다고 영어의 중요성을 일깨워 주기도 했다.[51]

인도인의 지위 향상을 위한 이러한 모임은 그 후 여러 차례 계속되어 상호 의견을 교환하고 나아가 당국에 시정을 호소하기도 하였다. 그 결과 비록 짧은 기간 프레토리아에 머물렀지만 그는 트란스발과 오렌지 자유주의 인도인들의 정치, 경제, 사회적 상황을 깊이 인식하게 되었다.

남아프리카에 온 본래의 목적인 소송 사건을 간디는 양측을 설득 중재함으로써 원만히 해결하였다. 간디는 다다 압둘라 세트의 민사소송 사건에 약 6개월간 매달렸다. 그의 일은 사건의 사실 조사를 실시하여 그 자료를 선임된 변호사에게 제공하는 것이었다. 원고와 피고 쌍방의 신임을 받은 간디는 그들에게 중재안을 통해 사건을 해결하도록 권유했다. 법정 투쟁이 계속되면 과도한 소송비용과 변호사 비용으로 쌍방 모두 파산하기 때문이었다. 더구나 쌍방은 친척이며 같은 지역 출신이었던 것이다. 결국 중재안을 통한 화해로 피고 타이에브 세트는 원고 다다 압둘라에게 3만 7천 파운드를 장기 분할로 지불하도록 조정이 되었다.[52] 남아프리카에서 첫 번째 맡은 일에 성공을 거둔 간디는 크게 고무되었다. 그는 변호사의 진정한 역할은 법적 상대 이익을 노리는 것이 아니라 타협과 조정을 통해 쌍방을 화해시키는 것이라는 것을 깨달았다.

프레토리아에서의 1년은 간디의 생애에 있어 귀중한 체험이 되었다. 인도인의 지위 향상을 위한 공공 활동의 기회를 가졌고 그러한 활동 중에 자신의 능력에 대한 자신감도 얻었다. 그리고 다양한 종교적 탐

51 M.K. Gandhi, *op. cit.,* pp.93-94.

52 *Ibid.*, pp.97-100.

구 자세는 그에게 다종교주의와 종교적 관용 정신을 일깨워 주었다. 또한 본래의 임무였던 소송 사건을 원만히 해결함으로써 변호사의 지식도 습득하고 장래 변호사로서 성공할 것이라는 확신도 갖게 되었다.

남아프리카에서의 임무를 끝낸 간디는 귀국하기 위해 더반으로 갔다. 다다 압둘라 세트는 귀국하는 그를 위해 더반에 있는 주요 인도인들을 초청하여 송별회를 마련해 주었다. 바로 그날 <나탈 머큐리>(The Natal Mercury) 신문을 펴 보던 간디는 나탈의회에 상정 중인 '선거법 개정안'에 관한 기사를 읽고 큰 충격을 받았다. 이 법안은 나탈에 있는 모든 인도인들의 선거권을 박탈한다는 것이었다. "아시아인은 대의 정부의 전통이나 원칙의 기본 지식도 갖추지 못했으며 본능이나 훈련 면에서 가장 후진 정치적 유아에 불과하다. 따라서 우리의 정치적 기대에 그들이 공명하고 조화를 이룰 것이라고 기대하는 것은 무리이다."라고 신문은 적고 있었다.[53]

이어 간디는 '선거권 박탈'은 나탈에 있는 모든 인도인들에게 치명적인 타격이 될 것이며 결국 우리의 관(棺)에 못질을 하는 것이라고 성토했다. 그의 말을 듣고 있던 인도인들은 흥분한 나머지 이구동성으로 간디에게 귀국을 연기하고 한 달 만 더 머물면서 법안 반대 투쟁을 도와 달라고 간청하였던 것이다. 이리하여 간디는 한 달간 더 머무르기로 했으며 그 날 밤의 송별회는 법안 반대 투쟁 회의가 되었다.[54] 이것이

젊은 시절의 간디

53 Ved Mehta, *op. cit.,* p.103.

54 M.K. Gandhi, *op. cit.,* or *The Story of My Experiments With Truth*, Navajivan Publishing House, 1976, pp.103-104.

그를 남아프리카에 남아 위대한 인권 운동가로, 독립운동가로 만드는 계기가 되었던 것이다.

2) 인권 운동의 전개

다수의 인도인들이 압둘라 세트 집에 모여 선거권 박탈 법안에 반대하는 결의안을 채택한 후 간디는 청원서를 초안하고 서명을 받아 입법의회 의장과 법무장관, 수상에게 보냈다. 그는 5일 간의 법안 통과 연기를 얻어내는 데 성공하였다. 그는 영국의 식민지상 리폰에게도 청원서를 보냈다. 이어 그는 두 주에 걸쳐 더반에 있는 1만 명의 인도인들로부터 서명을 받았다.[55] 이것은 간디의 평화적 법안 반대운동이 전개되는 순간이었다.

청원서 서명 운동은 인도인 집단에 새로운 활력을 불어넣었다. 이제 인도인들은 지위 고하, 빈부, 종교, 출신 지역에 관계없이 경제적 상업 활동의 권리뿐만 아니라 정치적 권리를 쟁취하기 위해서는 하나로 뭉쳐 투쟁을 해야 한다는 자각 의식을 가지게 되었다는 사실이다. 청원의 결과가 성공한 것은 아니지만 인도 신문(The Times of India)은 이들의 요구를 신문에 게재하여 조국의 국민들에게 남아프리카에 있는 동포들의 실상을 알리는 계기가 되었으며 또 영국 신문(The London Times)도 이들의 요구를 지지하고 나섰던 것이다.

다다 압둘라 세트와 동료 상인들은 간디에게 영구히 함께 남아프리카에 살아줄 것을 간청했다. 간디는 직업 변호사로서 연 300파운드의 수입과 변호사 신분에 어울리는 좋은 집을 제공해 달라는 조건을 제시했다. 더반의 상인들은 그를 법률 고문으로 위촉하고 1년에 300파운드

55 *Ibid.*, pp.105-108.

를 지불하고 간디는 그들의 문제를 상담 조언해주는 조건으로 그는 나탈에 정착하게 된다.[56] 이것이 그의 인생의 분기점이 된 것이다. 이것이 남아프리카 생활의 근거가 되어 간디는 21년간이나 그곳에 남아 유색인종에 대한 차별 정책(선거권, 재산권, 주거지역과 이민, 시민권 제한)에 반대하는 운동을 벌였던 것이다.

먼저 당시 남아프리카의 나탈정부의 상황을 살펴보기로 한다.

19세기말 나탈의 입법자들은 명백한 인종차별적 표현은 쓰지 않았지만 사실상 시민권(선거권)을 박탈당한 아시아인(인도인) 상인들을 제거할 목적으로 상거래 허가에 대한 규제를 분명히 했다. '꿀리'로 알려진 인도노동자들도 한 때는 경제적 자산으로 여겨지기도 했지만 차츰 백인들의 적대감을 불러 일으켰다.

1895년 <나탈 머큐리>지는 생활과 도덕 수준이 낮은 '꿀리'들의 이민으로 질병과 전염병 전파가 우려된다고 지적했다. "생활 습관이 더러운 '꿀리'의 이민이 더 이상 허용되어서는 안 된다. '꿀리'는 안락한 생활을 해치고 유럽 상인의 사업영역을 가로막는다. 경제적으로도 이 나라에 도움이 되지 않는다. 그는 다른 집단에 위험을 주면서 온갖 수단으로 돈을 벌어 그것의 80%를 아시아로 가져간다. 실제 나탈에서도 '꿀리'들과 경쟁을 함으로써 유럽 상인들의 사업이 점점 위축되어 가고 있다. 따라서 아시아인은 유럽인의 생활과 활동에 위협이 되며 경제적 발전에 장애가 된다."[57]

나탈의 백인들은 인도인들이 자영농민이 되는 것은 용인할 수 있었지만 상업의 경쟁자가 되는 것은 참을 수 없었다. 이와 더불어 인도인

56 *Ibid.*
57 Judith M. Brown, *op. cit.,* p.32.

들의 생활 태도, 종교상의 차이, 비위생적 환경 등으로 인해 인도인에 대한 반감이 증가일로에 있었다. 이러한 반감이 선거권 박탈이나 계약 노동자에 대한 과세법안 등으로 나타났다.

나탈의 대표단이 인도를 방문하여 다음과 같은 제안을 하였다.

첫째, 계약 노동자는 계약 기간이 끝나면 즉시 귀국할 것.

둘째, 2년마다 계약을 갱신할 것.

셋째, 이를 거부할 경우 매년 25파운드의 세금부과 등이다.

이와 같은 제의는 인도인의 나탈이민을 금지하고 기존의 계약 노동자도 추방하려는 계획에서 나왔다. 당시 인도 총독 엘진 경은 25파운드의 세금부과는 승인하지 않았지만 연 3파운드의 인두세를 과세하는 데 동의했다.[58]

결론적으로 말하면 1895년부터 시작된 이 인두세 철폐 투쟁은 나탈의 인도인뿐만이 아니라 남아프리카에 거주하는 모든 인도인들의 피나는 투쟁으로 20년이 지나 1914년 폐지된다.

선거권 박탈 법안에 청원서를 제출하는 것만으로는 불충분하다고 생각한 간디는 1894년 5월 지속적인 투쟁과 공공활동을 전개하기 위해 변호사를 개업하고 영구적인 조직체인 나탈인도국민회의(Natal Congress)를 결성하고 그것의 총무가 되었다. 이 단체는 회원의 회비와 특별 기부금으로 운영되었으며 정기적 또는 부정기적으로 회합하여 여러 문제에 대해 토의하고 회원들을 훈련시켜 동포애를 함양시키는

58 M.K. Gandhi, *op. cit.*, p.117.

중요한 역할을 했다. 나탈국민회의는 나탈에서 태어나 교육을 받은 인도인 2세대들에게 봉사의 장을 마련해 주었으며 나아가 홍보 활동을 통해 나탈에 있는 인도인들의 실상을 바깥 세계 - 영국과 인도 - 에 알려 적극적인 관심과 지지를 얻어 냈다.[59] 이것은 그들에게 앞으로의 활동 계획에 큰 힘이 되었던 것이다.

3년 동안 변호사 활동도 정상 궤도에 올랐고 큰 저택도 마련한 간디는 1896년 가족을 데리러 귀국했다. 남아프리카에서 그의 임무와 역할이 길어질 것으로 생각하여 처자를 데리고 다시 돌아와 정착하기로 결심하였던 것이다. 또한 귀국하면 남아프리카의 인도인에 대한 관심과 여론도 조성할 수 있을 것으로 그는 기대하였다.

라즈코트로 돌아온 간디는 남아프리카의 인도인의 실태를 담은 소책자를 펴내 각 지도자들과 모든 신문사에 발송하였다(이 내용이 외신 전파를 타는 과정에서 과장되어 그가 나탈에 돌아왔을 때 집단 폭행을 당하게 된다). 고향과 봄베이를 오가면서 간디는 봄베이의 유명한 변호사 메흐타 경과 인도국민회의의 지도자인 띨락과 고칼레를 만나 도움과 자문을 구하고 집회도 가졌다. 그가 캘커타에 머물고 있을 때 더반으로부터 나탈의회가 1월 달에 개최된다며 급히 돌아오라는 전보를 받게 된다. 12월 하순 그는 아내와 두 아들(아홉 살의 하리랄과 다섯 살의 마니랄), 조카를 데리고 두 번째로 남아프리카로 갔다.[60]

18일간의 항해 끝에 더반 항구에 입항한 배는 태풍을 만나 죽을 고비를 넘겼으나 또 다른 백인의 태풍이 간디를 기다리고 있었다. 방역 검사를 구실로 그는 5일간 선박 안에 묶여 있었다. 격리 명령 배후에는 그를 인도로 강제 송환시키기 위한 음모가 꾸며지고 있었다. 간디를

59 *Ibid.*, pp.111-113.
60 *Ibid.*, pp.135-137.

추방하려는 이유는 그가 인도에 체류하고 있는 동안 나탈의 백인들을 비난했으며 두 척의 기선에 많은 인도인들(600여명)을 데리고 왔다는 것이었다. 상륙허가를 받아 더반에 내린 간디는 백인 군중들로부터 심한 폭행을 당하였다. 폭도로 변한 군중을 피해 그는 경찰서에서 2-3일간 보호 신세를 지기도 했다. 그는 인도에서 인터뷰를 통해 나탈의 백인들을 중상 비난했다는 것은 과장된 오보이며 두 기선의 승객들도 자신이 데리고 온 것이 아니라 이전부터 나탈에 거주하고 있었던 사람들이며 그중의 일부는 트란스발로 가는 사람들이라고 해명했다. 그리고 자신을 폭행한 자들을 고소, 고발하지 않겠다고 밝혔다.[61] 이 사건으로 그의 명성과 활동은 더욱 빛을 발하게 되었다.

그 무렵 나탈입법의회는 인도인 상인의 활동과 인도인 이민의 입국을 제한하는 법안을 상정했다. 두 법안의 제출로 간디의 공공 활동은 더욱 바쁘고 분주해졌다. 결국 두 법안은 통과되었고 반사적으로 인도인의 자각 의식은 더욱 고양되고 불타올랐다.

간디의 영국과 영국 헌법, 여왕에 대한 충성심은 대단했다. 그는 회합 때마다 영국 국가를 불렀으며 영국의 식민통치가 피지배 민족에게 유익이 된다고까지 믿었다. 그리고 인도의 독립도 대영제국 안에서 대영제국과의 협조를 통해서만이 가능하다고 생각했다.[62] 보어 전쟁(Boer War)때 간디는 비록 개인적으로는 보어인을 크게 동정했지만 영국에 대한 충성심과 전쟁에서 영국이 승리하면 인도인들에 대한 규제 조치를 완화할 것이라는 기대 속에 대영제국의 방위에 나섰다. 그는 가능한 많은 동지들을 규합하여 위생병으로 자원입대하여 6주 동안 일선에서 근무하였다. 이들의 봉사 활동은 많은 찬사와 함께 인도인들

61 M.K. Gandhi, *op. cit.*, pp.143-148.

62 *Ibid.*, p.161.

의 위상을 크게 높이는 계기가 되었다. 간디는 계약 노동자들과도 활발한 접촉을 가졌다(1100명의 자원병 중 약 800명이 계약 노동자였다). 그들 사이에서도 종파나 카스트, 지역에 관계없이 모두 같은 인도인의 자손들이라는 동족의식과 함께 조국을 사랑하는 애국심이 타오르고 있었다. 그 일례로 인도에 대기근이 발생하였을 때(1897~1899)남아프리카의 인도인들(계약 노동자 포함)은 상당한 액수의 기금을 모아 조국에 보내 조국애를 보여 주었던 것이다.[63] 이 밖에도 1906년 나탈 주에서 줄루(Zulu)족이 반란을 일으켰다는 소식을 듣고 간디(그는 자신을 나탈 주 시민으로 생각하고 있었다)는 대영제국에 대한 충성심으로 총독에게 인도인 야전병원부대 조직을 제의하였다. 제의를 허락 받은 간디는 더반으로 가서 24명으로 구성된 소규모 부대를 만들어 전선에 뛰어들어 6주가량 봉사활동을 했다. 백인 부상병도 치료하고 간호해 주었지만 주로 줄루족 부상자들을 치료해 주었다. 이 일로 그는 총독으로부터 감사의 편지를 받았다.

보어 전쟁이 끝날 무렵(1901) 간디는 남아프리카에서 변호사로서의 성공이 단순히 돈만 벌어들이는 것이 되지 않을까 고민되기도 하고 한편으로는 진정으로 일 할 곳은 인도라는 생각이 들었다. 인도의 친구들이 귀국을 종용하기도 하고 그 자신도 인도에서 더 큰 봉사를 할 수 있을 것으로 기대하고 있었다. 남아프리카의 동지들은 앞으로 1년 안에 그를 필요로 할 경우가 생기면 기꺼이 돌아온다는 약속을 받고 간디의 귀국요청을 받아들였다.[64]

1901년 두 번째로 귀국한 간디는 인도 전역을 여행하면서 정치인들과 만나고 캘커타에서 개최되는 인도국민회의 연례 총회에도 처음으

63 *Ibid.*, pp.163-164.
64 *Ibid.*, pp.164-165.

로 참석하였다. 여기서 그는 당시 인도인과 영국으로부터 큰 존경을 받고 있는 정치 지도자 고칼레를 만났다. 그는 1개월간 고칼레와 함께 생활하였다. 모든 것을 스스로 자발적으로 하는 습관과 자신을 깨끗이 하는 몸가짐, 인내력, 규칙적인 생활 등 간디의 모습에 고칼레는 찬사를 보내고 반면 간디는 그의 조국애에 큰 감명을 받는다.[65] 캘커타에 체류하는 동안 그는 많은 지도자들을 만나 남아프리카의 공공 활동상황을 설명하고 도움을 요청했다. 인도인 이민자들의 실상을 알림으로써 그는 델리의 관심을 끌었고 반영 사고나 투쟁에 전혀 관여하지 않은, 이전에는 전혀 알려지지 않았던 간디가 인도 정치 무대에 등장하는 계기가 되었다.

한편 고칼레는 간디에게 봄베이에 정착하여 변호사를 개업하고 국민회의 활동을 도와주기를 요청하였다. 그러나 간디는 이전의 봄베이에서의 실패가 두려워 연고가 있는 라즈코트에서 우선 일하기로 했다. 영국 유학을 도와준 케발람 마브지 다베의 도움으로 소송 사건을 맡아 승소한 간디는 그곳 친구들의 권유와 격려로 가족과 함께 봄베이로 나가게 되었다.[66] 그의 친구들이 봄베이에서 일거리를 제공해 주기로 약속했던 것이다. 봄베이의 싼타크루즈 교외의 방갈로에 살면서 그는 매일 일등석 기차로 시내로 통근하였다. 변호사 업무도 번창하였고 상당히 안정된 생활을 그는 영위해 나갔다.

봄베이에서 어느 정도 정착이 되자 남아프리카에서 그를 부르는 전보가 날아 왔다. 영국 식민지상(Secretary of state for the colonies) 쳄버린(Joseph Chamberlain)이 남아프리카를 방문하는데 인도인 사회가 그를 만나는 데 도움을 요청하는 내용이었다. 처자식과 안정된 자리를

---

65 M.K. Gandhi, *op. cit.*, pp.172-179.

66 *Ibid.*, pp.183-188.

두고 남아프리카로 떠나는 그의 심정은 무척 괴로웠다. 아직도 그는 인도를 떠나 남아프리카에서 영구적인 생활을 생각하지 않았다. 더반에 도착한 간디는 대표단을 구성하여 쳄버린을 만났다.

"영국 정부는 자치령 식민지에 큰 영향력을 행사할 수 없습니다. 당신들의 불만과 어려움은 사실이고 도와주고 싶습니다. 하지만 여러분들이 유럽인들 속에서 함께 살고 싶으면 최선을 다해 그들을 달래야 합니다."[67] 쳄버린의 냉담한 태도는 대표단을 크게 실망시켰으며 오히려 그들에게 처음부터 활동을 다시 시작해야 한다는 새로운 각오를 다지게 했다.

쳄버린이 트란스발로 떠나자 간디는 그곳 인도인들의 진정서를 제출하기 위해 프레토리아로 떠났다. 당시 트란스발정부는 아시아 과를 두어 아시아인 문제를 다루어 왔는데 이 과의 관리들은 간디의 입국을 알고 그를 추방하려 하였다. 아시아 과 관계자는 인도인들을 특별히 보호하기 위해 아시아 과가 신설된 것이라면서, 인도인들의 요청으로 그들을 돕기 위해 이곳에 왔다는 간디를 떠나라고 요구했다. 이러한 모욕에 분개했으나 간디는 냉정을 되찾아 합당한 길을 모색하기로 했다. 그는 1년 안에는 인도로 돌아가지 않고 트란스발 주 법원에 변호사로 등록하여 활동하기로 결심했다.

"우리가 투쟁하지 않는다면 인도인들은 이곳에서 쫓겨나고 재산도 빼앗기게 될 것이다."[68] 그는 트란스발 정부와 싸우기 위해 요한네스버그에 사무실을 냈다. 간디는 아시아 과의 관리들이 아시아인을 보호는커녕 착취하고 있는 실정을 잘 알고 있었다. 여기서 그의 부당한 권력과의 투쟁은 계속 이어진다. 1906년부터 그의 새로운 투쟁 사띠야그

67 *Ibid.*, p.180.
68 *Ibid.*, pp.194-195.

라하 운동이 전개된다.

3) 새로운 삶의 준비

남아프리카에서 간디는 종교, 생활 형태, 부부 관계, 교육문제 등 사회와 가정생활에 있어 급격한 사고의 변화를 보여주고 있다.

프레토리아에 있는 동안 간디는 종교에 깊은 관심을 보였다. 다다 압둘라의 대리인이고 기독교도인 베이커(A.W. Baker)가 그의 종교에 대해 묻자 간디는 이렇게 답했다. "저는 출생에 의해 힌두입니다. 그러나 다른 종교도 마찬가지이지만 힌두교에 대해 아는 것이 별로 없습니다. 사실 저는 제가 무엇이고 어디에 있으며 저의 믿음이 무엇인지 모릅니다. 저는 할 수 있는 한 자신의 종교는 물론 다른 종교도 깊이 공부하려 합니다."[69] 기독교인과 교제하면서 그는 기독교에 심취하여 기독교 관련된 서적을 읽고 부흥회나 교회에 나가기도 하였다. 이보다 먼저 영국에서 공부할 때 그는 신지학회를 세운 블라바스키와 베산트 여사와 교제하면서 이들이 쓴 신지학 이론(Key to Theosophy), 성경 등에 심취되어 신지학회 모임과 교회에 다니기도 하였다. 특히 산상수훈에 큰 감명을 받았음을 그는 술회하고 있다. 많은 기독교 친구들이 그를 개종시키려고 노력하였지만 결국 그는 기독교인은 되지 않았다. 한 부흥회에 참석한 후 그는 "나의 종교를 바꿀 만한 이유를 발견하지 못했다. 기독교인이 되어야만 비로소 구원을 얻고 천국에 갈 수 있다는 것, 그리고 예수만이 하나님의 유일한 아들이며 예수를 믿는 자만이 영생을 누린다는 사실을 믿을 수 없었다."고 말했다.[70] 기독교를 위대

69 M.K. Gandhi, *op. cit.*, pp.88-89.
70 *Ibid.*, pp.90-92.

하고 완전한 종교로 받아들일 수 없었던 것처럼 힌두교도 그에겐 마찬가지였다. 그는 힌두교의 여러 가지 결점들을 잘 알고 있었다. 그는 힌두사회의 사회구조인 카스트 제도 가운데 불가촉천민 제도를 반대했으며 힌두교의 수많은 종파도 이해할 수 없었다.

기독교인과 마찬가지로 이슬람교도들도 간디에게 이슬람교도가 되기를 권유하였다. 그는 코란과 이슬람 관련 서적을 구입하여 탐독하기도 했다. 이 무렵 그는 종교적 고민을 담은 편지를 레이찬드 바이에게 보냈다. 답신에서 레이찬드 바이는 힌두교를 좀 더 깊이 연구하라면서 힌두교의 심오한 사상과 인간의 영혼에 대한 관조나 자비는 다른 어느 종교에서도 찾아 볼 수 없다면서 힌두교의 우월성을 강조했다. 이 편지를 받고 간디는 마음을 진정하고 힌두교의 여러 경전을 읽게 되었다.[71] 이 무렵 그는 톨스토이(Leo Tolstoy)의 '하나님의 나라는 당신 안에 있다'(The Kingdom of God Is Within You)를 읽고 큰 감명을 받았다. 이와 같은 종교적 탐구 자세와 정신은 이후에도 계속 이어진다. 나중에도 간디는 다음과 같은 믿음을 내세워 자신을 영원한 힌두(Hindu)로 부르고 있다.

◉ 나는 베다와 우빠니샤드, 뿌란 등 모든 힌두경전을 믿는다. 따라서 신의 화신과 윤회를 믿는다.

◉ 나는 현재의 세습적 신분적 의미가 아닌 베다시대의 의미로 카스트 제도를 믿는다.

◉ 나는 소의 보호를 믿는다.

◉ 나는 우상 숭배를 믿는다.[72]

---

71 *Ibid.*, pp.100-102.
72 *M.K. Gandhi: Complete Works*, Vol. XXI, p.246.

간디도 초기에는 여유 있고 편안한 생활을 영위하였다. 그가 나탈에서 변호사와 인도인 사회의 대표로서 품위에 어울리는 훌륭한 집을 마련하여 지냈으며 1896년 처자식을 데리고 남아프리카로 갈 때 그는 문화인으로 인정받기 위해 부인과 자식들에게 파르시 사리와 양복바지를 입혔다. 그리고 포크와 나이프 사용도 권했다.

남아프리카에서 간디의 생활은 공공봉사활동이 주였다. 공공봉사활동에 있어서 그는 공과 사를 분명히 했다. 공공봉사활동의 주체로서 공인(Public Man)의 역할은 봉사 그 자체이어야 한다는 간디의 신념은 확고했다. 나탈의회가 인도인 선거권 박탈 법안을 의회에 상정했을 때 나탈의 인도인들이 간디에게 한 달 간 더 체류할 것을 요청하고 변호사로서의 보수 문제를 꺼내자 "공공 활동을 하는데 보수는 필요 없습니다. 나는 봉사자로 머물 것입니다."[73]라며 자신의 공공 활동에 대한 어떠한 보수도 거절하고 자신을 포함한 가족의 부양은 변호사 수입으로 충당하였다.

두 번째 귀국할 때(1901) 간디는 인도인들로부터 많은 값비싼 선물을 받았다. 간디는 이 선물들을 갖지 않기로 결정하고 가족과 상의(부인은 장래 며느리들을 위해서라도 돌려줄 수 없다며 반대)하여 선물을 인도인 사회를 위한 신탁 재산으로 남겨두고 맨몸으로 귀국하였다.[74] 여기서 처음으로 자신이나 가족, 친지, 친구보다는 인도인과 인도 사회를 위한 그의 봉사와 희생정신을 엿볼 수 있다. 그는 봉사 활동은 봉사 그 자체가 대가이고 즐거운 것이라고 역설했다. 남아프리카에 정착한 후 그는 부모와 다름없었던 형에게 이제부터 자신이 저축하는 돈은 모두 인도인 사회의 복지를 위해 쓰겠다며 더 이상의 송금은 기대

73 M.K. Gandhi, *op. cit.,* pp.103-104.
74 *Ibid.*, pp.164-167.

하지 말라는 편지를 보냈다.[75] 여기서 간디가 가족과 관련된 의무나 구속으로부터 벗어나 공공 봉사 활동에 관심이 깊어짐을 알 수 있다.

1904년 요한네스버그에서 더반으로 가는 기차 안에서 그는 러스킨(John Ruskin)이 쓴 『Unto This Last』를 읽고 큰 감명을 받는다. 러스킨은 책에서 인간의 복지(행복)를 무시한 고전경제학자들과 그리고 산업주의가 몰고 온 가난과 불공정을 비난했다(후에 그는 이 책을 『사르보다야』(The Welfare of All)라는 제목으로 구자라트어로 번역했다).[76] 이 책에서 그는 개인의 행복(선)은 모든 행복의 기본이 되며 그리고 노동으로 생계를 꾸려나갈 때 변호사이든 이발사이든 모든 일은 같은 가치를 가지며 그리고 농민이나 수공업자나 노동자의 생활은 가치 있는 삶이라는 교훈을 얻었다.[77] 그리하여 그는 노동의 가치와 소중함을 깨닫고 더욱 검소한 생활을 하게 된다. 이 책은 이제까지의 간디의 생활을 완전히 바꾸어 놓았다.

1902년 간디와 그의 아내 까스뚜르바

75 *Ibid.*, pp.197-199.
76 B.R. Nanda, *Mahatma Gandhi*, Oxford University Press. 1958, p.77.
77 M.K. Gandhi, *op. cit.,* p.224.

1904년 간디는 더반 근처에 100에이커의 황무지에 피닉스(Pheonix) 정착촌을 개척하여 공공사업과 사회봉사에 헌신하던 동지들과 공동생활을 하게 된다. 그는 자영 촌에서 함께 일하고 매월 3파운드의 임금으로 검소하게 살아가는 공동체를 만들었다.[78] 이때부터 그의 집이 공공 활동의 장소가 되고 공공 활동의 장소가 바로 그의 집이 되었다. 그의 자립정신과 검소한 생활은 인도인 노동자에 대한 뜨거운 동포애에서 비롯되었다고 할 수 있다. 그가 창간한 주간지 <인도의 여론>(Indian Opinion)도 피닉스로 옮겨 자영 촌에서 발간하였다. 그의 궁극적인 생각은 점차적으로 변호사 업무를 그만두고 자영 촌에서 노동을 하는 생활이었다. 간디는 피닉스를 새로운 인간, 새로운 인도인을 만드는 양성소로 생각하였다. 그러나 요한네스버그에서의 일을 오랫동안 방치할 수 없어 그는 자영촌을 떠난다. 트란스발의 정치 상황이 그를 부른 것이다.

요한네스버그로 돌아온 간디는 더욱 검소한 생활로 생활비를 줄였다. 그는 직접 부인과 함께 세탁을 하고 다림질을 하였다. 자신이 다림질한 와이셔츠를 입고 법정에 나갔다가 웃음거리가 되기도 했으나 그는 개의치 않았다. 그는 이발도 손수 했다. 어느 날 간디는 영국인이 경영하는 이발소에 들렀다가 거절당하는 수모까지 당했었다. 이후부터 그는 이발 기구를 구입하여 비록 동료들이 쥐가 파먹은 머리라고 놀리기도 했지만 스스로 머리를 깎았다. 요한네스버그의 그의 집에는 2명의 유럽인과 그들의 부인이 함께 생활하고 있었는데 나이나 성에 관계없이 모두 육체적 노동으로 가정을 꾸렸다. 밀을 빻아 직접 빵을 구워 먹었으며 아이들도 변소 청소 등의 가사 일을 도왔다(인도에서 세

---

78 *Ibid.*, pp.225-226.

탁업과 이발업, 화장실 청소 등은 하층민, 소위 하리잔이 하는 일이다).

간디의 생활 가운데 관심을 끄는 것은 부부 관계이다. 막내아들을 직접 받아 낸 간디는 유아교육의 중요성을 강조하면서 부부는 자신들의 욕망을 채우기 위해 부부행위를 해서는 안 되며 자식을 원할 때만 성적결합을 해야 한다고 말했다.[79] 결혼 후 간디는 아내에게 충실한 남편의 역할을 지켜 왔다. 그러나 그는 부인 까스뚜르바와의 결혼 생활에 크게 만족하지는 못했다. 그는 까스뚜르바가 변호사의 품위에 어울리는 아내가 되기를 바랐었다. 그러나 부인은 계속 문맹자여서 간디가 영국에 있을 때도 부부는 서신 교환이 없었다. 귀국 후 다시 그녀에게 읽고 쓰는 것을 가르치려 했으나 성공하지 못하고 포기하였다. 비록 질투심과 소유욕이 강한 간디였지만 부인의 무식과 구습이 그를 즐겁게 하지는 못한 것으로 전해진다.[80]

간디가 금욕 생활(Brahmacharya)을 생각한 것은 1900년경이다. 물론 이전에 상당 기간 부부 관계가 없었지만 이것을 행동으로 옮긴 것은 1906년 그의 나이 36세 때였다. 줄루족의 반란 때 처자식을 피닉스에 두고 위생병으로 참전하고 있던 간디는 공공 봉사 활동과 정상적인 가정생활을 함께 수행할 수 없다는 생각을 하게 되었다. 즉 사회봉사 활동에 전념하려면 처자식과 부귀에 대한 욕망에서 벗어나야 된다고 생각하였다.[81] 그는 금욕 생활의 맹세를 지키는 것은 전적으로 자신의 의지에 달려 있다고 했다. 그는 브라흐마짜르야의 실행이 환희와 아름다움의 생활이었다면서 맹세를 지켰던 과거를 훗날 회고했다. 한편으로는 "매일 날카로운 칼날 위를 걷고 있는 것처럼 조심해야 하는 것"이

79 M.K. Gandhi, op. *cit.,* pp.151-153.
80 Judith M. Brown, *op. cit.,* pp.40-41.
81 M.K. Gandhi, *op. cit.*, pp.237-239.

라고 하여 그것의 어려움을 토로하기도 했다. 금욕 생활을 하는 데 있어서 가장 근본적인 것으로 그는 미각 통제를 들었다. 음식은 채식으로 간소하고 양념을 하지 않으며 가능하다면 생식을 하는 것이었다. 그는 외형적인 규제로 단식을 선택했으며 사고와 행동에 있어서 감정의 통제도 브라흐마짜르야의 요건으로 꼽았다. 후일 인도에 귀국하여 그는 브라흐마짜르야가 단순한 인간의 노력으로서는 한계가 있으며 신의 이름으로, 신앙의 힘으로 극복할 수 있다는 것을 깨닫게 된다.[82]

간디의 자식 교육 또한 특이했다. 그는 자식들의 정규 교육을 별로 중요시하지 않았고 오히려 희생시킨 면이 없지 않았다고 스스로 시인하고 있다.[83] 그는 유럽식 학교 교육을 비판하고 대화를 통해 자식들을 가르치려 하였으나 그것마저 매일 한 시간도 할애해 주지 못한 자신을 유감스럽게 여겼다. 이상적인 아버지의 역할을 하지 못한 것에 대해 자식들은 불평을 했고 그 자신은 후회를 하였다. 장남 하리랄은 1911년 아버지의 이와 같은 교육에 반발하여 아흐메다바드에서 고등학교를 다니기 위해 남아프리카를 떠났다. 장남은 초기에 부친이 변호사로서 성공하였던 때가 가장 좋은 시절이었으며 그 후 아버지의 검소한 생활을 망상이라며 불평을 늘어놓기도 했다. 그는 자식들이 아버지의 우선순위에서 첫째가 아닌 맨 나중에 있다는 사실에 분개했다. 나머지 자식들은 불가피한 일로 아버지를 이해하였다. 어쩌면 그는 자신의

남아프리카에서 일시 귀국한 간디

82 *Ibid.*, pp.156-158.
83 Judith M. Brown. *op. cit.,* 1992, p.41.

공공 활동에 자식들을 희생시킨 결과가 되었다.

간디의 또 다른 고집은 현대의학을 무시하고 자연 치료법에 의존하는 것이었다. 둘째 아들 마니랄(10세)이 봄베이에서 폐렴과 장티푸스를 심하게 앓고 있을 때 영양섭취를 위해 계란과 닭죽을 먹이라는 의사의 지시를 간디는 종교와 채식주의자라는 이유로 이것을 거부하고 좌욕과 찜질, 오렌지 주스만으로 40일 동안 요양시킨 일도 있었다.[84] 사실 간디의 금욕생활과 자식교육은 아직도 여러 사람의 입에 오르내리는 주제이다.

2. 사띠야그라하 운동(Satyagraha Movement)

1) 남아프리카의 인도인

간디가 소송분쟁의 해결을 위해 남아프리카에 간 것은 1893년 4월이었다. 그는 도착에서부터 백인에 의한 수많은 인종차별을 경험하게 된다. 법원에서 판사가 인도 남성의 상징인 터번을 벗도록 한 것에서부터 일등석 기차표를 가지고도 수화물 창고로 내쫓겨 강제로 하차를 당했으며, 역마차를 타고 마부로부터의 구타, 호텔에서의 투숙 거부 등의 모든 모욕과 차별이 그가 인도인 다시 말해 유색인이라는 사실에서 비롯되었다. 간디는 이러한 모욕을 전 인도인 나아가 전 유색인에 대한 모욕으로 간주하고 이의 해결을 위한 그의 도전과 투쟁은 그 순간부터 시작되었다고 할 수 있겠다.

사실 그는 1년 계약으로 남아프리카에 갔으나 그곳의 사정이 그를 21년 동안이나 체류하게 하였으며, 이것이 그를 세계적 인물로 추앙받

84 M.K. Gandhi, *op. cit.,* pp.185-187.

게 하였던 것이다. 이것이 그의 운명이었을까 아니면 우연이었을까?

인도의 계약노동자들이 남아프리카의 나탈에 처음 도착한 것은 1860년 11월이었다. 노예제도가 폐지된 후 남아프리카의 영국인 농장주들에게는 노동력이 절실히 요구되었다. 그들은 안정적인 노동력 공급 없이는 설탕, 커피, 차 농장을 유지할 수 없었다. 그리하여 그들은 인도 정부에 노동력 제공을 요청하게 되었고 인도정부도 그들의 요구를 받아들였던 것이다.[85]

비록 법으로 노예제도가 폐지되기는 하였지만 농장주들이 계약노동자들을 노예화하려는 의도를 인도의 영국 관리들은 간파하지 못했다. 많은 사람들이 당시 계약노동자들의 상태가 반노예였다고 기록하고 있다. 계약노동자들과 함께 그들과 관련된 사업을 하는 상인들이 그들의 뒤를 따랐는데 이들 가운데 상당수가 나탈로 가는 길목인 모리셔스에 정착하기도 했다.

당시 나탈에는 세 부류의 인도인늘 - 계약노동자들과 사업을 하기 위하여 온 자유인도인(자유이민자) 그리고 계약기간 만료 후 그곳에 정착한 전 계약노동자 - 이 있었다. 처음 5년 계약으로 온 계약노동자들은 그들이 원하면 계약기간이 끝나고 자유노동자로 남아 장사를 하거나 그곳에 정착할 수 있었다. 그러나 전 계약노동자들은 자유인도인처럼 모든 권리를 향유하는 것은 아니었다. 그들은 한 장소에서 다른 장소로 이동할 때는 허가증(통행증)을 받아야 했다. 자유 인도인들은 계약노동자와 전 계약노동자 그리고 원주민들을 상대로 장사를 잘 하였다. 원주민들이 보다 친절한 인도 상인들을 좋아하는 것은 당연하였다. 돈을 번 인도 상인들이 트란스발, 자유 주(Free State), 케이프 콜로

85 M.K. Gandhi, *Satyagraha in South Africa*, Navajivan Publishing House, 1972, pp.19-20.

니로 가서 가게를 열어 큰돈을 벌게 되었다. 계약 기간을 끝낸 노동자들은 소규모이긴 하나 야채를 재배하여 내다 팔고 장사도 하여 수입이 점차 늘었고 토지도 구입하기 시작하였다. 나탈의 유럽인 농장주들은 오직 노예들만을 원했지 계약기간을 끝낸 노동자들과 소규모이긴 하지만 경쟁상대가 되는 것을 참을 수 없었다. 지금까지 독점해온 장사에 경쟁상대가 생기자 유럽인들의 경계와 질시가 시작되었다. 유럽인 농장주들은 새로 들어오는 노동자는 더 이상의 계약 갱신이 없으면 강제로 인도로 귀국하게 해야 하며, 5년 후 재계약을 하지 않은 노동자에게는 매년 무거운 세금을 부과하자는 안을 주장하였다. 이와 같은 주장은 전 계약노동자들이 어떠한 경우에도 나탈에 자유인으로 살지 못하게 하는 것이었다.

나탈 정부의 대표단이 인도를 방문하여 총독과 협상을 벌여 계약에서 해방된 노동자들에게 3파운드의 인두세를 부과하기로 합의하였다. 이 세금은 노동자뿐만 아니라 부인, 13세 이상의 딸과 16세 이상의 아들에게도 부과되었다. 당시 3파운드는 계약노동자 6개월의 급료와 같았다.[86]

나탈의 유럽계 상인들도 인도 상인들에 대해 경계의식을 들어냈다. 인도 상인들이 돈을 벌어 좋은 지역에 땅을 구입하고 사업도 확장하여 큰 이익을 남겼고 상인들의 수도 급속도로 증가하였다. 이것이 유럽 상인들의 눈엣가시가 되었던 것이다. 인도인들은 투표권도 있었고 나탈 의회의 후보도 될 수 있었다. 몇몇 인도인들의 이름이 선거인단 명부에 오르자 나탈의 유럽계 정치인들이 반인도 대열에 나서게 되었다.

나탈 정부는 1894년 모든 아시아인들의 선거권을 박탈하는 법안을

86 *Ibid.*, p.26.

의회에 상정하였다. 후에 이 법안은 영국의 식민장관인 리폰 경에 의해 인종차별의 내용을 담고 있다는 이유로 거부되었으나 나탈 정부는 간접적으로 인도인의 선거권을 제한하는 모호한 새로운 법안을 재차 통과시켰다. 인도인들의 거센 항의가 있었으나 아무 소용이 없었다. 계약 기간이 끝나 귀국길에 오른 더반의 귀국환송 파티에서 이 사실을 접한 간디는 선거권 박탈은 우리의 관에 못질을 하는 것으로 규정했으며 참석한 인도 상인들은 이 악법과 싸우기 위해 그의 귀국을 만류하였던 것이다.

유럽인들의 공격 목표는 인도인들의 교역과 자유인도인의 이민 제한이었다. 유럽인들은 날로 증가하는 인도인들의 숫자에 압도당할까 불안하였던 것이다. 당시 나탈에 40만의 줄루족, 2만의 유럽인, 6만의 계약노동자, 1만의 전 계약노동자, 1만의 자유인도인이 있었다.[87] 인도인의 교역과 이민에 대해 정부의 가혹한 제한 조치가 뒤따랐다. 두 개의 법안이 나탈 의회를 통과하였는데 그중 하나는 공식적인 허가가 없는 인도인들은 장사를 할 수 없게 하였으며, 다른 하나는 영어시험에 합격할 수 있는 이민자만이 나탈에 입국할 수 있도록 하는 내용이었다. 이것 또한 수많은 인도인들의 입국을 막는 조치였다.

1895년 <나탈 머큐리> 신문은 '꿀리들의 이민으로 범법행위가 늘고 그들은 생활수준이 낮고 도덕의식이 없으며 질병과 전염병을 확산시키고 있다'고 적고 있다.[88] 나탈 주와 마찬가지로 다른 식민 주에서도 반인도적인 감정은 1880년 이전부터 싹텄다. 일반적인 유럽인의 감정은 노동자로서의 인도인은 좋으나 자유인도인의 이민은 전적으로 남아프리카에 도움이 되지 않는다는 것이었다.

---

87 *Ibid.*, p.28.

88 Judith M. Brown, *op. cit.*, p.32.

인도인들이 트란스발에 처음 들어간 것은 1881년이었다. 세트 아부바카르(Sheth Abubakar)가 프레토리아에 가게를 열었고 중심가에 토지를 구입하였다. 다른 상인들도 가세하여 큰 성공을 거두었다. 이것이 유럽인들의 질투와 시기를 받게 되었는데 그들은 신문에 반인도인 캠페인을 벌이면서 인도인들은 추방되어야 하고 장사도 중지시켜야 한다는 청원을 의회에 냈다.

"인도인들은 예의나 예절 감각이 없으며, 몹쓸 병을 앓고 있는 그들은 여자를 먹이로 생각하며 여자들에게는 영혼이 없다고 믿고 있다."[89]

트란스발 정부는 '1885년 법안3'(Law 3 of 1885)을 통과시켰는데 그 내용은 장사를 하기 위해 트란스발에 거주하고 있는 모든 인도인들은 25파운드의 세금을 내고 등록을 하도록 했으며 인도인들은 한 평의 땅도 소유할 수 없고 시민의 권리도 누릴 수 없다는 것이었다. 이 법안은 1886년 수정되어 등록비는 3파운드로 줄어들었으며 거주지나 토지도 제한된 지역(수도, 전기가 들어오지 않는 미개척 지역)의 땅만 소유할 수 있도록 하였다.

1889년 트란스발에 1만 7천 명의 인도인이 있었는데, 그중 5천 백 명이 상인이었다.[90] 자유 주에도 10여 명의 인도인들이 가게를 열자 유럽인들의 강력한 반발이 시작되었다. 의회는 법안을 통과시켜 어떠한 인도인도 토지소유, 장사, 영농을 할 수 없도록 했으며 선거권도 박탈하였다. 특별허가를 받은 사람은 노동자나 호텔의 웨이터로 정착할 수 있도록 하였다. 결과적으로 자유 주에서는 인도인은 단 며칠 동안이라

89 Gandhi, *op. cit.,* p.30.
90 Judith M. Brown, *op. cit.,* p.31.

도 거주할 수 없게 되었다.

케이프 콜로니에서는 교역이나 토지 구입의 제한은 없었으나 인도의 어린이들이 공립학교에 다닐 수 없었으며 인도 여행자들의 호텔 투숙이 거부되었다. 그러나 케이프 콜로니는 다른 주에 비해 인종차별이 가장 적은 곳이었다. 이처럼 보어전쟁 무렵 인도인들의 남아프리카 입국은 거의 불가능한 상태였다.

보어 전쟁(1899~1902) 이후 인도인 문제는 더욱 정치적 쟁점이 되었다.

스뮤츠(Jan Christian Smuts) 당시 국방장관은 1906년 10월의 한 연설에서 "남아프리카의 심장부를 깊이 파먹는 아시아의 암을 결연히 재거해 버려야한다"고 했으며 또한 보타(Louis Botha) 수상도 1907년 1월 선거유세에서 "만약 우리 당이 집권하면 4년 이내 꿀리(인도인들을 모욕적으로 부르는 이름)들을 쫒아내 버리겠다."라고 반인도인 정책을 분명히 했다.[91] 1십 만 명이 넘는 인도인들의 생존이 위태롭게 되었던 것이다. 인도상인들은 관습적인 모욕과 차별뿐만이 아니라 법이나 행정명령으로 인도인들의 시민권, 투표권, 주거와 입국, 상업의 자유를 제한하는 유럽인들의 자세에 불만이 쌓여갔다. 그들은 오로지 돈을 벌기 위해 모욕을 참았다. 그러나 반면 계약노동자들은 주로 하층계급이나 불가촉천민 출신의 문맹자로 의사표시가 거의 불가능한 상태였다.

남아프리카의 백인 식민지 개척자들의 정치적, 헌법적 지위가 아주 복잡하여 실제적으로 영국 정부가 인도인들을 위해 행사할 수 있는 영향력은 거의 없었다. 비록 영국정부가 자치식민지가 통과한 법안을 원칙적으로는 불허할 수 있지만 실제에 있어서는 대영제국에 관한 주요

---

91 Louis Fisher, *Gandhi*, New American Library, 1954, p.25.

문제가 아닌 한 실력행사 하기를 주저해 왔다. 남아프리카의 백인 사회에서 인도인들의 지위가 대영제국의 평등사상에 반하지만 영국정부는 이와 같은 문제로 백인 개척자들과 직접적인 충돌과 갈등으로 그들의 충성심을 흔들고 싶지는 않았던 것이다.

2) 아시아인 등록법

1906년 나탈 주에서 원주민인 줄루족이 반란을 일으키자 간디(자신을 나탈 주의 주민으로 여겼다)는 전쟁에 참여하기로 하고 정부에 의무지원반(Stretcher-bearer Corps)의 조직을 제의하여 허가를 받는다. 그는 20-25명의 인도인으로 구성된 소규모 지원 부대를 결성하여 전장에서 약 한 달가량 영국군에 합류, 의료봉사 활동을 펴 유럽인들이 돌보지 않은 부상당한 줄루족들을 치료하고 간호해 주었다. 약 한 달간의 활동이었지만, 간디는 그가 할 수 있는 최선을 다해 전장을 뛰어 다녔다. 어떤 때는 하루에 40마일을 행군해야 하는 힘든 일이었다. 그들의 활동상은 관보에 게재되었고 구성원들은 포상 메달을 받았으며 총독은 감사의 편지를 보냈다. 간디의 영국에 대한 충성심은 대단했다. "대영제국은 세계의 복지, 행복을 위해 존재하며 나는 대영제국에 충성심을 갖고 있다."[92] 자원하여 영국군에 가담하였지만 간디는 전쟁에서 인도인들의 헌신과 용기를 보여줌으로써 백인들의 양심을 자극하고 그들의 유색인종에 대한 편견과 적대감이 완화되기를 기대하였던 것이다.

나탈에서 의료봉사 활동을 펴고 있는 동안에도 간디는 트란스발로 나오라는 연락을 수없이 받았다. 전쟁에서 돌아온 그는 요한네스버그

---

92 *Ibid.*, p.28.

에 도착하였는데 거기서 1906년 8월 22일자 트란스발 정부 관보에 실린 법령을 보게 된다. 그 내용은 다음과 같다.

"트란스발에 거주하는 모든 인도인들(8세 이상의 모든 남녀)은 아시아인 등록관에게 등록하고 등록증을 교부받아야 하며, 신청자들은 이름, 주소, 카스트, 나이 등을 상세히 기록하고 지문을 찍어야 한다. 일정 기간 내에 등록을 하지 않을 경우 거주 자격을 박탈당하고 벌금형 또는 징역형이 부과되며 국외추방도 가능하다. 공공기관에서 등록증을 요구할 시는 항시 제시해야 하며 이를 거부할 경우는 범죄로 규정 벌금이나 징역형에 처한다."[93]

결국 백인 정부는 인도인들의 시민권, 투표권, 주거와 입국, 상업의 자유를 제한하는 악법을 내놓게 되었는데 그중 대표적인 것이 아시아인 등록법(Asiatic Law Amendment Ordinance)이었다.

위 내용을 읽고 간디는 심한 충격을 받았나. 이 법안이 통과된다면 그것은 남아프리카에 있는 인도인들에게 파멸을 가져올 것이라고 그는 격앙해 했다. 그것은 인도인들에게 생사가 걸린 문제이며 그 법안에 순종하느니 차라리 죽는 것이 낫다고 그는 덧붙였다. 간디는 이 지구상 어느 나라에도 이와 같은 법은 없다며 특히 지문날인의 강요에 대해 강한 거부감을 표시했다. 다음날 인도인 지도자들의 모임에서 그는 다음과 같이 역설했다. "만약 이 법안이 통과된다면 모든 남아프리카가 그것을 따를 것이다. 이 법안은 우리의 생존권을 말살할 것이며 우리를 이곳에서 추방하려는 첫 시도가 될 것이다. 우리는 트란스발에 있는 1만 내지 1만 5천 명의 인도인뿐만 아니라 남아프리카에 있는 전 인도인의 안전을 책임져야 한다. 우리의 명예는 우리가 지켜야 한다.

93 M.K. Gandhi, *op. cit.*, pp.92-93.

이 법안은 우리들뿐만이 아니라 조국 인도를 모욕하는 것이다. 따라서 우리는 성급히 서두르거나 분노로 대해서는 안 되고 저항하는 방법을 냉정히 생각하여 고통을 참고 공동전선을 펴는 조치를 취하면 신도 우리를 도울 것이다.'"[94] 그곳에 참석한 모두가 사태의 심각성을 인지하고 대중 집회를 개최할 것을 결의했다.

간디가 트란스발에 다시 들어가 사무소를 연 것은 1903년이었다. 당시의 유럽인들은 트란스발에 인도인 유입을 규제해야 하며, 기존의 인도인도 그곳을 떠나도록 하고 그렇지 않으면 그들을 노예화해야 한다는 생각이 지배적이었다.

당시 법률가이며 아시아국의 국장인 리오넬 커티스(Lionel Curtis)는 반인도적 감정이 강한 인물로 남아프리카의 어느 한 곳이라도 인도인들에게 개방되어 있다면 트란스발은 안전하지 못하다고 생각하고 있었다. 따라서 인도인의 유입을 금지하고 불법 체류자를 추방하기 위해 등록 제도를 시행해야 된다고 주장한 커티스는 아시아인 등록법(Asiatic Bill)을 기초하여 정부에 제출했다. 그의 제안은 정부로부터 지지를 받아 의회에 회부되고 주정부 관보에 게재하기에 이르렀다.[95]

3) 사띠야그라하 운동(1906-1914)

(1) 사띠야그라하 운동의 전개

법안의 심각성을 인지한 트란스발 각 지역의 인도인 대표들이 1906년 9월 11일 제국극장에 모여 집회를 열었다. 여기서 통과된 결의안은 인도인들은 그들의 반대에도 불구하고 그것이 입법화되면 그 법을 따

---

94 *Ibid.*, p.94.

95 *Ibid.*, pp.89-90.

르지 않을 것과 그리고 법을 지키지 않음으로써 일어나는 모든 처벌을 감수할 것 등을 엄숙히 결의하는 내용이었다.

트란스발 영인 협회장인 압둘 가니(Abdul Gani)가 회의를 주재하고 여러 명의 제안과 제청이 잇따랐는데 특히 세트 하지 하비브(Haji Habib)의 제안은 많은 이들을 감격시켰다.

> "우리는 신을 증인으로 이 결의안을 통과시켜야 하며…… 나는 그러한 법을 지키지 않을 것을 신 앞에 엄숙히 선서하며 참석한 모든 사람들도 그렇게 따르기를 권합니다."[96]

간디 자신도 이 모임의 결론에 대해 전혀 예측하지 못했으며 달아오르는 분위기 속에서 여러 가지 사태와 다가올 결과를 생각하고 자신의 역할과 책임을 느꼈다고 술회하고 있다.

여기서 간디는 하비브의 역설을 지지하며 선서의 의미와 중요성 그리고 결과를 들어 더욱 분명한 진로를 제시하였다.

> "우리가 채택한 이 결의안은 매우 위대한 것이며 남아프리카에서 우리의 생존은 그것을 완전히 지키는 데 달려있다…… 인도인 다수가 저항할 것을 선서하고 선서한 모든 사람들이 자신에게 진실하면 그 법안은 통과되지 않을 것이고, 설사 통과되었다 하더라도 곧 철회될 것이다. 여기에 참석한 다수가 시련을 이기지 못하고 나 홀로 남는다 해도 나는 그 법을 따르기보다는 죽음을 택하겠다."[97]

참석자들은 모두 일어나 손을 들어 신을 증인으로 그 법안이 통과되더라도 따르지 않을 것을 선서하였다. 이 집회가 있은 후 여러 곳에서

---

96 *Ibid.*, p.95.
97 *Ibid.*, pp.97-99.

집회가 열리고 저항의 선서가 잇따랐다.

인도인 대표단은 주정부의 식민장관인 던칸(Duncan)을 만나 그들의 자세와 입장을 전달하였다. 정부는 이 법안이 유럽인들의 생존을 위해서는 꼭 필요한 것이며 입법에 동의해 줄 것을 주문했으며 다만 여자들은 법안에서 제외하겠다고 다짐했다. 그러나 인도인들의 저항정신은 불타오르고 있었다. 그러나 어느 누구도 이 운동을 어떻게 불러야 할지를 몰랐다. 간디는 그것을 피동적 저항(passive resistance)으로 불렀지만 그 자신도 그 뜻을 잘 이해하지 못했다. 다만 새로운 이름이 만들어져야 한다고 그는 생각했다. 투쟁이 전개됨에 따라 피동적 저항은 혼란을 초래하고 이 위대한 투쟁운동을 영어로 부르는 것이 창피하게 생각되었다. 그리하여 <Indian Opinion>신문[98]에 그들의 투쟁을 가장 잘 표현하는 명칭을 공모하여 시상하게 되었는데 많은 응모자가 있었지만 그중 마간랄 간디(Maganlal Gandhi)가 '사다그라하(Sadagraha; 정당한 주장 또는 대의를 고수한다는 뜻)'라는 명칭을 내놓았다. 간디는 그 명칭이 마음에 들었으나 그것이 그가 생각하고 있는 내용전체를 완전히 내포한 것이 아니라고 생각하여 그것을 '사띠야그라하'로 고쳤다.[99]

'사띠야'(Satya)는 '진리'로 사랑을 의미하며 '아그라하'(Agraha)는 '확고한 의지'를 뜻하는 힘의 동의어로 간디는 해석했다. 그는 인도인의 저항운동을 사띠야그라하 다시 말해서 진리와 사랑(비폭력)에서 나

---

98 1904년부터 간디가 영어와 구자라티어로 발행한 주간신문. 모국과 인도인 커뮤니티의 소식과 여론을 전달하고 인도인에 대한 백인들의 편견을 불식시키고 나아가 인도인들에게 합리적, 도덕적인 교육과 생활 길잡이를 제공하는 등의 목적으로 창간하여 차츰 정치, 사회, 종교 등 광범위한 문제에 걸쳐 개인적 주장을 대변하는 신문이 되었다.

99 *Ibid.*, p.102.

온 힘(운동)으로 불렀다. 당시 유력한 백인의 한 사람인 호스켄(Hosken)은 인도인들의 저항운동을 피동적 저항운동으로 불렀다. "트란스발의 인도인들은 선거권도 없고 수적으로도 소수이며 무기도 없는 등 더 이상의 구제방법이 없게 되자 약자의 무기인 피동적 저항운동을 택했다."[100]

호스켄의 주장을 일축한 간디는 인도인의 저항운동을 '진리의 힘' 또는 '영혼의 힘'으로 정의하고 어떠한 폭력이나 물리적인 힘도 절대 사용하지 않는다고 선언했다. 그는 더 구체적으로 사띠야그라하 운동을 이렇게 정의했다. "사띠야그라하 운동은 사랑이 근본이며 때와 장소를 불문하고 물리적인 힘, 폭력을 사용하지 않으며, 상대방을 해치려는 어떠한 의도도 없으며 오히려 자신이 고통을 당함으로써 상대방을 이기고자 하는 것이다."[101]

비폭력 저항운동은 간디의 남아프리카 실험 이전부터 있어 왔다. 간디는 <인디언 오피니언>에 유럽역사상 집권권력의 명령에 굴복하기보다는 양심을 따르는 Tyler, Hampden, Bunyan, Socrates 등 여러 인물을 여러 번 인용하기도 했다. 트란스발의 인도인들은 법안의 통과 저지를 위해 가능한 모든 노력을 다 하였으나 의회는 여성 조항을 삭제하고 초안을 그대로 통과시켰다.

간디는 영국 정부에 호소하기 위해 그해(1906) 10월 영국으로 건너가 엘진(Lord Elgin) 식민성 장관과 몰리(Lord Morley) 인도담당 장관 그리고 인도인 문제에 관심을 표명하는 주요 영향력 있는 인사들을 만나고 12월에 귀국하였다. 당시 엘진 경은 트란스발 정부의 대표인 리차드 솔로몬 변호사와 상의한 후 암흑법을 기각하였다. 그러나 이것은

---

100 *Ibid.*, p.103.
101 *Ibid.*, pp.104-107.

하나의 속임수였다. 엘진 경은 '1907년 1월 1일 트란스발에 책임정부가 들어서고 책임정부에 의해 구성된 트란스발 의회에서 통과된 법안은 왕실은 거부하지 않는다'고 리차드 솔로몬에게 확약하였던 것이다. 그는 외양적으로는 암흑법을 기각하여 인도인들에게 우의를 표하는 거짓 쇼를 하고 다른 한편에서는 트란스발 정부를 지지하고 자기가 거부한 법안을 다시 통과시킬 것을 주정부에 종용하였던 것이다. 이것이 엘진 경과 트란스발 정부가 벌인 이중 플레이였던 것이다.[102] 이로 인한 인도인들의 실망은 더욱 깊어 갔다. 그러나 실망이 클수록 투쟁의 열기는 더 고조되었다. 영국에서 간디는 대중여론의 지지가 정치적 캠페인에 매우 중요하다는 사실을 인식하였다. 이후부터 그는 보다 광범위하게 언론매체나 공개 서신을 통하여 대중에 호소하는 투쟁방법을 택하게 되었다.

드디어 트란스발에 책임정부가 들어서고 새 의회는 아시아인 등록법을 거의 초안대로 통과시켰다(1907. 3. 21). 법안은 1907년 7월 1일부터 효력을 발생하며 인도인들은 7월 31일까지 등록을 하도록 되었다. 이제 남은 것은 투쟁 그것뿐이었다. 운명의 7월이 다가오자 프레토리아에서 인도인 대중 집회가 열렸다. 정부는 호스켄을 보내 메시지를 전달해 왔다.

"트란스발의 유럽인들은 한결같이 그 법을 지지 찬성하며… 나아가 영국에 의해 승인되었으며… 법이 통과된 이상 인도인 집단은 법을 준수해야 한다…. 그 법에 저항한다는 것은 머리를 벽에 치는 것이다."[103]

---

102 *Ibid.*, pp.115-117.
103 *Ibid.*, pp.122-123.

이때 소규모 장사를 하는 카잘리아(Kachhalia)가 등단했다. 그는 자신의 전 재산을 인도인 커뮤니티를 위해 내놓았을 정도로 용기있는 인물이었다.

> "트란스발 정부가 우리를 투옥하고 우리의 재산을 압류하고 우리를 추방, 처형한다 해도 우리는 기꺼이 감내하며 법을 따르지 않을 것입니다. 신의 이름으로 맹세하건데 죽으면 죽었지 나는 그 법을 지키지 않을 것입니다. 여기 참석한 여러분도 저와 함께 행동하시리라 믿습니다."[104]

1907년 7월 1일 등록사무소가 문을 열자 인도인 집단은 사무소 앞에 피켓을 들고 마음이 약해 등록하려는 자들에게 암흑법을 설명하고 등록을 거부하도록 설득하였다. 그러나 모든 인도인이 이 운동에 참여한 것은 아니었다. 투쟁에 따르는 곤경을 감내하지 못하거나 경제적 이유로 등록을 하는 사람도 있었고 일부에서는 그들을 협박하여 오히려 투쟁운동에 방해를 가져오기도 했다.

사띠야그라하 운동이 전개된 이래 최초로 아시아국 관리들은 저미스톤에 살고 있는 람순다르를 체포하여 1개월 동안 투옥하였다. 이로써 위축되기는커녕 환호와 열의는 더 불타오르기 시작했다.

(2) 간디와 스뮤츠 장군

1907년 12월 아시아국 관리들은 주요 지도자들이 있는 한 이 운동의 힘을 꺾을 수 없다고 판단하였다. 그들은 간디를 포함 몇몇 지도적 인물들을 체포하기 시작했다. 치안 판사는 간디를 포함한 모든 피고인들

---

104 *Ibid.*, p.123.

에게 48시간 또는 1-2주 이내 트란스발을 떠나도록 명령했다. 간디 일행은 위 명령에 복종하지 않아 징역 2개월의 유죄 판결을 받았다. 그는 곧 요한네스버그 감옥으로 이송되었고 거기에서 그는 많은 동료들을 만났다. 당시 감방은 흑인과 백인용 두 개로 분리되어 있었는데 인도인들은 흑인 감옥에 수용되었다. 2-3일이 지나자 150명이 넘는 많은 사띠야그라하 운동원들이 감옥에 들어왔는데 그들은 주로 행상인이었다.

간디가 투옥되고 2주일 후 요한네스버그의 일간지 <트란스발 리더>의 편집장 알버트 카트라이트(Albert Cartwright)가 간디를 만나러 왔다. 간디의 친구이며 인도인의 운동을 지지하는 그는 유능한 인물로 이에 앞서 스뮤츠 장군을 만나 중재에 나서서 인도인 지도자들을 만났다.

> "우리는 법적인 내용은 잘 모르며 간디가 감옥에 있는 한 협상에 대해 말할 수 없다. 우리는 해결을 바란다. 정부가 해결을 원한다면 간디를 만나 보라. 간디가 받아들이는 어떠한 조건도 우리는 수용하겠다."[105]

중재안의 내용은 다음과 같다.

> "인도인들은 자발적으로 등록을 하며… 새로운 등록증에 기재되어야 할 세부사항은 정부와 인도인 집단 사이에 합의하여 결정한다. 대다수의 인도인들이 자발적으로 등록을 하면 정부는 암흑법을 철회하고 자발적 등록을 합법화하는 조치를 취한다."[106]

그러나 거기에는 암흑법을 철회하는 조건이 분명하지 않아 간디는 수정안을 제시했다.

---

105 M.K. Gandhi, *op. cit.,* pp.142-143.
106 *Ibid.*

1908년 1월 30일 요한네스버그의 경찰 서장인 버논(Vernon)이 간디를 프레토리아로 데리고 가 스뮤츠 장군과의 만남을 주선했다. 장군은 다음과 같이 말했다. "나는 인도인에 대해 반감이 없다. 나도 변호사이고 학창시절에 인도인 친구들도 있었다. 나는 지금 직무를 수행해야 한다. 유럽인들은 이 법을 원한다. 나는 당신이 수정한 제안을 받아들인다. 대다수의 인도인들이 자발적으로 등록을 하면 아시아인 등록법을 철회하겠다. 그러한 등록을 합법화하는 법안이 초안되면 당신에게 보내 의견을 듣겠다. 당신네들의 감정을 존중하겠다."[107]

이 회담에서 두 사람은 협정에 합의하여 간디는 즉시 석방되었고 다른 투옥자들도 다음날 풀려나게 되었다. 석방된 다음날 요한네스버그에 도착한 간디는 인도인 지도자들과 만나 집회를 가졌다. 비록 공고 시간이 짧고 밤늦은 시간임에도 불구하고 거의 1천명에 가까운 숫자가 모였다. 집회가 열리기 전 그는 지도자들에게 협정안을 설명했는데 일부는 그 안에 반대했다.

> "스뮤츠 장군이 우리와의 약속을 깨면 어떻게 하느냐? 암흑법이 시행되지는 않을 것이다. 그러나 그것은 언제나 우리를 위협할 것이다. 우리가 자발적으로 등록을 하면 우리는 적의 손안에서 논 것이 되며 그 법에 저항하는 우리의 강력한 무기를 포기하는 것이다. 타협의 가장 올바른 길은 악법이 먼저 철회되고 그 후 우리가 자발적 등록을 하는 것이다."[108]

이에 대해 간디는 "사띠야그라히(Satyagrahi, 사띠야그라하 운동을 따르는 사람)는 두려움이 없어야 한다. 그는 상대방을 믿는 것을 두려워해서는 안 된다. 비록 상대방이 20번 속였다 해도 21번째 그를 믿을

107 *Ibid.*, p.144.
108 *Ibid.*, p.146.

준비가 되어 있어야 한다. 왜냐하면 인간에 대한 절대적 믿음이 사띠야그라하 신념의 본질적 요소이기 때문이다. 진리가 승리한다는 믿음과 사띠야그라하라는 무기를 갖고 있는 한 우리는 두렵지 않다"며 협상안을 받아들일 것을 촉구하였다.[109] 그러나 반발도 만만치 않았다. 지문채취를 극구 반대했던 간디가 어떻게 그것을 수용할 수 있느냐며 한 파탄인(Pathan)은 대들며 따지기도 했다. 그는 간디가 일 만 오천 파운드를 받고 스뮤츠 장군에게 매수되었다는 이야기도 했다.

> "우리는 당신이 인도인 집단을 배반하고 일 만 오천 파운드를 받고 그것을 스뮤츠 장군에게 팔았다는 이야기를 들었다. 우리는 지문을 찍지 않을 것이며 다른 사람이 찍는 것도 허용하지 않을 것이다. 나는 알라신을 증인으로 맹세하건데 등록 신청을 위해 선두에 나서는 사람을 처치하겠다."[110]

결국 간디는 타협안을 놓고 투표를 제의하여 소수의 파탄인을 제외한 만장일치로 타협안을 인준했다.

1908년 2월 10일 간디는 사무소에 도착하여 몇몇 동지와 함께 아시아인 등록사무소로 걸어가고 있었다. 그의 소송 의뢰인이었고 매사에 조언을 구했던 파탄인 미르 알람(Mir Alam)이 동료들과 함께 간디를 미행하여 몽둥이로 그의 머리를 쳤다. 간디는 순간 '헤 람'(오! 신이시여)하면서 쓰러졌다. 그 일당은 의식을 잃은 간디를 계속하여 때리고 발길질을 해댔다. 그들은 유럽인에 의해 붙잡혔고 나중에 경찰에 의해 체포되었다.

침례교회 목사인 도크(Joseph Doke)의 집으로 옮겨진 간디는 알람

---

109 *Ibid.*, p.147.
110 *Ibid.*, p.150.

일당이 체포당한 것을 알고 경찰서장에게 전화를 걸어 그들의 석방을 부탁했다. 도크목사는 폭력사태가 일어나기 6개월 전 간디와 알게 되었으며 간디의 사띠야그라하 운동을 지지하는 백인이었다.

> "당신들이 벌이는 투쟁에 나를 친구로 받아주세요. 나는 할 수 있는 한 당신을 돕는 것이 나의 종교적 의무로 생각합니다. 내가 예수님의 생애에서 얻은 교훈이 있다면 그것은 무거운 짐을 진 사람들의 짐을 나누거나 덜어주는 것입니다. …… 그리고 모든 유럽인들이 인도인들을 증오한다고는 생각하지 마십시오. 당신들의 고난에 많은 사람들이 무언의 동정을 보내고 있다는 것도 기억하십시오."[111]

입술과 뺨을 꿰매는 부상을 당했지만 간디는 자발적인 등록으로 암흑법을 철회하는 약속을 받았다면 최대한 정부를 돕는 것이 선량한 모든 인도인의 신성한 의무라며 지문을 찍는 등록을 종용했다. 아시아인 등록사무소 직원인 참니(Chamney)가 도크 씨 집으로 등록서류를 가지고 오자 간디는 지문을 찍고 등록을 하였다.

이후 간디는 협정안에 대한 오해를 불식시키기 위해 <인디언 오피니언>에 투고하는 등 많은 노력을 기울였다. 그리하여 스스로 등록하지 않은 인도인은 거의 없었고 짧은 시간 안에 인도인들은 협정안에 대한 자신들의 역할을 끝마쳤다. 정부도 이 사실을 시인하였다. 이제 정부가 약속대로 암흑법을 철회할 차례가 되었다. 그러나 스뮤츠 장군은 인도인들을 기만했다. 암흑법은 그대로 유지하고 자발적 등록을 유효화하는 조치를 그는 입법부에 냈다. 간디는 자신이 어떻게 인도인 집단 구성원들을 대할 수 있을지 몹시 당황하였다. 이것은 간디를 격렬히 비난했던 파탄 친구들에게는 좋은 구실을 제공하였던 것이다.

---

111 *Ibid.*, pp.158-159.

"당신은 누군가 이야기를 하면 곧이곧대로 받아들이고 모든 것을 믿는다. 당신의 사적인 일에 단순한 것은 큰 문제가 되지 않는다. 그러나 공공의 공적인 일에 당신이 쉽게 믿는 데서 오는 고통은 집단 모두가 감내해야만 한다."[112]

간디는 스뮤츠 장군이 '모든 인도인들이 등록할 때까지 법안은 폐기될 것'이라고 말한 그의 연설을 되새기며 새 법안은 협정을 위반하는 것이라고 항의했다. 간디는 두 사람 사이의 중재인이었던 카트라이트를 만났다. 그도 심한 충격을 받았으며 도저히 스뮤츠를 이해할 수 없다고 털어놓았다.

"암흑법을 폐기하겠다는 그의 약속을 나는 기억하고 있다. 나도 최선을 다했지만 그가 한번 취한 조치는 어떠한 것도 스뮤츠 장군을 움직일 수 없다는 것을 양해하시오. 도움을 주지 못해 죄송하게 생각합니다."[113]

그러나 이것은 간디로 하여금 사띠야그라하 운동에 이전보다 더 강한 믿음을 가져다준 계기가 되었다. 간디는 그를 신뢰할 수 없는 잔인한 인물로 규정하고 사띠야그라하 운동은 이제 시작에 불과하며 투쟁이 더욱 강화될 것임을 경고했다. 변호사요, 행정가인 스뮤츠 장군은 1907년부터 남아프리카에서 가장 유능한 지도자로 부상했으며 대영제국의 정치인 가운데서도 높은 지위를 누리고 있었다. 그러나 간디의 유럽인 친구들은 그를 약삭빠른 기회주의자로 평하면서 그를 경계해야 한다고 알려주었다.

스뮤츠 장군의 조치를 '배신행위'로 규정한 간디는 한편으로는 그에게 약속을 이행할 것을 촉구하고 다른 한편으로는 인도인 커뮤니티의

112 *Ibid.*, p.175.
113 *Ibid.*, p.181.

투쟁의식을 강화시키는 데 열중하였다. 그는 사띠야그라하 운동의 소식지인 <인디언 오피니언>을 통해 인도인들에게 암흑법이 철폐되지 않으면 등록증을 불태워버릴 각오를 다지게 하고 정부에게는 인도인 커뮤니티의 확고한 의지와 감옥에 갈 준비가 되어있다는 것을 알렸다. 곳곳에서 투쟁을 재개하고 감옥에 갈 각오를 되새기는 집회가 열렸다. 투옥되는 것은 형벌이었지만 간디 일행은 감옥에 가는 것을 불명예가 아닌 영광으로, 투쟁의 연장으로, 나아가 자신들의 자존심과 동포애를 고양시키는 기회로 받아들였다.

법안이 의회를 통과할 무렵 인도인들을 대신하여 한 청원서가 제출되었으나 아무런 소용이 없었다. 마침내 인도인들의 결의를 담은 마지막 통보가 사띠야그라하 운동원들에 의해 정부에 전달되었다.

> "인도인들과 스뮤츠 장군 사이의 협약 내용은 인도인들이 자진하여 등록을 하면 그는 그 등록을 유효화하고 암흑법을 폐기하는 법안을 의회에 제출하기로 하였다. 이에 인도인들은 자진하여 등록을 하였고 정부도 만족하였다는 것은 엄연한 사실이다. 그러므로 암흑법은 폐기되어야 한다. 인디언 커뮤니티는 장군과 접촉을 통해 시정을 위한 가능한 모든 법적 조치를 취했으나 허사였다. 법안이 의회를 통과할 때 커뮤니티에 팽배해 있는 불만과 강한 의지를 정부에 알리는 것은 지도자들의 책임이다. 문제해결을 위해 아시아인 법이 폐기되지 않고 그리고 정부의 결정이 특정 기일 전에 인도인들에게 전달되지 않으면 인도인들은 회수한 등록증을 소각할 것이고 결과에 대한 책임을 분명히 질 것이다."[114]

이 통보에 대해 장군은 정부에 대한 협박으로 간주했으며 신문에 실린 위의 내용을 본 많은 주 의회 의원들은 분개하여 만장일치로 장군이 제안한 법안을 통과시켰다. 최후 통보에 명시된 시한은 법안이 의

114 *Ibid.*, pp.182-183.

회에서 통과되는 날이었다. 법안이 통과되던 날 등록증 소각을 위한 집회가 열렸다. 1908년 8월 16일 오후 4시였다. 이때 정부의 전보가 날아왔다.

> "정부는 인디언 커뮤니티의 결의를 유감으로 생각하며 정책노선을 바꿀 수 없음을 통보합니다."[115]

청중은 이것을 즐거운 마음으로 수용하였다. 간디는 청중들에게 '등록증을 소각함으로써 우리가 암흑법을 지키지 않을 것을 굳게 선언하며…… 시련을 이겨낼 자신이 없는 사람은 자신의 등록증을 다시 가져가라'고 역설했다. 투쟁위원회는 2천매 이상의 등록증을 회수하여 큰 가마솥에 집어넣고 기름을 부었고 불을 질렀다.[116] 청중들은 환호했다. 등록증 소각은 단순히 법을 위반하는 문제를 떠나 인디언 커뮤니티의 의식을 일깨워 내부적 결속을 다지고 나아가 상대방에게 굴욕을 주는 간디의 고도의 상징적 테크닉으로 볼 수 있다. 수천 명의 군중이 모인 이슬람 사원 앞에서 벌어진 이 사건은 새로운 투쟁의 서막을 알리는 신호탄이었다.

(3) 새로운 투쟁과 협상 타결

① 새로운 투쟁의 전개

암흑법이 통과된 해에 스뮤츠 장군은 또 다른 법안 - 트란스발 이민제한법(Transval Immigrants Restriction Bill)을 통과시켰다. 이 법안은

115 *Ibid.*, pp.185-186.
116 *Ibid.*, p.187.

새로 입국하는 인도인을 막기 위한 것으로 인도인들의 권리를 침해하는 것이 되어 간디는 이 법안도 사띠야그라하 투쟁에 포함시키기로 결정했다.

나탈국민회의(Natal Indian Congress) 의장이며 거상인 세트 다우드 모하메드가 사띠아그라히들을 데리고 트란스발의 접경지역에 도착하자 정부는 그들을 체포하였다. 그는 트란스발 구 거주권을 소지하고 있었고 영어도 잘 했다. 특히 그는 인도인 기금 모금에 중요한 기부자 가운데 한사람이었다. 치안판사는 7일 이내 그들이 트란스발을 떠나도록 명령했다. 그들은 명령을 따르지 않았고 다시 체포되어 재판 없이 추방되었다. 그러나 그들은 재입국하여 3개월의 징역과 중노동형을 선고받았다.[117]

이에 고무된 트란스발 인도인들은 나탈의 동포들을 석방하라고 요구했다. 그렇지 않으면 그들도 감옥에 가겠다고 주장하며 스스로 감옥에 갈 방도를 강구하였다. 인도인들이 등록증이 없으면 상업 허가가 나오지 않는데 그들은 허가 없이 장사를 하거나 또 트란스발로 들어올 때 등록증을 제시하지 않으면 체포되는데 이 두 방법을 그들은 택했다.

이제 투쟁운동에 큰 힘이 실리게 되었다. 많은 나탈의 인도인들이 세트 다우드 모하메드의 뒤를 따랐고 요한네스버그에도 체포된 사람이 많았다. 원하는 사람은 누구나 체포되게 하였다. 나탈에서 온 사람들은 3개월의, 트란스발의 행상인들은 4일에서 3개월까지의 징역형을 선고받았다(1908. 7. 21). 감옥에서 이들은 주로 돌을 깨거나 청소, 우물을 파는 일 등 힘든 중노동을 하였다. 간디도 체포되어 볼크스러스

117 *Ibid.*, p.199.

트 감옥에 수감되었다가 프레토리아 감옥의 독방으로 이송되었다. 감옥마다 인도인들로 가득 차게 되자 정부도 고민에 빠졌다. 얼마나 많은 인도인들을 감옥에 보낼 수 있을지 그리고 그 비용을 어떻게 감당할지의 문제해결을 위한 다각적 방법을 정부는 구상하게 되었다.

트란스발 정부는 인도인들을 추방하기 시작했다. 처음 추방은 나탈 주, 오렌지 자유 주, 포르투갈 령 동아프리카로 내보내는 것이었다. 이러한 추방은 인도인들에게 다소의 불편만 초래했을 뿐 그들의 의지를 꺾지는 못했다. 정부는 인도인들을 인도로 추방하는 극단의 조치를 취했다. 이것은 그들의 투쟁의지를 꺾고 그들을 굴복시킬 수 있을 것으로 생각했다. 정부는 일단의 인도인들을 처음으로 인도로 추방하였는데 이들 대부분은 순수한 믿음에서 이 운동에 가담한 소박하고 가난한 사람들이었다. 이들 가운데 일부는 남아프리카에 부동산과 사업장을 갖고 있었으며 가족도 남겨둔 채 떠났다. 그들의 시련과 고통은 간디에게는 참기 어려운 아픔과 상처가 되었다. 인도가 그들을 잘 보살펴 주도록 간디는 나테산(Natesan)[118]에게 전보를 보냈다. 당시 그는 재외 인도인들의 불만과 어려움을 도와주는 일을 하고 있었다.[119]

트란스발 주정부의 이와 같은 추방은 불법적인 것이었다. 인도인들은 주정부의 불법추방에 강력한 반대 항의운동을 전개했다. 그들은 가능한 모든 법적 조치를 취했고 정부의 추방조치가 중지되어야 한다고 호소하였다. 이 같은 사실은 인도에서도 활자화되어 비판여론이 대단하였다.

이 무렵 사띠야그라히들이 투옥되거나 추방되었지만 인도인 집단과

118 <Indian Review>를 발행하는 언론인, 사업가, 진보적 정치가로 유명하며 간디의 주장을 지지하고 물질적 도움도 제공해 주었다.
119 *Ibid.*, p.204.

정부 모두 부담을 안고 있었던 것도 사실이었다. 정부는 사띠야그라히들을 감옥에 보내는 것만으로 그들을 굴복시킬 수 없다는 것과 추방정책은 자신들을 더욱 난처하게 만들고 있다는 것을 알고 있었다. 인도인들도 강력한 싸움을 벌일 상황이 되지 못했다. 목적을 달성할 만큼 수적으로 충분한 사띠야그라히가 부족했고 일부의 인도인들은 투쟁에 지쳤고 일부는 완전한 패배자가 되어 있었다. 그러나 소수의 진정한 사띠야그라히들은 진리는 위대하고 결국 승리한다는 것을 믿는 자들이었다.

감옥에서 병을 얻어 사망하는 사람들도 허다했다. 1909년 7월 7일 한 젊은 사띠야그라히 나가판(18세)이 감옥에서 받은 학대와 병으로 석방된 후 곧 사망하였다. 그는 문맹자였지만 감옥에 간 것을 후회하지 않고 죽는 순간까지 투쟁을 외쳤고 나라를 위해 목숨을 바쳤다.[120]

비록 고등교육을 받지 않았지만 용기, 인내심, 애국심을 가진 나가판같은 전사가 있었기에 사띠야그라하 운동은 성공할 수 있었을 것이다. 인도인들의 투쟁의지가 강해질수록 시련은 더욱 가혹해졌다. 위험인물이거나 정부가 굴복시키고자 하는 사람들을 수용하는 특별 감옥이 있었는데 거기에는 잔인한 간수와 중노동 등이 기다리고 있었다. 그중 한

YOUNG INDIA.

PUBLISHED EVERY WEDNESDAY AND SATURDAY.

BOMBAY, SATURDAY, MAY 10, 1919.

Pragjee Soorjee & Co.

DEALERS IN

ANILINE AND ALIZARINE DYES

SULPHUR COLOURS

DIRECT COLOURS

BASIC COLOURS.

PRAGJEE SOORJEE & CO.

Chartered Bank Building, Esplanade Road, Fort,

BOMBAY.

GODREJ & BOYCE

SAFE MAKERS

HARVEY FROST

EMPIRE AUTOMOBILES.

The Indian Mercantile Insurance Co. Ld.

Marble English Flooring Tiles Broken Mosaic Tiles Asbestos Cement Sheets and Stencilings

Motor Accessories Supply COMPANY

SETHNA & CO.

간디가 발행한 영자 주간지

120 *Ibid.*, p.205.

곳이 Diepkloof Convict Prison인데 이곳에 투옥된 인도인들은 간수의 모욕을 견디다 못해 단식투쟁을 선언했다. “간수가 교체되거나 그들이 다른 감옥으로 이송되지 않으면 우리는 식사를 하지 않겠다.”[121] 당시 단식투쟁은 아주 드문 일이어서 그들의 선언은 큰 모험이 따랐지만 그들의 의지는 확고하여 7일간의 단식 끝에 그들은 다른 감옥으로 이송되었다. 이때가 1910년 11월이었다.

1910년 남아프리카에 연방정부가 들어서기 전 보다 유리한 지위를 확보하기 위해 보어인과 영국인들은 각각 대표단을 영국의회에 보냈다. 인도인들도 식민지 연방정부가 수립되면 자신들의 상황이 이전보다 더 악화될 것으로 생각했다. 모든 식민지들이 인도인들을 억압하려 하였으며 그들의 반인도적인 경향은 인도인 집단에 큰 고통이 될 것은 분명하였다. 인도인들도 간디와 세트 하지 하비브로 구성된 대표단을 영국에 보내기로 결정했다. 세트 하지 하비브는 포르반다르 출신으로 트란스발에서 오랫동안 상업에 종사하였으며 비록 영어 교육을 받지 못했지만 영어와 화란어 등을 이해하는 다양한 경험의 소유자였다. 그는 사띠야그라하 운동에 동정을 표시했지만 자신을 진정한 사띠야그라히로 여기지는 않았다. 두 사람이 S.S. 케닐워스 케슬 호를 타고 케이프타운을 떠난 때가 1909년 6월 23일이었다.

영국에서 간디는 상원의원인 엠프틸 경(Lord Amphtill)으로부터 많은 도움을 받았는데 그는 스뮤츠 장군 측으로부터 다음과 같은 메시지를 가져왔다.

“스뮤츠 장군은 아시아인 등록법을 폐기하거나 이민제한법을 수정할 생각을 갖고 있지 않다. 그는 기존의 인종차별은 장군의 원칙이고 비록 그는 그것을 제거하

121 *Ibid.*, pp.206-207.

려해도 남아프리카의 유럽인들이 따르지 않을 것이므로 철폐할 의사가 없다. 이것은 그의 최종 결정이다. 만약 당신이 더 많은 것을 요구한다면 그것은 당신은 물론 당신 국민들에게 고통을 자초하게 될 것이다. 당신이 무엇을 하든 보어 지도자들의 입장을 충분히 고려한 후 하십시오. 보타 장군도 이 사실을 전하고 당신의 책임을 상기시키도록 저에게 말했다."[122]

이 이야기를 듣고 세트 하지 하비브와 간디의 견해는 서로 달랐다.

"나는 화해를 원하는 편을 대신하여 장군의 제안을 받아들인다...... 나는 우리의 커뮤니티가 더 이상 고통당하는 것을 원하지 않는다. 내가 대표하는 커뮤니티는 수적으로 다수를 차지하며 경제적 부도 대부분을 점유하고 있다."[123]

이에 대해 사띠야그라히를 대신한 간디의 의견은 달랐다.

"나의 동료 세트 하지 하비브가 수적으로, 경제적으로 우위 집단을 대표한다는 것은 사실이다. 내가 대표하는 집단은 상대적으로 가난하고 수적으로 열세에 있다. 그러나 그들은 원칙을 위해 싸우고 있으며 죽음까지도 각오하고 있다. 장군의 파워를 알고 있지만 우리는 여전히 우리의 선서에 무게를 두고 있다. 따라서 우리는 선서를 지킴으로 인해 따르는 최악의 상태도 맞이할 각오가 되어 있다. 우리가 신의 이름으로 선서한 결의를 고수한다면 신은 그것이 성취되는 것을 지켜보리라 확신한다. 비록 소수이긴 하나 사띠야그라히들은 그들의 선서를 지킬 것이고 자신들의 고통을 통해 장군의 마음을 돌리고 그가 아시아인 등록법을 폐기하도록 노력할 것이다."[124]

이에 대해 엠프틸 경도 격려의 말을 아끼지 않았다.

---

122 *Ibid.*, p.209.
123 *Ibid.*, p.209.
124 *Ibid.*, pp.209-210.

"내가 당신을 포기한다고 생각하지 마십시오. 당신들의 투쟁은 정당하고 그리고 깨끗한 무기로 싸우고 있습니다. 현 상황에서 가능한 타협안을 당신이 받아들이도록 조언하는 것이 나의 의무입니다. 나는 할 수 있는 한 최선을 다해 당신을 돕겠습니다."125

결론적으로 대표단은 영국으로부터 아무런 좋은 반응을 얻어내지 못했다.

② 톨스토이 농장

영국에서 돌아온 간디는 인도인들에게 자신들의 임무가 실패했다는 것을 알렸다. 어느 누구도 이 투쟁이 얼마나 오래 지속될 것인지 예측할 수 없었다. 보어장군들은 한 치도 양보할 수 없다고 하고 소수의 사띠야그라히들은 죽을 때까지 승리를 위해 싸우겠다고 선언했기 때문이다. 시한 없는 투쟁에서 투쟁은 투옥이나 추방을 수반하는데 그 자체가 그들에게는 승리로 간주되었다.

사띠야그라히가 투옥되거나 추방되었을 때 그들의 가족 부양 문제가 강하게 대두되었다. 지금까지 투옥되는 사띠야그라히 가족들에게는 매달 필요에 따라 최소한의 수당이 지급되었다. 그러나 일부 정당한 도움을 받아야 할 사람이 불공평한 대우를 받는가하면 부당한 이득을 취하는 사람도 있었다. 간디는 이와 같은 상황에서는 투쟁운동이 오래 지속될 수 없다는 것을 알았다. 이와 같은 문제점을 해결하기 위한 방법이 공동생활이었다. 출신지역과 종교가 서로 다른 사띠야그라히 가족들이 한 장소에 모여 공동생활을 함으로써 경비도 절약하고 일체감도 고양시킬 수 있었다. 여러 성격상 공동생활지는 도시에서 너무

125 *Ibid.*, pp.210-211.

멀어도 안 되고 너무 가까워도 안 되는 곳으로 요한네스버그 근처로 정했는데 그곳이 칼렌바흐(독일계 유대인으로 부유한 건축가)가 1910년 5월 30일 1100에이커의 농장을 구입하여 사띠야그라히들에게 무상으로 사용토록 한 곳이다.[126] 이곳에서 일 마일 떨어진 곳에 기차 정거장(Lawley)이 있고 요한네스버그는 21마일 떨어져 있었다.

간디는 이곳에 집을 짓고 사띠야그라히 가족들을 초청하여 정착케 하였는데 이곳을 톨스토이 농장이라 이름 지었다. 이 농장에는 오렌지, 살구, 플럼 등 과일이 풍부했으며 학교, 집, 목공소, 청소, 음식조리, 집안일 등 모든 일을 구성원들의 손으로 해결했다. 육체적 노동은 그들을 더욱 강건하고 튼튼하게 만들었다. 정착자들 가운데는 구자라트, 타밀나두, 안드라쁘라데쉬, 북인도 사람들이 있었고 힌두, 무슬림, 파르시, 기독교인들이 포함되어 있었는데 약 일 백 명 내외가 살고 있었다. 공동생활의 규칙은 엄했다. 채식주의를 택하였으며 음주와 흡연은 금지됐다. 구성원들의 위생관리와 환경오염도 철저히 관리하였다. 농장 안에서 음식재료 모두를 생산하여 자급자족으로 해결하였다. 요한네스버그까지는 6-7시간을 걸어서 업무를 보러 다녔다.

이 농장에서 젊은이들의 교육은 칼레바흐와 간디가 맡았다. 모국어가 서로 다른 학생을 가르치고 이교도들이 함께 기도하는 것이 어려운 문제였지만 이 교육과정에서 농장 어린이들은 편협한 사고에서 벗어나 넓은 아량으로 다른 종교와 관습을 이해하게 되었으며, 상호봉사와 겸손, 근면성을 익혔다. 간디는 선생님으로서 학생들을 이해하고 그들의 모범이 되어야 함을 깨닫고 스스로 절제된 행동과 올바른 삶을 영위하기 위해 노력하였다.

126 *Ibid.*, pp.213-214.

“톨스토이 농장은 마지막 투쟁을 위한 영적 정화와 고행, 참회의 도장이었다. 만약 톨스토이 농장이 없었다면 투쟁이 계속 전개될 수 있었을지 그리고 많은 기금이 확보되었겠는지 나아가 투쟁의 마지막 국면에 참여한 수 천 명의 사람들이 자신들의 역할을 제대로 할 수 있었을지 나는 의심한다.”[127]

톨스토이 농장은 크게 알려지지는 않았지만 대중의 호응을 받았다. 대중의 신뢰는 그들의 투쟁운동에 큰 재산이 되었다. 톨스토이 농장의 사띠야그라히들은 그들의 투쟁이 언제 끝날지 알지 못했고 알려고 하지도 않았다. 그들은 오직 암흑법에의 복종을 거부하며 거기에 관련된 어떤 고통도 감내한다는 맹세를 지키고 있었다. 이 무렵 간디는 고칼레(G.K. Gokhale) 등 인도의 지도자들에게 남아프리카에 와서 인도인 정착자들의 상황을 둘러보도록 요청했다. 인도인들이 이주한 남아프리카에 그들의 상황을 조사하기 위해 남아프리카에 온 인도의 지도자는 아직까지 없었다. 고칼레는 1912년 10월 22일 케이프타운에 도착했다.

요한네스버그와 나탈을 방문한 후 고칼레는 프레토리아로 가서 연방정부의 각료들과 보타와 스뮤츠 장군을 만났다. 그들을 만나고 돌아온 고칼레는 간디에게 다음과 같이 말했다.

“당신은 1년 내에 인도로 돌아가야 합니다. 모든 것이 해결되었습니다. 암흑법은 폐기될 것이고 이민법에서 인종차별도 철회될 것이며 3파운드의 세금도 폐지될 것입니다.”[128]

이에 간디는 다음과 같이 말했다.

---

127 M.K. Gandhi, *op. cit.,* pp.253-256.
128 M.K.Gandhi, *op. cit.,* p.244.

"저는 크게 의심합니다. 당신은 나만큼 장관들을 잘 모릅니다. 저는 여러 번 실망하였기 때문에 당신만큼 희망적이지 않습니다...... 나는 많은 인도인들이 감옥에 가 있기 때문에 1년 안에 인도로 돌아갈 수 없습니다."[129]

고칼레는 1년 안에 3파운드 세금이 폐지되고 그에 필요한 법안이 다음 의회에 상정될 것을 확신하고 11월 17일 남아프리카를 떠났다. 그러나 스뮤츠 장군은 의회에서 나탈의 유럽인들은 세금철폐를 반대하며 연방정부도 철폐를 목적으로 하는 법안을 통과시킬 수 없다고 말했다. 정부의 약속 파기는 인도인들의 투쟁 계획을 더욱 확대시켰다. 고칼레와 같은 모국의 지도자와의 약속파기는 한 개인에 대한 모욕이기보다는 조국, 인도에 대한 모욕으로 간주되었던 것이다. 여기서 1895년부터 징수되어온 3파운드의 세금 철폐도 사띠야그라하 투쟁에 포함시키게 되었다 따라서 많은 계약 노동자들이 투쟁에 가담하는 계기가 마련되었다. 이제 간디 일행은 모두 투쟁 준비를 하였다. 그들은 장기간 투옥될 것을 예감하고 톨스토이 농장을 패쇄하였나. 일부 가족은 각자 집으로 돌아가고 나머지 가족들은 피닉스로 향하게 하였는데 그곳은 앞으로 사띠야그라하 운동의 기지로 지정되었다. 피닉스는 나탈의 계약 노동자들이 3파운드 세금 철폐운동에 참여할 때 집합지로 아주 편리한 장소였다.

③ 최후의 카드

1913년 3월 14일 케이프 대법원 판사 세알(Searle)은 남아프리카에서 기독교 의식으로 거행된 결혼과 혼인 등록법에 의해 등록된 결혼 이외의 모든 결혼은 불법, 무효라는 판결을 내렸다.[130] 이 판결은 남아프리

129 *Ibid.*, pp.244-245.

카에서 힌두, 무슬림, 조로아스터교의 의식으로 결혼한 모든 결혼을 무효화시켰고 많은 인도 여성들을 아내가 아닌 첩으로 전락시켰으며 그들의 자식들은 부모의 유산을 물려받을 권리를 잃게 되었다. 이것은 모든 인도인에게 참을 수 없는 모욕으로 그들을 격분하게 하였다.

많은 인도인들은 결혼을 하고 남아프리카에 왔으며 일부는 그곳에 와서 결혼을 했다. 사실 인도에는 혼인 등록법이 없고 종교적 결혼 의식이 그것의 효력을 지니고 있었다. 이와 같은 관습은 남아프리카의 인도인들에게 그대로 적용되어 지난 40년간 정착해온 인도인들에게 혼인 효력에 대해 의문이 제기된 적은 한 번도 없었던 것이다.

간디는 정부가 세알의 판결에 동의하는지 그리고 종교 의식에 따른 인도인들의 결혼을 합법화하는 법안을 개정할 의향은 있는지를 묻는 질의서를 냈으나 정부는 아무런 의사표시를 하지 않았다. 여성들에게 가해지는 모욕을 더 이상 참을 수 없었다. 그리하여 간디는 전사의 수에 관계없이 강력한 사띠야그라하 운동을 전개하기로 하였다. 이제부터는 투쟁에 참여하는 여자들을 막지 않을뿐더러 그들이 남성과 함께 나란히 나서서 싸우도록 독려했다. 먼저 간디는 톨스토이 농장의 여성들(아이들을 제외한 10명의 여성, 이 중에는 임산부도 있었다)을 투쟁에 참여토록 권유했다. 여성들은 더 적극적이었다.

사실 이보다 먼저 여성들의 투쟁참여가 논의된 적이 있었다. 여성들에게 참여의 기회를 주자는 제안과 일부 여성들은 스스로 참여할 것을 제의하기도 했었다. 그러나 간디는 여자들을 투쟁 대열에 세울 용기가 없었으며 나아가 남자들을 겨냥한 법안에 대항하여 여자들을 희생시킨다면 그것은 남성들의 불명예로 간주되어 반대해 왔었다.

---

130 *Ibid.*, pp.251-252.

이들 여자들이 베레니깅에서 허가 없이 트란스발에 들어왔으나 체포되지 않았으며 허가 없이 행상을 해도 경찰은 체포하지 않았다. 문제는 어떻게 하면 그들이 스스로 체포되느냐에 있었다.

이제 간디는 마지막까지 유보해 왔던 조치를 취하기로 하였다. 어느 결정적 시기에 피닉스에 있는 모든 정착자들을 희생시키기로 하였던 것이다. 그것은 진리의 신에 대한 그의 마지막 재물이었다. 16세 이하의 어린이들과 <인디언 오피니언>의 발행을 위해 소수의 인원을 제외하고는 그들 모두를 감옥에 보내는 것이 그의 생각이었다. 일부를 선발하여 그들로 하여금 허가 없이 트란스발로 들어가 체포되게 하고 트란스발에서 체포되기를 기다렸던 여성들은 그냥 나탈로 들어가기로 했다. 여성들이 나탈에 들어가 체포된다면 좋은 일이었다. 그러나 체포되지 않으면 그들은 행진하여 나탈의 탄광 중심지인 뉴케슬로 가 그곳의 계약 노동자들에게 파업을 일으키도록 조언하게 되어 있었다.

남녀 포함 16명으로 구성된 피닉스의 선발대는 허가 없이 트란스발에 들어가다 체포되어 중노동과 함께 3개월의 징역을 선고받았다(1913. 9. 23).[131]

톨스토이 농장의 여성들은 트란스발에서 체포되지 않아 허가 없이 나탈로 들어갔으나 거기서도 체포되지 않았다. 그리하여 그들은 뉴케슬로 가 계획대로 일을 시작했다. 그들의 영향력은 불꽃처럼 확산되었다. 3파운드의 세금으로 쌓이고 쌓인 불만이 노동자들을 자극하여 순간 파업으로 이어졌던 것이다. 이에 정부도 트란스발 여성들의 활동을 더 이상 방치하지 않았다. 그들은 체포되어 3개월의 징역을 선고받고 피닉스 선발대가 투옥되어 있는 마리잔버거 감옥에 수감되었다. 이들

131 *Ibid.*, pp.256-257.

여성들의 용감성과 애국심이 노동자들을 사띠야그라하 운동에 가담하게 하는 결정적 계기를 마련하였으며 사띠야그라하 운동은 이제 민중운동으로 승화되었다.

이 사건은 남아프리카의 인도인뿐만 아니라 조국 인도인들에게도 큰 충격을 주었다. 이 여성들의 희생은 순수함 그 자체였다. 일부 문맹자도 있었지만 그들은 인도인의 명예를 위해 목숨을 걸었으며 그들이 감옥에 간 것은 고통의 외침이었고 순수한 재물이었다. 간디는 신은 가장 순수한 기도를 영접한다면서 그들의 순수한 희생은 꼭 열매를 맺을 것을 확신했다.

톨스토이 농장 여성들의 투옥은 뉴케슬 부근의 광산 노동자들에게 일손을 놓고 몇 그룹으로 나누어 시내로 행진하게 했다. 이들 광산 노동자들은 꿈속에서도 희망을 가질 수 없는 거의 노예나 다름없었다. 그들은 광산주로부터 인간 이하의 대우를 받아 왔다. 피닉스를 떠나 현장으로 달려간 간디는 노동자들의 많은 불평, 불만을 청취했다. 파업 노동자 수가 수천을 헤아리게 되었다. 간디는 노동자들에게 파업이 계속될 터이니 순례자처럼 지내도록 옷과 담요 등을 가지고 오도록 제안했다. 그리고 파업이 계속되는 동안 그들과 함께 먹고 지낼 것을 약속했다. 그는 자신의 제안에 행동할 용기가 없는 사람은 일터로 돌아가도록 설득하였다. 어떤 노동자도 간디의 제안을 반대하지 않았다. 간디의 연설이 있던 첫날부터 옷가지를 머리에 이고 아내와 자식들을 앞세운 수많은 순례자의 행렬이 이어졌다.[132]

광산 노동자들의 수가 약 오천 명에 이르렀다. 뉴케슬에서 트란스발 국경까지는 36마일이었는데 간디는 도보로 이들을 데리고 트란스발

---

132 *Ibid.*, pp.262-263.

국경 찰스톤(나탈 안에 있는 국경 마을)까지 가기로 결정했다. 소수 그룹으로 나누어 트란스발로 들어갈 경우 시간이 많이 걸릴뿐더러 대중운동의 효과를 기대할 수 없어 집단으로 이동하게 하였다. 도보 행진 전 간디는 파업으로 당황한 뉴케슬 광산주들로부터 초청을 받고 더반에 갔다. 평소 그의 지론을 따른 것이었다.

"사띠야그라히의 겸손은 끝이 없다. 그는 타협의 기회를 놓치지 않으며 설령 누가 그를 마음이 약한자로 비난해도 개의치 않는다. 자기 자신을 믿고 그 믿음에서 나오는 힘을 가진 자는 다른 사람이 경멸해도 전혀 관심을 갖지 않는다. 그는 오직 자신의 내적인 힘에 의지하며 따라서 모든 사람에게 예의 바르며 자신의 주장을 위해 세계의 여론을 활용한다."133

간디는 거기서 광산 노동자들의 권익을 강력히 주장하였다.

"노동자들은 파업 이외의 수단을 갖고 있지 않다. 3파운드의 세금은 광산주들을 위해 부과되었고 그들은 노동자들이 자유인으로 일하는 것을 바라지 않는다. 노동자들이 3파운드의 세금 철폐를 위한 파업을 한다 해도 그것은 광산주들에게 부당하거나 불공정한 것은 아니다. 그들에게 일터로의 복귀를 나는 조언할 수 없다. 노동자들은 심사숙고 한 후 파업에 돌입했으며 그들에게 뒤따를 위험도 충분히 인식하고 있다. 나는 인간에게 있어서 자존심의 상실보다 더 큰 손실은 없다고 생각한다. 나는 노동자들이 이와 같은 근본가치를 터득하게 된 것을 크게 만족한다."134

가난하고 천대받는 문맹 노동자들이 보여준 확고한 의지와 용기, 평화스러운 행동은 상대방에게도 깊은 인상을 주었다.

---

133 *Ibid.*, p.265.
134 *Ibid.*, pp.265-266.

1913년 10월 28일 행진이 시작되기 전 간디는 그들에게 행진 중 지켜야 할 주의사항을 알렸다.

> "누구도 필요 이상의 옷을 지니지 않으며, 타인의 재산에 손을 대서는 안 되고, 관리나 유럽인들이 모욕을 주거나 구타를 해도 참아야 하며 경찰이 체포하려 하면 체포당하고 내가 먼저 체포되더라도 행진을 계속한다."[135]

간디 일행은 무사히 이틀 만에 찰스톤에 도착하여 캠프생활에 들어갔다. 찰스톤의 인도인 상인들은 솥과 쌀, 숙소, 주방, 채소 제공 등 그들에게 많은 도움을 주었다. 찰스톤 캠프에서 간디는 청소 같은 잡일을 스스로 마다하지 않았다. 지도자가 스스로 하인 역할을 하는 곳에서 단합은 더 말할 것이 없었다.

트란스발로 들어가기 전 간디는 정부에 편지를 냈다.

> "우리는 거주할 목적으로 트란스발에 들어가는 것은 아니고 장군의 약속 위반에 대한 항의 표시이며 우리의 자존심 상실에 대한 솔직한 허탈감을 나타내는 것뿐이다. 정부가 찰스톤에 있는 우리들을 체포하면 그것은 우리의 고통과 고민을 덜어주는 것이 될 것이다. 만약 당신들이 우리를 체포하지 않거나 우리 일행 중의 일부가 트란스발에 들어간다면 그 책임은 우리의 것이 아니다. 마지막으로 정부가 3파운드의 세금을 철폐한다면 파업은 취소되고 노동자들은 일터로 복귀할 것을 나는 보장한다. 우리는 그들이 우리들의 다른 불만들을 겨냥한 일반적인 투쟁운동에 참여하도록 하지도 않을 것이다."[136]

이와 동시에 정부가 체포하지 않으면 그들은 찰스톤을 떠나 트란스발로 행진하여 들어가기로 결정했다. '평화군'으로 이름 붙인 그들은

---

135 *Ibid.*, p.267.
136 *Ibid.*, p.270.

하루에 20-24마일 걸어서 8일 동안 행진하여 톨스토이 농장에 도착하는 계획을 세웠다. 그곳에서 투쟁이 끝날 때까지 농장 일을 하며 함께 생활하기로 하였다. 행진 준비를 끝낸 간디는 한 번 더 사태 해결을 시도했다. 찰스톤에서 그는 프레토리아에 있는 스뮤츠 장군 비서에게 전화를 걸었다.

> "행진 준비가 되었다는 것을 스뮤츠 장군에게 말해주시오. 볼크스루스트(Volksrust)에 있는 유럽인들이 흥분하여 우리를 해칠 것 같습니다. 그들은 그러한 협박을 하기도 했습니다. 장군은 그러한 불미스러운 일이 일어나기를 바라지 않을 것입니다. 장군이 3파운드 세금 철폐를 약속한다면 나는 행진을 멈추겠습니다."[137]

30분이 채 지나기 전에 '당신 마음대로 하라'는 장군의 무례한 회답이 왔다.

이제 간디에게 남은 선택은 분명했다. 1913년 11월 6일 역사적 행진은 시작되었다. 신의 이름으로 행진에 참가한 순례자의 수는 남자 2037명, 여자 127명, 57명의 어린이였다.[138]

그들은 약속 시간에 줄을 지어 국경을 넘어 트란스발로 들어갔다. 국경에 경찰이 근무 중이었지만 엄청난 수의 순례자들을 감당할 수 없었다. 경찰은 체포할 의사가 없었다. 첫날 그들은 8마일을 걸어 오후 5시경 팜포드(Palmford)에서 하루 밤을 보냈다. 순례자들은 야외에서 음식을 먹고 노래를 부르고 경전을 읽기도 했다. 일부 여자들은 거의 탈진 상태가 되어 아기들을 안고 더 이상 행진을 할 수 없게 되었다. 이런 사람들은 그곳의 인도상인들이 톨스토이 농장으로 보내거나 각

---

137 *Ibid.*, p.273.
138 *Ibid.*, p.274.

자의 집으로 보내주었다. 밤이 깊어가자 한 경찰 간부가 나타나 체포 영장을 내밀었다. 간디는 옆에 자고 있던 동료 나이두를 깨워 체포 사실을 알리고 그가 없어도 계획대로 행진을 계속하라고 조언하고 경찰에 연행되어 갔다.

다음날 아침 간디는 볼크스루스트 법정에 섰다. 검사는 증거가 수집될 때까지 구속을 명했다. 하지만 간디는 50파운드의 보석금을 내고 풀려났다. 칼렌바흐가 대기하고 있다가 간디를 '평화군'에 데려다 주었다. 간디는 그들과 함께 행진을 계속했다. 11월 8일 스탠더톤(Standerton)에서 간디는 순례자들에게 빵을 나누어 주다가 다시 체포되었다. 간디는 50파운드의 보석금을 지불하고 다시 풀려 나왔다. 그는 다시 순례의 행렬에 뛰어들었다.

사띠야그라히 일행은 4일째 요한네스버그 가까이 갔다. 그들의 사기는 활활 불타올랐고 정부는 깊은 고민에 빠졌다. 간디의 구속이 순례자들의 의지를 꺾거나 평화적 행진을 막을 수 없다는 사실을 정부는 알고 있었다. 그들의 확고한 의지와 평화적 시위는 스뮤츠 장군을 난처한 곤경에 빠뜨렸다.

11월 9일 테워츠(Teakworth) 부근을 행진하면서 선두에 선 간디는 폴락(Polak)과 함께 대화를 나누던 중 또 체포되었다. 트란스발 이민국 책임자인 참니와 경찰 간부가 그를 체포하기 위해 나타난 것이다. 폴락에게 행진을 계속하도록 부탁한 간디는 체포되어 하이델베르크로 옮겨졌다. 계약 노동자들에게 나탈지역을 떠나도록 사주한 혐의로 기소되어 둔디에서 간디는 징역 9개월과 중노동형을 선고 받았다(11월 11일). 이와 함께 간디는 입국이 제한된 사람들을 트란스발에 들어가도록 교사한 혐의로 볼크스루스트에서 두 번째 재판을 받기 위해 볼크스루스트 감옥으로 이송되었는데 거기에서 칼렌바흐와 폴락을 만나게 된다. 이들 세 명은 모두 3개월의 징역을 선고 받았다.[139]

정부는 이들 세 명의 지도자를 분산시키기 위해 간디는 인도인이 갈 수 없는 브로엠폰틴(Bloemfontein) 감옥으로, 칼렌바흐는 프레토리아 감옥, 폴락은 저미스톤 감옥으로 각각 이송하였다. 간디의 구속 이후 인도인들은 더욱 열광적이었다. 많은 사람들이 나탈에서 트란스발로 걸어오면서 구속되었다.

11월 10일 발포(Balfour)에 도착한 순례자들은 거기서 특별 기차에 실려 나탈로 추방되었다. 나탈에 도착 즉시 그들은 기소되어 감옥으로 보내졌다. 노동자들은 감옥에서 온갖 구타와 학대를 받았다. 그들의 고통 소식이 인도로 전해져 남아프리카 문제는 큰 이슈가 되었으며 전 인도가 크게 동요하기 시작했다. 바로 그때 1913년 12월 총독 하딩 경(Lord Hardinge)은 마드라스 연설에서 영국 정부를 신랄히 비판하고 불공정하고 부당한 법안에 대하여 벌이는 사띠아그라히들의 투쟁 운동을 지지하고 나섰다.[140]

영국에서 하딩경의 행동에 대해 비판도 없지 않았지만 그는 단호하게 자신의 주장의 정당함을 재확인하였다. 그의 연설은 안팎으로 좋은 영향을 주었다. 파업과 체포 소식이 급속도로 확산되자 나탈의 수천 노동자들이 동시에 몰려나왔다.

정부도 극단적인 조치를 취했다. 그들은 무력으로 노동자들의 파업을 막았다. 무장한 경찰은 파업자들을 붙잡아 광산으로 보냈다. 노동자들도 돌을 던지고 대항하였지만 총을 발사하는 데는 어쩔 수가 없었

139 *Ibid.*, p.282.
140 *Ibid.*, p.286.

1914년 사띠야그라하 운동을 전개할 때의 간디

다. 많은 사람들이 사망하고 부상했다. 그러나 노동자들은 이에 굴하지 않았으며 일터에 복귀하지도 않았다.

④ 협상 타결

뉴케슬 광산 지구와 함께 피닉스는 이제 파업의 중심지가 되었다. 두세 명을 제외한 피닉스 정착촌의 책임 있는 지도자들이 모두 투옥되었다. 수백 명의 파업 노동자들이 조언을 구하거나 피난처를 찾기 위해 피닉스로 몰려들었다. 상황은 새로운 국면을 맞고 있었다. 피닉스에서 <인디언 오피니언>의 영어판을 책임지고 있던 웨스트(West)씨가 구속되자 이 소식을 접한 고칼레는 인도에서 유능한 인물을 선발하여 남아프리카에 파견하기로 하였다. 사띠야그라히들을 지원하기 위한 회의가 라호르에서 열렸는데 여기서 앤드류스(C.F. Andrews)와 그의 친구 피어선(Pearson)이 천거되어 남아프리카로 떠났다.[141]

투쟁은 이제 거의 끝나가고 있었다. 연방정부는 수 천 명의 무고한 사람들을 구속 수감해 둘 힘이 없었다. 총독도 그것을 허용하지 않을 것이고 온 세계가 스뮤츠 장군이 어떤 조치를 취할 것인가를 주시하고 있었다. 스뮤츠 장군 역시 불공정하고 부당한 법안이 있었다는 것을 시인하고 있었다.

그는 3파운드 세금을 철회하지 않고 어떤 개혁도 하지 않겠다고 공

141 *Ibid.*, p.291.

언해 왔었으나 지금은 법안을 개정하고 3파운드 세금을 폐기해야 할 입장에 놓이게 된 것이다. 이와 같은 난처한 입장을 모면하기 위해 스뮤츠 장군은 3명으로 구성된 위원회를 구성했다. 형식적이나마 위원회의 추천이 정부에 의해 수용됨으로써 정부가 처음에 거부하였던 것을 다시 실행할 수 있는 정당성을 부여받게 하였던 것이다. 인도인들은 위원회에 모든 사띠야그라히 투옥자들의 석방과 3명의 위원 중 한 명의 자리를 요구했다. 첫 번째 요구는 위원회의 추천을 정부가 받아들여 투옥 중인 칼렌바흐와 간디, 폴락이 동시에 석방되었다(1913년 12월 18일).

간디는 감옥에 있는 동안 바깥 소식을 전혀 듣지 못했다. 위원회 소식도 놀라운 것이었고 또 어떠한 형태로든 위원회와 협조할 수 없다는 것을 알게 되었다. 그리하여 칼렌바흐, 폴락, 간디 세 사람은 더반으로 가 스뮤츠 장군에게 편지를 썼다. 더반에서 간디는 처음으로 영국인 앤드류스와 피어선을 만났다.

"우리는 위원회의 구성을 찬성하나 인도인들에게 증오감을 자주 나타낸 에셀렌(Messrs Esselen)과 윌리(Wylie)가 위원이 된 것은 강력하게 반대합니다. 그러나 우리는 그들을 제외시키라고 요구하지는 않겠습니다. 우리는 다만 중립적인 인물들(Sir James Rose Innes, W.P. Schreiner)이 임명되기를 제안합니다. 그리고 모든 사띠야그라히들이 석방되어야 합니다. 우리가 위원회에 증거를 제시하면 계약노동자들이 일했던 탄광이나 공장으로 돌아갈 수 있게 허용되어야 합니다. 위의 요구들이 해결되지 않으면 우리는 감옥에 갈 새로운 길을 모색할 수밖에 없습니다(12월 24일)."[142]

스뮤츠 장군이 위원의 추가 임명을 반대하자 간디는 1914년 1월 1일

142 *Ibid.*, p.293.

더반에서 일단의 인도인들이 행진을 시작한다는 통지를 인도인들에게 보냈다. 감옥에 가는 길 이외에는 다른 방도가 없었던 것이다. 인도인들은 위원회를 보이콧하기로 결정했다. 간디는 사적으로 스뮤츠 장군에게 면담을 신청하였는데 그것이 받아들여져 행진은 며칠간 연기되었다. 간디가 앤드류스와 함께 프레토리아에 갔을 때 그곳에는 연방철도의 유럽인 고용자들의 대규모 파업이 진행되고 있었는데 정부는 아주 어려운 곤경에 처해 있었다. 간디는 이같이 좋은 시기에 인도인들이 행진을 시작해 달라는 부탁을 받았다. 간디는 인도인들의 투쟁은 정부를 괴롭히기 위한 것이 아니라며 철도 파업자들을 지지하지 않을 것임을 분명히 했다. 그리고 행진을 하더라도 철도 파업이 끝난 다음 하겠다고 말했다. 이 같은 간디의 결정은 좋은 인상을 남겼다. 이 소식이 전해지자 여러 곳에서 축하와 격려의 전보가 날아들었다. 스뮤츠 장군은 간디에 대해 다음과 같은 견해를 피력했다.

"나는 당신네 사람들을 좋아하지 않으며 도울 생각도 없다. 당신들은 우리가 어려운 상황에 처해 있을 때 우리를 돕고 있다. 우리가 어떻게 당신들을 해칠 수 있겠는가? 나는 간혹 여러분들이 영국인 파업자들처럼 폭력을 행사하기를 바란다. 그러면 우리는 당신들을 어떻게 처리할까를 알게 될 터이니까. 여러분들은 적들도 해치지 않는다. 여러분들은 스스로 고통을 인내함으로써 승리를 기대하고 있으며 스스로 정한 예의의 기사도 한계를 넘지 않는다. 그것이 우리를 아주 무력하게 만들고 있다."[143]

사실 이보다 먼저 사띠야그리히들이 상대방을 배려하여 존경받을 만한 몇몇 사건들이 있었다.[144] 북부 해안의 인도노동자들이 파업을

143 *Ibid.*, p.295.
144 *Ibid.*, pp.295-296.

일으켰을 때 에지콤산(Mount Edgecombe)의 농장주들은 베어놓은 사탕수수를 제분공장으로 옮겨 빻지 않으면 큰 손실을 입게 되었다. 이에 1,200명의 인도인들이 결연히 공장으로 돌아가 일을 끝내고 파업에 합류하였던 것이다. 또한 더반 시청의 인도인 고용인들이 파업을 일으켰을 때도 위생업무에 종사하는 사람이나 병원에서 환자를 돌보는 사람은 더 큰 재난이나 위험을 방지하기 위해 각자의 근무지로 복귀하였던 것이다. 사띠야그라히들은 상대방을 위하여 생각하고 행동하는 사람들이었다. 이와 같은 기사도적인 정신은 곳곳에 좋은 이야기와 인상을 남겼고 인도인들의 긍지와 자존심을 고양시켰으며 나아가 타협을 위한 분위기 조성에도 크게 기여하였다.

간디와 앤드류스는 스뮤츠 장군과의 면담을 위해 프레토리아에 도착했다. 그때 스뮤츠 장군은 연방정부가 계엄령을 선포했을 정도로 철도 파업으로 인해 어려운 곤경에 처해 있었다. 유럽인 노동자들은 임금인상뿐만이 아니라 정부를 장악하려 했다. 짧은 면담시간이었지만 장군의 간디와 협상 자세는 진지했다.

"인도인들의 권익을 위해 한 명의 인도인이 위원회에 포함되어야 한다는 요구는 정부의 권위를 손상시키는 것이기 때문에 수용할 수 없습니다...... 우리는 많은 어려움에 처해 있으며 잠시도 낭비할 시간이 없습니다. 따라서 인도인 문제의 해결을 원합니다. 우리는 위원회의 추천을 거치면 당신의 요구를 받아들이기로 했습니다...... 당신은 잠시 사띠야그라하 운동을 중지해 주십시오. 그렇게 하는 것이 저를 도와주는 것이고 당신에게도 득이 될 것으로 믿습니다......"[145]

이 같은 장군의 제안은 호의적이고 타협의 분위기로 받아들여졌다.

145 *Ibid.*, p.297.

이무렵 군인과 형무소의 간수들이 파업자들을 가혹하게 학대했다는 불평이 많았다. 인도인들은 학대의 증거를 수집하여 위원회에 제출하거나 일반에 알려야 한다고 주장했다. 사띠야그라히는 처음부터 고통을 당하기 위해 나섰으며 죽을 때까지 고통을 받을 각오가 되어 있는데 지금에 와서 그들이 받은 고통을 열거 증명한다는 것은 간디에게는 부질없는 일이었다. '복수심은 사띠야그라히와는 무관한 것이다. 사띠야그라히는 본질을 위해 싸우는데 본질이란 악법의 철폐나 적절한 수정이었다. 이것을 해결할 수 있을 때 다른 일로 고민할 필요는 없다. 사띠야그라히의 침묵은 타협이 이루어질 때 부당한 법안에 대한 그들의 투쟁에 큰 힘이 될 것이다.' 이 같은 논지로 간디는 학대에 대한 논쟁을 접어두게 하였다.

간디는 스뮤츠 장군과 여러 차례 면담하고 서신을 교환하여 다음과 같은 내용이 담긴 편지를 1914년 1월 21일 장군에게 보냈다.[146]

- ◉ 투옥된 사띠야그라히들의 석방
- ◉ 3파운드의 세금 철폐
- ◉ 힌두교, 이슬람교 등의 종교적 의식에 의해 거행된 결혼의 합법화
- ◉ 교육을 받은 인도인들의 입국허용
- ◉ 인도인들에게 특별히 영향을 미치는 현존하는 법은 그들의 권리를 위해 공정하게 집행

이에 대하여 장군은 사띠야그라히 석방을 위해서는 이미 필요한 조

146 *Ibid.,* pp.299-300.

치를 내렸고 나머지 사항은 조치를 위해 위원회의 추천을 기다린다고 답했다. 이리하여 두 사람은 잠정적인 합의에 이르게 되었고 사띠야그라하 운동은 마지막까지 중지되었다. 많은 영국인 친구들이 이를 환영했고 마지막 합의가 이루어질 때까지 돕겠다고 약속했다. 이 잠정적 합의안에 대한 인도인들의 추인을 받는 것이 이제 큰 과제였다. "누가 다시 스뮤츠 장군을 믿겠는가! 장군은 1908년 우리를 속였으며 인도인 커뮤니티에게 수없는 고통을 안겨준 장본인이다. 그 사람은 또다시 속일 것이다. 그의 확약은 아무 소용이 없다. 입으로 서약하고 나서 그것을 파기하는 사람을 어떻게 더 이상 믿을 수 있겠는가?"[147]

간디의 설득은 계속되었다.

"사띠야그라히는 비록 그가 여러 번 배신을 당했다 하더라도 신뢰할 수 없는 것에 대해 설득력 있는 이유가 없는 한 상대방을 신뢰한다. 사띠야그라히에게 고통은 즐거움과 같으며 단순한 고통의 두려움이 이유 없는 불신임으로 오도되어서는 안 된다. 자신의 힘을 믿고 의지함으로써 그는 상대방에 의해 배신낭하는 것을 개의치 않으며 계속되는 배신에도 불구하고 신임하게 되며, 결국 그는 진리의 힘을 강하게 하여 승리를 가져온다는 것을 믿는다. 용서는 용감한 사람에게 붙는 장식이다. 불신임은 악함을 나타내는 것이다. 사띠야그라하는 모든 약함과 불신임의 추방을 의미한다."[148]

간디는 인도인들이 타협안을 승인하도록 설득했다. 타협안의 중재인이며 증인인 앤드류스와 인도를 대표하는 벤자민 로버슨(Benjamin Robertson)도 거기에 있었다. 마침내 인도인들에 의해 타협안은 추인되고 이제 연방정부 의회의 다음 회기를 기다리는 것만 남았다. 위원회

147 *Ibid.*, p.301.
148 *Ibid.*, pp.301-302.

는 인도인 커뮤니티의 요구들 - 3파운드의 세금 철폐, 인도인 결혼의 합법화, 기타 몇 가지의 양보와 허용 - 을 수용할 것을 정부에 건의했다. 간디는 위원회의 건의를 이행하기 위한 법 개정이 곧 있을 것이라는 확약을 받았고 앤드류스는 영국으로, 벤자민은 인도로 각각 떠났다.

위원회의 보고가 있은 후 얼마 되지 않아 연방정부는 관보에 '인도인 구제법안(Indians Relief Bill)'을 공포했다. 법안의 첫 번째 부분은 인도에서의 합법적인 결혼을 유효로 인정하되 아내가 다수일 때는 그 중의 한 사람만이 남아프리카에서 법적 아내로 인정받는다는 것이고, 두 번째 부분은 계약 기간을 마치고 인도로 돌아가지 않고 자유인으로 그곳에 정착했던 모든 인도인 노동자들이 내던 3파운드의 세금을 철폐한다는 내용이었다. 세 번째 부분은 나탈에서 정부가 인도인들에게 발행한 거주증명서와 지문을 찍은 허가증을 소지한 사람은 본인임이 확인되면 연방에 입국할 수 있는 권리를 가진 자로 인정하는 내용이었다.[149]

'인도인 구제법'에 포함되지 않은 행정적인 문제, 다시 말하여 교육을 받은 인도인들의 케이프 콜로니(Cape Colony)와 남아프리카 입국, 지난 3년 동안 남아프리카에 입국한 교육을 받은 인도인들의 지위, 기존의 복수 아내의 허용 등은 스뮤츠 장군과 간디 사이에 서신으로 해결되었다(1914년 1월 30일).

케이프타운의 연방의회에서 '인도인 구제법안'의 통과와 두 사람 사이의 서신교환으로 1906년 9월에 시작되어 인도인 커뮤니티에게는 많은 정신적, 육체적 고통과 경제적 손실을 안겨주었고, 정부에게는 많은 고민과 우려를 야기했던 사띠야그라하 투쟁은 마침내 막을 내리게

---

149 *Ibid.*, p.303.

되었다.

일부 인도인들의 불만도 있었다. 아직까지 완전한 주거와 이주, 사업권 등이 허용되지 않았기 때문에 이 모든 것이 사띠야그라하 투쟁에 포함되어야 한다고 주장하는 사람도 있었다. 그러나 간디는 지난 몇 개월 동안 문제 해결에 성의를 보여준 정부의 관용과 포용력이 기존의 법집행에 계속 적용된다면 연방정부 내의 인디언 커뮤니티는 어느 정도 평화를 유지할 수 있고 더 이상 정부에 부담이 되지 않을 것으로 확신했다.

남아프리카의 인도인들은 8년간의 위대한 사띠야그라하 투쟁의 막을 내리고 이제 평화를 얻게 되었다. 1914년 7월 18일 간디는 21년간의 남아프리카 생활을 접고 인도로 귀국하게 되었다.

3

간디의 독립투쟁과 인도의 독립

1. 인도에서의 사띠야그라하 운동의 전개

1) 아프리카 생활의 청산과 인도 귀국

8년간의 사띠야그라하 투쟁과 더불어 21년간의 남아프리카 생활은 간디라는 한 인간에게는 엄청난 변화를 가져온 시간과 장소가 되었다. 처음 연 105파운드의 고용변호사로 건너가 연 5,000파운드의 수임료를 받았는가 하면, 봄베이의 법정에서 증인 신문 도중 수줍어 법정을 뛰쳐나온 그가 유능한 변호사, 정치인이 되어 정치적 단체를 만들고 인권운동을 주도해 나갔던 것이다. 백인 정치인이나 관리들의 인종적 적대감과 인도상인들과 노동자들의 무식과 무력함이 그를 일으켜 세웠던 것이다. 당시 나탈에 있는 인도인들의 참상을 그는 외면할 수 없었으며, 한편 그들을 돕는다고 큰 보상이 주어지는 일도 아니었다. 그러나 이것이 변호사와 정치인으로서의 그에게 실험의 장이 되었고 결과적으로 큰 행운을 가져다주었다.

정치력뿐만 아니라 그의 인간됨도 남아프리카에서 토대를 잡았다. 도덕이나 종교 문제에 관한 그의 관심은 어린 시절로 올라가지만 그것들을 체계적으로 공부할 기회를 가진 것도 남아프리카에서였다. 간디는 영국유학 중 법학 이외의 주제로 채식주의와 종교에 관한 책을 많이 읽었는데, 이것은 남아프리카에서도 계속되었다. 프레토리아에서 간디는 퀘이크교도 친구들에 의해 기독교로 개종을 권유받았지만 거부하였다. 그러나 그들은 간디로 하여금 종교에 깊은 관심을 갖게 하였다. 그는 힌두교와 기독교 이외의 여타 종교도 깊은 연구를 하였다. 그는 『바가바드 기따』(Bhagavada Gita)에서 비소유의 원칙을 배웠는데 이것은 그로 하여금 평생 소박하고 가난한 삶을 살게 하였다. 그의 사심 없는 봉사정신과 행동은 비전을 넓혔고 사회생활에 큰 힘과 믿음을 가져다주었다. 톨스토이는 그가 좋아하는 작가 중의 한사람이었다. 그의 이상주의와 성실성과 소박함이 간디를 사로잡았던 것이다. 톨스토이의 도덕적 원칙과 그것의 일상생활과의 일치에 대한 강조는 자신을 계발 발전시키는 그의 노력의 원천이 되었다. 1908년 간디가 영국에서 남아프리카로 돌아오면서 쓴 '힌드 스와라즈'(Indian Home Rule)에도 톨스토이의 영향을 읽을 수 있다.

간디는 남아프리카에서 사띠야그라하 투쟁으로 변화의 역사를 경험하였기에 인도에서 독립운동의 성공을 결코 낙담하지 않았다. 남아프리카에서 수천 명의 가난한 자와 문맹노동자들이 진리를 좇아 담대히 행진하고 투옥되고 채찍질 당하고 사살 당하는 장면들을 지켜본 그로서는 의심할 나위 없이 대중을 통한 대중을 위한 사띠야그라하 운동의 실용성과 가능성을 믿었던 것이다.

1915년 1월 9일 간디는 봄베이에 도착했다. 귀국 환송파티에서 그는

'인도는 나에게 생소한 나라'라고 말했는데, 1888년 영국유학을 위해 인도를 떠난 후부터 1915년 귀국하기까지 거의 26년을 그는 인도 밖에서 보냈다. 물론 그사이 귀국하여 잠시 머문 것을 합해도 4년이 채 되지 않는 기간이었다. 남아프리카의 인도인들의 투쟁이야기는 인도의 대도시 식자층에게는 분명히 알려졌을 뿐 아니라 일반대중들에게까지도 회자되었다. 귀국 3일 후 마련된 거대한 환영식에서 간디는 '인도독립을 위한 영웅'으로 그의 부인은 '남아프리카의 여장부'로 각각 칭송받았다.[150] 그러나 봄베이의 서구식 상류층의 화려한 환영행사는 터번을 쓰고 도띠를 입은 간디와 흰 사리를 걸친 부인의 취향에는 전혀 어울리지 않았다. 간디는 스스로 봄베이보다는 나탈의 계약노동자들이 사는 그곳이 더 편안하다고 털어놓기도 하였다. 간디는 남아프리카에서 이룬 자신의 업적에 대해 매우 겸손해 했다. 그는 자신이 남아프리카의 인도인들을 일깨운 것이 아니라 그들이 자신을 일깨워주었다고 선언하였다. 구자라트사람들이 마련한 모임에서 어느 기자가 영어로 질문을 던지자 그는 모국어를 잊지 않았다면서 구자라티어로 답하여 모국어에 대한 애정을 보여주기도 하였다. 1915년 국왕의 생일을 기념하여 정부는 간디의 사회봉사 공적을 기려 그에게 Kaiser-i-Hindi 메달을 수여하였다.[151]

간디는 정치무대에 뛰어드는 것을 서두르지 않았다. 그의 정치적 조언자인 고칼레는 간디를 가리켜 '언젠가는 인도를 위해 매우 큰일을 할 인물', '영웅들과 순교자들이 가지고 있는 재능들을 지닌 인물'로 높이 평가하였다.[152]

---

150 B.R. Nanda, *Mahatma Gandi, A Biography*, Oxford Univ. press, 1982, p.129.

151 D. G. Tendulkar. *Mahatma. Life of Mohandas Karamchand Gandhi*, Publication Division, Govt. of India, 1988, p.176.

152 조길태, 『인도 민족주의 운동사』, 신서원, 1993, p.192.

간디의 고칼레에 대한 존경은 대단했다.

"첫 만남이지만 옛 우정을 되새기는 것처럼 느껴졌으며, 페로제사는 히말라야, 띨락은 대양, 고칼레는 갠지스 강처럼 느껴졌다. 누구나 히말라야 산에 오를 수 없고, 바다에 쉽게 뛰어들 수 없다. 그러나 성스러운 갠지스 강에서는 누구나 목욕을 할 수 있다. 갠지스 강은 나를 품안에 껴안는다. 배를 저으며 갠지스 강에 있다는 것은 큰 즐거움이다."[153](1896년 남아프리카에서 일시 귀국하였을 때)

"고칼레가 일하는 것을 보면 그것은 교육이며 즐거움이다. 그는 조금도 시간을 낭비하지 않는다. 그의 사적인 관계나 우정은 모두 공공의 이익을 위한 것이며, 그는 진실과 조국의 이익만을 논한다. 그의 주 관심사는 인도의 빈곤과 조국의 자유이다."[154](1900년 캘커타 국민회의 연차총회에서)

간디의 방문을 받은 고칼레는 자신이 세운 인도 사회 봉사자들(Servants of Indian Society)의 모임에 간디가 참여하기를 바랐다. 이 단체는 소수의 선택된 사회사업가와 학자들이 최저생계비로 살면서 인도사회를 위해 자신들의 전부를 바치는 봉사조직체였다. 간디도 고칼레의 뜻을 따르려 했으나, 그 단체의 몇몇 구성원들은 이상과 현실간의 문제를 종교적 관점으로 해결하려는 그의 태도와 그리고 그의 초법적 사띠야그라하 투쟁방법 등을 못마땅하게 여겨 반대하였던 것이다. 고칼레가 죽은 후 그는 다시 인도사회봉사자들의 단체에 가입을 시도했으나, 일부 구성원들의 극심한 반대로 스스로 가입을 철회하였다. 이 무렵 간디는 고향과 서벵갈의 샨티니케탄(Shantiniketan)을 방문하였다. 당시 샨티니케탄에는 나탈의 피닉스에서 마간랄의 인솔 하에 18

153 M.K. Gandhi. *op. cit.*, pp.133-134.
154 *Ibid.*, pp.174-175.

명의 젊은이들이 간디와 일생을 같이하기로 맹세하고 귀국하여 타고르의 도움으로 그곳에서 지내고 있었다. 간디는 샨티니케탄에서 일주일을 보냈다. 거기서 그는 선생님들과 학생들이 스스로 밥을 짓고 청소하고 식기를 닦는 자립실험을 권유하였는데 그는 이 실험이 곧 자치의 열쇠라고 밝혔다. 사실 간디는 샨티니케탄에서 얼마동안 머물려고 하였으나, 고칼레의 사망전보(1915.2)를 받고 일주일 만에 뿌나(Poona)로 떠났다. 추도식을 마치고 그는 슬픔과 강한 의지를 피력하였다. "인도의 공인생활의 험한 바다에서 내가 믿을 수 있는 항해사는 고칼레였다. 그가 있음으로 든든함을 느꼈는데 지금 그가 떠났으니 내 힘으로 서는 것이 그를 기쁘게 하는 것이다"[155] 고칼레의 죽음을 애도하며 그는 맨발로 1년 동안 전국을 여행하기 시작했다. 비록 그가 아직 대중들에게 친숙한 인물은 아니었지만, 그를 만나보기 위해 수백 명의 인파들이 몰려들었다. 힌두성지인 하리드와르(Haridvar)에서 그는 힌두교의 이름아래 자행되는 위선과 부패를 목격하기도 하였다.

1915년 1년 동안 그는 정치를 멀리하면서 여러 지역을 여행하였다. 이 기간 동안 그는 연설이나 기고문에서 개인과 사회개혁에만 몰두하고 정치적 문제는 피해왔다. 그의 자제는 스스로 택한 침묵이었고, 이것은 인도의 상황을 바로 보고 공부하기를 결심하는 수련기간이기도 하였다.

귀국길에 영국에 도착하기 전 간디는 제1차 세계대전이 발발했다는 소식을 듣게 된다. 영국에 도착한(1914.8.6.) 그는 영국이 참여하고 있는 이 전쟁에서 무엇을 해야 할까 고민한다. 평소 영국이라는 나라 또는 영국의 제도보다는 영국 관리들의 과오를 증오해온 그로서는 그들

---

155 Gandhi, *op. cit.,* P.290.

을 사랑함으로써 회개시킬 수 있다고 믿었다. 그리고 우리의 지위를 개선하려고 한다면 그들이 어려울 때 원조와 협조를 해주고 나중에 그들의 도움을 받을 수 있다고 그는 생각했다. 전쟁이 계속되고 있는 동안에는 우리의 요구를 주장해서는 안 된다고 생각한 간디는 인도인 군 지원병을 모집하여 6주간의 단기 훈련을 거쳐 야전병원 봉사활동을 벌였다. 전쟁에 봉사하는 것을 그는 자신의 의무라고 생각하였다.[156]

한편 인도 내에서도 일부 폭력단체들을 제외하고는 인도국민과 그 지도자들은 영국을 돕자고 나섰다. 국민회의 과격파의 대표적 인물인 띨락도 영국정부를 지지하고 돕는 것이 모든 인도인의 의무라고 호소하였다. 특히 그에게는 영국에 대한 독일의 승리는 민주주의와 자유에 대한 군국주의와 독재의 승리를 의미했던 것이다. 인도 지도자들이 영국을 지지했던 것은 전쟁기간 동안 충성과 지원에 대한 반대급부 다시 말하여 전쟁이 끝나고 자치를 기대하였기 때문이다. 인도의 지도자들은 자치를 달성할 수 있는 가장 빠른 길은 대영 제국의 방어에 참여하는 것이라고 믿었다. 몰리-민토 개혁(Morley-Minto Reforms:1909년)과 제1차 세계대전은 인도인들의 자치에 대한 희망을 더욱 고조시켰다.

띨락(B.G. Tilak)은 1916년 4월 인도자치연맹(Indian Home Rule League)을 창설하였는데 이것은 온건파만의 국민회의활동에 실망한 나머지 보다 적극적인 자치정부를 달성하는 것이 목적이었다. 그는 인도가 막대한 인력과 물자로 영국을 지원하고 있는 전쟁기간을 자치운동의 적절한 시기로 보았던 것이다. 띨락은 전국각지를 돌며 자치의 필요성을 역설하였다. 띨락의 인도자치연맹이 결성된 후 몇 달이 지난 후 베산트 여사도 또 다른 자치연맹을 창설하였다(1916년 9월). 그녀는

---

156 *Ibid.*, P.262-263.

영국인으로 20여 년 동안 종교운동을 벌이면서 인도를 사랑하고 인도인의 자긍심을 일깨운 교육자요 사회운동가였다. 이에 앞서 그녀는 자치정부의 획득 없이는 진정한 발전을 이룰 수 없다고 믿고 정치적 투쟁에 뛰어들었다. 당시 국민회의를 지배하는 온건파에 의해서는 자치정부를 획득할 수 없다고 확신한 그녀는 1914년 자치운동을 전개하였다. 이 운동은 대영제국 안에서 인도의 자치정부를 세우는 것이며, 거기에는 종교적 자유, 민족교육, 사회개혁, 정치개혁의 내용이 포함되어 있었다.[157]

"그녀는 인도인으로 불리기를 원했으며 자신의 정신과 영혼이 인도에 있다고 믿었다. 내세에 인도의 문화를 배우고 인도의 철학과 종교를 가르치고 전파하기 위하여 인도에 다시 태어날 것을 기대하였다."[158]

그녀는 제1차 세계대전이 발발하기 전 '인도의 충성의 대가는 인도의 독립'이라고 말하며 인도독립의 당위성을 주장해왔다. 그녀는 전쟁의 긴박감에 시달리는 영국 사람만이 인도에 자유를 줄 수 있다고 주장하였다. 위대한 조직가, 달변의 웅변가, 작가인 그녀는 특히 식자층의 정치의식을 일깨워주었다. 그녀는 자신이 경영하는 <뉴 인디아>(New India)신문에 자치의 당위성을 외쳤다. "인도는 더 이상 여러분의 선물이나 양보를 원치 않는다. 인도는 자신의 집에 주인이기를 원한다."[159] 베산트 여사는 간디의 지지를 얻으려 노력하였으나, 간디는 전쟁 중에 그들에 반대하는 어떤 선동이나 파업에 동조할 수 없다며 거절하였던 것이다. 띨락과 베산트 여사는 별개의 자치연맹을 운영

157 Anil Chandra Banerjee, *op. cit.,* p.611.
158 B.R. Nanda, *op. cit*., p.150.
159 *Ibid*., pp.150-151.

하면서도 서로 제휴하며 활동하였다. 이들 단체는 상당한 대중적 지지를 얻었다. 간디는 이러한 자치운동에 참여하지도 않았고, 1916년 국민회의와 무슬림연맹(Muslim League)의 러크나우 협정(Lucknow Pact) 협상에도 참여하지 않았다. 이 사실은 간디가 당시 인도정치의 주 무대에서 완전히 배제되었다는 것을 의미한다. 이것은 간디 자신의 의지라기보다는 당시 정치무대를 지배하였던 띨락과 베산트의 합작품이었다.

간디가 자신의 정치적 스승으로 존경하였던 고칼레는 귀국 후 얼마 되지 않아 세상을 떠났고, 나아가 자신이 고칼레와 아주 가깝다는 사실은 남아프리카에서 쟁취한 그의 대중적 인기가 과격파들에게는 영향을 주지 못했다. 더욱이 과격파들은 전쟁 중에 영국정부를 곤란하게 해서는 안 된다는 간디의 정견을 이해 할 수 없었던 것이다. 간디는 자치운동에 참여하지 않은 이유를 다음과 같이 적고 있다.

"나는 어떠한 단체이든 그것의 영향을 받는 것이 아니라 그 단체의 정책에 영향을 줄 수 있을 때 참여한다. 이것은 내가 새로운 빛(정책)을 받아들일 자세가 되어 있지 않다는 뜻은 아니다. 나는 단지 새로운 빛은 나를 현혹할 정도로 특별한 빛을 발해야 한다는 것을 강조하고 싶다."[160]

간디는 지금까지 어떠한 빛도 사띠야그라하의 그것만큼 빛나지 않았으며, 비폭력의 무기는 지난 10여 년 동안 자신의 개인생활은 물론 공공부문에 있어서도 빛을 발했다고 확신하고 있었다. 그리하여 그것을 조국에서도 적용할 수 있다고 확신하였다. 그것의 적용은 다음의 사띠야그라하 운동에서 성공적으로 증명되었다.

---

160 G.A. Netesan, *Reminisxenxes in Gandhiji*, 1944, p.215.

어쨌든 그 당시 간디는 인도정치에 큰 인물로 부상하지는 못했다. 그것은 전쟁이 계속되는 동안 그 자신이 정치적 소요에 참여를 스스로 자제하였으며 나아가 전쟁에 대한 그의 태도는 그를 다른 영향력 있는 지도자들과 멀어지게 하였다. 그리고 또 하나는 그의 이상과 운동 방법이 당시 인도국민회의 내의 주도세력인 온건파와 과격파의 그것과 맞지 않았다는 사실이다. 1915-18년 사이 침묵과 관망 속에서 그의 개성과 정치는 자신의 독자적 형태를 만들어 가고 있었다.

2) 정치적 견습기의 사띠야그라하 운동

(1) 아슈람 건립

귀국 후 얼마 되지 않아 간디의 친구들은 각기 여러 장소를 천거하며 그에게 정착할 것을 권유하였다. 아흐메다바드(Ahmedabad)의 친구들은 아슈람(Ashram) 건립의 모든 경비는 물론 살집도 마련해 주겠다고 제의하며 그곳에 정착할 것을 간청하였다. 아흐메다바드는 그에게 고향이었고 또한 직물산업이 발달하여 수직물 가내공업을 일으킬 수 있는 지역적 조건도 좋은 곳이었다. 또한 그곳의 재력가들로부터 경제적 도움도 기대할 수 있어 간디는 아흐메다바드에 아슈람을 건립하기로 결심하고 이름을 이렇게 붙였다.

"우리의 신조는 진리의 대한 헌신(믿음)이며, 행동은 계속하여 진리를 쫓는 것이다. 그리고 나는 남아프리카에서 시도했던 실험을 인도에 소개하기를 원했고, 인도에서도 그것의 적용이 가능한지 시험해보고 싶어 '사띠야그라하 아슈람'이라고 명명하였다."[161]

---

161 M.K. Gandhi, *op. cit.*, p.298.

이렇게 하여 남녀 25명으로 구성된 인도에서의 최초의 아슈람은 아흐메다바드 근처 고차람 마을의 방갈로에서 시작되었다. 그러나 이 건물은 아슈람의 공동생활에 맞지 않을 뿐만 아니라 구성원들의 수가 증가함에 따라 장소도 협소하였다. 또 전염병이 그 마을에 발생하여 좀 더 영구적인 장소인 사바르마띠(Sabarmati) 강변으로 옮기게 되었다. 강변의 정글을 정비하여 조그마한 거주지가 형성되었고, 차츰 150에이커의 규모로 늘어났다. 거기에는 간디와 선생님들의 가족들이 거처할 집이 마련되었고 식당, 학교, 도서관, 직물작업장, 낙농장, 채소와 목화를 재배할 수 있는 농지 등이 마련되었으며, 구성원도 40명이 넘었다.

아슈람을 연 지 얼마 되지 않아 한 불가촉천민(untouchable) 가족을 구성원으로 받아들여 여러 가지 문제가 발생되었다. 친구들로부터 경제적 지원이 중단되었고, 아슈람 내의 일부 구성원들도 불가촉천민의 입주를 수용하지 못했다. 간디의 부인도 이에 동조하였다. 까스뚜르바는 비록 그녀가 남아프리카에서는 남편의 고집에 굴복하여 불가촉천민들을 받아들였지만 불가촉천민에 대한 그녀의 근본적 편견이 다시 살아났던 것이다. 그러나 간디는 부인이 아슈람의 원칙을 무시한다는 것을 묵과할 수 없었다. 그는 부인에게 아슈람을 떠나든가 아니면 불가촉천민에 대한 선입관을 버리라는 양자택일을 강요하였다. 그녀는 그것이 협박이 아니라는 사실을 알고 불가촉천민 가족을 기꺼이 받아들였다.[162] 간디를 가장 잘 따르고 남아프리카에서 아슈람을 잘 운영하였던 마간랄도 부인과 함께 불가촉천민과 같이 생활함으로써 더럽혀지지 않을까 하는 두려움을 토로하기도 하였다.

사띠야그라하 아슈람의 성격을 간디는 종교적 정신 속에서 살아가

162 B.R. Nanda. *op. cit.,* p.136.

는 집단생활로 규정하고, 여기서 '종교적'이란 단어는 넓은 의미로 어떤 특정 종교나 의식을 강요하지는 않았다. 그러나 도덕적, 영적 성장에 도움이 되는 약간의 서약(맹세)은 있었다. 일반적 서약으로는 진리, 비폭력(사랑), 순결, 불가촉천민 제도의 제거, 육체적 노동, 담대한 행동 등이다.[163] 진리에 대해 간디는 사띠야그라하 아슈람은 진리추구와 진리실천에 존재가치를 두고 있으며, 아힌사(ahinsa)는 남에게 해를 가하지 않는 소극적 개념뿐만 아니라 모든 생명체에 대한 사랑을 의미하는 것으로 풀이했다. 그는 힌사(hinsa)를 단순히 생명체에 물리적 상해를 가하는 것 뿐 아니라 악의, 미움, 증오 등도 힌사로 간주했다. 순결의 맹세는 봉사에 자신을 전적으로 바치기를 원하는 사람들을 위한 것이었다. 이것은 인간본능을 제한하는 것으로 비춰질 수도 있으나, 간디는 성욕의 자제는 적당한 섭생, 노동, 사회봉사, 기도 등을 위한 규율 또는 훈련의 일부분으로 해석하였다. 간디는 『바가바드 기따』에서 비소유의 이상을 체득하였지만, 현실적으로 불가능하여 인간이 필요로 하는 것을 최소화하기를 기대하였다. 이외에도 담대함, 불가촉천민 제도 반대 등도 있었는데 이것은 영국통치에 대한 공포, 불가촉천민에 대한 횡포 등 당시 상황을 고려한 것이었다. 아슈람의 운영은 대가족 형태의 분위기로 민주적으로 운영되었는데, 거기에는 어린아이들과 80세 된 노인, 미국과 유럽 대학을 졸업한 사람들, 산스크리트 학자, 열렬한 극단주의자, 무신론자 등이 포함되어 있어 그것은 마치 간디의 도덕적 영적 가설을 실험하는 인간 실험실 같았다. 간디는 가장으로서 도덕성을 바탕으로 아슈람을 운영하였다. 무엇이 잘못되었거나, 구성원의 과오가 유죄로 인정되면 그는 모든 책임을 지고 단식을 실행함으로써 속죄했다. 까스뚜르바도 부엌일을 열심히 했으며 수많은 손님들

163 *Ibid.*, pp.137-138.

을 돌보았다. 그녀는 자신이 위대한 인물의 아내라는 생각을 의식한 적은 거의 없었다. 고대 인도에서 아슈람은 고행자, 수도자들을 위한 은신처였다. 그러나 간디의 아슈람은 현실사회와 밀접한 접촉을 가지는 인도사회의 중심지가 되었다. 그리하여 사바르마띠 아슈람은 1920-30년대 불법과 불의에 맞서는 사띠야그라하 투쟁의 전진기지가 되었다.

간디의 인도정치 무대에의 진입은 1917-18년 사이 다음의 지역분쟁(Champaran, Ahmedabad, Kheda)에 직접 뛰어들면서 시작되었다. 그는 각각의 분쟁에 사띠야그라하 무기를 도입함으로써 인도정치 무대에 영향력 있는 배우로 화려하게 데뷔하였다.

(2) 계약노동자 이민의 폐지

간디가 남아프리카에서 20년 동안 차별대우를 받는 인도인 계약 노동자와 상인들의 권익보호를 위해 활동하는 동안 국내에서 그들에게 많은 관심을 보인 사람은 고칼레였다. 간디는 남아프리카에서 사띠야그라하 운동을 전개하는 데 있어서 조국의 유능한 협력자로 고칼레를 선택하였다. 그에게는 계약노동자 문제를 가지고 인도 내에서 여론을 불러일으키고 나아가 영국정부에 영향력을 미칠 수 있는 인물이 필요하였던 것이다. 고칼레는 교육받은 인도인들을 일깨우고 총독과 고위 관리에게 쉽게 접근할 수 있으며, 영국정부에도 영향력을 미칠 수 있는 그의 친지들이 런던에 살고 있었다.

남아프리카의 인도인 실정을 잘 알고 있는 고칼레는 간디의 사띠야그라하 운동을 지원하기 위해 모금운동을 적극적으로 전개하였다. 고칼레는 1910년 총독입법참사회에서 만약 남아프리카의 계약 노동자들에게 인두세가 폐지되지 않고 인도인들에게 선거권이 인정되지 않는다면 인도총독부가 계약 노동자들의 모집과 이민을 중지하도록 하는 결의안을 제의하여 나탈 정부에 건의하도록 하였다. 그의 결의안은 통과되었지만 나탈 정부는 이를 받아들이지 않았다.[164]

고칼레는 1912년 10월 인도 지도자로서는 처음으로 인도인 계약 노동자들의 현실을 살펴보기 위해 남아프리카를 방문하였다. 그는 보타 수상과 스뮤츠 장군과의 협상을 통해 3파운드 인두세는 연방의회의 다음 회기에서 폐지될 것이라는 약속을 받았지만, 남아프리카 연방정부는 약속을 파기해 버렸다. 간디가 1914년 남아프리카에서 스뮤츠 장군과의 협약에 의해 3파운드 인두세 폐지와 부분적인 인종차별 정책을 파기하는데 성공하였지만, 계약 노동자 이민은 계속되고 있어 인도로부터 어떤 조치가 필요하였다. 1916년 3월, 빤디뜨 모한 말비야는 계약노동자의 이민폐지를 요구하는 결의안을 영령 인도제국 입법위원회에 제출하였는데 총독 하딩 경은 적당한 시기에 폐지하겠다는 약속을 영국정부로부터 받았다고 발표하였다. 총독의 발표를 매우 모호한 것으로 간주한 간디는 반노예나 다름없는 그와 같은 부당한 제도를 개선하기 위한 운동을 전개할 시기가 되었다고 생각했다. 1917년 2월 빤디뜨 모한 말비야가 그 제도의 즉각적인 폐지를 위한 대책을 요구하고, 총독 첼름스포드(Chelmsford) 경이 이를 거부하자 간디는 이 제도의 폐지를 위해 전국적인 운동을 전개하기 위해 나섰다. 봄베이에서 열린 제국시민협회 주최의 회의에서 폐지시기에 대해 세 가지 안이 제시되었다. 첫째, 가능한 한 빨리 폐지하자는 안과 둘째, 7월 31일까지 폐지하자는 안, 그리고 즉각적인 폐지안 등이다. 여기서 토론을 거쳐 7월

164 조길태, *op. cit.,* p.164.

31일까지 제도를 폐지시켜야 한다는 결의안을 의결하였다. 간디는 카라치, 캘커타, 델리 등 여러 지역에서 집회를 열어 전국적인 호응을 얻게 되었다. 드디어 정부는 7월 31일 이전에 인도로부터 계약 노동자의 이민을 중지시킨다는 공포를 하였다.[165] 반노예제도로 불렸던 이 제도가 드디어 폐지되었던 것이다. 간디가 1894년 이 제도의 반대운동을 시작한 이래 22년만의 일이었다.

(3) 참파란, 아흐메다바드, 케다 사띠야그라하

① 참파란 사띠야그라하

간디는 1916년 12월 캘커타에서 열린 인도국민회의 총회에 참석하였는데 거기서 참파란 문제가 공식 제기되었다. 그때까지만 해도 그는 참파란이란 지명과 그곳에 인디고가 재배되고 있다는 사실을 몰랐었다. 회의가 끝난 후 참파란의 농부인 라즈 꾸마르 슈클라는 간디를 붙잡고 참파란 지역을 직접 방문하여 농민들의 참상을 살펴보도록 간청하였다. 간디에게 도움을 요청한 첫 번째 사건이었다. 1917년 초 간디는 거의 반세기 동안 유럽계 인디고 경작자들과 소작농 사이의 반목의 비참한 현장을 직접 둘러보게 되었다.

19세기 초 유럽계 농장주들은 참파란 지역에 인디고 농장과 공장을 세웠다. 당시 인디고 재배는 틴카티아 제도로 운영되었는데 이 제도에 따르면 인디고 공장의 감독 하에 소작농은 소작지의 3/20에 인디고를 재배해야 하며 인디고 공장은 고시가(헐값)로 그것을 구매하게 되어 있었다.[166] 이와 같은 협정은 일방적인 강요에 의하여 이뤄졌다. 경작

165 M.K. Gandhi, *op. cit.*, p.301-304.

166 A.L. Basham & Arun Bhattacharjee, *The Father of the Nation*, Ashish Publishing House, 1988, p.74.

자들은 지역관리나 지방정부의 힘을 이용하여 소작농들의 정당한 요구를 묵살하고 억압하여 왔다. 합섬 인디고가 점차 시장에서 자연인디고를 밀어내자 참파란 지역의 인디고 재배도 점점 줄어들게 되었다(1892~1897년의 9만 1천 에이커에서 1914년 8천 1백 에이커로 줄어들었다). 그러자 경작자들은 필요한 양만큼 재배하고는 계약재배의 의무에 묶여있는 소작농들을 옛 계약에 따라 풀어주었다. 옛 계약은 소작농이 인디고를 재배하지 않으면 지대를 인상한다는 것이었다. 이 과정에서 그들은 소작농들이 인디고를 재배하지 않음으로써 발생하는 손해보상을 강요하였던 것이다. 경작자들은 임대료를 인상하였고 소작농에게 여러 종류의 불법적인 납부를 강요하였다. 존재하지도 않았던 수로의 물 사용료를 납부토록 하였으며 소작농이 사망하여 다른 사람이 계승해도 사망세 납부를 요구하였던 것이다.[167]

간디는 라즈 꾸마르 슈클라로부터 농장주와 소작농 사이의 갈등을 자세히 들었다. 비하르(Bihar)에 도착한 간디는 사실을 조사하기 위해 참파란 지역의 행정 소재지인 모띠하리로 갔다. 그곳에 도착한 간디에게 다음 열차로 그 지역을 떠나라는 치안판사의 통보가 날아들었다. 그가 공공의 질서에 위험한 인물로 여겨졌기 때문이었다. 그러나 간디는 이 명령을 거부하였다(1917.4.18).

"나는 소작농들에게 인간적인 도움을 주고 봉사하기 위해 이곳에 왔다. 소작농들이 인디고 경작자들로부터 정당한 대우를 받지 못하고 있다며 와서 도와달라는 그들의 간절한 요청을 받고 나는 이곳에 왔다. 가능하다면 나는 행정당국과 경작자들의 협조를 얻어 조사하고자 한다. ...... 법을 준수하는 한 시민으로서 나의 첫 본능은 나에게 내려진

167 *Ibid.*, p.157.

명령을 따르는 것이다. ...... 그러나 나에게 내려진 명령을 무시하는 것은 법적인 권위를 존중하지 않아서가 아니라 인간존재의 상위법인 양심의 소리에 복종하기 위해서이다."[168]

티르후트 지역의 행정관은 상관과 상의 없이 간디의 체포를 명했다. 후에 비하르 주정부의 부지사는 행정관이 지방정부의 허가도 받지 않고 취한 행동은 중대한 실수를 한 것이라고 시인하고는 지금단계에서 간디의 조사를 방해하는 것은 불가능하며, 행정관의 조치는 여론을 자극시키고 정부가 조사를 방해한다는 의혹을 불러일으킬 소지가 있다며 행정관과 지역관리들에게 법집행을 포기하고 간디에게 모든 가능한 편의가 제공되도록 하는 명령을 내렸다(1917. 5. 23).[169] 이제 간디는 자유롭게 농민들의 불만을 수집 조사할 수 있게 되었으며, 증인들을 면담하였다. 그는 지역행정이 경작자들의 영향 하에 있다고 주장하였으며 반면 경작자들은 그를 적, 이상주의자, 광신자, 혁명가로 여겼다. 참파란 지역에 간디의 존재 그리고 비하르의 인디고 재배지역에서 사띠야그라하 투쟁의 가능성에 대해 주정부는 고민하고 있었다. 어느 날 비하르 주 정부는 간디에게 다음과 같은 편지를 보냈다.

'당신의 조사는 시간을 너무 오래 끌고 있다. 조사를 끝내지 말고 비하르를 떠나라.'

이에 대한 간디의 입장은 단호하였다.

"농민들의 문제가 해결되기 전에는 나는 비하르를 떠날 생각이 없다. 정부가 농민들의 불만, 불평을 진정으로 받아들이고 그것을 해결하여 주든가 아니면 즉각 공식조사위원회를 구성하여 거기에 소작농

168 M.K Gandhi, *op. cit.,* pp.311-312.
169 B.R. Nanda, *op. cit.,* p.158.

들이 제기한 명백한 사건들을 인정하면 나는 조사를 끝낼 수 있다. 그것은 정부에 달려 있다."[170]

비하르 부지사 에드워드 게이트 경은 간디가 포함되는 조사위원회 구성을 제안했다. 이리하여 주정부의 제안에 의해 참파란 농지위원회가 구성되었다. 위원회는 소작농들의 손을 들어주었다. 위원회는 경작자들이 강제 징수한 돈은 불법적인 것으로 되돌려 주어야 하며, 틴카티아 제도는 법으로 폐지되어야 한다고 권고했다. 에드워드 게이트 경은 위원회의 제안을 구체화한 법안을 만장일치로 통과시켜 약 1세기 동안 존속되었던 틴카티아 제도는 폐지되었고, 지주의 횡포와 착취도 사라지게 되었다.[171] 그는 참파란에서 진행 중인 자신의 활동이 널리 알려지는 것을 원하지 않았으며 조사를 하는 동안 농민들의 고통의 원인이 그들의 무지에 있다고 보고 그것의 치유는 교육을 통해서 가능하다고 믿었다. 그는 동료들과 상의하여 존락에 학교를 세우고 어린이 교육과 위생교육을 펼쳤다. 골목길과 우물을 청소하고 생활환경개선, 봉사활동, 의료활동, 힌디보급운동, 소 보호운동을 전개하였다.

② 아흐메다바드 사띠야그라하(Ahmedabad Satyagraha)

간디가 참파란 지역에서 조사활동을 벌이고 있을 때 아흐메다바드의 방직공장에서 문제가 발생하였다. 1917년 8월 이후 전염병이 휩쓴 도시에서 노동자들이 도망가지 않도록 하기 위해 그들에게 임금의 80% 정도의 '전염병 보너스'가 지급되었다. 전염병이 사라지자 경영주들은 보너스 중단을 원했고, 노동자들은 전쟁동안 생계비가 배 이상

170 Mahatma Gandhi, *op. cit.*, p.320.
171 *Ibid.*, pp.320-332.

올랐다며 이러한 조치에 반발하였다. 공장 소유자와 노동자 사이의 대결을 감지한 아흐메다바드의 영국인 징세관이 간디에게 중재를 요청하는 편지를 보냈다.[172] 간디는 공장 소유주와 노동자 대표들과 함께 긴 토론회를 가졌다. 이 결과 양측은 각각 3인의 대표와 징세관을 의장으로 하는 조정기구를 구성키로 합의하였다. 공장 노동자들은 50%의 임금 인상을 주장하는 반면, 공장 소유자들은 20% 이상의 인상은 받아들일 수 없다며 강경하였다. 간디는 여러 사정을 감안하여 35% 임금 인상안을 내놓았다. 공장 소유주들이 연합행동을 내세우며 노동자들을 위협하자 간디는 '개미군단에 대항하여 코끼리 군단을 결성하는 것'이라며 노동자들의 편을 들어 주었다. 간디는 노동자들과 접촉을 갖고 그들에게 다음의 조건을 내세워 동맹파업을 권고했다. 첫째, 폭력을 행사해서는 안 되고, 둘째, 파업에 동조하지 않는 사람을 괴롭히지 말 것이며, 셋째, 외부의 기부금에 의존해서는 안 되고, 넷째, 파업이 장기간 계속되더라도 흔들리지 말고 파업기간에는 다른 정당한 수단으로 생계를 유지할 것 등이다. 노동자들은 이를 수락하였고, 매일 사바르마띠 강변의 나무아래 수천 명의 노동자들이 모여 간디의 연설을 듣고는 아흐메다바드 시가지를 질서 있게 행진하였다.[173]

간디는 고용주와 피고용자 사이의 이상적인 관계는 자기 이익만을 내세우는 것이 아니라, 상호존중에 바탕을 두어야 한다며 공장소유주들에게 노동자들의 요구를 수용할 것을 제안하였지만, 소유주들은 고용주의 영역에 개입하는 외부세력을 비난하고 간디의 권고를 받아들이지 않았다. 그러나 시간이 흐름에 따라 파업 노동자 사이에 이탈자가 생기고 낙담의 모습과 동요가 일기 시작했다. 노동자들의 저항을

172 B.R. Nanda, *op. cit.,* p.162.
173 M.K Gandhi, *op. cit.*, p.322.

시험하는 중요한 고비가 왔던 것이다. 파업 노동자들의 집회에 나타난 간디는 파업 노동자들이 해결책이 나올 때까지 규합하여 파업을 계속하지 않거나 아니면 모두가 공장을 그만 둘 때까지 단식을 하겠다고 선언하였다.[174] 물론 단식의 목적은 노동자들의 의지를 새롭게 하고 그들을 규합하는 것이었지만, 공장 소유주들에게도 상당한 압력임에는 틀림이 없었다. 결국 단식이 중재의 분위기를 조성하여 소유주들은 35%의 임금인상을 수용하였고 노동자들은 공장에 복귀하여 20일 동안 계속된 파업은 해결되었다. 간디는 3일 만에 단식을 풀었다. 이 파업은 아흐메다바드에서 노동자와 고용주와의 관계에 한 획을 그은 사건이었다.

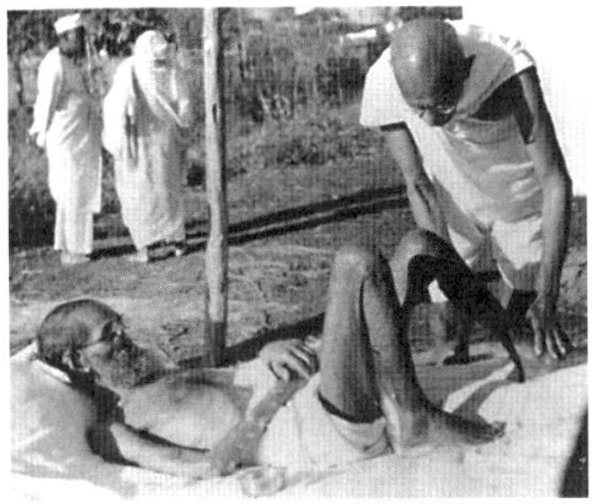
나병 환자를 돌보는 간디

③ 케다 사띠야그라하(Kheda Satyagraha)

아흐메다바드의 방직공장 문제가 거의 해결되자, 간디는 봄베이의 케다 지역 농민들과 지역 행정관청 사이의 농지세 면제 투쟁에 뛰어들었다. 케다 지역은 계속된 가뭄으로 곡식이 다 말라죽었다. 농지세법은 수확이 정상 산출량의 25% 미만이면 토지세 전액을 면제받게 되어 있었다. 간디와 파텔 등은 현장조사에서 정상적인 수확량의 3/4이 피해를 입었다고 주장한 반면 관리들은 제3자가 통계숫자를 축소한 것으로 치부해 버렸다.[175] 농민들의 탄원은 공식채널을 통하지 않았다는

174 *Ibid.*, p.325.
175 B.R. Nanda, *op. cit.*, pp.165-166.

이유로 기각되었으며, 지역관리들과의 면담이나 언론발표도 해결책을 찾지 못했다. 당시 간디는 구자라트 사바(Sabha)의 의장으로 이 문제에 깊숙이 관여하고 있었다. 그는 전쟁 중 정부를 곤란하게 하고 싶지는 않았지만, 사실을 왜곡하고 농민들을 인간적으로 대하지 않는 것에 큰 분노를 느꼈던 것이다.

그는 곡식의 피해를 조사하는 조사 위원회의 구성을 요구하였지만 거절당했다. 반면 행정관은 토지세를 전액 납부하지 않는 사람들은 그들의 토지를 몰수하겠다고 위협하였다. 간디는 농민들에게 그와 같은 위협과 횡포에 대항하여 죽을 때까지 싸우고 토지세를 내지 말도록 요구하는 사띠야그라하 운동을 전개하도록 하였다. 그는 케다의 농민들이 부당과 불법에 항거함으로써 문제를 해결할 수 있으며, 관리들에게 농민들의 동의 없이는 그들을 통치할 수 없다는 것을 보여주자고 역설했다. 이것은 인도에서 간디가 조직한 최초의 진정한 농민 사띠야그라하였다.[176] 간디는 관리는 주인이 아니라 납세자들의 세금으로 봉급을 받는 국민의 봉사자라는 것을 인식시킴으로써 농민들의 관리들에 대한 두려움과 토지와 재산의 몰수에 대한 두려움을 없애고자 노력하였다. 간디와 파텔(Sardar Vallabhbhai Patel)은 케다의 마을을 돌면서 사띠야그라하 정신을 교육시켰다. 정부는 조세징수를 더욱 강화하여 납세거부자들을 엄하게 다루었다. 가축이나 집기를 압수하고 자라고 있는 농작물도 차압하였다. 농민들도 강한 용기와 인내를 보였다. 하지만 가뭄과 전염병, 물가고로 시달리는 농민들에게 억압은 더욱 심해져 농민들은 이제 더 이상 참을 수 없는 상황에 이르렀다. 간디는 더 이상 파멸로 치닫게 해서는 안 된다고 생각하고 있었는데 뜻밖에 정부는

176 *Ibid.*, pp.166-167.

'납부할 능력이 있는 농민들이 세금을 내면 가난한 농민들은 세금을 면제받을 것'이라고 발표했다.[177] 이에 간디는 아쉬움이 없는 것은 아니지만 세금 납부 거부를 취소하는 것이 옳다고 판단했다. 이것은 그들이 체면을 살리고 사띠야그라하 운동에 백기를 든 것으로 생각되었다. 이 운동의 간접적인 영향은 대단하였다. 그것은 고향인 구자라트 농민들의 의식을 일깨웠고 발라바이 파텔과 같은 훌륭한 지도자를 낳게 하였다. 민중의 구원은 그들 자신의 인내와 희생에 달려 있다는 것을 농민들은 깨달은 것이다.

1918년 인도의 케다 사띠야그라하를 인도할 때의 간디

3) 중앙 정치무대에서의 사띠야그라하 운동

(1) 제1차 세계대전과 간디의 협력

제1차 세계 대전에 대해 간디는 인도가 영국을 마음껏 돕는다면 전쟁이 끝난 후 인도는 자치정부를 부여받을 것으로 확신하고 있었다. '대영 제국의 위기가 인도의 기회'라는 일부의 주장에 그는 동의하지 않았다. "나는 인도인과 영국인 사이의 신분의 차이를 알고 있다. 그러나 우리가 노예로 전락했다고는 믿지 않는다. 나는 영국의 제도보다는 관리들의 잘못이 많다고 생각한다. 우리는 그들을 사랑으로 이끌 수 있으며 우리가 영국과 상호 협력을 통하여 우리의 지위를 향상시키려

177 M.K Gandhi, *op. cit.*, p.332.

한다면 그들이 어려울 때 그들과 함께 함으로써 그들을 돕는 것은 우리의 의무이다."[178] 인도의 여론이 아무 조건 없는 전쟁 지지에 반대임을 알았지만 간디는 협력을 대가로 정부와 어떤 협상도 바라지 않았다. 1917년 11월 구자라트 정치 회의에서 그는 다음과 같이 말했다.

"어려울 때 우리가 충성을 하는 것은 자치에 대한 정당한 시험이 아니다. 충성은 공적이 아니라 그것은 지구상 시민의 필연이다."[179] 그만큼 간디는 영국에 충성을 다짐하였던 것이다. 반면에 베산트나 띨락같은 지도자들은 영국은 그들이 곤경을 당하지 않으면 절대로 권력을 양보하지 않는다며 간디가 환상에 젖어 있다면서 그에게 경고를 보내기도 했다.

1918년 초 전쟁이 연합군에게 불리하게 전개되고 있을 때 총독 첼름스포드 경은 델리에 간디를 포함한 유력 정치지도자들을 초청하여 전쟁회의를 열었다. 그 자리에서 그는 '신병모집 결의안'을 전적으로 지지한다고 말하였다. 간디는 대영제국의 시민으로서 인도인들도 권리뿐만 아니라 의무도 가지고 있는데 그 의무의 하나가 대영제국의 방어에 참여하는 것이라고 생각하였다. 델리에 머무르는 동안 그는 띨락과 베산트 여사, 알리 형제 같은 지도자들이 회의에 참석하지 않은 것에 대한 유감표명과 자신이 이 회의에 참석한 이유, 국민들이 정부로부터 기대하는 최소한의 정치적 요구, 나아가 전쟁으로 야기된 무슬림들의 요구 사항 등을 적은 편지를 심라에 있는 총독에게 다시 보냈다.

구자라트와 봄베이 지역을 선택하여 간디는 유럽과 중동지역에 파병할 신병모집에 나섰으나 그는 국민들로부터 의외의 차가운 시선을 받았다. 사실 국민들 사이에는 정부에 대한 적대감이 뿌리깊이 박혀

178 B.R. Nanda. *Mahatma Gandhi, A Biography*, Oxford UNIV. Press, 1992, p.168.
179 G.A. Natesan. *Speeches and Writings of Mahatma Gandhi*. p.409.

있었고 정부 관리로부터 받은 아픈 기억들도 지워지지 않았던 것이다.

"당신은 아힌사의 신봉자인데 어떻게 우리에게 무기를 들라고 하십니까? 정부가 우리의 협조를 받을 만한 어떠한 선행을 인도에게 행하였습니까?"[180] 그러나 간디 일행의 계속된 노력으로 상당히 많은 지원병이 모집되었다. 신병모집을 위해 하루 수십 마일을 맨발로 걸어 다니는 강행군 속에서 간디는 이질에 걸리게 되었다. 그는 약을 복용치 않고 단식을 하였으나 허사였다. 주사나 약 복용 등 양의의 치료를 거부한 그의 건강상태는 거의 혼수상태까지 되었다. 다시 사바르마띠 아슈람으로 옮긴 그는 기따의 구절을 암송하며 아슈람의 사람들을 불러 놓고 말했다. "인도에 대한 나의 마지막 메시지는 인도는 비폭력을 통해 해방을 맞이할 것이며 오직 비폭력으로 인도는 세계의 구원에 기여할 것이다."[181]

그는 두 세 명의 의사로부터 고기 수프와 달걀을 먹도록 권유받기도 하였지만 거절하였다. 어쩌면 죽음의 문턱에서도 그는 지금까지의 맹세(육식금지)를 고수하고 있었다. 아슈람의 병상에 누워 있을 때 파텔이 독일의 패망과 신병모집이 필요 없다는 소식은 그에게 큰 위로가 되었다. 이후 그는 얼음 치료 요법을 받고 약간의 생기와 활력을 찾게 되었다. 생명에 대한 강한 의지는 간디의 맹세를 꺾었는지도 모른다. 부인 까스뚜르바로부터 염소젖은 자기가 한 맹세에 반하지 않는다면서 염소젖을 권유받고 마시게 되었다. 이후 그는 서서히 건강을 회복하였다.

간디의 소중한 생명에 대한 가장 위대한 자극은 정부가 제공하였다. 로울라트 위원회 보고서와 로울라트 법안은 간디를 큰 충격으로 몰아

180 M.K. Gandhi, *op. cit.*, p.337.
181 B.R. Nanda, *op. cit.*, p.170.

넣었다. '만약 내가 건강하다면 국민을 일깨우기 위해 전국을 돌아다녔을 것이다'라고 그는 당시의 심정을 고백하였다. '앞으로 국민의 자유를 침해하는 새 법안에 맞서 어떻게 싸워야 할지? 영국이 어려움에 처해 있을 때 영국을 돕자고 스스로 나섰으며 전쟁이 끝나면 보다 유연한 자세를 기대하였는데 빵 대신 돌을 받았으니! 그 자신 전쟁 기간 동안 정치적 소요도 자제하고 최선을 다하였는데.........' 사실 인도는 전쟁기간 막대한 돈과 물자, 병력을 제공하였다. 그 대가가 자유, 민주주의, 자치정부는커녕 돌아온 것은 경제적 파탄, 부상병, 과부, 고아, 쓸모없는 훈장뿐이었다. 간디는 이제 새로운 투쟁을 다짐하게 된다.

(2) 로울라트 사띠야그라하 운동(Rowlatt Satyagraha)

병상에 있는 간디를 일으켜 세운 것은 바로 로울라트 법안이었다. 1917년 12월 총독 첼름스포드는 영국내각의 인도상 몬터구(Montague)의 동의하에 혁명주의자들의 활동을 조사하고 정부가 그들을 효과적으로 다루기 위한 입법을 추진하기 위해 한 위원회를 구성하였다. 이 위원회의 의장이 로울라트(Sir Sydney Rowlatt-영국의 판사)이고, 위원으로는 봄베이의 대법관(영국인), 마드라스 고등 법원의 인도인 판사, 영국인 고위관리, 캘커타 고등법원의 벵갈리 변호사 등으로 구성되었는데, 이들은 비밀회합을 갖고 정부가 제공하는 자료에 의해 1918년 4월 정부에 보고서를 제출했다. 거기에는 폭력파 민족주의자들의 활동을 재점검하고, 그들의 활동을 감시하고 처벌하는 포괄적인 내용이 담겨있다. 로울라트 위원회의 권유로 제안된 두 법안이 1919년 2월 총독 입법위원회에 상정되었다. 그중 하나는 폐기되었고 다른 하나는 통과되었는데 통과된 이 법안(The Anarchical and Revolutionary Act)은 혁명 활동의 혐의가 있는 사람에 대한 사실상 법의 보호를 부정하는 것이었다. 법안은 정치적 폭력범들에게는 특별 법원에 의해 항소권 없이 비공개로 재판할 수 있고, 범죄를 저지를 수 있는 사람으로부터 안전방어를 요구할 수 있으며, 단순히 혐의만으로도 체포할 수 있게 되어 있다. 그리고 선동적인 문서를 소지하여도 2년 동안 투옥할 수 있도록 하였다.[182]

사실 간디만큼 정치적 폭력을 강하게 비난한 사람도 없었다. '힌드 스와라즈'에 그는 혁명주의적 활동을 비난하고 사띠야그라하를 폭탄이나 총보다 더 우수하고 더 효과적인 대용으로 내세웠던 것이다. 폭력에는 반대하지만 그는 정치적 소요가 여러 곳에서 발생하고 있는 현실에서 전인도를 대상으로 하는 입법에는 시기적으로 적절치 않다고 주장하였다.

로울라트 법안에 대한 지도자들의 반대는 거의 만장일치였다. 진나는 그와 같은 법을 제정하는 정부를 문명화된 정부로 볼 수 없다고 단언하였으며 사프루(Tej Bahadur Sapru)는 그 법은 원칙이 잘못되었고 운영 면에서는 불안전하며 너무 광범위하다고 평했다. 파텔은 이 법안이 통과되면 개혁을 위한 우리의 모든 합법적인 투쟁은 끝날 것이라고 경고했다. 당시의 상황을 잘 나타내주는 한때 유행했던 은어는 'No Vakil, No Appeal, No Dalil'(변호사 필요 없고, 항소 필요 없고, 탄원 필요 없다)이었다.

간디는 이 법안을 '자유와 정의를 파괴하는 부당한 것이며 국가와 집단의 안전의 기초가 되는 개인의 기본권을 짓밟는 것'으로 규정하고 만약 이 법안이 통과되면 우리는 법안에 반대하는 사띠야그라하 운동

182 Asha Rani, *Gandhian Non-violence*, S.V. Printers, 1981, p.121.

을 즉시 전개해야 한다고 말했다. 이후 그는 파텔, 나이두(Sarojini Naidu) 여사 등 몇몇 사람들과 접촉하여 20여 명이 사바르마띠 아슈람에 모여 법안에 반대하는 사띠야그라하 운동을 전개하기로 하고 모두 서약과 서명을 하였다. 그들은 이 법을 지키는 것을 단호히 거부하며 비폭력 투쟁방법을 택할 것을 엄숙히 결의하였다. 그는 사띠야그라하는 진리를 추구하는데 그것은 사랑을 의미한다며 사랑으로 우리는 악을 선으로 대한다고 설명했다.[183] 이것이 확대되어 사띠야그라하 사바라는 조직단체로 발전하게 되며 의장은 간디가 맡았고 사바의 본부는 봄베이에 두게 되었다. 초기 이 운동은 봄베이, 아흐메다바드를 중심으로 법을 무시하고 자발적으로 구성되는 형태로 전개되었다. 이 법안이 1919년 3월 제국 입법 위원회에 상정되어 통과되는 과정을 지켜본 간디는 총독에게 공개서한을 보내 '정부의 행위는 나로 하여금 사띠야그라하에 호소하는 것 이외에는 다른 방법이 없게 만들었다'며[184] 분명하게 선을 그었다.

라자고빨짜리(C. Rajagopalachari)로부터 초청을 받아 마드라스에 간 간디는 몇몇 인사들과 함께 대중 집회를 여는 것 이외에는 다른 방법이 없음을 확인하였다. 그는 아침에 일어나 어젯밤 갑작스레 떠오른 아이디어를 고빨짜리에게 이야기했다.

"우리는 날짜를 정해 전 인도가 하르딸(총파업)을 하도록 하는 것입니다. 그 날에는 전 인도인이 생업을 중단하고 단식과 기도하는 날로 지켜야 합니다. ...... 모든 주가 우리의 호소에 동조할지는 모르지만 봄베이, 비하르, 마드라스, 신드 지방은 우리의 호소에 따를 것으로 확신합니다."[185] 파업 결정에 대해 일부 과격파들의 지지를 받긴 하였지만

---

183 *C.W.M.G.*, Vol.ⅩⅤ, p101, 139.
184 M.K.Gandhi. *op. cit.*, p.347.

국민회의는 아직 선동정치(agitational politics)에 관심을 표하지 않았다.

총 파업으로 지정된 날짜가 3월 30일이었으나 후에 4월 6일로 변경되었다. 항의의 수단으로 이용되는 파업이라는 아이디어가 인도에 생소한 것은 아니었다. 그러나 전국적인 하루의 파업은 놀랍고 엄청난 충격이 아닐 수 없었다. 비록 파업고지의 시간이 짧았지만 전 인도는 그날의 파업을 지켰다. 결국 상상을 초월하는 광경이 여기저기서 벌어졌던 것이다.

4월 6일 봄베이에서 간디는 나이두 여사와 함께 찬빠띠 해변에 모여 수 천 명의 시민들과 함께 타꾸르더와르로 행진하였으며 시민불복종 운동으로 소금 법을 무시하고 집에서 바닷물로 소금을 만들도록 하였으며, 그리고 선동적인 내용을 담고 있다는 이유로 정부로부터 판매금지된 자신의 책,『힌드 스와라즈』,『사르보다야』를 판매하기도 하였다.[186]

델리에서는 파업일자 변경이 너무 늦게 알려져 3월 30일 파업이 진행되었는데 이와 같은 하르딸은 델리에는 처음 있는 일이었다. 힌두와 무슬림은 함께 파업에 참여했는데 힌두가 이슬람 사원인 자마마스지드에서 연설을 하는 등 정부가 생각할 수 없는 장면들이 벌어졌던 것이다. 파업행렬이 대로로 향하자 경찰은 이를 저지하고 나아가 발포하여 상당수의 사상자가 발생하였다. 간디는 소동을 일으킨 일부의 폭도들과 파리를 잡기위해 망치를 휘두른 관리들도 함께 비난하고 나섰다.

펀잡 지역에서의 긴장은 더욱 고조되어 갔다. 펀잡 지역의 지도자들은 간디만이 평화를 유지시킬 수 있다고 믿고 그를 초청하였으나 정부

---

185 *Ibid.*, pp.348-349.
186 Ibid., p.350.

는 그의 펀잡 방문을 허가하지 않았다. 4월 7일 암리트사르로 가기 위해 간디가 델리 부근에 도착하자 경찰은 강제로 그를 기차에서 끌어내렸다. 그리고 다음날 다시 봄베이 행 기차에 태워 봄베이에서 석방하였다. 봄베이로 돌아온 간디는 그가 없었던 사이에 봄베이와 아흐메다바드, 나디아드, 그의 고향 등에서 비폭력의 원칙을 망각한 소요(폭동)가 발생하였음을 알게 된다. 결국 그는 국민들 속에 잠재해 있는 폭력성을 과소평가했다는 결론을 내리고 고민 끝에 결국에는 사띠야그라하 운동을 중지하게 된다(4월 18일).

“사띠야그라하는 근본적으로 진리의 무기이다. 사띠야그라히(사띠야그라하 운동을 따르는 사람)는 비폭력을 맹세해야 한다. 사람들이 사고나 말, 행동에 있어서 비폭력을 준수하지 않는다면 나는 대중 사띠야그라하를 제안할 수 없다.”[187] 하르딸이 폭력으로 변한 것에 대해 간디는 시민불복종 운동을 시기상조로 여겼으며 자신이 큰 잘못을 저지른 것으로 고백하였다. 다시 말하여 민중들에게 그것에 대한 사전 준비도 없이 대중운동을 전개토록 한 자신이 큰 오류를 범했다고 스스로 시인하였다. 이것을 그는 ‘히말라야의 오산’(Himalayan Miscalculation)이라 불렀고 나디아드에서 처음 사용하였다. “시민불복종 운동에 나서는 사람은 먼저 나라의 법을 지키고 따르는 자가 되어야 한다. 처벌이 두려워 법을 지키는 사람은 사띠야그라하 운동에서 요구되는 적극적이고 자발적인 복종은 아니다. 그 후에 그에게는 어떠한 법을 불복종해야 할지 판단이 서게 된다. 나의 잘못은 이러한 필요한 조치를 취하지 않는 데 있으며 그들이 그러한 충분한 자격을 갖추기 전에 시민불복종 운동을 요구하였는데 이 잘못은 나에게 거대한 히말라야 산처럼

187 Asha Rani, *op. cit.*, p.131.

느껴졌던 것이다."[188] 그는 이와 같은 사실을 깨닫지 못한 것을 후회하며 이 과오를 참회하기 위해 3일간 단식을 하였다. 봄베이로 돌아온 그는 사띠야그라하 사바를 통해 지원자들을 모으고 사띠야그라하의 의미와 특성들에 관해 교육을 전개하였다.

로울라트 사띠야그라하(Rowlatt Satyagraha) 운동을 전개하면서 그는 가는 곳마다 스와데시(Swadeshi:국산품 애용)와 힌두-무슬림 단결을 호소하였다. 로울라트 법안에 반대하는 간디의 사띠야그라하 호소는 크게 두 가지 반응을 남겼다. 고무적인 현상으로는 인도 역사상 처음으로 민중들이 정부에 대항하여 대규모 항의 시위를 벌였다는 사실이며 다른 한편으로는 여러 도시에서 그것이 폭력과 사상자를 유발하였다는 비극적인 사실이다. 이 비극을 간디는 후에 '히말라야 오산'으로 고백하고 이러한 폭력 사태는 결국 시민불복종 운동(Civil Disobedience Movement)을 중지하게 하였다.

간디는 로울라트 사띠야그라하를 더 많은 자유를 위한 투쟁으로 받아들였다. 라빈드라나트 타고르에게 보낸 편지에서 그는 다음과 같이 적고 있다. "비록 형식에 있어서는 그것은 하나의 법안에 반대한다는 것이지만 실제로는 자존심 있는 한 나라에 어울리는 가치 있는 자유를 위한 투쟁이다."[189]

(3) 잘리안왈라(Jallianwalla) 공원 학살사건

로울라트 법안에 반대하는 시위가 전국적으로 확산되고 있을 때 펀잡 주에서는 이것을 반란으로 규정하고 현대의 문명화된 정부에서는

---

188 M.K. Gandhi, *op. cit.,* p.357.
189 "Letter to Ravindranath Tagore" (April 5.1919), *C.W.M.G* XV, p.179.

유래를 찾아볼 수 없는 엄청난 탄압정책이 자행되고 있었다. 계엄령이 선포되고 특별 법정이 설치되는 등 초법적 법집행이 진행되고 있었다. 당시 펀잡에는 많은 불만들이 팽배해 있었다. 펀잡 주에서 제1차 세계대전에 약 50만명의 신병을 보냈는데 그 후 유행성 인플루엔자로 많은 사상자가 속출하였으며 다른 여느 지방과 마찬가지로 생활고도 극심하였다. 간디는 지금까지 펀잡을 방문한 적이 없었지만 그곳에 그의 이름은 널리 알려져 있었다. 펀잡의 상황이 외부에 알려지자 간디는 그곳의 방문을 여러 차례 시도하였으나 그가 펀잡 주에 들어가면 질서나 평화를 해칠 우려가 있다는 이유로 정부로부터 거부당했다.

4월 9일 펀잡 당국은 2명의 국민회의 지도자(Dr. Saifuddin, Dr. Satyapal)를 추방하였는데 이에 분노한 폭도들이 거리로 뛰쳐나왔으며 3명의 영국인이 살해되는 사건이 발생했다.[190] 이어 4월 10일 한 격앙된 폭도가 영국인 여교사를 공격한 사건이 발생했다. 그러나 그 여교사는 목숨을 잃지는 않았다. 다음날 1차 대전 때 미얀마와 인도의 북서변방에서 명성을 얻은 다이어(Dyer) 장군이 인도인들을 진압하기 위해 암리트사르에 왔다. 그 다음날 다이어 장군은 계엄령을 선포하였고 시가지는 평온을 되찾았다. 그는 이어 모든 공공 행사와 행진을 금지시켰다. 군은 공포통치를 시작했고 영국인 여교사의 폭행에 조금이라도 관련된 사람은 누구나 붙잡아다 사정없이 구타를 가했던 것이다.[191] 이제 자유는 고사하고 암리트사르에 사는 시민들의 생명마저도 위태로운 상황에 놓이게 되었다. 4월 13일 베사키(Baisakhi) 축제날 잘리안왈라 공원에는 약 6,000명의 시민이 군의 만행에 항의하기 위해 집회금지명령을 어기고 공원에 모였다. 다이어 장군은 사전경고도 없

190 Louis Fisher, *op. cit.*, p.65.
191 A.L. Basham & Arun Bhattacharjee, *op. cit.*, p.85.

이 군인들을 투입하여 공원을 포위하고 10분에 1650발의 총을 난사하게 하였다. 그야말로 학살 그 자체였다. 집회에 모인 남녀노소 군중들은 공원이 벽으로 둘러싸여 있어 도망을 갈 수가 없었다. 펀잡 정부는 379명이 피살됐다고 밝혔으나 헌터위원회의 치만날 세탈와드 경은 400명이 죽고 1,200명이 부상당했다고 밝히고 있다.[192] 한편 간디는 조사에서 1,200명이 죽고 3,600명이 부상당했다고 적고 있다. 이 사건은 영국과 인도 관계에 있어 1857년의 세포이 반란만큼 중요한 사건이 되었다.

펀잡 정부는 정부를 전복시키려 하는 광범위한 음모의 실체를 믿고 있었으나 이 주장은 근거가 없는 것으로 판명되었다. 당시 정부 측에서 정치상황을 가장 잘 파악하고, 정보보고를 받고 있는 봄베이의 경찰 책임자인 로버트선(M.L. Robertson)과 정부의 정보책임자인 크리브랜드(C.R. Cleveland) 사이에는 나음과 같은 비밀 서신이 교환되었다.[193] 1919년 5월 19일 로버트선 씨는 다음과 같이 적고 있다.

"펀잡 상황을 전적으로 이해하기는 힘듭니다. 당신은 어떤 조직적인 음모를 탐지할 수 있습니까? 우리는 아직까지 그렇게 하는 데 있어서 성공하지 못했습니다."

5월 23일에 있은 크리브랜드의 답신이다.

"펀잡에서 지금까지 조직적인 음모는 탐지하지 못했습니다. 조직적 소요는 있습니다. 어떤 특정한 곳에서 사람들은 미치광이로 변했습니다. 정부 전복음모를 뒷받침할 어떤 증거도 없다는 사실에 저는 매우 만족합니다. 잘못된 정보를 접해 유감으로 생각합니다."

---

192 B.R. Nanda, *op. cit.,* p.176.
193 *Ibid.*, pp.176-177.

그러나 오드에어(Sir Michael O'Dwyer) 경은 자신의 책『The Punjab as I knew it』의 'Punjab Rebellion of 1919'라는 장에서 힌두 과격파와 범 이슬람 주의자, 시크 혁명주의자들이 영국 정부를 전복하기 위해 연합하고 있으며, 4월 10일 라호르의 상황은 심각하여 유럽인 부인들과 아이들은 주지사의 관저에 모여 있었다고 적고 있다. 그리고 4월 13일 다이어 장군이 잘리안왈라 공원에서 발포를 명령하기 전에 그는 암리트사르와 라호르 지역에 계엄령 발동 필요성이 있다고 총독에게 교신을 보냈으며, 암리트사르는 다이어 장군 휘하의 1천 명의 군인보다도 더 많은 군중들에 의해 고립되어 있다고 적고 있다. 다이어 장군 역시 지역 사령관(General Bynon)에게 보낸 보고서에 '나의 군대는 수적으로 적어 공격을 받을까 두렵다'라고 적고 있다. 다시 말해 그는 다이어 장군은 자기 방어 수단으로 부하들에게 발포를 명령했다고 기술하고 있다.[194]

많은 군 장교나 관리들은 인도인들에게 형언할 수 없는 모욕과 심한 체벌을 가했다. 다이어 장군은 영국인 여교사가 폭행을 당한 거리를 지나가는 모든 인도인들에게 속죄로 엎드려 배로 기어가게 하였으며 그리고 영국인이 길거리를 지나가면 인도인들은 차에서 내려 경의를 표하게 하였다.[195] 존슨(Johnson)대령은 1천여 명의 라호르 대학생들에게 3주 동안 출석을 체크한다며 무더운 5월에 하루에 16마일씩 행군을 명하였다. 군 장교들은 결정적 시기에 인도인들이 대영제국의 요새를 차지할 것으로 굳게 믿고 있었다. 편잡 사건에 항의하여 영국정부가 수여한 나이트 작위를 반납한 타고르는 문제의 심각성을 다음과 같이 지적했다.

---

194 *Ibid.*,

195 A.L. Basham & Arun Bhattacharjee, *op. cit.*, pp.86-87.

"잘리안왈라 공원 사건은 나의 국민들을 테러공포의 도가니로 몰아 넣었으며 가공할 학살 그 자체이다."[196] 이에 앞서 타고르는 잘리안왈라 학살사건 하루 전 위기 때 국민들 앞에 나타난 간디를 '마하트마'와 '위대한 지도자'로 칭송하는 공개편지를 발표하였다. 비협력 운동에 대해 그는 "이 운동이 간디와 같은 인물에 의해 주도되어 다행이다. 그의 성자와 같은 삶을 전 인도가 존경한다. 그가 배의 키를 잡고 있는 한 나는 그 배를 두려워하거나 목적지 항에 안전하게 도착할 것을 의심하지 않는다."고 그의 대한 믿음을 온 세상에 공표하였다.[197]

정부는 펀잡의 비극을 숨기고 영국인에게 가해진 폭력만을 크게 부각시켰다.

간디는 4월 18일 시민불복종 운동의 중지를 선언하고 펀잡에 들어가고자 여러 번 시도하였다. 그는 정부와의 충돌을 피하기 위해 여러 번 총독의 허가를 얻으려 했으나 거의 6개월이 지나서야 허가가 나왔다(10월 17일). 앤드류스가 펀잡에 들어가 그곳의 상황을 간디에게 보고하였는데 그것은 신문에 보도된 것보다 더 잔악한 사태가 있었음을 알려주는 것이었다. 펀잡의 비극을 전해들은 간디는 총파업을 지시한 자신에게 책임이 있다며 가슴 아파했다. 정부는 헌터 경(Lord Hunter)을 단장으로 하는 펀잡 소요의 과정을 조사하는 조사위원회를 구성하였다. 헌터 이외에 4명의 영국인과 3명의 인도인으로 구성된 위원회는 두 개의 보고서를 제출하였는데 사띠야그라하 운동이 펀잡 소요의 책임이 있다는 데는 공감하였으나 다이어 장군의 행동, 계엄법의 정당성 등에는 서로 의견을 달리하였다. 인도국민회의는 이를 거부하고 모띠랄 네루(Motilal Nehru), 다스(Chitta Ranjan Das), 띠압지(Abbas Tyabji),

196 Anil Chandra Banerjee, *op. cit.*, p.622.
197 Krishna Kripalani, *op. cit.*, p.115.

자야까르(M.A. Jayakar), 간디를 포함한 유능한 변호사들을 중심으로 민간인 조사위원회를 구성하였다. 민간인 조사 위원회의 일원으로서 간디는 계엄령하의 펀잡 정부 실상을 소상히 알게 되었으며 펀잡 주 여성과 농민들과 접촉할 수 있는 좋은 기회를 가지게 되었다. 조사를 진행함에 따라 국민들에게 가해진 잔학상과 정부의 폭력적 관리들의 횡포에 간디는 깊은 고통에 빠지게 되었다. 그를 더욱 슬프고 비통하게 한 것은 펀잡 주가 제1차 세계 대전 중에 영국정부에 가장 많은 군인들을 제공해 주었는데 결국에는 이러한 잔인한 만행이 그들 앞에 벌어졌다는 사실이었다. 보고서의 작성도 간디가 맡았는데 사실에 입각해 기술하였으며 과장됨이 없다고 그는 밝히고 있다.

정부의 허가를 받아 라호르에 도착한 간디는 평생 기억에서 지울 수 없는 광경을 목격했다. 도시의 전 인구가 그를 맞이하기 위해 역에 모였던 것이다. 펀잡 주의 지도자들은 구속되어 있었고 그 자리에는 말라비야(Madan Mohan Malaviya), 모띠랄 네루 등이 그를 맞이하였다. 이 두 사람과 이미 아는 사이였지만 간디는 개인적으로 네루와 접촉할 수 있는 첫 번째 기회를 갖게 되었다.

암리트사르 학살사건에 간디는 비협력(Non-cooperation) 정책으로 대응하였다. 영국 상품, 영국의 명예 훈장, 영국 법정, 영국 학교, 영국 직장 등을 거부하는 정책을 1919년 11월 델리에서 열린 무슬림 회의에서 주장하였다.[198] 1919년 12월 영국의 왕(George V)은 인도 개혁법(Indian Reforms Act)과 정치범들을 사면하는 선언문을 발표하면서 관리들과 인도인들의 화합을 강조했다. 간디는 다소의 부족한 점이 있긴 하지만 거기에는 한줄기의 희망이 있다며 수용해야 한다고 생각하였다.

---

198 Louis Fisher, *op. cit.*, p.67.

"이것은 영국인들이 자랑스럽게 여기고 모든 인도인들이 만족해야 할 문서이다. 이 선언은 불신을 신뢰로 바꾸었으나 그것이 일반 행정에 이르기까지 이어지는지는 두고 보아야 한다."[199]

간디는 암리트사르의 국민회의 총회에서 국민회의가 정부개혁안을 수용하고 그것이 이행되도록 도움을 요청하였다. 여기서 그는 한 달 전 자신이 주장했던 비협력 운동을 포기하고 협력을 제안하였다. 그리하여 국민회의는 몬터구-첼름스포드 개혁안을 찬성 결의하였다.[200] 그리고 영국정부는 인도에 책임정부를 점진적으로 수립하기 위하여 인도인과 연합하고 자치제도를 점진적으로 발전시키는 것이 목표임을 공포한다.

암리트사르의 국민회의 연차 총회에서부터 간디는 국민회의 정치에 직접 뛰어들었다. 이제 그는 공인이 되었고 새로운 비전을 가진 전국적인 지도자로 부각되었다. 그는 자신이 국민회의를 위해 해야 할 일이 있음을 발견하였으며 당시 의장인 모띠랄 네루, 띨락, 데시반두 등은 펀잡 사태에서 보여준 간디의 활동에 크게 만족하고 있었다. 이전의 참석은 사실상 국민회의에 대한 연례적 형식적 의무에 지나지 않았다. 간디가 관심을 갖고 있던 일 중 하나는 잘리안왈라 학살사건에 대한 기념비를 세우는 일이었다. 그것을 위해 50만 루삐의 기금이 필요한데 간디는 이 기금 모금인의 한 사람으로 임명되었다. 국민회의 지도자들은 간디가 절제된 표현을 잘 구사하고 초안 기초자의 능력을 갖고 있다고 믿었다. 당시 국민회의의 조직체계는 고칼레의 작품이었는데 당시의 조직과 규약은 날로 업무가 확장되어 가는 지금에는 적합하지 않다는 것을 모두들 느끼고 있었다. 방대한 조직체계와 규약을 개

199 B.R.Nanda, *op. cit.*, p.179.
200 Judith. M. Brown, *op. cit.*, pp.133-136.

선할 필요성이 대두되었던 것이다. 간디는 국민회의의 조직과 규약을 만드는 3명(Kelkar, I.B. Sen) 가운데 한 사람으로 임명되었는데 이 책임을 맡게 됨으로써 그는 국민회의 정치에 본격적으로 뛰어들게 되었다. 국민회의의 기본법을 초안하여 제출한 간디는 이 법이 잘 실행되면 그것으로도 자치를 얻을 수 있다고 생각하였다.

간디는 1919년 12월의 영국 왕의 선언정신이 인도의 행정에까지 미치지 않는다고 보고 중앙과 주 정부에 '마음에 변화'를 호소하였다. 1920년 3월 20여명의 계엄법 위반 사형수들의 항소가 기각되자 그는 최고 법원의 판결마저도 정치적 고려에 의해 영향을 받는다고 비난하였다. 그는 펀잡에서 잘못을 저지른 관리들이 소환되지 않고 유럽 커뮤니티에 의해 영웅시되자 놀라움을 금치 못했다. 간디는 계엄법 통치와 관련하여 펀잡의 주지사 오드에어와 총독 첼름스포드의 주지사에 대한 감독 책임을 물어 그들의 소환을 공개적으로 요구하였다.[201] 그러나 영국정부는 다이어 장군을 전역시키고 오드에어와 첼름스포드에게는 면죄부를 내렸다. 그는 펀잡의 비극에 대한 인도인들의 감정을 이해 못하는 영국인들에 대해 실망하지 않을 수 없었다. 영국하원은 펀잡 비극을 유감스러운 비극으로만 치부하였던 것이다. 영국 하원에서 이 광경을 방청한 나이두 여사는 다음과 같이 적고 있다.

"우리의 친구들은 그들의 무지를 들어냈고, 우리의 적들은 그들의 무례를 보여주었다."[202]

상원에서는 계엄체제와 관련 있는 영국 장교들에 대해 연민의 정을 표시하였으며 한 신문(The Morning Post)은 군에서 퇴역한 다이아 장군에게 3만 파운드를 기부하였다.

---

201 B.R. Nanda, *op. cit.*, p.180.
202 *Ibid.*,

로울라트 법안 반대운동은 인도국민회의를 새로운 이데올로기와 전략을 갖춘 거듭나는 조직으로 변화를 가속화시켰다. 이 새로운 조직의 새 지도자가 바로 모한다스 까람찬드 간디였다. 그의 정치적 역할과 중요성이 1919년 12월 암리트사르의 국민회의 총회에서 처음으로 인정되었다. 이 회의의 주요 이슈는 몬터구-첼름스포드의 개혁안을 수용하느냐 아니면 거부하느냐에 있었다. 찌따 란잔 다스는 거부하는 결의안을 냈으나 나중에 간디의 수정안이 통과되었는데 그것은 완전한 책임정부를 빨리 정착시키기 위해 국민회의가 개혁안을 수용하기로 하였던 것이다.

펀잡 사건을 포함하여 인도의 여러 지역에서 벌어진 폭력 사태에 대해 간디는 당황하였고 이것들이 사띠야그라하 운동과는 전혀 관계가 없다고 확신하였지만 책임을 느끼고 사람들에게 비폭력 의무를 호소하였다. 사띠야그라하 운동이 언제 다시 시작되느냐는 질문에 간디는 '우리가 진리를 추구하는 한 사띠야그라하 운동은 결코 중지되지 않았고 중지되었다고 말할 수 없다'고 말했다. 시민불복종 운동의 중지를 발표하면서 그는 "사띠야그라하는 수많은 가지를 가진 보리수나무와 같다. 진리와 비폭력은 함께 어미줄기로 거기서 수많은 가지가 뻗어 나오는데 시민불복종 운동은 그중에 한 가지이다."[203]라고 말했다. 잠시 시민불복종 운동을 중지하였던 그는 킬라파트(Khilafat)와 비협력 운동에서 다시 사띠야그라하 운동을 시작하게 된다.

203 *C.W.M.G.*, XY, p.265. (2001).

2. 킬라파트 운동(Khilafat Movement; 1919-1923)

먼저 20세기에 들어서면서 인도 무슬림들의 사고변화를 간략히 살펴보고자 한다.

벵갈 분리 취소 조치(1911년) 이후 무슬림들의 공식적인 첫 반응은 1912년 무슬림연맹 연례 회의에서 나왔다. 그들은 정부의 조치에 불만을 표시하고 무슬림연맹의 목표를 영국에 대한 충성에서 인도의 적절한 자치형태로 바꾸었다. "지금까지 무슬림연맹의 목표는 인도 무슬림들에게 영국 정부에 대한 충성심을 조장시키고 그들의 권리를 보호하는 데 있었으며 영국지배가 영속함으로써만 무슬림의 안정과 발전을 기대할 수 있다고 주장하여 왔다. 그러나 벵갈 분리의 취소 조치는 무슬림으로 하여금 영국 통치자에 대한 불신감을 갖게 하였다. 무슬림이 지금까지 영국 정부를 신뢰하고 충성심을 표시해 왔던 것이 자신들의 큰 오산이었다는 것을 알게 되었다."[204]

1913년 무슬림연맹은 새로운 목표를 규정하였다. "무슬림과 인도 내의 다른 공동체(힌두) 사이의 우의와 연합을 증진시키며, 나아가 영국 왕실의 보호 아래 합법적인 방법을 통해 무엇보다도 기존 행정제도를 점진적으로 개혁하고, 국민 단합을 조장시키며 인도 국민 사이에 공공심을 함양시키고, 각 공동체간의 협력을 통해 인도에 적절한 자치제도를 성취시키는 것이다."[205] 무슬림연맹의 이 같은 조치는 지금까지의 국민회의의 추구노선을 수용하는 것이었다.

인도 무슬림의 태도 변화의 또 다른 이유는 영국과 터키의 대립에서 나왔다. 사실 이전 인도 무슬림은 터키의 칼리프(Calipha)를 인정하지

---

204 Anil Chandra Banerjee, *op. cit.*, pp.600-602.
205 조길태, *op. cit.*, p.311.

않았으며 무갈 제국에서도 칼리프를 그들의 정신적 지주로 생각하는 경향은 거의 없었다. 19세기 후반 무슬림의 지도자였던 사이드 아흐메드 칸(Syed Ahmed Khan)의 견해는 이러했다. "우리는 터키 칼리프의 신민으로는 도저히 생각할 수 없다. 칼리프의 통치권은 우리에게 미치지 않는다. 우리는 인도에 살며 오히려 우리에게 종교적 자유를 보장해 온 정부의 신민이다"[206]

무갈 제국이 완전히 붕괴되고 칼리프의 지위가 더 이상 존재하지 않을 때까지 대부분의 무슬림은 칼리프와 정신적 유대 관계를 일부 유지하고 있었다. 그러나 세계 무슬림의 정신적 지주였던 터키 칼리프의 세력은 쇠퇴일로를 걷고 있었다. 1908년 '청년 터키 혁명'에 의해 칼리프의 지위는 유명무실하게 되었고 불가리아는 독립을 선언하였다. 제1차 발칸 전쟁에서 패배한 터키와 제2차 발칸 전쟁의 패배자인 불가리아는 독일 측에 접근하였으며 제1자 대전이 발발하자 이들은 동맹국 측에 가담하였다. 1914년 영국과 프랑스 등 연합군은 터키와 선전함으로서 영국과 터키는 직접 대결하였다.

세계 무슬림의 정신적 종주국인 터키와 관련된 일련의 사태발전은 벵갈 분리 취소 조치와 함께 인도 무슬림의 반영 감정을 고조시키는 원인이 되었다. 무슬림은 영국의 이집트 점령, 모로코에 대한 영불협정, 페르시아에 대한 영로 협정 및 이탈리아의 트리폴리 침공 등은 기독교 세력이 이슬람의 세속적 세력과 그의 정신적 교권을 말살시키기 위한 계획이 점차 전개되어 가는 것이라고 판단하였다.[207] 그들은 터키, 트리폴리 및 페르시아의 무슬림들이 유럽 침략자들의 희생물이 되고 있다고 믿었다.

---

206 *Ibid.*, pp.306-310.
207 A.L. Bhasham, *op. cit.*, pp.89-91.

제1차 세계대전에서 승리를 거둔 영국이 오토만 제국을 유럽과 아랍 지역으로 분할하려고 했을 때 인도 무슬림들의 범 이슬람주의 감정은 킬라파트 운동으로 발전하였다. 터키 제국이 대전의 패배와 더불어 분열되어 메소포타미아, 요르단, 팔레스타인 및 시리아 등은 국제 연맹의 위임 통치하에 영국과 프랑스에 넘겨지게 되었다. 킬라파트 운동은 연합국 측의 지나친 패전국 처리 문제에 대한 반발로 전 세계 무슬림을 대표하는 터키제국은 유지되어야 한다는 신념에서 전개되었다. 이것이 킬라파트 운동의 배경인데 이것은 오토만 칼리프를 지지하며 일종의 연합군 특히 영국에 대한 항의 운동이었다.

국민회의 내의 힌두 지도자들은 과격파 지도자(B.G. Tilak)까지도 힌두-무슬림의 화합과 결속에 대한 희망을 버리지 않고 있었다. 그들은 인도에서 힌두-무슬림 사이의 화해 없이는 정치적 발전은 불가능하다고 믿었다. 두 종교 집단의 화해의 장애는 오히려 무슬림 측이었으며 무슬림은 영국 통치가 강화되고 계속됨으로써만이 다수인 힌두 지배를 면하고 무슬림의 안정과 번영을 가져올 수 있다고 믿어 왔다. 물론 무슬림의 일부는 처음부터 국민회의에 참여하여 힌두와 행동을 같이 해온 것도 사실이다. 벵갈분리 취소 조치와 영국과 터키의 관계 악화로 무슬림과 영국 통치자들과의 제휴가 사실상 끝남에 따라 힌두-무슬림 사이의 화해의 기운이 고조되어 갔다.

힌두-무슬림 사이의 이 같은 화목한 분위기 속에서 국민회의와 무슬림연맹은 1916년 12월 러크나우에서 합동회의를 개최하고 공동목표를 협의하였다. 러크나우 협정이라고 불리는 힌두-무슬림 사이의 첫 협정에서 힌두와 무슬림은 서로 다른 두 개의 공동체라는 것을 인정하면서 정치적 개혁과 자치 실현을 위해서는 통일된 모습으로 영국 정부에 대처한다는 행동의 원칙을 보여주었다. 특히 진나(Mohammad Ali Jinnah)는 "인도인은 자치에 대한 적응성을 입증하기로 결의해야 하며 힌두-무슬림의 화해는 통일정부가 출현하는 신호"라고 강조하였다.[208]

1915년 남 아프리카에서 인도로 돌아온 간디는 범 이슬람 주의자들과 긴밀한 관계를 맺고 있었다. 그는 러크나우의 안사리(Dr. Ansari)와 바리(Maulana Abdul Bari)는 물론 알리 형제(Mohammad Ali & Shankat Ali)를 만났으며 전쟁동안 그들과 교류가 있었다. 간디는 정부로 하여금 오토만 제국 문제와 이슬람 성지 관리문제가 인도 무슬림들의 감정과 잘 조화롭게 해결되도록 무슬림들의 주장을 지지하였다. 그리하여 1918년 무슬림연맹의 연설에서 안사리는 마하트마 간디를 '인도의 용기 있는 지도자로 힌두는 물론 무슬림으로부터도 존경받는 지도자'로 극찬하였다.

인도 무슬림들의 상처받은 감정이 그들로 하여금 중앙 킬라파트 위원회(1919년 11월)를 조직하게 하였으며 같은 달 델리에서 전 인도 킬라파트 회의(All India Khilafat Conference)가 열리고 간디를 의장으로 선출하였다. 이 운동의 주요 지도자로는 알리 형제와 안사리, 하킴 아즈말 칸 등이었다.

간디가 국민회의 대표로서 펀잡 주에서 일어난 다이어 장군의 잔악행위를 조사하고 있을 때 그는 델리의 힌두-무슬림 합동 회의에 참석해 달라는 초청을 받았다. 이 회의에서 간디는 주장했다. "킬라파트 문제가 합법적 근거가 있고 정당하며 그리고 정부가 무슬림들에게 엄청난 잘못을 저질렀다면 킬라파트의 치유를 위한 무슬림들의 요구에 힌두들은 지지를 보내야 한다. 만약 무슬림이 그들 스스로 힌두들의 종

---

208 *Ibid.*, p.312

교적 감정을 이해하고 같은 땅의 이웃으로서 그들에 대한 의무로 암소 도살을 중지한다면 그것은 매우 뜻있고 그들의 좋은 면을 보여주는 것이다." 이 회의의 결의안 가운데는 힌두와 무슬림의 자치맹세와 외국 상품의 보이콧 등이 있었다.[209]

간디는 영국 정부가 킬라파트에 대한 약속을 이행하도록 할 어떤 행동 계획을 찾고 있었다. 그는 하나의 슬로건 같으며 프로그램 내용을 완전하게 집약한 어떤 어휘를 찾고 있었다. 정부에 대한 진정한 저항은 정부와의 협력을 중지하는 뜻이 내포된 '비협력(Non-cooperation)'이라는 어휘를 찾아냈는데 당시 그는 이 아이디어를 정확하게 다듬지 못했다. 비협력이라는 단어가 회의 진행 중에는 묻혀있었으며 일반 대중의 뇌리에 자리 잡기까지는 수개월이 걸렸다. 행동 계획을 생각한 간디는 어떤 수단을 택하든 그것을 대중화하기로 하였다. 델리 회의가 끝난 후 그는 펀잡과 그 밖의 인도 주요 지역을 여행하였다. 그는 펀잡 서신이라는 제목으로 나야지반(Nayajivan)에 다음과 같이 썼다.

"보이콧은 노여움의 표시이며, 협력을 거부하는 것은 확고한 의지의 표시이다. 보이콧은 우리의 약함을 나타내는 것이고 비협력은 우리의 힘을 입증하는 것이다. 그것은 협력을 중지하기 위한 사람들의 유일한 고유 권리이다. 우리는 정부의 타이틀이나 칭호, 훈장을 유지하거나 또는 정부직에 계속 근무할 필요가 없다. 만약 정부가 킬라파트와 같은 큰 문제에 있어 우리를 배반한다면 우리는 정부에 비협력을 할 수밖에 없다."[210]이처럼 비협력 논리는 델리의 힌두-무슬림 회의에서 다듬어져 국민회의의 정책이 되었으며 1920년 이후 전국적인 반영 저항 운동의 효과적인 무기가 되었다.

---

209 M.K. Gandhi, *op. cit.*, pp.363-365.
210 *Ibid.*, p.336.

국민회의는 결성 때부터 주로 정치와 경제적 문제만을 다루어 왔고 모든 종파의 인도인들에게 영향을 미치는 종교적 문제는 신중하게 피하였다. 그러나 간디는 이렇게 주장하였다. "힌두-무슬림의 단결을 주장하는 인도국민회의의 입장은 만약 무슬림들의 이해관계가 위기에 처해 있을 때 힌두들이 무슬림들에게 냉담하다면 국민회의의 주장은 한낱 허구에 불과한 것이다."[211] 무슬림과의 협력을 그는 세 가지 목표를 달성하기 위한 것이라고 말했다. 사띠야그라하 운동 방법에 정당성을 획득하고, 힌두들에 대한 무슬림들의 우정과 나아가 국내의 평화를 확보하며 영국인과 영국 헌법에 대한 나쁜 감정을 좋은 감정으로 바꿀 수 있다는 것 등이다.

인도군의 상당수가 무슬림인 점을 감안하여 정부는 무슬림의 정서를 달래기 위해 약속하였다. "우리는 연합군에 의해서 그들의 종교적 감정이나 정서를 해치는 어떠한 행위도 하지 않을 것이다. 이슬람의 성지는 그대로 유지될 것이며 그것들을 보호할 모든 조치가 취해질 것이다."[212] 그러나 터키와 세브로(Sevres) 조약, 헌터 보고서에 실망한 나머지 일부 무슬림들은 칼리프의 권위에 대해 예민한 반응을 보이고 비 무슬림 통치하에 살지 않겠다며 아프가니스탄으로 이주하기 시작했는데 히저라트(Hijrat)로 알려진 이 운동은 신드에서 시작해서 차츰 북서 변경지역(N.W.F.P)으로 확대되었다. 1920년 8월 약 1만 8천명이 아프가니스탄으로 넘어간 것으로 추정되었다. 그러나 아프간정부도 그들의 입국을 물리적으로 막음으로써 많은 고통과 생명의 손실이 뒤따랐다. 알리 형제의 지도력은 킬라파트 운동에 큰 힘을 보태주었고 무슬림들은 킬라파트의 구호아래 수만 명이 결집되어 있었다. 곧이어

211 *Ibid.*
212 Syed Mahamud, *The Khialfat and England*, Pantna, 1921, p.11.

터키는 그들의 제국적 영지를 잃고, 술탄 자신도 쫓겨났으며 결국 상황은 더욱 절망적으로 변했다.

간디는 다수 무슬림의 주장을 정당하다고 확신했다. 그는 터키의 잔학상과 통치의 잘못을 터키 제국을 중상하기 위한 과장된 것으로 받아들였다. 터키의 젊은 세대가 터키를 공화국으로 선포함으로써 칼리프 문제가 종결되었지만, 간디는 1918년 1월 영국 수상 로이드(Goerge Lloyd)가 무슬림에게 한 약속(연합군은 터키로부터 소아시아와 트라키아(발칸 반도의 에게해 북동해안 지방)의 비옥한 땅을 빼앗기 위해 싸우지 않는다)을 존중하지 않음으로써 서약을 위반하였다고 믿었다. 그리하여 그는 무슬림의 분노를 정당화하고 그들의 분노를 해결할 어떤 안이 나와야 한다고 말했다.

간디는 이러한 상황을 극복하기 위한 유일한 수단으로 사띠야그라하를 주장했다. 1919년 9월 19일 봄베이에서 열린 킬라파트 모임에서 터키의 분할에 대해 우려를 표시하는 결의안이 채택되었으며 한편으로는 영국의 약속 이행을 촉구하였다. 10월 17일을 '킬라파트의 날'로 선포한 간디는 그날은 단식과 기도, 파업의 날로 지켜져야 한다고 그 중요성을 강조했다. 그는 또 모든 힌두들이 무슬림 형제들과 성스러운 결연을 맺을 것은 촉구하기도 하였으나 시가행진이나 공개적 집회는 열지 않도록 촉구하였다.[213]

1919년 12월 암리트사르에서 열린 제34차 국민회의에서 킬라파트 문제에 대한 무슬림들을 지지하는 결의안이 채택되었다. 킬라파트 위원회와 미루뜨 시민들은 1920년 1월 22일 간디를 환영하는 연설을 했으며, 이에 간디는 킬라파트 문제는 물리적으로는 해결할 수 없으며,

213 The Bombay Chronicle(1919). October 13.

그들이 사띠야그라하를 채택한다면 성공의 기회는 많다고 독려하였다. 나아가 그는 청중들에게 평화와 비폭력을 견지해 줄 것을 요청하였다. 그들이 정의 편에 서고 비폭력으로 싸우면 그는 목숨까지 내놓을 준비가 되어 있다고 말하면서 정부에 경고했다. "그들이 여론의 지지를 얻고 있는 주장을 거부한다면 다수에 의해 극도의 혼란이 초래될 것이다."[214]

간디의 직접적인 행동의 호소가 인기를 얻고 주변여건도 나라의 리더십을 잡은 간디에게 유리하게 전개되었다. 킬라파트 소요를 주도하는 무슬림 지도자들은 간디의 도움과 자문을 크게 환영하였으며 다만 그들은 간디가 자신의 계획에 윤리적 도덕을 강조한 것에는 의견을 달리하였다.

1920년 2월 29일 캘커타에서 열린 두 번째 킬라파트 회의에서 아자드(Maulana Abdul Kalani Azad)는 의장 연설에서 간디의 비협력 계획을 무슬림들에게 추천하였다.

간디는 3월 19일을 킬라파트의 날로 정하고 단식과 파업으로 국가적 애도의 날로 정했다. 비협력을 추천하는 킬라파트의 구호는 다음과 같다.

> "비협력은 우리가 할 수 있는 유일한 무기이다. 그것은 모든 폭력으로부터 전적으로 자유롭고 가장 효과적이고 깨끗한 수단이다. 협력이 우리의 소중한 종교적 감정을 격하하고 모욕하고 상처를 가한다면 비협력은 우리의 의무이다. 만약 분노, 증오, 악의, 무모함과 폭력이 우세하면 대의명분은 끝날 것이다."[215]

---

214 Young India(1920). January 28.

215 *C.W.M.G.* Vol.X VII. pp.74-75, Young India(1920), March 10.

킬라파트 운동은 인도 무슬림을 위해 적극적인 이익을 얻어내지는 못했다. 1922-24년 터키 무슬림들은 칼리프를 폐지하였고 아랍 국가들은 무관심하였기 때문에 그들은 그저 명목을 위해서 싸우고 있었던 것이다.

킬라파트 소요에 대한 간디의 주장은 그의 동기와 행동에 대해 많은 의심과 의문이 제기되었다. 그를 비판하는 사람들은 그가 킬라파트 문제를 야기한 범 이슬람 사상을 이해하지 못했다고 주장하였으며 일부는 "힌두-무슬림의 우정은 단순히 영국 제국주의에 대항하기 위해 힌두들의 지지를 얻기 위한 무슬림 지도자들의 교활한 수단에 불과하며 그들은 힌두-무슬림 단결을 위한 간디의 호소를 외면하였다."고 주장하였다.[216] 이와 같은 비난에 대해 간디는 관용과 인내로 일관하면서 정부나 어떤 사람을 당황하게 하는 것은 자신의 철학에 반하는 것이라고 말하였다.

"내가 힌두-무슬림의 단결을 돕고 지지하는 것은 분명한 사실이다. 그러나 오토만 제국을 해체(분할)하는 문제에 있어 영국이나 연합군을 당황하게 할 의도는 분명히 없다. 그것은 분명 나의 도덕적 책임감의 발로이다. 그것은 나로 하여금 킬라파트 문제를 제기하게 하였고 나 자신을 전적으로 무슬림과 함께 하게 하였다."[217]

간디는 맹목적 종교적 감정의 포로는 아니었다. 현실적 이상주의자인 그는 형제 커뮤니티로서 힌두와 무슬림의 단결을 목적으로 노력하였다. 칼라파트 문제와 연관하여 1920년 6월 총독에 보낸 편지에서 "나는 무슬림들과 가장 가까운 우정 속에서 살기 원하는 힌두로서 그

---

216 Anil Chandra Banerjee, *op. cit.*, p.638.
217 C.W.M., X VII, p.350.

들이 시련을 겪을 때 그들과 함께 있지 않는다면 나는 가치 있는 인도의 자식이 아니다. 나의 간절한 생각은 그들의 주장은 정당하다고 생각한다."고 말했다.[218] 그의 주장은 킬라파트 문제는 힌두-무슬림의 단결과 직결된다는 것이었다. 1920년 2월 <영 인디아>에 기고한 글에서 그는 "힌두-무슬림의 단결은 우리가 공동의 목표와 목적을 가지고 서로 용서하고 상대방의 슬픔을 공유하며 공동 목표를 달성하기 위해 협력하면 그것은 이루어지며, 무슬림들의 주장을 힌두들이 조건 없이 강력히 지지할 때 무슬림들 사이에 우정은 싹트고 단결력은 강해진다."고 주장했다.

킬라파트 소요 동안 간디의 비협력을 위한 오랜 순회여행은 종교적 신앙 부흥운동에 크게 기여하였는데, 무슬림들은 처음으로 투쟁에 적극적으로 참여하였으며 새로운 의식 세력으로서 그들 중 일부 광신도는 방화와 종교적 소요에 적극 가담하였다. 결국 이것은 힌두-무슬림의 우정관계를 긴장하게 하였다.

진나는 간디의 킬라파트 운동의 지지를 종교적 광신행동을 지지하는 것으로 보고 비난하였다. 1920년 그는 간디의 대중 투쟁방법은 힌두와 무슬림 두 종교적 집단을 갈라놓을 것이라고 경고를 하며 국민회의를 떠났다.[219]

진나가 국민회의를 떠난 것은 전적으로 간디의 힌두주의에 입각한 정책 때문이었다. 진나와 국민회의와의 관계는 간디가 자치정부를 획득하기 위한 유일한 수단으로 1918년 비폭력 시민불복종 운동과 힌두가치를 유일한 수단으로 채택하면서 불거졌다. 간디는 서구식 의복을 입지 않았으며 영어대신 힌디를 사용하고 힌두신앙으로 가득 차 있었

218 Nationa Archives of India(1920). Home-Political - A, November, Nos. pp.19-31.
219 http://www.pakistan.gov.pk/Quaid/politician7.htm

다. 국민회의가 간디의 지도 아래 비협력 운동으로 나아가자 본질적으로 법치주의자이고 의회주의자였던 진나는 갈림길에 서게 되었다. 카디를 입는다거나, 법정과 의회를 보이콧한다거나, 감옥에 가려고 기를 쓰는 것은 진나에게 어울리지 않았다. 간디가 학생들에게 학교를 떠나 시민불복종 운동에 참여하라고 호소했을 때도 진나는 반대했다. 진나는 학생들의 운동 참여는 쓸데없는 희생이며, 장차 무질서를 낳을 것이라고 우려했다. 그래서 1920년 국민회의 나그뿌르 전당대회에서 비협력 프로그램이 승인을 받았을 때 진나는 홀로 반대의 목소리를 냈다.

마줌다라(Dr. Majumdara) 박사는 힌두-무슬림 문제에 대한 간디의 관심을 높이 평가하지만 사태의 이성적, 합리적 바탕에 기초하지 않은 간디의 감정적 접근을 비판하였다. 일부 역사가들은 간디가 그것의 진정한 역사적 배경의 문제점을 이해하지 못했기 때문에 실패했다고 주장하기도 한다. 간디가 킬라파트 문제에 있어서 인도 무슬림들의 만족과 함께 인도의 독립에 똑같은 중요성을 부여했다는 주장에 대해 마줌다라 박사는 의견을 달리 하였다. "그는 무슬림의 주장에 더 비중을 두었다. 왜냐하면 그의 가장 강력한 무기, 다시 말하여 사띠야그라하는 인도의 자치정부 요구를 위해 처음으로 사용되지도 않았고, 펀잡에서의 잔악 행위를 치유하기 위해서도 사용되지 않았으며, 오직 무슬림들의 주장들을 위해 사용되었던 것이다."[220] 이와 같이 무슬림들의 주장을 지지한 간디를 마줌다라 박사는 도저히 이해할 수 없다고 말했다.

일부 사학자들은 킬라파트 소요 동안 간디는 대중을 일깨우고, 많은 무슬림들을 정부로부터 떼어놓았으며, 영국의 약속이나 선언의 허구

---

220 Asha Rani, *op. cit.*, p.142

성을 일깨워 주었다고 긍정적으로 평가하였다.

간디는 비협력이 가져올 위험을 모르는 바 아니었다. 그러나 그보다 더 적은 위험이 큰 위험을 피할 수 있을 것으로 그는 생각하였다. 헤이그(Mazharul Hague)의 이야기이다. "4백만의 이슬람 추종자들은 단순히 절망에 격앙되어 있었다. 사람들의 에너지를 비폭력, 비협력으로 지시한 간디의 행동이 없었다면 인도 무슬림들의 분노는 바람직스럽지 못한 쪽으로 기울었을 것이다."[221] 킬라파트 소요에 비폭력의 도입은 폭력의 힘을 견제하고 있었으나 결국 그것은 피의 혁명으로 이어졌다.

간디와 진나 사이의 관계는 1923년 완전히 무너졌다. 킬라파트 문제가 중요성을 잃자 진나는 국민회의(의장 역임)를 떠났다. 그는 간디를 가장 잔인한 무슬림 범죄자보다도 더 나쁜 인간으로 선언하였으며 무슬림들에게 간디의 시민불복종 운동을 멀리 하도록 충고하였다.[222] 사실 국민회의와 킬라파트 운동가 사이의 불화는 불가피한 것이었다. 네루는 킬라파트 운동을 민족주의, 정치, 종교, 신비주의, 광신의 이상한 혼합이라고 표현했다.[223] 이러한 어울리지 않는 혼합은 간디의 힌두-무슬림 문제의 현실적 접근의 실패 원인이었던 것이다. 킬라파트 운동은 1924년 터키가 스스로 술탄을 추방하고 터키 공화국을 선포함으로써 끝이 났다.

221 Syed Mahmud, *op. cit.*, pp.22-23.
222 Anil Chandra Banerjee, *op. cit*,, p.638.
223 *Ibid.*,

3. 비협력 운동(Non-Cooperation Movement 1920-1922)

1) 비협력 운동의 전개

1915년 4월 마드라스(Madras) 변호사 모임에서 간디는 영국을 이렇게 칭송하였다. "오늘 저녁 이 위대하고 중요한 모임에서 대영제국에 대한 나의 충성을 다시 선언하게 되어 저로서는 큰 영광입니다. 저는 제가 좋아하는 대영제국이 몇 가지 이상을 가지고 있음을 발견하였습니다. 그 가운데 하나가 대영제국의 모든 백성은 자신의 능력에 따라 자유로운 사고와 선택의 기회를 가지며 양심에 따라 행동할 수 있다는 것입니다."[224] 그러나 그는 1921년 9월 19일 <영 인디아>(Young India)에 다음과 같은 글을 기고했다.

"군인이나 공무원이 지금의 정부에 협력하는 것은 죄를 짓는 것이며...비협력 운동은 종교적 도덕적 운동이기는 하나 정부를 전복하는 데 그 목적이 있다." 간디는 이제 영국통치를 끝내기 위해 대규모 투쟁을 이끌고 있었다. 지배자와 피지배자, 백인과 유색인 사이의 평등은 있을 수 없다는 사실을 그는 지난 20년 동안 남아프리카의 투쟁에서 분명히 체험하였던 것이다.

남아프리카에서 귀국 후 그는 국내정치에 직접 뛰어들기보다는 인도를 알고 나아가 자신을 알리기 위한 인도 전역의 여행에 많은 시간을 할애하였다. 그가 정치에 개입한 것은 '계약노동자 이민의 폐지요구'(1915.10)에 이어 1917년 지방의 세 곳에서(Champaran, Kheda, Ahmedabad) 사띠야그라하 운동을 전개하여 성공을 거둠으로써 정치적 지도자로서의 능력을 인정받았다. 이들 세 곳의 지역적 사띠야그라

224 B.R. Nanda, *op. cit.*, p.187.

하 운동은 모두 정부 당국과의 투쟁으로 해결되었으며 사실상 정부와 간디의 첫 충돌이었다. 정부와 간디의 결정적 파국은 정부의 행정조직이 경직되고, 잘못을 인정하지 않고 수정이나 개정을 하지 않으려는 데서 비롯되었다. 식민통치의 관료조직과 정치에 대한 절망이 간디로 하여금 조직을 개혁하는 것이 아니라 정부를 끝장내려 하였던 것이다. 이 무렵 정부는 간디를 환상적인 인간 다이너마이트로 예측이 전혀 불가능한 통제가 안 되는 인물로 규정하였다. 1916년 영국과 인도 두 나라의 왕족과 고위관리가 초청된 가운데 바나라스 힌두대학교의 개교식에서 그의 연설은 참석자들은 물론 당국을 아주 당황하게 하였다.

"나는 부유하고 화려하게 치장한 귀족들(그의 뒤 연단에 앉아 있는)과 수백만의 가난한 자들을 비교하겠습니다. 여러분들이 가진 보석을 국민을 위해 내어놓지 않는다면 인도의 구원은 없을 것입니다. 우리의 구원은 오직 농민들을 통해서만 가능합니다. 변호사도 의사도 부유한 지주들 그 누구도 이 구원을 이룰 수 없습니다. ...... 만일 우리가 신을 믿고 두려워한다면, 우리는 마하라자, 총독, 독재자들과 조지 왕까지 그 누구도 두려워하지 말아야 합니다. 나는 조국에 대한 사랑 때문에 무정부주의자를 존경합니다. 나는 조국을 위해 기꺼이 죽고자 하는 그의 용감성 때문에 그를 존경합니다. 사람을 죽이지 않거나 폭탄을 던지지 않는다면 우리는 우리가 해야 할 것을 결코 이룰 수 없습니다."[225] 당시 영국 관리는 이 사람이 이와 같은 헛소리를 못하게 해야 한다고 중얼거렸다. 이 무렵 간디에 대한 영국의 입장은 서로 상반된 태도를 보였다. 그에 대한 개인적 존경은 그의 정책의 모호함과 의심 때문에 묻혀버렸다.

---

225 Erikh Erikson, *Gandhi's Truth*, W.W.Norton & Company, 1969, pp.283-284.

간디는 이제 영국 통치를 종식할 대규모 투쟁을 계획하고 있었다. 그것은 비록 비폭력이긴 하지만 공개된 반란이었다. 간디가 충성자에서 반역자로 돌아선 것은 1920년 초엽이라는 것은 표면적인 것이고 그 과정은 훨씬 이전에 이루어졌다. 모든 선동자들에 대한 정부의 탄압과 정치, 경제적 부정에 대한 간디의 비폭력 투쟁은 피할 수 없는 갈등이었다. 간디가 펀잡 사태와 터키에 대한 영국정책에 반대하는 항의로 비폭력 투쟁의 선봉에 섰을 때 정부가 그의 도전을 수용한다는 것은 어려웠을 것이다. <영 인디아>(1921년 12월 31일)에서 그는 "네로나 무솔리니에 의해 지배되는 국가도 좋은 점은 있다. 그러나 우리가 그 제도에 비협력하기로 결정한 이상 우리는 그 전체를 거부해야 한다. 영국 정부의 기구들은 머리에는 화려한 보석을 달고, 위험한 독의 이빨을 가진 뱀과 같다."라고 주장했다.

간디는 1920년 8월 1일 첫 번째로 전국적인 비협력 운동(사띠야그라하 운동)을 전개하였다. 이제 그는 국민회의와 인도 국민의 지도자로 부상했다. 전쟁의 여파가 인도인에게 광범위한 환멸을 안겨주어 국민회의가 영국과 협조하는 것을 포기하고 간디의 노선을 따르게 된 것이다. 그는 농민과 도시 노동자들뿐만 아니라 교육받은 중산층의 지지까지도 받게 되었다. 이제 그가 주도하는 국민회의는 온건한 엘리트 집단으로부터 국민대중의 모임으로 변화함으로써 인도의 주요 이익집단을 대표하게 되었고 비협력 운동에 수백만 명의 인원을 동원할 수 있었다. 간디의 주도하에 비폭력, 비협력 프로그램이 킬라파트 위원회에 의해 수용되기는 하였지만(1920.5.28.) 국민회의가 그것을 채택하기 전까지는 국가적인 프로그램은 될 수 없었다. 전인도국민회의는 이 문제를 결정하기 위해 1920년 9월 캘커타에서 인도국민회의 특별총회를 열었다. 캘커타에서 국민회의의 상당수가 비협력프로그램에 반대 안을 내놓았으며 말라비아와 다른 지도자들(Chitta Ranjan Das, Bipin Chandra Pal, Annie Besant)은 간디에게 국민회의가 공식적으로 선언할 때까지 비협력을 중지할 것을 요구하였다. 그러나 의식 있는 다수의 중산층의 지지를 받은 간디는 수많은 무슬림 대중을 데리고 캘커타로 가서 비협력을 선언하였고 1년 안에 스와라즈를 달성할 수 있다고 말했다. 그의 인간애, 용기, 이타심, 대중의 믿음, 과거 명성으로 얻은 능력 등이 그의 비협력 결의안을 통과시켰다(찬성: 1855, 반대: 873). 캘커타 국민회의는 비협력 운동을 객관적이고 운동의 범위를 더 포괄적으로 만들었다. 간디는 비협력 운동은 펀잡 문제의 보상과 시정, 그리고 킬라파트 문제에 국한되어야 한다고 주장한 반면 비자야라바짜리(Vijayaravachari)와 모띠랄 네루 등은 이 결의안에 자치(Swaraj) 요구도 포함되어야 한다고 강력히 주장하였다. "만약 비협력이 선포되어야 한다면 그것은 왜 특정한 (불법)사항과 관련되어야만 하느냐? 자치가 없는 것은 나라가 고통 받는 최대의 잘못이다. 비협력 운동은 바로 그 잘못에 대항하여 싸워야 한다."[226] 이리하여 열띤 토론 끝에 통과된 결의안은 다음과 같다.[227]

앞에서 전기한 두 부당한 불법행위(킬라파트와 펀잡 사태)의 보상과 시정 없이 인도의 만족은 있을 수 없다. 그리고 민족의 자존심을 지키는 유일한 수단들과 장래 유사한 불법행위의 반복을 막기 위해서는 자치정부가 수립되어야 한다. 이번 국민회의의 의견은 위에서 말한 불법행위가 바로잡히고 자치정부가 수립될 때까지 비폭력 비협력 정책을 확인하고 채택하는 길밖에 없으며 모든 계층의 국민들에게 아래 사항을 준수하기를 요구한다.

▶ 모든 타이틀, 명예직이나 임명직의 포기(반려)

226 M.K. Gandhi, *op. cit.*, p.379.
227 Anil Chandra Banerjee, *op. cit.*, p.640.

▶ 공식적인 기구(회의, 의식)에 참여 거부

▶ 정부의 대학이나 학교로부터 점차적으로 철수, 그리고 그것들을 대체하기 위하여 민족 교육기관을 설립

▶ 영국 법원의 보이콧 및 사적 중재 법원의 설립

▶ 메소포타미아에 근무할 신병 및 사무직 모집제안 거부

▶ 개혁 위원회 선거의 후보철회 및 선거 불참

▶ 외국 상품 보이콧 및 국산품 사용

간디는 3월 19일을 킬라파트 날로 정하고 단식과 파업으로 국가적 애도의 날로 정했다. 간디의 비협력 계획은 이제 분명한 형태를 지니게 되었다. 우선 영국이 준 훈장을 반환하고, 정부가 지원하는 학교나 대학에 다니는 학생들은 학교를 그만두고, 변호사와 소송인들은 법정을 보이콧하고, 몬터구-첼름스포드 개혁 아래의 새로운 입법의회 선거를 보이콧하자고 제안했다. 이 조치들이 소기의 결과를 낳지 못하면, 모든 공무원에게는 직장을 그만두고, 군인들에게는 무기를 내려놓게 하고 나아가 집단적인 납세거부도 요구할 작정이었다.

캘커타 회의에서 간디가 국민회의를 장악하고 그의 비협력 정책이 받아들여지자 당원 몇 사람이 국민회의와 거리를 두게 되었다. 그 가운데는 자신의 국민회의 당원 신분에 피해를 주지 않는다는 조건으로 1913년 무슬림연맹에 가입했던 민족주의자 진나도 있었다. 과거 몇 년간 진나는 무슬림연맹의 노선을 국민회의의 정책과 일치시키려고 많은 노력을 했으며, 그 결과 '힌두-이슬람 단결의 대표'라는 갈채를 받았었다. 비협력 결의안이 통과되자 진나는 '자치 동맹'에서 사임했다. 간디는 진나에게 편지를 써, 민족의 울타리 안으로 돌아와 인도 앞에 열린 '새로운 삶'에 동참하자고 권했다. 그러나 진나는 대답했다.

'새로운 삶'이라는 것이 선생의 방법과 계획을 의미하는 것이라면, 나는 그것을 받아들일 수 없습니다. 나는 그것이 참담한 결과를 낳을 것이라고 확신하기 때문입니다. 선생의 방법들은 이제까지 선생이 손을 댄 거의 모든 제도에서 분열을 초래하였습니다. 선생의 극단적인 계획은 미숙한 젊은이들과 무지한 사람들의 상상력을 잠시 자극할 뿐입니다. 그 결과가 어떠할지 나는 생각만 해도 몸서리가 쳐집니다.[228]

나그뿌르에서 10월에 열린 국민회의 연례총회에서는 캘커타에서 승인된 비협력 운동이 비준을 기다리고 있었는데 진나는 간디의 비협력 프로그램을 비난하였다. "당신의 길은 틀린 길입니다. 내 길이 옳은 길입니다. 헌법적인 길입니다."

처음으로 국민회의가 직접적인 행동을 결의한 것이었다. 이후 간디는 인도 각 지역을 돌며 비협력 운동의 지지를 호소하였으며 1920년 12월 나그뿌르 국민회의 정기 대회서도 그의 비협력 운동은 전폭적인 지지를 얻게 되었다. 간디는 정부가 스스로 개선할 어떤 의지나 능력도 갖고 있지 않다고 결론을 내리고 잘못 통치하는 지도자를 돕는 것을 거부하는 민중의 권리를 선언하였던 것이다. 이 회의에서 그는 국민회의가 비폭력, 비협력 운동의 효과적인 기구가 되기 위해서는 민중과 접촉하는 군사적 조직으로 발전되어야 한다고 생각하고 그 자신 스스로 국민회의 헌법을 수정할 것을 승인 받았다. 사실 이때부터 죽을 때까지 간디는 국민회의와 인도 정치에 영향력을 행사하기에 이른다. 간디가 비협력 운동을 합법적이라고 주장하였으나 영국은 비협력운동 프로그램의 성공은 그들의 행정을 마비시킬 것으로 보았다. 첼름스포드 경은 그것을 정부와 관료들에게 파멸을 가져올 수 있는 모든 어리

228 Wolpert, Gandhi's Passion, p.249.

석은 계획 중에서 가장 어리석은 짓으로 치부하였다.[229]

한편 일단의 온건파 지도자들은 비협력 운동이 지닌 위험을 지적하면서 공식적 비판에 나섰다. 진나는 1920년 12월 나그뿌르 국민회의 대회에서 그것의 중지를 요구하였으며 샤스트리(Srinivasa Shastri)도 정부에 비합리적 반대를 주장하는 비현실적 프로그램을 채택함으로써 발생할 위험을 경고하였다. 타고르도 1921년 <모던 리뷰>(Modern Review)에 기고한 글에서 '비협력 운동은 인도와 서구사이에 장벽을 쌓으려는 부정적이고 배타적, 절망적인 논리'라며 비난하였다.

비협력 프로그램의 가장 큰 논쟁점은 간디가 학생들로 하여금 학교나 대학교를 떠나도록 한 호소였다. 그는 또한 정부에 인력(관리) 공급도 멈추게 하였다. 영국에 의해 세워진 교육제도에는 도덕 교육은 없었고 지적훈련에 중점을 두어왔는데 모든 학문에 친영 편향 경향을 주입시켜왔다. 간디는 16세 이상의 남녀는 누구나 자기 인생의 과정을 선택할 수 있다고 학생과 학부모에게 호소하였다. 그는 교육기관을 떠나는 학생들에게 예의와 자기 훈련을 강조하였다. 이러한 그의 호소의 긍정적 효과는 젊은이들로 하여금 권력 당국에 덜 복종적으로 만들었다. 이와 동시에 그는 민족대학을 세워 교육 분야에 건설적 노력을 기울였다.

비협력 운동의 프로그램 가운데 기존의 영국식 학교를 배격하고 민족학교를 세우자는 계획은 당시 지도자들(R. Tagore, M.M. Malaviya, Shrinivas Shastri, C.R. Das 등)과 마찰을 빚었으며, 정부의 의회기구(Councils)의 거부에 대해 띨락을 포함한 국민회의 주요지도자들은 '그러한 기구에 많이 들어가 그 안에서 그들을 파멸하게 해야 한다'며 강

229 B.R. Nanda, *op. cit.*, p.202.

하게 반대하였다.

간디의 비협력 운동의 구체적 프로그램은 이보다 훨씬 이전 '힌드 스와라즈(1908)'에 이미 예시되었었다. 거기에 간디는 영국이 인도를 지배하는 원인들을 분석하였다. "영국이 인도를 차지한 것이 아니라 우리가 그들에게 바쳤다. 그들이 강하기 때문에 인도에 있는 것이 아니라 우리가 그들을 지키고 있기 때문이다. 인도인들은 스스로 영국인들이 인도를 착취하는 데 돕고 있다. 그들이 운영하는 철도와 법원, 의료와 교육기관에 우리가 협력하고 있다. 이 네 가지 요소는 외국인들이 백성을 착취하고 지배를 영속화하는 데 결정적인 것들이다. 우리가 협력을 철회하는 순간 제국은 무너질 것이다."[230]

간디는 학교에서 영어사용이 인도 어린이들을 외국인으로 만드는 것이라고 비난하였다(그는 1915년 봄베이의 귀국 환영식에서는 구자라티로 연설하였으며, 1918년 전쟁회의에서도 힌디로 연설하였다). 그는 입법 기관이 자치정부에 필요한 기본 훈련이 된다는 주장에도 동의하지 않았다. 1919년 12월 간디는 몬터구-첼름스포드 개혁안을 새로운 시대를 여는 것으로 받아들이고 지지하였으나 말과 행동이 다른 정부에 신뢰가 깨어지고 난 후 의회기구는 그에게 무용지물에 불과하였다.

스와데시(국산품 사용)는 그가 남아프리카에서 귀국한 이후로 강조해온 항목이었다. 외국산 옷의 보이콧과 손으로 짠 옷(카디)의 사용 구호는 영국에 대한 압력수단이 아니라 인도의 전통적인 가내수공업을 일으키는 정책이었다. 그는 물레로 실을 뽑아 옷감을 만드는 것을 일반대중에게는 경제적 이유로, 교육받은 자들에게는 조국의 가난한 자들과의 유대관계를 위한 정신적 표상으로 삼았다. 간디에게 카디는 인

230 M.K. Gandhi, *Hind Swaraj*, p.27.

도인들을 일깨우는 하나의 대안이기도 하였다.

비협력 운동에 대한 영국정부나 인도의 온건파 지도자들 사이의 주요 쟁점은 그것이 무정부 상태를 야기하는 것이 아니냐 하는 것이었다. 총독의 집행 위원회의 한사람이었던 나이르(Sankaran Nair)는 『간디와 무정부』라는 저서에서 간디는 '힌드 스와라즈'에서 어떤 형태의 정부도 반대한다고 지적하였다. "그는 법 권위와 개인과 재산 보호를 위태롭게 하며 의회주의 정부를 싫어한다. 나아가 그는 킬라파트와 펀잡 문제에 있어 합법적 개혁을 방해하였으며 통제할 수 없는 무질서를 조장하고 있다."[231]

간디의 인도의 독립 또는 자치에 대한 구상은 그의 머릿속에 이미 오래전부터 그려져 있었다. '힌드 스와라즈'에 담긴 내용이 간디의 신념이고 철학이었다. 그러나 그는 솔직히 이러한 이상들은 소수를 제외한 많은 사람들에게는 호소력이 없다고 시인하였다. 1921년 1월 26년 <영 인디아>에 그는 이렇게 기술했다.

"나는 개인적으로 자치를 위해 일하고 있다. 그러나 오늘 나의 공공의 활동은 의심할 나위 없이 인도국민의 바램에 따라 의회주의 자치의 쟁취에 몰두하고 있다. 나는 철도나 병원의 자연스런 파멸을 환영하지만 그것들을 파괴 목적으로 하지는 않는다. 또한 내가 법원을 바람직한 것으로 여기는 만큼 그것을 영원히 파괴하는 것을 목표로 하지 않는다. 나는 모든 기계와 방직 공장을 파괴하려 하지 않는다. 현재 전체적으로 진행되고 있는 프로그램의 유일한 부분은 비폭력이다."[232]

간디는 1920년 9월 캘커타 국민회의 특별회의에서 비협력 프로그램

231 *Ibid.*, p.203.
232 B.R. Nanda, *op. cit.*, pp.203-204.

을 설명하면서 1년 안에 스와라즈를 달성할 수 있다고 말하였다. '스와라즈'라는 단어에 대해 간디는 정확한 정의를 내리지 않았다. '힌드 스와라즈'에서 그는 '인도인들이 현대 기술 혁신에 의해 타락되지 않고 그들의 전통문명을 지킬 수 있는 생활능력 또는 상태', 한 곳에서는 '죽음의 두려움을 버리고 모든 인도인들을 우리의 형제자매로 존경하는 힘', 또 다른 곳에서는 '절망을 없애는 사람들의 능력'으로 표현하였으나,[233] 1920년 12월 29일 그는 <영 인디아>에 스와라즈를 '현대적 의미의 인도의 의회주의 정부'라는 정치적 정의를 내렸다. 이것은 실제적으로 영국의 민주적 정치구조를 갈망하는 다수의 교육받는 계층의 여론에 동조한 것일 수 있다. 간디 자신은 영국의 의회주의 정부를 존경하지 않았다. '힌드 스와라즈'에서 그는 영국이 '의회주의의 어머니'라는 것에 대해 '애를 못 낳는 어머니'라고 비웃기도 하였다. 그는 정부조직에 대해 깊은 불신을 갖고 있었으며 가장 적게 지배하는 정부가 최고의 정부라는 사고에 공감하고 있었다. 그러나 그는 자신의 동료나 추종자들의 상당수가 자신과 의견이 다르다는 것을 알고 있었으며 따라서 스와라즈 계획은 국민의 대표에 의해 정당한 절차에 따라 구체화 될 것으로 기대하였다. 사실 1년 안에 스와라즈의 실현은 약속될 수 없는 사안이었다. 보스(Subhas Chandra Bose)는 '그것은 어리석고 어린아이의 발상'이라고 말했다.

간디의 비협력 운동은 국민의 마음을 사로잡았으며 정부의 기능을 마비시키는 것으로 힌두-무슬림이 함께 동참하였다. 그는 외국 상품을 불태우고 국산품 사용을 주장하며 면방업의 부흥을 위해 2만 개의 물레를 제작하였다. 그리고 수천 명의 학생이 공립학교를 떠났고, 분쟁

233 *Ibid.*, p.205.

을 법정이 아닌 중재로 해결하였으며, 정부로부터 받은 작위, 관직을 반환하였다. 이에 맞서 총독 정부는 국민회의 지도자를 비롯한 2만 5천 명을 투옥하였다.

간디는 비협력 캠페인을 주의를 기울여 벌였다. 킬라파트 위원회가 비협력 결의안을 통과 시키자 그는 처음에는 전적인 비협력을 명령하지는 않았다. 어느 정도 타협의 가능성(영국의 진심)을 믿었기에 매우 신중하였던 것이다. 이리하여 그는 암리트사르 국민회의에서 몬터구-첼름스포드(Montague-Chelmsford) 개혁안을 지지하였던 것이다. 반면 인도국민회의 지도자인 다스, 네루, 띨락 등은 개혁안을 부당하고 실망스런 것으로 반대하였던 것이다. 킬라파트 회의에서 비협력 결의안을 지지한 후 암리트사르 국민회의에서 그의 협력의 지지가 어떤 의미에서 모순되는 것처럼 보였다. 이에 대해 루이스(Fisher Louis)는 다음과 같이 적고 있다. "간디의 마음은 신중함과 열정이 싸우는 하나의 전쟁터이다. 원칙을 위해 싸워 죽을 각오가 되어 있으면서도 그는 중재와 협상을 좋아했다. 그는 타고난 전사요, 평화주의자이다."

간디는 개혁에 관한 왕의 선언(The Proclamation of December 1919)을 새로운 시대를 여는 것으로 받아들였다. 그는 '믿는 것은 하나의 덕이며 강함'이라면서 영국의 좋은 생각들을 믿었다. 간디는 그 자신을 인도의 진정한 친구로 여긴 몬터구가 인도의 주장을 배신하리라고는 생각하지 않았다. 그러나 몇 개월 동안의 그의 환상은 끝이 났다. 물가는 오르고 터키 문제에 대한 희망은 없고, 영국의 내각은 강력하게 나오고, 다이어 장군은 인도인에게 행한 잔악행위로 보상을 받고 더욱이 헌터 위원회의 무례한 보고서(잘리안왈라 공원 학살사건) 등, 영국통치의 도덕적 기반에 대한 회의는 그를 결국 극단적으로 몰고 갔다.

간디는 선언하였다. "8월 1일에는 작년 4월 6일(로울라트 법안에 반대하여 델리에서 일어난 파업일)처럼 인도 역사상 중요한 사건이 있을 것이다." 1920년 8월 1일 간디는 자신의 훈장과 타이틀을 반납하는 편지를 총독 첼름스포드 경에게 보냄으로써 비협력 운동에 대한 시작을 알렸다. "킬라파트 운동과 연관하여 오늘 시작하는 비협력 운동을 추진하기 위해 이 메달들(전쟁에 참여한 공로로 영국정부로부터 받은 것들)을 돌려보냅니다. 이것들은 저에게 매우 값진 것이었습니다. 나는 무슬림 형제들이 그들의 종교적 감정에 반한 나쁜 것들에 대해 괴로워하는 한 더 이상 그것들을 달지 않겠습니다. 영국과 식민정부의 편잡 문제에 대한 태도 또한 저에게는 큰 불만입니다."[234] 간디는 더 이상 정부에 대해 존경이나 애정을 유지할 수 없었던 것이다. 대중 속에 새로운 복음인 비협력의 정당성을 외치는 그의 연설은 비폭력 정신과 함께 불타올랐다.

북쪽(Amritsar, Lahore, Karachi, Sind 등)에서부터 여행을 시작한 간디는 가는 곳마다 사람들에게 적극적으로 비협력 운동에 참여하도록 호소하였다. 그는 무슬림들에게 비폭력 정신을 지킬 것을 당부하고 그리고 정부에 대해서도 경고를 보냈다. "여러분은 우리를 감옥에 보내고 교수형에 처할 수는 있다. 그러나 여러분은 우리로부터 협력을 구할 수 없다. 나는 영국과 영국인을 반대하는 것이 아니다. 나는 어떤 정부도 반대하지 않는다. 다만 진리가 아닌 것을 반대하고 남을 속이는 것을 반대하며 부당, 부정을 반대한다."[235]

나그뿌르(Nagapur)의 국민회의 연례회의(1921. 3)에서도 캘커타에서

---

234 Romain Rolland, *Mahatma Gandhi*, Publication Division, Government of India, 1990, p.47.
235 C.M.W., X VIII, pp.64-66.

통과된 결의안을 재확인하였다. 나그뿌르 회의에서 간디의 지도력 하에 인도국민회의는 민족적 투쟁을 위한 새로운 목표를 세웠다. 기존의 국민회의 헌법에는 대영제국 안에서의 자치정부(Self-Government)였는데 이 구절이 스와라즈로 바뀌었다. 이것을 간디는 대영제국 안에서 가능하고 필요하다면 밖에서 자치정부 구성이 국민회의의 목표라고 밝히고 목표의 달성은 평화적이고 합법적이어야 한다고 못 박았다.[236] 그는 "스와라즈는 신에 의해서도 주어지지 않고 우리 스스로 그것을 쟁취해야 한다."고 선언하였다. 이 회의에서 결의된 것은 힌두-무슬림의 단결, 불가촉천민의 폐지, 카디 사용 등이었다.

간디는 인도가 비폭력적으로 비협력을 하면 1년 안에 자치 정부가 이루어질 것이라고 장담했다. 바야흐로 국민회의에 간디 시대가 도래하고 있었다. 간디가 비협력운동을 계속 주장하는 동안, 이슬람 농민들인 모플라족(Moplahs)이 폭동을 일으켜 기존의 힌두-이슬람 단결이라는 이상을 방해하였다. 그들은 킬라파트 운동의 영향을 받아 성전을 선포하고, 칼리프가 지배하는 왕국을 세우는 것을 목표로 삼았다. 그들은 광기에 휩싸여 수많은 유럽인, 힌두 고리대금업자와 지주들, 일반 힌두교도들도 살해하였다. 그 결과 테러, 살인, 방화, 강탈, 약탈, 힌두 사원 모독, 이슬람으로의 강제 개종 등이 장기간에 걸쳐 벌어졌다. 힌두 공동체에 당혹과 경악의 분위기가 퍼져나가면서, 간디가 종교적 문제를 놓고 이슬람 극단주의자들과 동맹을 맺는 정책에 의문이 제기되었다. 시민불복종 운동이 중지되자 비협력운동도 약화되었다. 터키가 칼리프의 지위를 없애자 킬라파트 운동은 힘없이 끝나고 말았다. 킬라파트 시절의 포장된 힌두-이슬람 친선은 두 종교집단 사이의 적대

---

236 M.K. Gandhi, *op. cit*, pp.380-381.

감으로 바뀌어 갔다.

간디는 여자들에게도 힌두-무슬림의 단결, 물레 돌리기, 정부 소유의 학교로부터 자녀들의 철수, 정부로부터 대부 금지 등을 호소하였는데 그 결과는 엄청났다. 여자들이 교육을 받지는 못하였지만 이해력은 있어 민족주의의 요구를 귀담아 들었다. 어떤 여성은 자신의 금 장신구, 팔찌와 반지, 보석, 현금 등을 간디에게 내놓았는데, 이러한 현상은 여러 곳에서 벌어졌다. 자주독립 의지의 전파와 건설적 개혁은 전인도의 여성들에 의해 행해졌다. 간디는 인도의 여성들이 성스럽고 평화스러운 비협력의 특성을 이해하였다고 확신하였다.

간디와 인도여성들의 활약상은 이전에도 있었다.

1913년 3월 남아프리카의 법원은 기독교 의식으로 거행된 결혼과 혼인 등록법에 따라 신고된 결혼 이외의 모든 결혼은 무효라는 판결을 내렸다. 이 판결로 남아프리카에서 힌두, 이슬람, 조로아스터교의 전통 의식으로 치른 결혼은 모두 무효화되어 많은 인도 여성들은 아내가 아닌 동거녀로 전락하였으며 그들의 자식들은 부모의 유산을 물려받을 수 없게 되었다. 이것은 인도인 모두에게 참을 수 없는 모욕이었다. 이때부터 간디는 사띠야그라하 투쟁에 여성들도 남성과 함께 나서서 싸우도록 독려했다. 여성들은 더 적극적이었다. 특히 톨스토이 농장의 여성들은 트란스발에서 나탈로, 다시 뉴케슬로 가서 그곳 광산의 계약 노동자들에게 파업을 일으키도록 독려하였다. 여성들의 참여는 노동자들을 사띠야그라하 운동에 참여하게 하는 결정적 계기를 마련하였으며 사띠야그라하 운동은 민중운동으로 승화되어 결국 성공을 거두는 데 일조하였던 것이다.

나그뿌르 국민회의에서 인준된 간디의 운동은 양(소극적, 적극적)면을 지니고 있었다. 적극적 프로그램에는 자주독립, 불가촉천민의 폐지, 힌두-무슬림의 결속, 알코올 사용의 금지, 모국어 사용, 독립기금 모금, 20만개의 물레 갖기 운동 등이었으며, 소극적인 면에서는 입법, 사법, 교육기관의 보이콧이었다. 간디는 전국을 여행하는 동안 소극적인 것보다는 적극적인 면을 더 강조하였다. 그 결과 독립기금은 500만 루삐가 모금되었고 물레도 목표수준에 거의 다다랐다. 소극적인 면도 열렬히 추진되어 선거와 입법의 거부는 위원회가 부끄러운 존재로 나아가 국민을 대표하지 못하는 기구로 전락되었다.

전국을 통해 일어난 가장 강력한 소요는 각급 학교의 보이콧이었다. 각 학교 대표 기구가 결성되어 이 운동은 빠른 속도로 전국으로 확산되었다. 각 도시의 학생들이 교실을 비우고 거리 행진을 벌이며 대규모 집회를 열었다. 여기서 한 가지 고무적인 사실은 학생들의 보이콧 운동이 독립운동가와 미래 지도자들(Lal Bahadur Shastri, Jayaprakash Narayan 등)을 키웠다는 사실이다. 간디는 인도 역사상 처음으로 인도의 독립을 자신의 인생 목표로 삼는 지도자를 키워 그것의 성취에 일생을 바치게 하였던 것이다. 이들의 모습은 다른 사람들에게도 영향을 주었고 나아가 독립 투쟁에 대한 새로운 열망을 불어넣었다.

1921년 비협력 운동은 전 인도에 대규모 투쟁을 일어나게 하였다. 미드나포르(Midnapore)의 세금납부 거부운동, 아쌈-벵갈 철도 파업, 펀잡의 아칼리(Akhali) 운동, 봉건 지주들에 대한 농민들의 반란 등이 그 대표적인 것이다. 민중들의 입에서 '마하트마 간디의 승리'가 그치지 않았다. 이와 함께 전국적으로 폭력과 영국에 대한 증오가 전개되자 그는 비폭력의 중요성을 역설하며 국민들의 증오를 다른 곳으로 돌렸다. 그는 외국산 옷을 수집하여 불을 붙이면서 사람들의 증오도 함께 불타 없어지기를 기원하였다.

비협력 운동이 힘을 더하자 정부는 1921년 7월 간디의 오랜 친구인 알리 형제들을 체포하였고 그들은 2년 징역을 선고받았다. 그들의 유죄 평결에 대해 간디는 공개적으로 정부를 비판하였다. 간디는 11월 4일 전인도국민회의에서 바르돌리에서 토지세의 납세거부 시민불복종 운동을 시작한다고 선언하였다.[237] 11월 17일은 웨일스 왕자의 방문이 시작되는데 국민회의가 이를 거부하자 상황은 점점 어렵게 되어갔다. 봄베이에서 소요와 폭력, 폭동이 발생하자 간디는 5일 동안 단식을 선언하고 바르돌리 시민불복종 운동을 연기하게 된다. 1921년 11월 24일 정부는 지방 정부에 생각보다 더 어려운 단계에 이르러 어떤 조치가 불가피하다고 지시했다. 이후 정치적 모임은 금지되고 정부 명령 위반자는 체포되었다. 여기에는 다스, 라이, 네루 등도 포함되어 있었다.

수많은 금지, 체포, 기소 등은 온건파들에게 역효과를 가져왔다. 정부는 여전히 두 가지 입장이었다. 인도를 힘으로 지배하느냐 아니면 온건파와 협력하여 지배하느냐 하는 것이었다. 총독 리딩 경(Lord Reading)은 간디와 온건파와 함께 원탁회의를 갖자는 말라비야의 제안을 수락하였다. 원탁회의에 앞서 간디는 정부에 조건 없이 자원 단체 조직의 해산, 대중 집회 금지를 철회하고 비협력 운동과 관련하여 구속되거나 징역형을 선고받은 모든 사람들의 석방을 요구하였다.[238] 리딩 경은 만약 간디가 비협력 캠페인, 특히 12월 24일에 있을 캘커타의 파업을 취소한다면 정부는 탄압 정책을 철회하고 구속자들은 석방하며 원탁회의를 열겠다고 밝혔다. 하지만 회의는 열리지 않았고 서로의 입장만

237 Young India, November 10, 1921.
238 Young India, November 22, 1921.

강해졌던 것이다.

간디는 <영 인디아>(1921년 12월)에 "리딩 경은 비협력 운동가들은 정부와 전쟁을 벌이고 있으며 그들은 이미 정부에 대항하여 반란을 선언했음을 알아야 한다."라고 기술하였다.[239]

아흐메다바드 국민회의(1921. 12. 28)총회는 캘커타 특별 국민회의와 나그뿌르 국민회의에서 채택된 프로그램을 재확인하면서 지금까지보다도 더 강력하게 비폭력 비협력 프로그램을 추진할 것을 선언하였다.

총독의 지사들은 간디에게 강한 압력 정책을 요구하였다. 봄베이 지사는 즉각 간디의 구속을 주장하였다. 간디는 2월 1일 공개적으로 정부를 비판하였다. 리딩 경은 봄베이 정부로 하여금 2월 14일 간디를 체포, 구속하도록 지시했다. 긴장의 순간이 수일동안 계속되었다. 차우리 차우라 사건이 알려지자 간디는 그 캠페인 중지를 선언하였고, 정부도 14일 구속하려던 것을 구속하지 않았다.

아흐메다바드 국민회의 총회 연설에서 간디는 "나는 평화주의자이다. 그러나 나는 어떤 희생을 치르는 평화는 원하지 않는다. 비폭력 비협력을 채택함으로써 인도는 담대하고 자기희생과 자존심을 정진시키는 데 크게 기여하였으며 조국은 빠르게 독립을 향해 나아가고 있다."고 역설하였다.[240] 아흐메다바드의 국민회의 결의안에 의해 1922년 초 간디는 바르돌리(Bardoli)에서 세금 안내기 등 대규모 시민불복종 운동을 전개하기로 하였으며, "정부가 인도국민에게 양보를 거부하면 공격적 시민불복종 운동을 취할 수밖에 없다."고 알렸다.[241] 총독에게 보낸

---

239 B.R. Nanda, *op. cit.*, p.187.
240 Young India, January 19, 1922.
241 Anil Chandra Banerjee. *op. cit,.* p.641.

편지에서 그는 "무법의 탄압과 언론, 결사의 자유로부터의 탄압을 종식시키기 위해 마지막 호소로 이 운동을 전개한다."고 알렸다.

그러나 간디가 염려한대로 차우리 차우라(Chauri Chaura, U.P.) 비극이 돌발하였다. 1922년 2월 4일 차우리 차우라 마을에서 행진 중 극도로 흥분한 일부가 경찰서에 불을 질러 22명의 경찰이 불에 타 죽는 사건이 발생하였다. 간디는 이 사건을 '신의 경고'로 받아들이고 그의 지시에 따라 국민회의는 2월 24일 차우리 차우라 사건을 애도하며 어떤 종류의 시민불복종 운동도 무기한 중지한다는 결의안을 채택하였다.[242] 바르돌리의 결의안과 시민불복종 운동의 무기한 중지와 그 결과는 간디의 비판자들을 당황하게 하였다. 네루는 우리의 지위를 확고히 하려 할 때 투쟁의 중지 소식을 듣고 화를 내기도 하였다. 간디를 제외한 국민회의 지도자들은 모두 그 결정을 불쾌하게 여겼다.

간디는 다시 단식을 시작하며 막내아들(Devdas)에게 다음과 같은 편지를 썼다.

"고통을 참으면서 여자는 아기를 출산한다. 나 역시 진리와 비폭력의 이상을 낳기 위해 나 혼자 단식의 고통을 인내할 필요가 있다."[243]

간디에게 비폭력은 최고의 가치이며 모든 행동을 평가하는 기준이 된다. 그는 수단과 목적의 차이를 인정하지 않았다. 그는 개인의 자유는 오직 비폭력의 훈련을 통해서만 가능하다고 믿었다. 광적인 폭도들의 정치판에의 유입은 간디에게는 자유를 위한 투쟁의 끝이었다. 간디의 중상자들인 마르크스주의자(Marxists)들은 비협력 운동을 중지시킴

242 *C.W.M.G.*, XXII. pp.377-382.
243 *Ibid.*, p.397.

으로써 인도의 독립을 방해하였다고 주장하였다.

당시 인도 정부의 비협력 운동에 대한 시각은 불간섭이 주류였다. 1920년 9월 국민회의가 비협력 프로그램을 채택한 이후에도 정부는 불간섭을 가장 합리적 정책으로 받아들였다. "비협력 프로그램은 본질적으로 아주 어리석은 것으로 보통의 인도인들은 그것을 거부할 것이다. 당분간 불간섭이 가장 현명한 정책이다. 정부가 이 시기에 그 운동의 지도자들은 특별법이나 비상사태 법으로 억압 조치를 취하거나 일상의 형법으로 그들을 기소하는 것은 어리석은 짓이다. 왜냐하면 그러한 조치는 그들 가운데 순교자를 낳고 많은 추종자들을 확보하게 되는 계기가 될 것이기 때문이다."[244]

1921년 4월 2일 첼름스포드 경의 뒤를 이은 리딩 총독은 여러 차례 간디를 만났다. 두 사람은 1919년의 펀잡 사태, 킬라파트 운동, 스와라즈의 해석 등을 광범위하게 토의하였다. 간디는 공개적으로 모하메드 알리에게 폭력을 선동하는 연설을 중지하도록 하는 데 동의하였다. 그렇게 함으로써 그는 자신의 추종자들은 물론 총독에게도 비폭력이 그의 기본원칙이라는 것을 알리고 싶었던 것이다. 1921년 7월 알리 형제가 주도한 전 인도 킬라파트 위원회는 '무슬림들이 영국 군대에 근무하는 것은 옳지 않다'라는 결의안을 통과시켰다. 인도군인들의 충성심을 방해했다는 이유로 알리 형제는 9월 구속되었다.

봄베이 정부는 1920년 8월 28일 인도국민회의가 곧 분열될 것이라고 예언했다. 그러나 1920년 12월 열린 나그뿌르 국민회의는 간디와 국민회의 지도자들 사이에 결속을 더욱 강화하였던 것이다. 이후 1년 동안 영국 관리들은 민족주의자들의 활동이 후퇴하기를 기대하였다.

---

244 B.R. Nanda, *op. cit.*, p.220.

1921년 9월 봄베이 정부는 카디 옷과 간디 모자의 인기가 현저히 줄었다는 보고를 했으며 외국 옷을 불태우는 것도 매일 소수의 낡은 셔츠와 사리, 코트, 모자라고 보고하였다. 벵갈 정부도 1921년 9월 17일 찌따공에서 간디가 모하메드 알리와 함께 수많은 군중을 모아놓고 연설하였는데 힌디로 하여 청중들이 이해하지 못해 큰 호응은 없었다고 보고했다. 1921년 9월 19일 유피(U.P.)정부는 선동적인 연설을 들은 대부분의 사람들은 자신들의 땅을 잃은 사람들이고 간디가 그것을 되돌려 줄 수 있다고 믿는 사람들이라고 보고했다. 비하르 정부는 비협력주의자들의 빤짜야뜨(Pancayat) 평판이 좋지 않으며 자원조직도 인기를 잃었고 민족학교들은 붕괴되어 가고 있다고 보고했다.[245] 이와 같은 결론들이 자신들의 기대인지는 판단하기 어려우나 지방정부는 특정지도자나 시위를 과소평가하려 했음은 분명하다. 정부와 국민회의 사이에 긴장이 완화되기는커녕 1921-22년 점차 고조되어 갔던 것이다. 비협력운동이 내부 의견 차이로 혹은 무관심으로 쇠퇴해질 것이라는 희망은 1921년 가을까지도 실현되지 않았다. 정부와 간디와의 충돌은 불가피했다. 간디를 체포하느냐 체포하지 않느냐 하는 것은 리딩 총독과 그의 조언자들이 직면한 문제였다. 1921년 10월 10일의 메모에서 빈센트(Sir William Vincent - Home Member)는 "인도인이 공무원이나 특히 군인으로 근무하는 것은 민족의 자존심에 상반되는 것이다."라는 간디의 성명을 놓고 그를 기소하느냐 마느냐의 논쟁을 기록하고 있다.[246]

기소를 주장하는 측은 공개적 선동적인 연설에 대해 조치를 취하지 않으면 모든 행정과 정부 관리들에게 중대한 영향을 미치며 계속해서 공개적으로 선동하고 공격하는 것을 막을 수 없고 나중에는 기소도 불

245 *Ibid.*, p.223.
246 *Ibid.*, pp.224-226.

가능하다고 주장하였으며 반대 측에서는 간디가 12월 말까지 스와라즈를 이루겠다고 한 약속이 실패할 경우 그는 운동을 포기하게 되고 자연적으로 신뢰를 잃게 될 것이며 지금 그를 투옥하는 것은 그의 영향력을 확대해 줄 것이다. 그는 지금 위대한 민족영웅으로 추앙받으며 일부 무지한 사람들에 의해 거의 신성시되고 있다. 그는 분명히 운동에 지지를 얻기 위해 순교자가 되기를 원할 것이고 그의 많은 계획이 실패하고 있는 이때 그것을 강화해 주게 될 것이라며 기소를 반대하였다.

1921년 11월 17일 웨일스 왕자가 봄베이에 도착했다. 그날 오전 간디는 봄베이에서 외국 옷을 불태우는 모임에 참석하고 있었다. 오후에 폭동이 일어나서 58명이 죽고 381명이 부상했다. 간디의 호소와 단식, 동료들의 노력으로 광란의 폭력으로부터 봄베이를 구하였다. 다행히 다른 도시에는 폭동이 없었다. 1921년 12월 마지막 주에 웨일스 왕자가 캘커타를 방문하게 되었다. 캘커타에서 하르딸(파업)과 적대적 시위를 피하려고 총독은 말라비야를 통해 정부와 국민회의와의 중재를 요청하였다. 그는 간디에게 전문을 보내 원탁회의를 열기 위해 총독에게 대표단 파견을 제의했다. 간디는 회의의 날짜와 인원구성은 미리 정해야 하고 석방해야 할 정치범 중에는 알리 형제가 포함되어야 한다는 두 가지 조건을 달아 수락하였다. 말라비야는 보장을 해줄 수 없었고 협상은 실패로 돌아갔다. 정부와 국민회의 사이의 긴장은 고조되었고 정부의 태도는 더욱 경직되어 갔다.

간디의 캠페인 취소 결정은 많은 국민회의 사람들의 열정과 사기를 저하시켰다. 3월말 사상 처음으로 비협력 운동은 위축되었다. 1922년 3월 10일 <영 인디아>에 선동적인 글을 기고했다는 이유로 간디가 체포되던 날 전국에 한 건의 사고도 없었다. 3월 18일 합법적인 영령 인도에 증오와 멸시를 가했다는 죄목으로 그는 기소되었다. 재판 도중 그는 강조하였다. "악과의 비협력은 선과의 협력만큼 하나의 의무이다. 비협력의 힘은 인도의 정부를 사탄이라고 부르는 데 주저하지 않는다. 나는 지금 불과 장난하고 있다는 것을 알고 있다. 나는 그 모험에 뛰어들었고 내가 다시 자유롭게 된다면 나는 같은 일을 계속 하겠다."[247] 그는 6년형을 선고받고 이틀 후 뿌나의 예라브다 형무소로 수감되었고, 이후 4년 동안 그는 실제적으로 정치에서 멀어지고 잊혀져 살았다. 그 후 독립 투쟁은 혼란 상태에 빠졌다. 간디는 감옥에 있었고 킬라파트 운동가들은 변절하였던 것이다. 국민회의 안에서도 정부위원회에 들어가자는 쪽과 보이콧을 계속하자는 사람들 사이에 큰 논쟁이 있었다. 그 후 4년 동안 인도 전역에 영향을 미치는, 영국 제국의 기초를 흔드는 전국적인 투쟁은 없었다.

비협력은 인도의 한 시내의 슬로건이 되었다. 그의 비협력 아이디어는 단순하고 긍정적이기 때문에 강한 호소력을 지녔다. 그에게 인도의 해방(자유)은 하나의 열망이고 비폭력, 비협력은 자유에 이르는 유일한 길이었다.

2) 바르돌리 사띠야그라하(Bardoli Satyagraha)

1921년 11월 24일 총독이 국무상(The Secretary of State)에게 보낸 전신은 인도정부의 새로운 면을 보여주고 있다. "간디와 다른 유력한 비협력 운동가들의 장래 행동은 예측할 수 없다. 비협력 운동은 아주 위험한 요소를 지니고 있으며 지금 광범위하고 극적인 조치를 취하는 것

247 A.L. Bhasham. *op. cit.*, p.95.

이 필요하다. 우리는 폭동과 소요의 위험을 잘 알고 있다. 우리의 전적인 지지를 받고 있는 지방정부는 경찰이나 군인들에게 그들의 합법적 임무를 수행하면서 총을 발사하도록 하고 있다. 우리는 그들에게 유명 지도자이건 어떤 사람이거나 법에 따라 법질서와 당국의 권위 유지를 위해 구속하거나 기소하는 데 주저하지 말도록 독려하고 있다."[248] 1921년 12월부터 1922년 1월까지 비협력 운동에 대한 정부의 조치는 강화되었다. 약 3만 명이 투옥되고 자원단체들은 불법화되었다. 시위와 집회는 강제로 해산되고 국민회의와 킬라파트 사무실은 수색되었으며 정치범들에 대한 대우는 더욱 거칠었다.

인도국민회의는 1921년 12월 아흐메다바드에서 비폭력 비협력 프로그램을 더욱 강력하게 추진할 것을 선언하고 간디를 집행권한을 가진 유일한 사람(sole executive authority)으로 임명하였다. 국민회의 안에서 그에게 투쟁을 강화하고 대규모 시민불복종 운동을 전개하도록 압력을 넣었다.[249] 전인도국민회의는 1921년 11월 모든 지역 국민회의가 세금을 거부하는 시민불복종 운동을 전개하는 책임을 맡을 것을 선언하였으나 간디는 각 지역 위원회에게 그가 어떤 특정지역을 선택할 때까지 기다리라고 조언하였다. 간디의 계획은 어느 한 지역에서 시민불복종 운동을 전개하여 성공하면 다시 인근지역으로 확대하여 전 인도가 해방될 때까지 넓혀 간다는 것이었다. 그러나 그는 인도의 어디에서든 어떤 형태의 폭력이라도 발생하면 그 운동은 평화 운동으로서의 성격을 잃는 것임을 분명히 경고했다. 1921년 11월 웨일스 왕자 방문 때 봄베이의 폭동은 간디에게 시민불복종 운동을 연기하게 하는 신호

---

248 B.R. Nanda, *op. cit.*, pp.228-229.

249 Dennis Dalton, *Mahatma Gandhi: Nonviolent Power in Action*, Columbia University Press, 1993, p.47.

였다. 그러나 이후 두 달 동안 국민회의 지도자와 봉사자들의 대대적인 체포와 기소는 간디로 하여금 상황을 되돌아보게 하였다. 간디로서는 대규모 시민불복종 운동과 무법의 탄압 사이에서 선택만 남았다. 그는 구자라트의 바르돌리(당시 인구는 8만 7천명이었다)에서 대규모 시민불복종 운동을 전개하기로 결정했다. 간디는 그곳의 사람들이 토지세 납부를 거부함으로써 그들의 수확은 공매 처분될 것이고 토지는 몰수되고 따라서 바르돌리는 지도에서 사라질 것이라고 말했다. 간디는 자신이 생각한 조치들을 총독에게 전달하였다. "정부가 1주일 안에 투옥된 비협력 운동자들을 석방하고 신문의 규제를 철폐하고 벌금이나 재산의 몰수를 원상회복하는 공고문을 내지 않으면 정부에 대항하여 대규모 민족적 비폭력 시민불복종 운동을 바르돌리에서 전개할 것이다."[250] 리딩에게 보낸 간디의 최후통첩(1922.2.1)은 대부분의 국민회의와 킬라파트 지도자들에게는 오랫동안 기다려온 조치였다. 그들은 대규모 시민불복종 운동에 정부가 굴복하는 것을 보기를 원했던 것이다. 간디의 최후 경고에 대해 정부는 '정부가 당면하고 있는 문제는 무법과 법질서 유지 사이의 선택'이라고 즉각 대응하였다. 이제 국민회의와 정부는 충돌을 향해 치닫고 있었다. 그로부터 3일 후 유피의 고락뿌르(Gorakhpur)의 조그마한 마을인 차우리 차우라에서 시위대와 경찰 사이의 충돌이 발생했다. "시위대의 중심부가 경찰서 앞을 지나고 있을 때 몇몇 경찰관이 뒤처져 가는 사람들을 비웃고 구타를 가했다. 다시 중심 시위대가 되돌아오자 경찰들은 총을 발사했고 총알이 다 떨어지자 그들은 경찰서 안으로 들어가 문을 닫았다. 흥분한 군중들은 경찰서에 불을 지르고 불타는 건물에서 나오는 경찰관들에게 마구 폭력을 퍼부었다. 이 사고로 22명의 경찰이 희생되었다."[251] 이 소요의 소

250 B.R. Nanda, *op. cit.,* p.230.

식은 간디에게 날벼락이었다. 그는 나라의 분위기가 대규모 운동을 하기에는 너무 폭력적이어서 1주일 전에 발표한 바르돌리의 시민불복종 운동 계획을 취소하고 인도의 어느 지역에서도 정부에 대한 저항을 금지시켰다. 그는 2월 24일 델리에서 전인도국민회의 위원회를 열어 차우리 차우라 사건의 유감표시와 대규모 시민불복종 운동을 연기하는 결의안을 통과시켰다. 그리고 국민회의는 투옥되지 않는 활동만 하도록 하여 공격적인(aggressive) 운동은 중지하고 건설적인(constructive) 운동을 하도록 하였다. 갑작스런 대규모 시민불복종 운동의 연기는 간디의 동료들에게는 충격과 당황을 가져다주었다. 보스는 그때 간디의 행동에 화를 내고 슬퍼했으며 모띠랄 네루와 라즈빠뜨 라이는 감옥에서 간디에게 그 하나의 우연한 사건으로 운동을 중지하지 말도록 요구하였다. 간디의 결정에 대해 국민회의가 간디 개인의 내적 갈등을 시험하는 것인지, 그의 행동이 사띠야그라하 운동을 무익하게 하는 건 아닌지, 나라를 위한 희생이 헛된 것은 아닌지, 공격적 프로그램의 파기가 비협력 운동자들을 패배로 몰아가는 것은 아닌지 하는 등등의 의문이 제시되었다.

간디는 1922년의 그 극적인 취소결정을 후회하지 않았다. 20년이 지난 1942년 4월 12일 <하리잔>(Harijan)에 1920~22년의 비협력 운동의 한계와 그가 취한 조치에 대해 적고 있다.

"남아프리카에서도 나는 사띠야그라하를 실험했다. 그곳에는 저항자들의 수가 적고 특정지역이고 쉽게 통제가 되어 성공하였으나 여기에는 큰 나라에 수많은 사람들을 상대하기 때문에 잘 통제되지 않았고 훈련되지 못했다. 그러나 그들의 반응은 놀라운 것이었다. 그들은 더

---

251 Louis Fischer, *op. cit.,* pp.70-71.

좋게 대응할 수 있었고 더 좋은 결과를 보여줄 수도 있었다. 그러나 나는 내가 얻은 결과에 대해 실망하지 않는다. 만약 내가 비폭력을 행동강령으로 받아들인 사람들과 시작하였다면 나는 그것을 끝냈을 것이다. 불안전한 내가 불완전한 사람들과 시작하여 미지의 대양을 항해하였다. 배가 목표점에 도착하진 않았지만 폭풍우를 잘 견뎠다는 것에 대해 나는 하나님께 감사한다."[252]

바르돌리에서 시민불복종 운동을 전개하겠다는 공개편지 이후 간디의 체포는 오래 연기될 수는 없었다. 그럼에도 총독 리딩은 명령을 내리기 전 각료들과 봄베이와 마드라스 주지사와 의견을 나누는 데 수주일이 걸렸다. 간디는 <영 인디아> (1922년 3월 9일)에 '내가 체포되었다고 국민들이 이성을 잃는다면 그것은 나의 명예를 더럽히는 것이다.'라는 메시지를 남기고 3월 10일 저녁 체포되었다. 그는 아슈람에 사는 사람들에게 작별을 고하고 감옥으로 향했다. 그는 <영 인디아>에 실린 3개의 글(Tampering with Loyalty, The Puzzle and its Solution, Shaking the Manes)로 기소되었다. 첫 번째 글(1921.9.19)에서 그는 "군인이나 공무원이 지금의 정부에 동조하는 것은 죄를 짓는 것이며... 비협력 운동은 종교적, 도덕적 운동이기는 하지만 정부를 전복하는 데 그 목적이 있다..."라고 썼으며, 두 번째 글(1921.12.15)에서는 "비협력 운동가들이 정부와 전쟁을 벌이고 있다는 것을 리딩 총독은 알아야 한다. 그들은 정부와 전쟁을 선언했다."고 썼고, 세 번째 글(1922.2.23)에서 "영국이라는 사자가 우리 앞에서 날카롭게 발톱을 갈고 있는 이 시기에 어떻게 협상이 있을 수 있겠습니까? ...... 나약한 수백만의 인도인들은 더 이상의 지배자도 군대도 없이 자신의 목표를 달성하려고 결심

252 B.R. Nanda, *op. cit.*, p.236.

했다. 1920년에 시작한 싸움을 끝까지 계속할 것입니다."라는 글을 각각 기고했던 것이다.[253] 간디는 한 충성자에서 반역자가 된 과정을 법정에서 이렇게 설명했다.[254]

"나의 공적인 삶은 1893년 남아프리카에서 시작되었다. 그곳에서 영국 당국과의 나의 첫 접촉은 즐거운 것은 아니었다. 나는 인도인이기 때문에 한 인간으로서의 권리가 없다는 것을 발견하였다. 그러나 나는 좌절하지 않았다. 이와 같은 인도인들에 대한 대우가 본래는 근본적으로 좋은 제도에서 나왔지만 이상하게 변질된 것으로 나는 생각한다. 나는 정부에 자발적으로 협력을 해왔다. 첫 충격은 로울라트 법안에서 나왔고 그 다음은 펀잡 공포... 또한 터키의 통합과 이슬람의 성지에 관한 인도의 무슬림에 대한 수상의 약속이 이행되지 않았음을 나는 발견하였다. 그러나 1919년 암리트사르 국민회의 총회에서 친구들의 강한 반대에도 불구하고 나는 몬터구-첼름스포드 개혁안을 위해 협력을 아끼지 않았다. 나는 영국이 인도를 이전보다 정치 경제적으로 더 무능하게 만들었다고 생각한다. 인도는 너무 가난하게 되어 기근과 싸울 수 없으며 그들은 영영 인도 정부가 민중들을 착취하고 있다는 것을 모른다. 어떠한 괴변으로도 농촌의 비참한 현실을 설명할 수 없을 것이다. 나는 영국과 인도의 도시에 사는 사람들이 신이 있다면 인간에 대한 이와 같은 범죄행위에 대해 답해야 한다고 생각한다. 가장 큰 불행은 인도의 행정에 몸담고 있는 영국인과 그들의 인도인 패거리들이 내가 지적한 범죄에 연루되어 있다는 사실을 모른다는 것이다. 나는 검찰이 봄베이 사태, 마드라스 사태, 차우리 차우라 사태 등과 관련하여 나에게 내린 모든 비난을 시인하고자 한다. 이러한 사건들을 깊이

---

253 Louis Fischer, *op. cit.*, p.72.
254 B.R. Nanda, *op. cit.*, pp.238-239.

생각하면서 나는 차우리 차우라의 사악한 범죄나 봄베이의 폭력으로부터 내가 절연한다는 것은 불가능했다는 결론을 내렸다. 나는 모든 행동의 결과를 알고 있었다. 나는 불과 장난을 했고 모험을 했으며 석방된다 해도 나는 여전히 똑같은 일을 할 것이다. 나는 폭력을 피하려 했다. 비폭력은 나의 첫 번째 신조이다. 그러나 나는 조국에 회복할 수 없는 해악을 가한 조직에 승복하거나 국민들이 나의 진리를 받아들였을 때 터져 나오는 격분의 위험을 책임지는 것을 선택해야 한다. 때로는 국민들이 광적으로 변했다는 것을 나는 안다. 그 점에 대해 나는 대단히 미안하다. 따라서 가벼운 벌이 아닌 최고의 형벌을 내려주길 바란다. 나는 동정이나 정상 참작도 바라지 않는다. 재판장님, 모든 것은 당신에 달려있다. 당신이 판사직을 사임하든가 당신이 몸담고 있는 체제와 법이 사람들에게 좋은 것이라면 가장 가혹한 벌을 내려달라."

판사는 그가 지금까지 보아 온 어떤 사람과도 다른 유형의 사람이라는 것을 알고 있었다. "법은 어느 누구도 차별하지 않는다. 수백만의 국민들 앞에 당신이 위대한 애국자이고 훌륭한 지도자라는 것을 무시한다는 것은 불가능하다. 당신과 정치 노선이 다른 사람들도 당신을 이상이 높고 성자적 삶을 사는 사람으로 받아들인다. 법을 위반한 사람을 법에 따라 재판하는 것이 나의 임무이다. 나는 당신이 계속하여 폭력을 반대해온 사실과 그것을 방지하려 애썼다는 것을 잊지 않는다."

간디는 6년형을 선고받았다. 그의 작별 메시지는 체포와 재판 진행 중에 했던 것처럼 인도는 평화를 유지해야 한다는 것이었다. 이틀 후 그는 예라브다 감옥에 수감되었다. 감옥에 가는 것도 그에게는 비협력의 하나였다. "이상적인 비협력자는 정부를 당황하게 하거나 방해하는 것이 아니라 대의를 위하여 택하는 것이며 체포당할 때도 절대 폭력적

이어서는 안 되고 조용히 용기 있게 기도하는 마음으로 임해야 한다. 비협력 운동자는 감옥의 규칙을 지키고 특별한 대우나 특권을 요구하거나 받아서는 안 된다. 감옥생활의 고통은 기쁜 마음으로 받아들여야 한다. 스스로 고통을 당하는 것은 정의를 세우고 권력의 악용을 막는 가장 빠른 최선의 길이다."[255] 간디는 감옥 생활의 고독을 좋아했다. 그것은 그가 지난 7년 동안 계속적인 활동으로 잃은 편안한 휴식을 가져다주었던 것이다. 그는 매일 정기적으로 아침저녁 기도를 하고 물레를 돌렸다. 그동안 등한시했던 그의 문학적 종교적 연구가 시작되었던 것이다. 그는 감옥에서 헨리 제임스(Henry James)의 『The Varieties of Religious Experience』, 버클(Buckle)의 『History of Civilization』, 웰(Well)의 『Outline of History』, 버나드 쇼(Bernard Shaw)의 『Man and Superman』, 괴테(Goethe)의 『Faust』, 키플링(Kipling)의 『Barrack Room Ballad』 등 150권 이상의 책을 읽었다.

3) 국민회의의 지도자 간디

간디는 남아프리카로부터 귀국한 이후 대부분의 국민회의 총회에 참석하였다. 그는 국민회의 안에서 해외에 거주하고 있는 인도인들의 문제에 대한 권위자로 존경받는 인물이었지만 자신의 그룹이나 인맥은 없었다. 당시 주요 지도자였던 고칼레와 띨락 등의 사망과 참파란, 케다, 아흐메다바드 사띠야그라하 운동의 성공, 킬라파트 운동과 로울라트 사띠야그라하 운동으로 간디는 1920년 중반 민족 지도자로 부상하였다. 비록 로울라트 사띠야그라하가 실패하였지만 그는 1919년 12월 암리트사르 국민회의 총회에서 제도권 정치에 진입하게 되며 국민

255 *Ibid.*, pp.241-242.

회의의 정치권력을 잡는 데 성공하게 된다. 회의의 주제인 몬터구-첼름스포드 개혁안을 놓고 찬·반이 벌어졌으나 완전한 책임정부의 쟁취를 위해 개혁안을 받아들이자는 간디의 안이 통과되었다. 1920년 간디는 자신의 투쟁방법과 임무에 자신감이 차 있었다. 1920년 9월 4일 캘커타에서 열린 국민회의 특별총회에서 그는 정부에 대항하여 사띠야그라하를 제안하였으며 그 방법이 비협력 운동이었다. 채택된 결의안은 국가의 정책에 혁명적인 변화와 새로운 리더십을 창출했다. 간디는 이것을 '비협력에 있어 다년간의 실제적 경험의 결과를 구체화한 것'으로 표현했다. 캘커타에 모인 대부분의 지도자들은 비협력 프로그램에 대해 회의적이었다. 간디의 전국적 순회 연설과 신문에의 기고 등으로 이미 인도전역에 비협력의 불은 붙었지만 몇몇 국민회의 지도자들은 간디가 너무 서두르고 앞서 나갔다는 반응과 의심을 나타냈다. 비협력 프로그램을 반대한 인사로는 라즈빠뜨 라이와 다스, 빨, 애니 베산트, 말라비야, 진나 등이었고, 모함마드 알리와 모띠랄 네루 등은 간디를 지지했다.

캘커타 국민회의 총회가 비협력 프로그램을 압도적으로 결의하자 간디는 자제와 겸손함을 보였다. 그는 비판자들을 소외시키지도 않았으며 그들의 동기에 의심을 품지도 않았다. 그 결과 몇 개월 안에 다스와 라이 등 반대자들도 비협력 운동의 선봉에 섰다. 이로써 간디는 국민회의를 분열시키지 않고 그의 급진적 프로그램을 추진할 수 있었다.

정치적 프로그램은 그것을 추진할 적당한 조직이 없으면 성공할 수가 없다는 것을 믿고 있는 간디는 국민회의가 대중과 함께 하는 군사적 조직이 되어야 한다는 것을 알고 있었다. 그는 25세 때 나탈에 있는 인도인들의 권리를 위해 투쟁할 나탈 인도국민회의를 조직한 경험이 있었다. 비폭력 비협력 운동의 효과적인 추진기구가 되도록 인도국민회의는 그에 의해 재구성되었다. 개정된 국민회의 법은 1920년 12월 나그뿌르 총회에서 인준되었는데 거기에는 두 가지 중요한 변화가 있었다. 지금까지 국민회의의 목표가 '대영제국 안에서의 자치정부'였는데 이것이 '스와라즈'(가능하다면 대영제국 안에서 필요하다면 밖에서)로 바뀌었으며 또 목표의 달성 방법은 '헌법적 방법'에서 '모든 평화적 합법적 방법'으로 대치되었다.[256] 이것은 불복종에 대한 길을 열어 놓은 것이었다. 이리하여 간디의 사띠야그라하는 국민회의의 조직 안으로 들어오게 되었다. 전인도국민회의 위원회는 각주를 대표하는 약 350명으로 구성되었는데 이제 국민회의는 광범위한 강력한 조직체로 거듭났으며 그것의 강령을 받아들이는 사람은 매년 4안나를 내면 국민회의의 당원이 되었다. 이제 국민회의는 대표성을 바탕으로 효과적으로 운영될 수 있게 재편되었다. 이전까지의 중·상류층의 무대가 아닌 농촌과 도시의 대중들에게도 문이 활짝 열렸다.

1920년 12월 나그뿌르 국민회의 정기총회는 3개월 전 캘커타 특별회의 결정을 재확인하였다. 비협력 프로그램은 국민회의의 공식적인 프로그램이 되었고 간디는 확실한 인도국민회의의 지도자가 되었다. 당시 <The Bombay Chronicle>은 '이것이 간디의 국민회의라는 데 대해 의심할 여지가 없다.'라고 보도했다.[257] 이때부터 그는 인도국민회의와 인도정치에 막강한 영향력을 행사하게 되었다. 무엇이 그를 이 발군의 탁월한 지위에 오르게 하였을까?

1915년 남아프리카에서 영국을 거쳐 인도로 돌아왔을 때 그는 승리의 영광은 누렸지만 인도 유력 정치인들의 명단에는 오르지는 못

256 Anil Chandra Benerjee, *op. cit.*, p.640.
257 Judith Brown, *op. cit.*, p.158.

했다. 간디는 베산트와 띨락이 지원하는 홈 룰 무브먼트(Home Rule Movement)에 간여하지도 않았고, 전쟁기간 동안 조건 없는 전쟁 지원 주장이 간디를 투쟁적인 정치인들과 소원하게 하였던 것이다. 간디의 교육받은 계층의 비난과 정치적 흥정의 불신도 그와 국민회의와의 관계를 소원하게 하였다. 그는 1916년 러크나우 협약에도 참여하지 않았다. 온건파 지도자들은 그의 비 헌법적 사띠야그라하 무기를 좋게 받아들이지 않았으며 과격파 지도자들은 정부에 대한 그의 온건적 태도를 싫어하였던 것이다. 간디는 자기식대로 인도 정치에 뛰어들었다. 어쩌면 간디의 파벌로부터 자유로운 점이 국민회의 내의 여러 파벌로부터 그를 반대하지 않고 수용하게 하였을 것이다. 사띠야그라하의 창안자로서 국민회의가 그의 프로그램을 채택했기 때문에 그는 국민회의를 이끌어야했다. 소박하고 단순함, 겸손함, 가난함, 성자다움 등으로 그는 조국을 해방시키기 위해 온 옛 서사시시대의 현인 같았다. 1920년 9월 그는 자신과 수천만의 가난하고 소박한 국민들과 하나가 되기 위하여 카디 도띠(면으로 만든 전통의상)를 입기로 결정했다. 이 반나체의 고행자는 인도인들에게 소박하고 단순한 삶의 표본이 되었다. 마하트마(위대한 영혼)라는 칭호를 받은 간디는 '신의 화신' 바로 그것이었다. 비하르를 여행 중 간디는 길가에 서 있는 한 할머니를 발견했다. 그녀는 104살이며 하루 종일 음식을 먹지 않고 빗속에서 기다리고 있다고 말했다. '누구를 기다리느냐'고 묻자 그녀는 '간디가 누구냐'고 물었다. '왜 간디를 만나려 하느냐'하자 그녀는 '그는 신의 화신이다'라고 답했던 것이다.[258] 이후 약 25년 동안 사람들은 그를 보고 그의 메시지를 듣기 위해 그에게 몰려들었다. 그가 자기희생과 검소한 생활 때문에 자신과 인도국민들 사이에 하나 된 감정적 유대를 형성할

258 B.R. Nanda, *op. cit,* p.213.

수 있었던 것이다. 이러한 간디의 고행자적 삶을 따라 현실적 안이한 삶을 포기하고 감옥행을 마다하지 않은 사람들로는 모띠랄 네루, 라젠드라 프라싸드, 다스, 빠텔, 라자 고빨라짜리 등이 있다. 이들은 삶의 새로운 의미를 깨달았고 민중과 함께 하기를 원했고 그들에 대해 사랑, 애정을 느꼈던 것이다. 모띠랄 네루는 이 시기를 '비협력 운동에 매료되어 다른 단체와의 관계나 접촉, 친구 등을 포기했으며 가족과 아내, 딸도 잊었다'라고 적고 있다.[259]

1921년 인도는 비협력 운동이 열정적으로 불타오른 새로운 의식을 일깨운 한 해였다. 전국을 순회하면서 한 그의 연설은 아주 단순했다. "인도를 속박하는 것은 영국의 총이 아니라 인도인 자신들의 결점에서 비롯되었다. 인도는 불가촉천민 제도의 폐지, 종파적 갈등의 극복, 술과 마약 등의 자제, 외국산 옷을 거부하고 영국정부에 의해 운영되거나 도움을 받는 교육기관 등을 없앰으로써 새로운 힘을 얻을 수 있다. 독립은 신이나 영국의회의 선물로 주어지는 것이 아니다. 그것은 우리 스스로 쟁취해야 한다."[260]

간디는 1919년부터 1922년까지 짧은 기간에 민중운동을 이끌어 정치권력을 잡는 데 성공하였는데 사실 이것은 인도에 전례가 없는 일이었다. 이것은 그가 대중운동에 필요한 조직과 리더십 그리고 이데올로기를 소유하였기에 가능했던 것이다. 그의 정치적 업적은 인도국민회의를 소수 엘리트가 아닌 민중을 바탕으로 한 정치조직으로 바꾸어 놓았다는 사실이다. "나는 비협력 운동을 수행하기 위해 변호사 계층이나 고등교육을 받는 사람들에게만 의존하지 않는다. 나의 희망은 민중에게 더 있다. 그들에 대한 나의 믿음은 끝이 없다. 그들의 반응은 아

---

259 *Ibid.*, p.214.
260 *Ibid.*, p.216.

주 민감하다. 지도자들은 그들을 믿어야 한다."[261] 캘커타 특별회의가 열리기 한 달 전 과격파의 지도자인 띨락의 죽음도 간디에게는 행운이었을 것으로 생각된다.

4. 시민불복종 운동(Civil Disobedience Movement)

1) 완전 독립의 결의

1919년 인도 통치법(The Government of India Act)에 따라 영국정부는 인도의 정부조직, 대의제도 및 교육확대 등을 연구하기 위하여 1927년 존 사이먼(John Simon)을 위원장으로 하는 사이몬 위원회를 구성하였다. 7명의 영국 의회의원으로 구성된 이 위원회는 인도에 대의정부의 구조가 바람직한 것인지 그리고 현재 어느 정도 인정되고 있는 책임정부의 형태는 확대 또는 제한되어야 하는지 등을 조사하기 위한 기구였다. 한편 인도인들은 조국의 운명이 자신들과 협의 없이 영국인들에 의해 결정된 것에 대해 불만을 표시하였으며, 인도국민회의 연례대회에서는 사이먼 위원회를 거부하기로 결정하였다. 이어 국민회의는 사이먼 위원회를 반대하는 대중시위를 이끌었으며 당장 스와라즈(독립)를 요구하였다. 지금까지는 영국 지배 하에서 자치권의 확대를 요구해 왔지만 이제부터는 독립을 공식적으로 거론하기에 이르렀다. 1928년 5월 열린 국민회의 임시 대회에서는 1929년 말까지 정권이양이 이루어진다면 자치령의 지위(Dominion Status)를 받아들이겠지만 그렇지 않을 경우 완전 독립의 요구와 함께 비폭력 비협력 운동을 조직하여 납세거부 운동을 전개하겠다고 결의하였다. 한편 1929년 12월

---

261 Dennis Dalton, *op. cit.*, p.31.

29일 라호르(Lahore)에서 열린 국민회의 정기대회에서는 자와하르랄 네루(Jawaharlal Nehru)가 의장으로 피선되어 다음과 같은 새로운 정치적 요구를 결의하였다.[262]

- ▶ 자치령의 지위는 더 이상 받아들일 수 없다.
- ▶ 국민회의의 헌법에 '스와라즈'의 의미는 앞으로 '완전 독립'(Complete Independence)을 의미한다.
- ▶ 필요하다고 판단되면 언제든지 시민불복종 운동을 전개한다.
- ▶ 국민회의는 런던에서 열리는 원탁회의에 참석하지 않을 것이다.

네루는 의장 연설에서 국민회의는 영국 의회가 인도인들에게 명령할 권리를 인정하지 않겠다고 선언하였다. 간디는 이제 스와라즈는 완전한 독립을 의미한다고 단언하였다.

국민회의는 1930년 1월 26일을 독립 기념일로 선포하고 전국적으로 기념행사를 거행하여 독립의 결의를 다짐하기로 하였다. 독립을 쟁취하려는 인도민중의 의지와 사기는 날로 고양되어갔다. 여기에는 계급적 자각을 갖기 시작한 노동자, 영국인과 인도인 지주의 횡포에 신음하는 농민, 사회주의와 민족주의에 눈 뜬 청년, 학생 등 모든 계층이 포함되어 있었다. 간디는 국민회의의 요청에 따라 인도인들에게 1월 26일을 독립의 날로 지켜달라고 호소하였다. 인도 전역에서 독립의 깃발을 내걸고 간디의 성명서가 낭독되었다.[263]

"우리는 자유를 얻고 자신의 노동의 열매를 즐기고 삶에 필수적인

---

262 Anil Chandra Banerjee, *op. cit.*, p.646.
263 Yogesh Chadha, *Rediscovering Gandhi*, p.288.

것들을 확보하여 성장을 위한 완전한 기회를 얻는 것이 다른 민족의 경우와 마찬가지로 인도 민족의 양도할 수 없는 권리라고 믿는다. 우리는 또한 어떤 정부가 국민에게서 이런 권리를 빼앗고 국민을 억압한다면, 그 국민에게는 그런 정부를 바꾸거나 폐기할 권리가 있다고 믿는다. 인도의 영국정부는 인도 민족으로부터 자유를 빼앗았을 뿐만 아니라 저열하게 대중을 착취했으며, 경제적으로, 정치적으로, 문화적으로, 정신적으로 인도를 파멸로 몰아넣었다. 따라서 우리는 인도가 영국인들과 관계를 단절하고 뿌르나 스와라즈, 즉 완전 독립을 쟁취해야 한다고 믿는다."

인도 전역에서 역사적인 이 날을 축하했고 각 지역의 대중 집회는 모두 평화 속에서 장엄하게 진행되었다. 이와 같은 분위기는 간디에게 행동으로 옮길 시기가 도래하였음을 인지하게 하였던 것이다.

1월 30일 간디는 <영 인디아>를 통해 어윈(Edward Wood Irwin) 총독에게 11개 항목의 요구서를 제출하였다. 그는 영국이 이것을 받아들이면 독립을 인정하는 것이나 다름없다고 생각했다. 토지세의 50% 경감, 소금세 폐지, 알코올의 완전 금지, 외국산 의류에 대한 보호 관세, 인도 선박을 위한 근해 보호 법안의 시행, 루삐의 재평가, 군사비의 최소 50% 감축, 공무원 보수 50% 인하, 살인 또는 살인 혐의로 유죄 선고를 받지 않은 모든 정치범 석방, 국민회의 탄압을 주목적으로 하는 범죄 조사부의 폐지, 민중의 통제 아래 자위를 위한 총기 지급 등을 그 내용으로 하고 있다.[264] 총독이 그의 요구를 거부하자 간디는 11개 항목 중의 하나인 '소금세의 폐지'를 들고 나왔다. 간디는 인도인들에게 직접 소금을 만들어 소금세의 부담을 없애버리자고 호소했다. 당시 간디의

264 *Ibid.*

권위는 절대적이어서 그의 주장은 곧 국민의 지지를 얻어 국민회의의 결의로 채택되곤 하였다. 생활필수품인 소금에는 많은 세금이 부과되는 국가의 전매품으로 어느 누구도 소금을 제조하거나 판매하는 것은 불법행위였다. 간디는 바닷물로 직접 소금을 만드는 불법적인 행동을 의도적으로 감행함으로써 불복종의 의지를 적극적으로 표현하고자 하였다.

2) 소금법 반대 행진(Dandi March)

영국이 인도에서 소금세로 징수하는 2천 5백만 파운드는 총 징수액 8억 파운드 가운데 3% 정도에 지나지 않는다. 그러나 이 세입은 가장 가난한 사람들의 땀으로부터 얻는 것이었으며, 인도 해안 수천 킬로미터를 따라 풍부하게 구할 수 있는 바닷물로부터 얻는 것이었다.

간디가 소금법을 도전의 대상으로 삼은 것은 간디 특유의 독창성에서 나왔지만, 이 법을 강제로 시행하는 데 문제를 제기한 사람은 간디가 처음은 아니었다. 인도에서 소금 생산은 오래 전부터 정부의 전매사업이었다. 영국 법은 여기서 한 걸음 더 나아가 정부 생산품이 아닌 소금을 소유하는 것을 처벌 가능한 범법행위로 만들었다. 과거에도 소금세는 많은 정치적 논란을 불러일으켰으며, 국민회의의 총회에서 몇 차례 심한 비판의 대상이 되기도 했다. 그러나 영국 정부에 도전하는 방법으로 소금세법을 택한 것은 간디만의 방식이었다.

1930년이 되자 간디는 전국적인 폭력으로 파급되지 않을 시민불복종 운동을 찾고 있었다. 자신의 계획을 실행하기 전 간디는 총독과의 협상이 가능할 것을 믿고 그 계획을 알렸다. "시민불복종 운동을 전개하기 전에 나는 당신과 만나 방법을 논의하고 싶습니다. 나는 생명을 가진 것은 그 어떤 것도 다치게 할 수 없습니다. 비록 내가 영국법률을 증오하지만 영국 국민들에게 해를 가하는 것은 원치 않습니다. 내가 영국 법률을 싫어하는 것은 그것이 우리 민중들을 가난하게 만들었고 우리를 착취하였기 때문입니다. 영국 법률은 정치적으로 우리를 농노 계급으로 떨어뜨렸고 우리의 문화기반을 붕괴시켰습니다. 조만간 인도를 자치령으로 할 어떤 의도도 없다는 사실을 듣고 저는 두렵습니다. 영국의 세무 구조는 농민들의 생활을 억누르고 있습니다. 특히 국민들의 생활에 필수적인 소금조차도 세금을 내야하기 때문에 농민들에게는 커다란 부담이 되고 있습니다. 농민들이 내는 소금세는 1년에 자기 수입의 1/3에 달하고 있습니다. 내가 추구하는 일은 비폭력으로서 영국인들이 인도에서 자행한 잘못을 스스로 알게 하는 것입니다. 나는 정중히 당신을 초청하여 평등한 입장에서 진정한 회담을 열기를 원합니다. 그런데 만약 당신이 이러한 폐단을 수정할 방법이 없다고 생각하든가 아니면 나의 편지가 당신에게 어떤 감정도 주지 못하였다면 나는 3월 11일 아슈람에 있는 나의 동료들과 함께 소금법을 없애는 계획을 진행할 것입니다. 당신이 나를 구속시킴으로써 나의 계획을 무산시킬 수도 있습니다. 그러나 수 만 명의 사람들이 나의 뒤를 따라 일을 진행할 것이라는 사실을 알아주었으면 좋겠습니다."[265] 그러나 총독 어윈의 답은 없었다. 그는 간디를 만나려 하지도 않았고 그를 구속하지도 않았다. 3월 11일이 다가오자 간디가 어떤 행동을 어떻게 할 것인지 수 천 명이 그의 행동을 주시하고 있었다.

인도민중의 일상생활과 밀접한 소금을 영국정부의 전매 사업으로 하는 '제염 금지법'에 불복종을 직접 실천하기 위해 간디는 사바르마

265 Louis Fisher, *op. cit.*, p.96.

띠 아슈람에서 3월 12일 79명의 남녀 사띠야그라히(진리추구자)들과 함께 지팡이 하나를 들고 봄베이 근처의 단디까지 241마일의 행진에 들어갔다. '신의 이름으로 행진한다'고 선언한 그의 일행의 행진에는 4월 5일 단디 해안에 도착하기까지 수많은 군중이 그의 뒤를 따랐고, 그가 지나가는 주변의 마을 사람들이 몰려나와 간디에게 꽃잎을 뿌리고 무릎을 꿇어 경의를 표했으며 갈채를 보냈다. 그가 거쳐 간 마을의 300여 명의 촌장들이 자신들의 직책을 내놓기도 하였다. 간디가 (3월 18일) 보르사드(Borsad)에 이르자 도시의 행정 직원들이 집단적으로 사퇴를 발표하기도 하였다. 단디 행진이 정부에 대한 비협력 운동으로 확산되었던 것이다. 마을마다 수 백 명씩 행진에 합류했고 단디에 도착했을 때는 수 천 명이 넘었다.

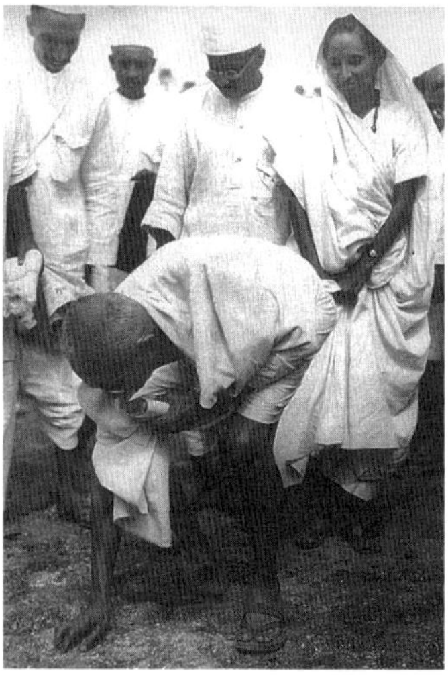

소금법 반대 행진 중 소금을 모으는 간디

간디는 모인 군중들에게 비협력의 의미를 반복해서 설명했다. "오늘 우리는 소금법에 도전하고 있습니다. 내일 우리는 다른 법들을 휴지통에 집어넣어야 합니다. 이런 식으로 우리가 비협력을 강력하게 실행에 옮기면 결국 행정은 마비될 것입니다. 정부는 우리에게 법을 적용하고, 우리에게 총을 쏘고, 우리를 감옥에 보내고, 우리를 교수형에 처할 수 있습니다. 그러나 얼마나 많은 사람들에게 그러한 벌을 내릴 수 있겠습니까? 영국인들이 3억 명을 교수형에 처하는 데 시간이 얼마나 걸릴지 계산해 보십시오."266

61세의 간디는 하루 12-15마일을 행진하였다. 지팡이를 손에 들고 카디를 입은 협력자들과 함께 걸으면서 강력한 대영제국에 평화적으로 도전하는 그의 모습은 전 세계 수많은 사람들의 관심과 동정을 불러일으켰다. 길가의 마을 주민들도 행진자들을 따라 다음 마을까지 쫓아가기도 하였으며 인도 전역에서 많은 젊은이들이 행진에 동참하였다. 간디는 마을에 들를 때마다 사람들에게 손수 짜 만든 옷(Khadi)을 입고, 불가촉천민을 형제애로 대하고, 위생에 주의하고, 알코올과 마약을 끊고, 소금 독점을 분쇄하고, 진리추구자(Satyagrahi)들과의 동참을 호소하였다.

인도국민회의는 3월 21일 아흐메다바드에서 회합을 갖고 이 단디 행진에 참가하는 지원자들이 지켜야 할 서약을 채택하였다.

▶ 나는 국민회의에 의해 시작된 인도의 독립을 위한 시민 저항운동에 참여한다.

▶ 나는 국민회의의 원칙인 인도 국민에 의한 모든 평화적이고 합법적 수단을 통한 완전한 독립의 달성을 지지한다.

▶ 나는 이 운동에 참여함으로써 야기되는 투옥이나 그 밖의 다른 고통을 기꺼이 감내할 준비가 되어있다.

▶ 나는 투옥될 경우 나의 가족을 위한 재정적 도움을 국민회의에 청구하지 않는다.

▶ 나는 이 운동을 책임지고 있는 지도자들의 명령에 무조건적으로 복종한다.

---

266 Yogesh Chadha, p.292.

4월 5일 24일간의 행진 끝에 단디 해안에 도착한 간디일행은 수천 명에 이르는 비폭력 군인이 되어 있었다. 여자들도 많았다. 그들은 밤새도록 기도를 하고 이른 아침에 바닷가로 나가 영국 정부에 대한 저항의 표시로 한줌의 소금을 집어 올림으로써 영국법을 어기고 시민불복종을 만방에 선언하였다. 간디는 소금법을 어겨서 무엇을 얻고자 하느냐는 질문에 '이것은 권력과 정의의 싸움이며, 나는 이 싸움에서 세상의 공감을 얻고 싶다'고 대답하였다.

간디는 선언했다. "우리가 앞으로 가야 할 길은 이미 분명하게 그려져 있습니다. 모든 마을에서 불법적으로 소금을 만들게 하십시오. 자매들은 술 가게와 외국 옷 상점을 감시하십시오. 모든 집에서 노소를 불문하고 모두 열심히 물레를 돌려야 합니다. 힌두교도들은 불가촉천민 제도를 없애야 합니다. 힌두교도, 이슬람교도, 파르시교도, 기독교도는 모두 마음의 통일을 이루어야 합니다. 학생들은 공립학교를 그만두게 하십시오. 공무원들은 퇴직을 하고 민중에게 헌신하십시오. 그러면 뿌르나 스와라즈가 우리 문을 두드리는 소리를 듣게 될 것입니다."[267]

간디의 행위는 사실상 영국 지배에 대한 공식적인 전쟁 선포를 의미하는 것이었고 대규모적인 민중운동의 신호였다. 저항의 상징인 소금법 반대행진은 간디에게는 하나의 위대한 승리였다. "단디는 지난 24일 동안 나의 목적지였다. 그러나 지금 우리의 진정한 목적지는 스와라즈이다. 우리가 스와라즈의 모습을 가질 때까지 우리의 마음은 평화롭지 않으며 또한 정부를 평화롭게 놓아 두지 않을 것이다."[268] 그의 행동은 농민들에게 감동과 희망을 주었고 나아가 지식인들의 비상한

267 Ibid., p.294.
268 Dalton Dennis, *op. cit.*, p.114.

관심을 끌었다. 인도의 수많은 긴 해변을 따라서 곳곳에서 농민들은 염전을 만들어 소금을 불법적으로 생산하여 내다 팔았다. 그러자 경찰은 수많은 사람들을 체포 구속하였다. 6만 명의 군중들이 모여 저항하였고, 수백 명이 수갑을 차거나 밧줄에 묶여 감옥으로 끌려갔다. 시민 저항자들은 체포에는 절대 저항하지 않았으나 그들이 만든 소금을 압수할 때는 저항을 하였다. 이어서 공무유기, 사법, 행정, 학교 등의 거부, 수입상품의 불매운동, 납세거부, 산림법 위반 등의 불복종 운동이 뒤를 이었다. 몇 달 동안 시민불복종 운동은 거세게 일어났고 염전에 대한 기습, 경찰서 방화가 이어졌다. 이에 대응하여 비밀경찰의 습격과 총격, 개인의 자유제한, 재산몰수, 10여 만 명의 투옥 등으로 가혹한 탄압이 계속되었다. 소금법을 어긴 죄로 네루는 4월 14일, 압둘 가파르 칸(Abdul Ghaffar Khan)과 간디는 5월 4일 구금되었다. 의회 지도자들이 구속되자 많은 도시에서 불매운동이 벌어졌다. 연방 입법회의 의장인 파텔은 인도 사람들은 정부를 배척해야한다고 주장하면서 사퇴서를 제출하였다. 인도의 북서부에 위치한 페샤와르(Peshawar)에서는 군인과 경찰이 시민들에 의해 쫓겨났다. 캘커타, 델리, 페샤와르 등지에서 폭력적 소요가 강하게 일어났다.

1931년 간디의 모습

간디의 구금소식은 인도인들의 격렬한 저항과 파업으로 치닫게 했다. 파업과 조세 거부운동이 각지에서 일어났고, 공직사퇴의 성명이 잇달아 나왔다. 민중의 열광은 절정에 달하여 봄베이 주의 숄라뿌르(Sholapur)에서는 민중이 일주일간 거리를 점령하였다. 영국은 온갖 무기를 동원하여 이를 무자비하게 진압하는 한편, 10만 명에 달하는 독립운동자들을 체포하는 동시에 국민회의를 불법화하고, 불법선동 단속령, 신문 단속령을 공포하는 등 강압책을 들고 나왔다. 이와 같은 '채찍'정책과 병행하여 영국은 또한 '당근'정책도 내놓았는데 그것이 바로 원탁회의(Round Table Conference)였다.

어윈 총독의 전기 작가는 '총독은 적어도 6만 명의 정치범을 구금하였다'고 적고 있다. 체포되기 전 간디는 봄베이 북쪽 150마일에 위치한 다르사나(Dharsana) 소금공장으로 행진하여 점거하겠다고 자신의 행동계획을 총독에게 알렸다. 나이두 여사를 지도자로 약 250명의 지원자가 참가하였는데 400여명의 경찰과 대치하면서 경찰은 쇠 곤봉을 휘둘러 행진자들을 쓰러뜨렸다. 그러나 쓰러지면 또 새로운 지원자들이 뒤를 이어 들어갔다. 싸움이나 투쟁이 아니라 쓰러질 때까지 행진하는 비폭력 그 자체였다. 공격도 하지 않았고 공격을 피하지도 않았다. 현장에 있던 UP통신의 밀러(Webb Miller) 기자는 그때 상황을 이렇게 묘사했다. "명령이 떨어지자 수십 명의 인도인 경찰관들이 전진하는 대열에 달려들어 쇠몽둥이로 사람들 머리를 사정없이 때리기 시작했다. 그러나 행진하던 사람들 가운데는 매를 막으려고 팔을 들어 올리는 사람도 없었다. 그들은 마치 볼링 핀처럼 쓰러졌다. 내가 서있는 곳에서도 곤봉이 무방비 상태의 두개골을 강타하는 역겨운 소리가 들렸다."[269]

소금법 반대행진에는 훌륭한 가문의 고등교육을 받은 수많은 여성들이 참여하였다. 이들은 가정에만 안주하기를 거부하고 갑자기 거리로 나왔으며, 어떤 경우에는 얼굴 가리개를 걷어치우고 나오기도 하였

---

269 Yogesh Chadha, *op. cit.*, p.296.

다. 그들은 국민회의의 시위에 참여했고, 피켓을 들고 지지하기도 하였다. 우기로 인해 소금공장 진입이 불가능하자 시민불복종 운동은 외국상품 불매운동 등 다양한 시민불복종 운동으로 전개되었다. 시민불복종과 여러 가지 권리들을 요구하는 사띠야그라하 운동은 영국정부에 큰 타격이 아닐 수 없었다. 직물 수입은 2/3으로 줄었고 담배 판매량은 1/6로 감소되었다. 세금과 소작료도 모두 징수되지 않았고 주세의 징수도 70%의 부족을 보였다. 영국으로서는 협상을 하지 않을 수 없었다.

전인도인의 시민불복종 운동을 전개하게 했던 소금법 반대행진의 직접적인 목적은 간디와 어윈의 협약(Gandhi-Irwin Pact, 1931.3)에 따라 소금법이 완전히 없어지지는 않았지만 대체로 다 성취되었다. 정부는 매우 가난한 사람들을 구제하기 위하여 이미 어떤 지역에서 적용되고 있는 행정규정을 확대하여 가정에서 소모하거나 마을 내에서 사용할 수 있도록 소금을 채취하거나 제조할 수 있도록 허용하였다.

간디와 총독 어윈과의 합의에 따라 정부는 다음과 같은 조치에 동의하였다.[270]

▶ 시민불복종과 관련하여 유죄판결을 받은 사람들에 대한 사면

▶ 억압적인 법령의 철회

▶ 압수되거나 유실 또는 손상된 재산에 대한 복구

▶ 특정 지역에서 소금을 제조하는 것에 대한 행정적 허가

270 Asha Rani, *Gandhian Non-Violence and India's Freedom Struggle*, p.212.

이에 따라 간디는 시민불복종을 중단하기로 했고, 특히 다음과 같은 행동을 중지하기로 했다.

▶ 어떤 법률 조항에 대한 조직적 저항

▶ 토지세나 기타 다른 법적 세금에 대한 납세 거부 운동

▶ 시민불복종을 지지하는 보도물의 출판

▶ 공직자들이나 군인들 혹은 마을 관리들로 하여금 정부에 저항하거나 그들의 직위를 사임하도록 영향을 주는 시도

소금법 반대 행진은 두 가지의 결과를 가져왔다고 볼 수 있다. 첫째는 인도인들에게 식민지 국가라는 굴레를 벗어 던질 수 있다는 확신을 가져다 주었다는 것이고, 둘째는 영국인들에게 그들 스스로 인도에 굴복하였다는 것을 깨닫게 하였다는 사실이다. 1930년 이후로 언젠가는 인도가 식민지배를 거부할 것이라는 사실을 보여 주었던 것이다. 인도인들이 총칼과 곤봉에 맞아 쓰러지면서도 비폭력으로 당당히 맞서는 것은 이미 영국은 인도를 이길 수 없다는 것을 확인시켜주었던 것이다.

단디 행진 이후 인도에 물리적인 변화는 없었지만 그러나 정신적 변화는 있었다. 타고르(Ravindranath Tagore)는 이것에 대해 1930년 5월 17일 <맨체스터 가디언>(Manchester Guardian)에 이렇게 적었다. "유럽은 이제 아시아에서 옛날의 도덕적인 신망을 완전히 잃었다. 더 이상 유럽을 공정하게 대하면서 고귀한 성품을 지닌 세계의 대표자로 여기지 않으며 주변 나라들에 대해 약탈만 하는 약탈자로 간주할 뿐이다. 유럽에 있어서 사실상 이 점이 다른 어떤 일보다도 큰 도덕적 패배이다. 아시아가 물질적으로 가난하고 스스로 외부의 침략을 지키지 못해

생존권의 위협을 받는 것은 사실이나 이제 아시아는 옛날에 존경했던 유럽을 얕볼 수 있는 여유가 생겼다."[271] 타고르는 인도에 있어서 이러한 노력은 간디에게 돌려야 한다고 덧붙였다.

3) 원탁회의

1929년 1-4월 사이 총독 어윈은 정치적 테러리즘과 노동쟁의의 위기 등을 해결해 나갈 행정 개선책에 몰두하고 있었다. 이때 영국에서는 노동당이 정권을 잡았고 인도의 자유를 지지하는 람제이 맥도날드(Ramsay Macdonald)가 수상에 취임하였다. 총독은 여름에 런던에 가서 새 정부와 협의를 마치고 10월 31일 델리로 돌아와 원탁회의 구상을 밝혔다. "영국내각은 영국과 인도 대표자들 사이에 원탁회의를 구상중이며 인도가 합법적으로 발전하기 위해서는 자치령의 권리를 얻는 것이다." 간디와 인도 민족주의 지도자들은 이러한 발표에 고무되었다. 그러나 총독은 12월 23일 간디, 진나, 모띠랄 네루, 파텔, 사프루 등이 참석한 회담에서 어떤 특정한 노선에 대해 원탁회의를 개척할 수 없다는 입장을 발표하여 그 기대는 무신되었다. 이것은 1929년 12월 29일 라호르에서 열리는 국민회의 정기대회에서 완전독립을 외치는 결의안을 채택하는 데 결정적 계기가 되었다.

소금법 반대 행진 이후 인도 전역에서 국민회의의 활동은 불법으로 선포되었으며 지도자들을 포함하여 수만 명의 사띠아그라히들이 수감되었다. 그럼에도 총독부의 기능을 마비시키는 시민불복종 운동은 계속 되었으며, 납세 거부 운동은 그 가운데서 중요한 위치를 차지하게 되었다. 영국은 사이몬 위원회의 활동이 끝나면 인도인 대표들을 모아

---

271 Louis Fisher, *op. cit.*, p.102.

통치법 문제 토의를 위한 회의를 개최할 것을 공약했었다. 그 공약에 따라 1930년 11월 영국정부는 영국의 정부와 정당 대표 그리고 인도인 단체들의 대표들을 런던에 초청하여 원탁회의를 개최하였는데 시민불복종 운동을 전개 중인 국민회의는 원탁회의를 반대하고 참가를 거부하였다.

총독이 지명한 인도의 인사들(사프루, 자야까르, 진나, 암베드까르 등)이 참석한 제1차 원탁회의가 1930년 11월 12일 런던에서 열렸지만 국민회의 대표자가 참석하지 않음으로써 회담은 아무런 성과가 없이 끝났다. 그 회의에 암베드까르는 스리니와산(Srinivasan)과 함께 불가촉천민 대표로 참가하였다. 암베드까르는 회의 중에 각계 대표와 접촉하면서 불가촉천민도 종래의 입장을 바꾸어 민족 독자의 정부를 요구하기에 이르렀다는 것과 영국정부는 불평등한 인도사회의 개혁을 주저하여 불가촉천민의 지위 향상에 무관심했다는 것 그리고 장래의 자치령 인도의 헌법에는 불가촉천민의 기본적 인권을 수호하기 위한 보호조항(정치적·경제적·문화적)이 추가되어야 한다는 것 등을 주장했다. "인도에서 관료주의적 정부 형태는 민중의, 민중에 의한, 민중을 위한 정부로 교체되어야 한다. 인도정부는 인도 사회의 생명력을 잠식하고 오랫동안 억압받는 계급의 삶을 파괴해 온 사회악을 제거해야 한다는 것을 잘 알고 있다. 인도 정부는 지주들이 농민을 착취하고 있으며 자본가들은 노동자에게 생계비나 적절한 노동조건을 제공하지 않고 있다는 것을 잘 알고 있다. 그러나 무엇보다 우리를 고통스럽게 하는 것은 정부가 이러한 악에 대해서 손을 쓰려고 하지 않았다는 점이다. 우리는 우리의 고통을 누구보다도 더 잘 제거할 수 있다. 그러나 우리 손으로 권력을 장악하지 않는 한 그것을 제거할 수 없다. 영국정부가 그대로 남아 있는 한 우리에게 권력을 나누어 줄 가능성은 전혀 없다고 본다. 우리가 우리 자신의 손으로 권력을 장악할 가능성을 갖게 되는 것은 오로지 독립 헌법 하에서이다. 우리는 정치권력이 영국인의 손에서 우리의 삶에 대해 막대한 경제적, 사회적, 종교적 권력을 휘두르는 사람들의 손으로 옮겨가고 있음을 알고 있다. 그런 일이 일어나고 있더라도 우리는 그것을 얼마든지 환영한다."[272]

맥도날드 수상이 제2차 원탁회의를 희망하자(1931.1.19) 어윈 총독은 간디와 네루 일가, 국민회의 지도자들을 석방하였다. 간디의 어윈 총독과의 회담 요청으로 두 사람의 회담이 1931년 2월 17일 총독관저에서 열렸다.

윈스턴 처칠(Winston Churchill)은 두 사람의 회담과 협정에 대해 불쾌감을 표시하였다. "과거에 이너 템플 출신의 변호사인 간디가 이제는 동방에서 흔히 볼 수 있는 선동적인 수도자가 되어 지금도 시민불복종이라는 도전적 운동을 조직하고 지휘하고 있다. 그러면서도 왕의 대리인과 동등한 조건에서 협상을 벌인다면서 반쯤 벌거벗은 몸으로 총독 궁의 계단을 올라가는 모습을 보니 경악스럽기도 하고 역겹기도 하다. 나는 간디에게 굴복하는 데 반대한다. 나는 어윈과 간디 사이의 어떠한 대화나 합의에도 반대한다. 간디는 인도에서 영국을 내쫓겠다는 사람이다. 간디는 절대 타협이 불가능한 사람이다."[273]

여러 번의 회담 끝에 간디-어윈 협정서가 나왔다(3월 5일). 그 내용은 위에서 서술한대로 시민불복종 운동은 중지되고 시민불복종 운동과 관련되어 투옥된 정치범들을 석방 사면하며 소금법이 폐지되지는 않았지만 가난한 사람들을 위해 특정 지역에서 소금을 채취하거나 제조가 가능하며 그리고 다음 원탁회의에 국민회의 대표자가 참여한다

272 이상수 역, 『암베드카르 평전』, 필맥, 2005, pp.83-84.
273 A.L. Basham, *op. cit.*, p.103.

는 것 등이었다. 이와 더불어 어떤 법률 조항에 대한 조직적 저항, 납세 거부 운동, 시민불복종 운동을 지지하는 보도문의 출판, 공무원이나 군인들로 하여금 정부에 저항하거나 그들의 직위를 사임하도록 하는 행위 등은 중지하기로 합의되었다. 완전 독립이라는 목표가 달성되지는 않았지만 국민회의가 제2차 원탁회의에 참가하여 독립을 향해 한 걸음 더 나아갈 수 있는 헌법에 관한 문제를 토의하기로 한 것은 큰 의미가 있다. 하지만 간디-어윈 협정에 대해 수바스 짠드라 보스 등 인도의 급진주의 세력과 젊은이들은 총독에 대한 항복으로 나아가 완전 독립으로부터 뒷걸음질친 것으로 비난하였다.

국민회의 카라치(Karachi) 대회는 간디-어윈 협정을 인준하였다. 그러나 '뿌르나 스와라즈'가 국민회의의 목표임에 변함이 없다는 것을 분명히 밝혔다. 간디는 국민회의의 유일한 대표로서 런던의 원탁회의에 참여할 권한이 부여되었다. 그 해 7월에 발표된 제2차 영·인 원탁회의 참석자 명부에는 간디와 무슬림연맹의 진나 및 암베드까르의 이름도 포함되어 있었다. 인도인을 대표한 87명(영국 측 대표 20명) 가운데 23명이 번왕국 대표이고 나머지 64명은 힌두교도, 이슬람교도, 시크교도, 기독교도, 배화교도, 인도 주재 영국인, 앵글로 인디언, 지주, 노동자, 불가촉천민, 여성 등 인도 안에서 이해관계를 달리하는 모든 집단의 대표자들이었다.

제2차 원탁회의에 참가하기 위해 간디는 1931년 8월 29일 막내아들 데브다스(Devadas), 데사이(Mahadev Desai), 슬레이드(Madeleine Slade), 나야르(Pyarelal Nayyar), 비를라(G.D. Birla), 말라비야, 나이두와 함께 라즈뿌따나(Rajputana)호를 타고 런던으로 향했다. 출발 전 간디는 이렇게 말했다. "나는 신을 유일한 가이드로 삼아 런던으로 갑니다. 지평

선에는 검은 구름이 가득 끼어 있습니다. 나는 빈손으로 돌아올 가능성이 높습니다. 그러나 신이 두 번째 해결을 할 수 있도록 런던으로 가는 길을 마련해 주셨다고 믿기 때문에 나는 희망을 갖고 갑니다."[274] 9월 12일부터 12월 5일까지 런던에 머무른 그는 버킹검 궁에 초대되어 국왕과 함께 차도 마시며 환담하였다. 그의 모습은 언제나 허리에 짧은 천을 두르고 숄을 걸친 반나의 모습이었다. 가는 곳마다 그의 단순함, 솔직한 인간성, 친근감 등으로 많은 사람들로부터 호의를 받았다. 그는 어윈 경과 수상인 조지(David Lloyd George), 켄커베리 대주교(the Archbishop of Canterbury), 스뮤츠(Field Marshal Smuts), 버나드 쇼우, 매독 제독(Colonel Maddock) 등과 만나 대화를 나누기도 하였다. 그는 많은 집회에서 연설과 대화를 통하여 대등한 조건에 의한 동반자 관계의 인도의 독립의 의미를 설명하였다. "제국의 권위는 계속 되어야 할 것이며 나는 영국과 기쁨, 슬픔을 함께 나누는 동등한 동반자, 영연방 자치령과도 동등한 동반자가 되고 싶다."[275] 그는 또 유혈 수단을 써서 자유를 얻느니 차라리 긴 세월을 기다리겠다고 말했다. "우리는 유혈도, 폭력도 채택하지 않았습니다. 우리는 순수하고 단순하게 진리와 비폭력만을 추구해 왔습니다. 세계는 유혈로 인해 죽을병이 들었습니다. 세계는 탈출구를 찾고 있습니다. 나는

1931년 9월 영국의 방직 공장 노동자들과 함께

274 Yogesh Chadha, *op. cit.*, p.304.
275 Louis Fisher, *op. cit.*, p.106.

탈출구를 열망하는 세상에 탈출구를 보여 주는 것이 오랜 역사를 가진 인도의 특권일 것이라는 믿음에 자부심을 가지고 있습니다."[276]

원탁회의에는 이끄발, 아가 칸, 진나 등이 무슬림을 대표하였고, 따라 싱이 시크를, 암베드까르 박사가 불가촉천민을 대표하여 참석하였다. 이들 대표들 모두 자신들의 공동체를 위해 분리 선거제도를 요구하였다. 간디는 불가촉천민은 힌두이므로 자신이 그들을 대표한다고 주장하면서 영국 측이 암베드까르의 주장에 관심을 보인 것은 분리정책의 교활한 수단이라고 비난하였다. 이슬람교, 시크교, 조로아스터교, 기독교, 앵글로 인디안, 힌두교 등 모두가 제각기 분리선거제도를 요구하였다. 사실 이것은 영국이 그들을 부추겼던 것이다. 영국 대표단의 일원인 리딩 경은 영국의 입장을 이렇게 표현했다. "영국과 인도 사이의 진정한 정책은 우리가 이 나라에서 인도의 입장을 실행하도록 노력해야 하며 우리 자신의 입장을 견지하면서 동시에 우리가 우리의 입장을 포기해서는 안 되고 그리고 포기할 수도 없다는 것입니다." 이처럼 인도의 자유에 대한 열망은 영국이 인도에 남아 있겠다는 의지로 회담은 불가능한 것이었다. 원탁회의는 아무런 결론 없이 끝났고 또다시 인도의 독립은 멀어져갔다.

국민회의는 전인도를 대변한다고 주장했지만, 영국 정부는 소수 집단 - 이슬람교도, 시크교도, 불가촉천민, 기독교도, 파르시교도, 유럽인 - 모두를 보호하고 그들의 요구를 충족시킨 뒤에야 자치를 허용할 수 있다고 주장하였다. 소수집단의 대표권 문제가 회의에서 최대의 난제들 가운데 하나가 되었다. 소수 집단위원회의가 열렸지만, 간디는 관련 당사자들과 비공식적으로 논의를 해볼 생각으로 1주일간의 정회에

276 Yogesh Chadha, *op. cit.*, p.307.

동의했다. 그러나 1주일이 지난 뒤 간디는 "깊은 슬픔, 그리고 더 깊은 굴욕감을 느끼며 공동체 문제에 대한 합의된 해결책을 도출하는 데 완전히 실패했다."고 보고했다. 간디는 불가촉천민을 소수집단으로 설정하자는 암베드까르 박사의 요구를 받아들이려 하지 않았다. 간디는 불가촉천민 문제는 힌두교도가 치유해야 할 힌두교 내부의 문제이며, 특별히 그들을 다른 범주로 설정한다는 것은 공동체를 분열시키는 것이라고 주장했다.[277] 결국 암베드까르와 간디는 회의 내내 충돌하였다. 영국 정부는 회의 구성원들의 잡다한 성격에서 엄청난 가능성을 발견하였다. 힌두교도와 이슬람교도를 반목시키고, 거기에 시크교도와 불가촉천민의 문제까지 섞어놓으면 영국 정부의 입장은 편해지기 때문이다. 소수 집단위원회의 논의는 선거구 분리 문제를 놓고 좌초했다. 시크교도만을 제외하고 불가촉천민을 포함한 모든 소수 집단은 선거구 분리를 요구했다. 람제이 맥도날드가 11월 13일 연설에서 공식적으로 '소수집단 협정'과 그 안에 포함되어 있는 선거구 분리에 대한 '피억압 계급들(Depressed Classes)'의 요구를 공식적으로 승인했을 때, 간디는 그것을 전혀 인정하지 않으려했다.

"국민회의는 자유와 책임 있는 정부라는 튼튼한 나무가 절대 성장할 수 없는 제안에 따르느니 차라리 긴 오랜 세월이 걸리더라도 광야에서 방황하는 쪽을 택할 것입니다."[278] 맥도날드 수상의 불가촉천민을 위한 독자적인 선거제도 지지 선언이 있자 간디는 목숨을 걸고 이 결정에 저항하겠다고 선언하고 9월 20일부터 단식에 들어간다고 선언하였다.

원탁회의는 헌법제정의 면에서는 거의 아무것도 이루지 못하였다.

---

277 *Ibid.*, p.310.
278 *Ibid.*, p.310

영국은 공동체 간의 뒤얽힌 문제를 이용하면서 만약 인도인들이 스스로 문제를 해결하지 못한다면 자신들이 해결해 주겠다고 역설하였다.

1931년 12월 28일 간디는 "빈손으로 돌아왔습니다."라고 환영 나온 군중들에게 말했다. 한편 어윈 경이 인도를 떠나 협정에 포함된 많은 약속도 그와 함께 사라져버렸다. 새 총독 윌링던(Lord Willingdon; 1931-36)은 완전한 보수주의자였다. 간디는 귀국 후 예라브다 형무소에 구속되었다. 국민회의의 중앙 운영위원회와 지방 위원회의 위원들이 모두 구속되었으며 국민회의의 활동이 불법으로 규정되었다. 감옥에서 간디는 죽음을 두려워하지 않고 죽기를 각오하고 단식에 들어갔다. 이전에도 그가 단식이라는 무기를 사용하였지만 이번에는 영국 정부를 겨냥한 것이 아니라 불가촉천민을 대상으로 하였던 것이다. 맥도날드 수상 발표에 의해 무슬림에게 부여되어 왔던 분리 선거제도가 시크교도, 기독교인, 앵글로 인디안, 불가촉천민에게까지 확대되었다. 간디의 주장은 불가촉천민이 다른 종교에 속하는 것이 아니라 힌두라는 것이었다. 불가촉천민의 대표 자격으로 제2차 원탁회의에 참가한 암베드까르는 자신들에게 독자적인 선거법을 요구하였다. 이 제안을 간디는 분파를 조장하는 반동적이고 무모한 짓이라고 반대하였던 것이었다. 힌두교에서 불가촉천민은 카스트 범주에도 속하지 못하는 글자 그대로 닿아서는 안 되는 더러운 사람들이다. 이들이 힌두사원에 들어갈 수 없음은 물론이고 도시 외곽의 더러운 곳에서 살아가면서 가장 비천한 일들을 하는 자들이다. 간디는 하리잔에게도 힌두사원의 개방과 나아가 세계 여론이 이들에게 관심을 보이도록 호소하였다. 간디의 이와 같은 호소는 인도인들의 계급적 편견을 극복하는 하나의 발판을 만들었다. 예라브다 감옥에서 간디와 암베드까르는 협상을 벌여 합의에 도달하였다. 이 협약(Poona Pact)에 의하면 불가촉천민은 지방 의회에서 맥도날드 수상이 계획했던 71석보다도 두 배가 넘는 147석을 확보하게 되었으며 앞으로 인도사회에서 어느 누구도 출생을 이유로 불가촉천민으로 취급당하지 않으며 공공우물, 학교, 기타 공공시설 사용에 있어 다른 힌두와 동등한 권리를 가진다고 결의하였다.[279]

1932년 11월 중순부터 약 1개월간 런던에서 제3차 영·인 원탁회의가 개최되었다. 암베드까르는 그때에도 참가했지만 국민회의가 참가를 거부해버렸기 때문에 회의는 활기를 잃고 앞서 개최된 바 있는 두 회의의 결의사항을 수정·보완하는 데 그쳤다. 원탁회의의 결과는 영국 정부와 의회의 검토를 거쳐 법제화되어 1935년 8월 신인도 통치법으로 성립되었다.

5. 불가촉천민 운동

1) 간디와 불가촉천민

남아프리카에서 간디는 종교에 깊은 관심을 보였었다. 기독교도인 베이커가 그의 종교에 대해 묻자 간디는 "저는 출생에 의해 힌두입니다. 그러나 다른 종교도 마찬가지이지만 힌두교에 대해 아는 것이 별로 없습니다. 저는 할 수 있는 한 자신의 종교는 물론 다른 종교도 깊이 공부하려 합니다."라고 답했다.[280] 기독교인과 교제하면서 그는 기독교에 심취하여 성경을 읽고 부흥회나 교회에 나가기도 하였다. 특히 산상수훈에 큰 감명을 받았음을 그는 술회하고 있다. 그는 힌두교의 여러 가지 결점들 가운데 힌두사회의 사회구조인 카스트 제도 가운데

279 Brown Judith, *op. cit.*, p.267.
280 M.K. Gandhi, *op. cit.*, pp.88-89.

불가촉천민 제도를 반대했으며 힌두교의 수많은 종파도 이해할 수 없었다. 무슬림도 간디에게 이슬람교도가 되도록 권유하였다. 그는 코란과 이슬람 관련 서적을 구입하여 탐독하기도 했다. 이 무렵 그는 종교적 고민을 담은 편지를 레이찬드 바이에게 보냈다. 답신에서 레이찬드 바이는 힌두교를 좀 더 깊이 연구하라면서 힌두교의 심오한 사상과 인간의 영혼에 대한 관조나 자비는 다른 어느 종교에서도 찾아 볼 수 없다면서 힌두교의 우월성을 강조했다.[281] 이 편지를 받고 간디는 힌두교의 여러 경전을 읽게 되었다. 후일 간디는 다음과 같은 믿음을 내세워 자신을 영원한 힌두로 칭하고 있다.[282]

◈ 나는 베다와 우빠니샤드, 뿌란 등 모든 힌두 경전을 믿는다. 따라서 신의 화신과 윤회를 믿는다.

◈ 나는 현재의 통속적 의미가 아닌 베다시대의 의미로 바르나슈람(Varnashrama) 다르마를 믿는다.

◈ 나는 소의 보호를 믿는다.

◈ 나는 우상 숭배를 믿는다.

남아프리카에서 귀국(1915년1월) 후 얼마 되지 않아 간디는 아흐메다바드에 '사띠야그라하' 아슈람을 건립하였다. 그는 남아프리카에서 시도했던 실험을 인도에 알리고 인도에서도 그것의 적용이 가능한지 시험해보고 싶어 사띠야그라하 아슈람이라고 명명하였다.

사띠야그라하 아슈람의 성격을 간디는 종교적 정신 속에서 생활하

---

281 *Ibid.*, pp.103-104.

282 Satyavrata Patel, Hinduism, pp.3-4.

는 집단생활로 규정하고, 어떤 특정 종교나 의식을 강요하지는 않았지만 도덕적 영적 성장에 도움이 되는 약간의 서약은 있었다. 일반적인 서약으로서는 진리, 비폭력(사랑), 순결, 불가촉천민 제도의 제거, 육체적 노동, 담대한 행동 등이다. 여기에서는 아슈람의 불가촉천민 제도의 제거에 관한 서약을 통해 불가촉천민에 대한 간디의 사고를 살펴보기로 한다.

'불가촉천민'이라는 어휘 가운데 '불가촉'이란 말은 영어의 'Untouchable'이라는 말을 번역한 것이다. 인도말로는 불가촉민을 안바르나(Anvārna; 바르나를 갖지 않은 사람), 빤짜마(pañcama; 제5의 계급, 즉 네 바르나에서 슈드라 계급보다 낮은 사람), 아띠 슈드라(ati-sudra; 슈드라보다 못한 계급), 아추뜨(achūt; 접촉할 수 없는 사람), 빠리아(pariah; 불가촉천민의 총칭), 아디 드라비다(Adi dravida; 원주민 드라비다족) 등으로 부르며, 영어로는 'Untouchable' 이외에도 'Out of Caste' 또는 'Exterior Caste' 등으로 불린다. 간디는 그들을 하리잔, 즉 '신의 아들'이라고 불렀다. 영국 정부는 19세기 후반부터 'Depressed Caste', 즉 '피억압 계급'이란 말을 사용했는데, 이 범주에는 불가촉천민뿐만 아니라 경제적, 문화적으로 약자인 지정부족(Scheduled Tribes) 등도 포함되어 있다. 이 용어가 불가촉천민을 지칭하는 것처럼 사용된 것은 1932년부터였다. 그 후 1935년 인도 통치법에 의해서 불가촉천민이 보호정책의 대상이 되면서 'Scheduled Caste'(보호대상으로 지정된 카스트)라는 호칭이 사용되면서 오늘에 이르렀다. 불가촉천민의 자식들은 자동적으로 불가촉천민이 된다.

물레를 돌리는 간디

그래서 그들의 숫자는 증가하며 오늘날 약 3억 명으로 추정되며 대규모의 소외 계층으로 전락했다. 그들이 가진 권리나 특권은 없으며 다른 모든 사람을 위해 일하고 봉사하도록 되어 있다.

간디는 남아프리카에서도 불가촉천민 제도를 죄라고 간주했다. 만약 아슈람이 불가촉천민 제도가 악이라고 생각하면서도 그것을 폐지하기 위한 어떤 노력도 기울이지 않는다면, 그것은 사띠야그라하 아슈람이란 이름에 어울리지 않는다고 지적하면서 불가촉천민 제도의 폐지를 아슈람의 주요 목표 가운데 하나로 받아들였다.

아슈람 설립 후 한 달도 안 되어 불가촉천민인 두다바이가 가족과 함께 들어오기를 신청했다. 두다바이의 도착은 아슈람의 평온한 분위기에 폭풍 발발의 신호탄이 되었다. 부인 까스뚜르바와 마간랄 간디 부부, 이들은 모두 소위 불가촉천민들과 함께 살아가는 일을 꺼렸다. 간디는 부인이 아슈람의 원칙을 무시한다는 것을 묵과할 수 없었다. 그는 부인에게 아슈람을 떠나든지 아니면 불가촉천민에 대한 선입관을 버리라는 양자택일을 강요하였다. 남편을 잘 알고 있는 그녀는 그것이 협박이 아니라는 사실을 알고 불가촉천민을 기꺼이 받아들이게 되었다.[283]

간디에게 마간랄 부부는 아내의 경우보다 더 어려운 문제였다. 아버지 간디를 가장 잘 따르고 남아프리카에서 아슈람을 잘 운영하였던 아들 마간랄도 부인과 함께 불가촉천민과 접촉함으로써 더럽혀지지 않을까 하는 두려움을 토로하였다. 간디는 짐을 꾸려 작별인사를 하러 온 그에게 주의를 환기시켰다. "아슈람은 내 것이면서 동시에 너의 것이며, 만일 네가 아슈람을 떠난다면 이곳은 파괴되고 말 것이다." 간디

283 B.R, Nanda, *op. cit.*, p.136.

는 그가 가족과 함께 마드라스로 가서 직물 짜기를 더 배우고 생각할 시간을 가지라고 제안하였다. 그들은 마드라스로 가서 6개월 동안을 살았다. 이후 그들은 베 짜기 기술에 능숙하게 되었고 마음속에서 불가촉천민 제도를 씻어 내렸다. 차츰 모든 어려움들이 조금씩 해결되어 두다바이를 지키는 시련은 예상했던 것보다 심각하지 않았다. 이제 불가촉천민가족들은 누구나 아슈람에 자유롭게 와서 생활하게 되었고 두다바이의 딸인 락슈미는 완전한 구성원이 되었다.

간디는 불가촉천민 제도를 힌두교의 지울 수 없는 하나의 오점 내지는 저주로 받아들였다. "그것은 아주 오래전부터 우리에게 전해져 내려왔다고 하지만, 나는 그것을 믿지 않습니다. 이 불가촉이라는 가련하고, 저주받은 노예정신은 우리가 삶의 주기 중 가장 어려운 시기에 빠져 있을 때 우리에게 온 것이 분명하고, 그 악이 우리 안에 박혀서 지금까지 남아 있다고 생각합니다. 내 마음에 그것은 우리에게 내린 저주입니다. 그리고 그 저주가 우리에게 남아 있는 한, 나는 우리가 이 거룩한 땅에서 당하고 있는 모든 고통이 우리가 저지르고 있는 범죄, 이 엄청나며 지울 수 없는 범죄에 대한 응분의 벌로 간주해야 한다고 생각합니다. 어떤 사람이든 천직 때문에 불가촉으로 간주되어야 한다는 것은 도저히 믿을 수 없습니다."[284]

간디는 힌두교에 깊이 뿌리내리고 있는 불가촉천민 제도를 철저히 비종교적인 것으로 그것의 폐지를 일관된 논리로 주장해 왔다. "불가촉천민은 아슈람 내에서 다른 계급들과 동등한 자리를 차지한다. 아슈람은 카스트 제도를 믿지 않으며, 그것은 힌두교에게 상처를 입혔다. 카스트 제도가 함축하고 있는 우월과 열등의 지위, 접촉에 의한 오염

---

284 허우성 역, 『진리와 비폭력』, 소명출판, 2004, p.290.

은 사랑의 법칙에 반하는 것이다. 하지만 아슈람은 바르나아슈라마 다르마를 믿는다. 바르나 사이의 구분은 직업에 기초를 두고 있고, 그래서 사람은 근본 도덕과 부합하는 세습 직업을 따름으로써 자기 자신을 유지해 나가야 하고, 진정한 지식의 획득과 발전에 모든 시간과 에너지를 바쳐야 한다. 스므리띠에 언급된 아슈라마(제4단계)는 인류의 복리에 도움을 준다. 그래서 아슈람이 바르나아슈라마 다르마를 믿는다고 해도, 그 안에 '바르나' 간의 차별을 둘 여지는 없다."[285]

아슈람은 바르나와 아슈라마가 힌두교의 핵심요소라고 믿는다. 사실 간디의 이 주장을 가지고 그가 과연 불가촉천민을 위한다고 할 수 있을까? 하고 의문을 갖는 사람들이 많다. 바르나 제도는 브라흐만을 최고의 청정(淸淨)으로, 불가촉천민을 최하의 부정(不淨)으로 하고 그 사이에 직능과 결부된 배타적인 내혼집단을 배열한 제도이다. 바르나 제도의 성격은 카스트 제도와 공통되는 부분이 많아 카스트 제도 성립의 기본이 되는 제도라고 할 수 있을 것이다.

힌두경전에는 인간이 지켜야 할 의무적 행위를 규정한 인생의 네 단계를 제시하고 있는데 이것을 아슈라마라고 부른다. 네 단계 아슈라마는 브라흐마짜르야(Brahmacarya), 그리하스타(Grihastha), 바나쁘라스타(Vanaprastha), 산야사(Sanyasa)이다. 브라흐마짜르야는 남녀가 공부하는 학생의 단계로서 순결을 지켜야 할 뿐만 아니라, 공부 이외에 다른 어떤 의무도 면제된다. 이것은 25세까지 지속된다. 그리하스타는 25세부터 50세까지로 결혼하여 가정을 돌보는 가장의 단계이다. 가장은 직업을 가지고, 돈을 벌고, 인생의 쾌락을 향유하고, 가족을 부양한다. 바나쁘라스타는 50세에서 75세까지로 세속의 삶을 끝내고 숲속으로 들

285 *Ibid.*, p.694.

어가 은둔하는 명상과 금욕생활을 하며 민중에 대한 봉사를 위해 전적으로 헌신해야 한다. 마지막 25년 동안은 산야사 다시 말하여 고행기로 일체의 현세적 유대관계를 끊고 오르지 해탈의 세계를 추구하는 절대자와의 초월적 합일을 추구하는 시기이다.

아슈람에서 생계를 위한 노동의 서약은 잘 지켜졌는데 그곳에 하인은 없었고 모든 구성원들이 물 긷기, 나무 쪼개기, 위생봉사, 청소, 세탁, 조리, 목축, 베 짜기, 목공, 무두질 등을 모두 하였다. 아슈람에 있는 자는 누구든 차례로 위생봉사를 했는데 이것은 보편적 의무로 여겨졌다. 구자라트 지방의 하리잔 수직공들이 짜던 거친 카디도 아슈람에서 생산되었다. 그리고 무두질도 이루어졌다. 죽은 가축의 무두질을 위하여 피혁공장이 설립되어 샌들과 구두제조도 하였다. 아슈람은 카스트를 믿지 않기 때문에 카스트 간의 식사에 아무런 제한이 없었고 모든 거주자들이 같은 줄에 앉아 식사를 하였다.

간디는 제1차 시민불복종 운동을 전개하던 1921년부터 1922년까지의 글 중에서 카스트 제도를 다음과 같이 옹호하고 있다.

"힌두사회의 기초는 카스트 제도에 있다. 이것은 하나하나의 '부분'이 '전체'를 위해 작용하는 제도이며 이러한 제도를 산출한 인도사회는 독특한 조직력을 가진 사회이다. 각 카스트는 구성원의 자제에게 기초적 교육을 시킨다. 또한 카스트는 정치·사법의 단위이며 때로는 방위군의 편제단위이기도 하다. 다른 카스트와의 식사·결혼 등이 민족적 통합을 촉진시키기 위해 반드시 필요한 조건은 아니다. 결혼·식사 등에 관한 규정으로 인해 카스트를 악이라고 보는 것은 잘못이다. 카스트의 다른 이름은 제어(Control), 즉 한도를 넘는 향락을 금하는 것이다. 식사나 결혼에 관한 규정도 또한 제어를 의미하고 있다. 카스트

사회를 파괴하고 인도를 유럽적인 사회로 변화시키는 것은 카스트 제도의 핵심인 직업세습의 원리를 버리는 것을 의미한다. 세습제도의 원리는 영원하다. 그것을 버리면 사회는 무질서하게 된다. 카스트 제도는 자연의 질서이며 인도에서 그것은 종교적인 겉옷으로 덮여 왔다. 나는 카스트 제도를 파괴하려는 자에게는 누구에게나 반대한다."[286]

1925년 전후가 되면서 간디의 카스트 이론은 상당히 변화된다. 그것은 카스트를 부정하는 한편, 바르나제도를 옹호한다는 이중구조를 가지게 된다.

"내가 카스트를 지지해온 것은 그것이 제어에 토대를 두고 있기 때문이다. 그러나 오늘날에는 그것이 제어가 아니라 제한을 의미하게 되었다. 제어는 자유를 얻는 데 도움이 되지만 제한은 사슬이 된다. 오늘날의 카스트는 샤스뜨라(경전)의 가르침에 어긋난다. 카스트의 수는 무한하며 그 카스트 사이에는 내혼(內婚)의 벽이 존재한다. 그것은 향상이 아니라 타락을 가져온다. 가장 좋은 교정법은 작은 카스트들을 네 개의 대 카스트(바르나)로 통합하는 일이다. 바르나의 구별은 '출생'에 기반을 두고 있다. 이 제도 아래에서는 다른 카스트의 직업도 가질 수가 있다. 예를 들어 슈드라도 학문을 하거나 군사기술을 연마하는 일을 할 수 있다. 그러나 생계를 유지하는 길로는 선조의 직업을 세습하지 않으면 안 된다. 바르나 제도의 목적은 의무와 직업을 정함으로써 경쟁과 계급투쟁을 방지하는 데 있다."[287]

"카스트는 종교와는 관계없는 관행이며 정신적·민족적 성장에 유해한 것이다. 한편 바르나는 카스트와는 관계가 없는 것이다. 바르나의 법은 선조의 직업에 따르라는 가르침이며 우리의 권리를 정한 것이

---

286 전재성·허우성 역, 『인도 사회와 신불교운동』, 한길사, 1983, pp.117-119.
287 *Ibid.*

아니라 의무를 정한 것이며 인류를 행복으로 이끄는 생업에 관계되는 것이다. 바르나제도 아래에서는 직업의 귀천은 없고 어떤 직업도 소중한 것으로 여겨지고 있다. 브라흐만의 직업도 도로청소부의 직업도 평등하며, 올바르게 수행하면 같은 축복을 신으로부터 받는다. 바르나 사이에 상하는 없으며 또한 바르나제도 아래에서는 불가촉천민제가 인정되지 않는다."[288]

미소 짓는 간디

간디의 주장은 카스트사회를 바르나사회로 바꾸어야 한다는 주장이며 그렇게 되면 불가촉천민은 슈드라에 들어 갈 것이다. 간디의 이러한 카스트관은 암베드까르의 그것과 충돌할 수밖에 없는 것이다. 위와 같은 간디의 주장에 대해 싼트 람은 "카스트제와 바르나제도는 같은 것이며 카스트제와 불가촉천민제를 철폐하기 위해서는 바르나제도를 폐지하지 않으면 안 된다. 카스트 제도와 불가촉천민제를 폐지하기 위한 증거를 샤스뜨라에서 찾는 것은 진흙으로 씻어내는 것과 같은 것이다."라고 단언했다. 이에 분노한 간디는 8월 15일자 <하리잔>에 "샤스뜨라에 정해져 있는 바르나 제도를 거부하려는 자는 힌두교도라고 할 수 없다. 만약 샤스뜨라가 오늘날 존재하고 있는 것과 같은 불가촉천민제와 카스트 제도(식사와 결혼의 금지)를 인정한다면 나는 자신을 힌두교도라고 부르기를 그만둘 것이다."[289]라고 주장했다.

288 *Ibid.*
289 *Ibid.*,, p.120.

2) 간디와 암베드까르

인도의 근 현대사에 마하트마 간디는 널리 알려져 왔지만 그에 못지 않게 동시대에 다방면에서 많은 활동을 한 암베드까르는 그렇게 많이 알려지고 존경받는 인물은 아니었다. 그러나 최근 인도내외에서 재평가되는 인물임에는 틀림없다.

암베드까르는 불가촉천민들에게 사회적 평등은 그들의 생존의 권리라고 주장하며, 카스트 힌두의 온정에 기대지 말고 교육을 받아서 식견을 넓히고 자존심을 갖고 스스로의 힘으로 사회개혁에 몰두할 것을 가르쳤다. '노예에게 그가 노예인 것을 알게 하라. 그러면 그들은 반항해서 일어날 것이다. 교육하라, 선동하라, 조직하라'는 것이 그의 구호였다.

한 인간의 존엄성을 중요시한 암베드까르는 개인의 존엄을 짓밟고 있는 불가촉천민제의 철폐를 궁극적인 목적으로 삼고 생애를 그 목표의 달성에 바쳤다. 암베드까르가 제시한 운동은 힌두교의 내부에서 행해졌던 종래의 온건한 사회개혁과는 전혀 다른 힌두교의 전통에 정면 공격을 가하는 것이었다. 즉 그는 불가촉천민제의 근원을 힌두교(브라흐마니즘)와 카스트 제도에서 찾으면서 힌두경전과 베다의 권위는 물론 카스트제도의 성스러움과 신성함을 강조하는 힌두교를 철저히 파괴할 것을 주장하였다.

간디의 비판에 대해 암베드까르는 강한 반론을 폈다.

"마하트마는 내가 제기한 문제점을 전혀 이해하지 못하고서 과녁을 벗어난 채 나를 비판하고 있다. 내가 인용한 서적이 진정한 것이 아니라고 하나 진정한 경전이 어떠한 것이든 또한 신의 말씀을 아는 성자가 누구이든 현실적으로 신성시되고 있는 샤스뜨라는 카스트 제도와 불가촉천민제의 준수를 종교적 의무로 정해 두고 있으며 대중들도 거기에 따르고 있다. 힌두교도가 성자로 숭배하고 있는 사람들 가운데 카스트 제도를 공격한 자는 없다. 확실히 그들은 신 앞에서 모든 인간은 평등하다고 말하지만 그러한 것은 누구라도 말할 수 있다. 문제는 그들이 '모든 사람은 사회생활에 있어서 평등하다.'고 말하지 않았던 것이다. 오히려 그들은 카스트 제도의 강력한 지지자였다. 마하트마는 상위 카스트의 힌두교도가 개심해서 온정적으로 하위 카스트에게 대한다면 힌두사회는 근본적인 개혁을 하지 않더라도 행복한 것이 될 것이라고 말하지만 바르나 카스트 제도가 있는 곳에는 반드시 차별이 따르게 되는 것이다. 마하트마는 부모의 직업을 세습하라고 말하는데, 그렇다면 마하트마 자신은 그 주장대로 실천하고 있는 것일까. 마하트마는 출생은 바니야(바이샤에 속한 상인 카스트)이지만 그의 선조는 장사를 그만두고 본래 브라흐만의 직업인 대신(大臣)의 지위를 얻었다. 마하트마 자신도 '저울'보다는 '법률'을 선택하였으며, 다음에는 반은 성인, 반은 정치가가 되었다. 그의 막내아들은 바이샤이면서도 브라흐만의 딸과 결혼하여 신문사에서 활동하고 있다. 마하트마는 예전부터 카스트 제도 그 자체를 옹호했지만 지금은 '카스트는 정신적·민족적인 성장에 있어서 유해하다'는 것을 인정하고 있다. 마하트마의 바르나 이해는 적성을 무시하고 직업세습을 주장하는 것이다. 바르나와 카스트 사이의 차이는 있는 것일까? 아니다. 마하트마는 전진하는 것 같으나 후퇴하고 있다. 마하트마는 바르나라는 명칭으로 부르면서 카스트 제도를 옹호하며 자기 자신과 대중을 속이고 있다."[290]

마하트마 간디와 암베드까르가 갈라서게 된 결정적인 계기는 간디

290 김재성 역, *op. cit.*, pp.120-122.

가 카스트에 기초한 힌두교의 틀을 유지하고자 하였다는 데 있었다. 암베드까르는 처음부터 국민회의에 어느 정도 회의적인 입장이었지만 1930-1932년 사이에 벌어진 사건을 계기로 완전히 반대의 입장으로 돌아섰다. 그리고 그 사건들의 중심에는 마하트마 간디가 늘 있었다. 이 기간에 열린 원탁회의에서 간디는 불가촉천민의 분리선거구 요구를 반대했고, 나아가 맥도날드 영국수상의 결정에 반대하는 항의 단식을 벌였던 것이다. 곧이어 그는 불가촉천민을 위한 조직인 하리잔 봉사회를 결성하였다.

암베드까르는 2차 원탁회의에 참석하기 위해 봄베이에서 런던으로 출항하기 전날인 8월 14일 간디와 회담했다. 두 사람은 이때가 처음이었고 어색한 만남이었다. 암베드까르에게 간디는 "나는 어릴 때부터 불가촉천민을 생각해 왔다. 나 자신과 국민회의는 불가촉천민의 지위 향상을 위해 할 수 있는 한 모든 노력을 기울이고 있다. 그런데 왜 당신은 나와 국민회의에 반항하는지 납득이 가지 않는다."라며 의문을 제기했다. 암베드까르는 간디에게 국민회의의 불가촉천민 정책은 형식적인 것이라면서 "당신은 내가 조국을 갖고 있다고 말할지 모르지만, 실제로는 나에게 조국은 없다. 우리는 개나 고양이 이하로 취급 받고 있다. 식수마저 구할 수 없는데 어떻게 내가 이 땅을 나의 조국이라고 부르고 이 종교를 나의 종교라고 부를 수 있겠습니까?"라고 공박했다. 그리고 간디가 '불가촉천민은 힌두교도이며 불가촉천민을 카스트 힌두에게서 정치적으로 분리하는 것은 자살행위'라고 규정하자 그는 분개하여 자리를 박차고 일어섰다.[291] 두 사람의 첫 회담은 이렇게 해서 결렬되었다. 이때까지만 해도 간디는 암베드까르가 불가촉천민인

---

291 *Ibid.*, p.53.

지를 몰랐었고 다만 그가 불가촉천민 문제에 깊은 관심을 갖고 있는 브라흐만이라고 생각했었다고 밝히고 있다.

소수집단위원회가 열리기 직전(9월 26일) 암베드까르는 두 번째로 간디를 만나 세 시간에 걸쳐 자신의 입장을 설명하였으나 간디는 물레를 돌리면서 듣기만 하였다. 이에 그는 간디에게 크게 실망하였던 것이다.

암베드까르와 간디와의 대결은 10월 7일 시작된 원탁회의로 옮겨졌다. 간디는 소수집단위원회에서 어떠한 타협도 성사되기 어렵다는 이유로 휴회를 요청하면서 비공식 논의를 통해 공동체간의 문제를 해결할 것을 제안하였다. 여기서 공동체간 문제란 불가촉천민과 관련된 것이다. 이후 두 사람은 충돌했고 간디는 그 회의에서 국민회의야말로 이슬람교도, 불가촉천민, 번왕국민, 여성 등을 포함하는 모든 인도를 대표하는 단체라고 주장했다. 또한 소수 집단의 대부분이 분리 선거를 요구한 것에 반내하여 그는 이슬람교도, 시크교도에 대한 분리신거는 승인되어도 불가촉천민을 포함한 다른 소수집단에 특별한 정치적 권리를 부여할 필요는 없다고 주장했다. 암베드까르는 간디의 주장을 불가촉천민에 대한 국민회의의 도전으로 받아들였다. 그는 간디를 독선적이며 교활하다고 비난하면서 불가촉천민은 일반 힌두교도(카스트 힌두)와는 별개의 차별 받는 사회 집단이기 때문에 그들에게 분리선거권과 보류의석이 주어지는 것은 당연하다고 주장했다.

소수집단위원회 회의에서 소수집단의 강경한 태도에 당황한 간디가 '마이너리티 문제가 해결되지 않는 것은 회의 참석자(영국 정부가 지명한 암베드까르를 지칭)가 인도인들이 선출한 진정한 대표가 아니기 때문이다.'라고 말하자 암베드까르는 '피억압계급들 사이에서 선거가 행해졌다 하더라도 우리가 선출될 것은 의심할 여지가 없다. 지명대표이든 아니든 나는 나의 커뮤니티를 전적으로 대표하고 있다. 국민회의가 불가촉천민을 대표한다는 증거는 어디에도 없다.'며 간디의 주장을 반박하였다. 이에 간디도 '이른바 불가촉천민 사이에서 선거가 행해졌더라도 나는 최고위에 당선됐을 것이 틀림없다.'고 단언했다.

"불가촉천민을 대표한답시고 제기된 주장들은 내가 보기에는 가장 잔인한 분리주의에 불과하다. 그것은 불가촉천민을 영원히 서출로 낙인찍는 짓이다. 나는 내 스스로 방대한 불가촉 대중을 대표한다고 주장한다. 이것은 단지 국민회의를 대신한 발언이 아니고 나 자신의 확고한 입장이기도 하다. 만약 불가촉천민의 총투표가 실시된다면 내가 최고득표를 얻을 것이다. 나는 불가촉천민 제도가 유지되는 것을 보느니 차라리 힌두교가 사라지는 것을 보겠다. 인도 불가촉천민 전체를 대표한다는 암베드까르의 말은 부적절한 주장이다. 그것은 끝도 없는 힌두교의 분열을 낳을 것이다. 마을에 두 개의 분파가 만들어질 경우 힌두교에서 일어나게 될 상황은 차마 눈뜨고 보지 못할 것이다. 불가촉천민의 정치적 권리에 대해 말하는 사람들은 인도를 모르는 사람들이며, 오늘날 인도 사회가 어떻게 구성돼 있는지 모르는 사람들이다. 따라서 내가 이런 것에 저항하는 유일한 사람이 될지라도 나는 목숨을 걸고 저항할 것이라고 강력히 말하고 싶다."[292]

이러는 사이에도 인도 각지의 불가촉천민 집단에서는 계속적으로 암베드까르를 지지하는 성명이 나와 암베드까르는 용기가 충천했다. 한편 인도의 『민족』지는 암베드까르를 "무례, 악마, 영국의 주구, 매국노……"라고 공격하고 있었다. 간디는 "암베드까르의 의견이 불가촉

---

292 이상수 역, *op. cit.*, pp.86-87.

천민 다수의 의견은 아니라고 강조하며 그들이 이슬람교나 기독교로 개종하는 것은 개의치 않지만, 불가촉천민제의 영구화와 힌두교도의 분열을 가져오는 분리선거에는 목숨을 걸고 저항하겠다." 라고 선언했다. 간디가 우려했던 것은 민족운동의 중심이 되는 힌두세력의 분열이었다. 암베드까르는 원탁회의를 돌이켜보면서 "도량이 좁고 그러한 회의에는 가장 부적합한 간디로 인해서 회의는 엉망진창이 되어버렸다. 간디가 불가촉천민 문제에 관여할 때는 회의에 출석해서 불가촉천민의 요구에 반대하는 것이 목적인 것처럼 여겨졌다."고 술회하고 있다.[293]

1931년 9월 런던에서 찰리 채플린과 함께

불가촉천민 대표의 문제로 제2차 원탁회의가 아무런 진전도 없이 끝나 각 대표는 모두 귀국하였다. 12월 28일 봄베이항에 도착한 간디를 8,000명의 불가촉천민 시위대가 흑기를 들고 맞이하자 간디를 환영하러 나온 군중들과 충돌이 벌어졌다. 그 후 간디는 중단한 시민불복종 운동을 전개하였지만 체포되었으며 재개된 운동도 심한 탄압을 받았다.

8월 17일 영국 수상 맥도날드의 결정이 발표되었다. 그의 결정은 이슬람교도, 시크교도, 앵글로 인디언, 유럽인, 기독교인에게 분리선거·보류의석을 종래처럼 인정한다는 것이었다. 또한 문제의 피억압계급

293 김재성 역, p.55.

에 대해서는 분리선거구가 적용된 가운데 통합선거구에서 한 표, 분리선거구에서도 한 표를 행사하는 이중투표에 의해 선출되는 78석의 의석이 중앙입법의회에 배정되게 되었다. 많은 인도인들은 수상의 결정을 인도와 인도인의 분할을 획책한 것이라고 비판했다. 간디 또한 그 결정을 듣고서 힌두교 분할의 음모라고 흥분했다. 발표 다음 날 예라브다 감옥에서 그는 맥도날드 수상에게 서한을 보내 피억압계급에 대한 분리선거가 취소되지 않는 한 9월 20일 정오에서부터 죽음에 이르는 단식에 들어간다고 발표하였다. “신이 하는 일을 위해, 신의 이름으로 그리고 가장 겸손한 마음으로 확신하건대 신의 부름에 따라 결정하였다. 억압받는 계급을 위한 모든 형태의 분리선거구 법을 겨냥한 것이다.”[294]

간디의 단식은 예정대로 9월 20일에 시작되었다. 이 단식으로 인도인들은 커다란 충격을 받았으며 모든 사람의 시선은 간디와 암베드까르의 언동에 집중되었다. 간디의 생명을 구하기 위해서는 암베드까르의 양해가 필요했기 때문이었다. 전인도의 불가촉천민을 대표하는 입장에 있는 암베드까르는 “마하트마 간디는 불가촉천민제의 폐지를 위하여 단식에 들어간 것이 아니며 불가촉천민의 권리를 저지하기 위해 단식을 시작했다. 마하트마의 그러한 행동 때문에 그를 신봉하는 자들은 불가촉천민에게 전국적으로 폭력을 행사하게 될 것이다. 커뮤니티에 분리선거가 있는데 왜 마하트마는 불가촉천민의 분리선거 때문에 죽음에의 단식을 시도한 것일까? 나는 불가촉천민에 불이익이 되는 타협은 하지 않겠다.”라는 주장을 계속했다.

분리선거의 주장을 관철할 것인가? 간디의 운명을 구할 것인가? 기

294 이상수 역, *op. cit.*, p.90.

로에 선 암베드까르는 동료들과 상의한 결과 보류의석수를 증가시키는 것을 조건으로 한 타협안(피억압계급을 위한 보류의석에는 반대하지 않는다는 간디의 제안)을 받아들이기로 결정했다. 그는 뿌나로 내려가(9월22일) 간디와 협상을 벌였다. 뿌나 협정으로 알려진 이 협정에 의해서 피억압계급은 수상이 부여한 입법회의 전체의 보류의석수 78석을 148의석(나중에 오리사 주의 독립에 따라서 151의석이 됨)으로 증가시키는 데 성공했지만 자신들의 대표를 자신들만으로 선출한다고 하는 분리선거의 권리는 포기하게 되었다. 암베드까르도 처음에는 이 협정에 크게 만족감을 표시하였다. 그러나 나중에 알게 된 사실이지만 이 제도로는 최종적인 선거 결과가 불가촉천민에게 이전보다 낫지 않다는 것을 알게 되었고 합의가 만들어 낸 우호적인 분위기는 곧 사라지게 되었다.

간디의 '죽음에 이르는 단식'은 카스트 힌두의 마음을 동요시켰다. 단식의 시작과 함께 각지에서 많은 사원이나 우물이 불가촉천민에게 개방되었으며 또한 가는 곳마다 불가촉천민제의 철폐 결의가 선포되었다. 뿌나 협정 다음 날 봄베이에서 힌두교도 대표회의가 개최되어 그 협정을 승인하는 것과 함께 불가촉천민 차별폐지와 그것을 신속히 법제화 할 것을 촉구하는 결의가 채택되었다. 또한 사원의 소유자나 관리인이 문호개방을 거부하는 사원에 대해서는 사띠아그라하 투쟁이 벌어지기도 했다. 그러나 카스트 힌두에 의해 진행된 이러한 운동에 암베드까르는 비판적이었다. "불가촉천민의 지위향상의 가장 확실한 길은 교육과 고용이며 그 방면에서의 진전이 이루어지면 사원에 들어가는 문제는 저절로 해결된다. 오늘날 힌두교는 차별을 공인하고 있다. 힌두교가 불가촉천민의 종교가 되기 위해서는 사회평등을 부르짖는 종교가 되지 않으면 안 된다. 또한 불가촉천민제의 근원에는 카스트 제도가 있다. 간디와 사회개혁가들이 그러한 차별의 근원을 폐지하는 것을 최종목표로 하지 않는다면 불가촉천민은 사원에 들어가는 운동에 협력할 수 없다."[295] 카스트 힌두 사이에서 고조된 사원 개방의 열기는 얼마 후 급속히 냉각되었다.

3) 하리잔 개혁운동

2차 원탁회의를 마치고(1931년 12월 28일) 간디가 귀국했을 때 당시 국민회의와 그와 연관된 모든 단체의 활동은 불법으로 규정되었으며 국민민회의의 중앙 운영위원회와 지방 위원회의 위원들은 모두 구속되었다. 빈손으로 돌아왔다고 고백한 간디도 곧 체포되어(1월 4일) 예라브다 감옥에 구속되었다.

1932년 8월 17일 영국 수상 맥도날드는 소수 집단의 대표권을 위한 임시 계획을 발표했는데 그 속에는 이슬람교도, 시크교도, 유럽인, 기독교인, 불가촉천민에 대하여 별도의 선거구를 정한다는 내용이 담겨 있었다. 간디는 곧 맥도날드 수상에게 무기한 단식으로 불가촉천민에 대한 분리 선거구 계획에 반대한다는 뜻을 전하고, 이를 위해 9월 20일 죽음을 각오한 단식에 들어갔다. 2차 원탁회의에서 간디는 최하층민(Depressed Classes)에게 분리 선거구제를 허용하면 목숨을 걸고 저항하겠다고 말했었다. 이전에도 간디가 단식이라는 무기를 여러 번 사용하였지만 이번에는 영국 정부를 대상으로 한 것이 아니라 불가촉천민을 위한 단식이었던 것이다. 간디는 불가촉천민이 다른 종교단체가 아니라 힌두라는 것이었다. 이전까지도 간디가 불가촉천민을 위해 많은 열정을 쏟았지만 이제부터는 문제의 해결을 위해 본격적으로 뛰어들

---

295 김재성 역, *op. cit.*, p.62.

었던 것이다. 간디가 무기한 단식을 시작하자 인도 전국에서 분리선거제도(Communal Award)의 개정을 요구하는 운동이 일어났다. 그리하여 1932년 9월 24일, 예라브다 협정이라는 합의문 초안이 작성되고 힌두와 하리잔 협상 담당자들이 서명을 했다. 곧이어 영국 정부도 예라브다 협정을 승인했다고 발표했다. 마침내 간디도 예라브다 협정을 양측의 입장을 최대한 수용한 것으로 받아들여 단식을 끝내기로 결정했다.

뿌나 협정으로도 알려진 이 협정에 의해서 피억압계급은 수상이 부여한 입법회의 전체의 보류의석수 78의석을 148의석으로 증가시키는 데는 성공했지만 자신들의 대표를 자신들만으로 선출한다고 하는 분리선거의 권리는 잃게 되었다.

많은 인도인들은 간디가 죽을 때까지 단식하겠다는 결정에 당황했고 또 비판적이었지만 힌두사회에 큰 파장을 일으킨 것은 사실이었다. 네루는 불가촉천민 문제로 단식이라는 극단적인 처방에 화가 났지만 자서전에는 이렇게 기록하고 있다.

"간디의 단식은 인도 전역에 엄청난 파도를 몰고 왔다. 나는 예라브다 감옥에 앉아있는 이 조그마한 사람을 마법사라고 생각한다. 그는 사람들의 마음을 움직이는 끈을 당길 줄 아는 인물이다."[296]

스스로 자신의 단식을 '힌두사회의 양심을 올바른 종교행위로 유도하기 위한 것'으로 풀이한 간디의 6일간에 걸친 단식은 카스트 힌두로 하여금 불가촉천민에 관심을 갖게 하였다. 전국에서 힌두가 하리잔들에게 사원 문을 열었으며, 마을 우물을 개방하기도 하였다. 단식으로 즉시 불가촉천민 제도를 없앨 수는 없었지만 그것에 대한 인식은 많이 변하였다. 이제부터 간디는 불가촉천민들을 위해 보다 구체적인 일을

296 Louis Fisher, *op. cit.*, p.121.

하기로 결심한다. 그는 자신의 캠페인을 위해 8쪽짜리 주간지 <하리잔>(1933년 2월)을 창간하였다. 간디는 불가촉천민을 하리잔(Harijan; 신의 아들들)이라고 불렀는데 그는 불가촉천민의 상황을 이렇게 표현하였다.

"이 세상의 모든 종교는 신(God)을 친구가 없는 사람들의 친구로, 무력한 사람들에게 도움이 되어 주는 자로, 약자의 보호자로 받아들인다. 인도에서 불가촉천민으로 분류된 사람들보다 누가 친구가 없고 약자이며 무력한 사람들인가?"[297]

뿐나 협정 6일 후인 1932년 9월 30일 간디의 주도아래 전 인도 반불가촉천민연맹이 결성되었는데 이 단체의 목적은 불가촉천민제 반대를 위한 계몽활동을 벌이며 공공의 우물, 순례자를 위한 숙박시설, 도로, 학교, 화장터, 사원 등을 불가촉천민에게 개방을 유도하고 그들의 교육적, 경제적, 사회적 개혁과 향상이라고 하는 건설적인 활동이었다. 얼마 후 이 조직은 하리잔 봉사단(Harijan Sevak Sangh)으로 이름이 바뀌었다.

감옥에 있는 간디는 얼마 안 있어 자신이 벌이고 있는 활동의 성과와 진전에 불만을 느끼게 된다. 그는 자신과 동료들의 마음을 깨끗이 하고, 더 경계하는 마음을 갖기 위해 마음의 기도로서 하리잔을 위한 21일간의 단식을 하겠다고 발표했다. 1933년 5월 8일 단식이 시작되었다. 정부는 몇 시간 뒤 단식의 성격과 목적을 고려하여 간디를 석방하였다. 당국은 간디가 하리잔 일로 시민불복종 운동에 메여있지 않기 때문에 마음이 놓였을 것이고 실제 시민불복종 운동은 퇴조하는 것처럼 보였다. 석방된 간디는 엄청난 부담과 곤경에 처하게 되었다. 간디

297 B.R. Nanda, *op. cit.*, p.353.

는 시민불복종 운동을 6주 동안 중단하겠다고 발표하였다. 국민회의의 많은 지도자들이 이 결정을 매우 불쾌하게 생각했다. 비상 법령은 그대로였고, 다른 정치범들의 석방 계획은 없었기 때문이었다. 간디는 현재의 중단 기간이 끝나면 시민불복종 운동을 6주 더 중단하겠다고 발표했다.

단식을 끝낸 후(5월 29일) 간디는 건강이 회복되자 국민회의로부터 명예로운 평화의 가능성을 타진하기 위해 총독과 면담을 할 수 있는 권한을 부여받아 총독에게 면담을 요청하였다. 그러나 총독은 시민불복종 운동이 불법적인 수단으로 정부를 강압하려는 운동이며, 따라서 그 운동을 포기하지 않는 한 그 단체의 대표자와 대화를 나누는 것은 있을 수 없는 일이라고 냉담한 반응을 보였다. 이후 그는 시민불복종 운동을 전개하기로 마음을 먹었다. 8월 1일 간디는 부인 카스투르바와 마하데브 데사이를 비롯한 아슈람 거주자들과 함께 구자라트 농민에게 시민 저항을 가르치기 위해 행진하다가 체포되어 구속되었다가 3일 후 석방되었다. 그러나 뿌나를 벗어나지 말라는 명령을 거부했다고 그는 다시 체포되어 1년 징역형을 받고 다시 예라브다 감옥에 구속되었다. 정부는 이전에 간디에게 하리잔 일을 하도록 했던 무제한의 편의 제공을 거부했다. 어떠한 장애나 방해 없이 하리잔 일을 할 수 없다면 나의 인생은 아무 의미도 없다며 하리잔 일을 하도록 편의제공을 청원하였으나 정부로부터 호의적인 반응이 없자 간디는 다시 1933년 8월 16일부터 죽음을 각오하고 단식에 들어갔다. 물까지 거부한 그는 며칠 후 쓰러지고 위험한 상태에서 병원으로 옮겨졌다. 정부는 간디를 무조건 석방했다. 간디는 이제 오직 하리잔 일에만 헌신하겠다고 결심하였다. 1933년 9월 간디는 18년 동안 살았던 사바르마티 아슈람의 해산을 결의하고 그 땅과 건물들을 그 즈음 만들어진 '불가촉천민 봉사단'에게 내주고 와르다로 옮겼다가 얼마 후 다시 '세바그람'에 정착하였다.

간디는 11월에 하리잔 복지를 위한 10개월간 12,500마일을 여행하였다. 도시에서 도시로, 마을에서 마을로 이동하며 사원 개방과 불가촉천민에 대한 편견을 버릴 것을 역설하였다. 하리잔 복지를 위한 모금도 80만 루삐를 모았다. 여행 기간 동안 정통 힌두교도가 간디를 이단으로 비난하기도 하고 집회에서 흑기를 흔들며 방해를 하기도 했다. 폭탄 투척으로 간디를 암살하려는 기도도 있었다. 빤디트 랄나트는 아즈메르의 집회에서 하리잔 운동을 비난하다가 몽둥이로 머리를 맞았다. 간디는 와르다에 도착하는 대로 7일간 참회의 단식을 시작하겠다고 발표하였다.

"이것이 내가 빤디트 랄나트와 그가 대표하는 사람들에게 할 수 있는 최소한의 참회입니다. 나는 이것으로 이 운동에 참여하고 있거나 앞으로 참여할 사람들에게 사고, 말, 행동에 있어서 거짓과 폭력 없이, 깨끗한 손과 마음으로 참여해야 한다는 경고를 주고자 합니다."[298]

1934년 1월 15일, 비하르 지역에 큰 지진이 일어났다. 간디는 여행을 중단하고 피해 지역을 방문하였다. 간디는 마을을 돌아다니면서 구조 작업을 살피고, 사람들에게 용기를 잃지 말고 복구에 최선을 다해 달라고 요청했다. 희생자들에게는 간디의 모습만 보아도 위안이 되었다. 간디는 비하르의 지진이 불가촉천민 제도의 죄에 대한 신의 응징(천벌)이라고 말했다.[299] 그러나 교육을 받은 인도인들은 간디의 재난 해석에 동의하지 않았다. 타고르는 간디의 하리잔을 위한 단식을 "인도의 통일과 사회적 완전성을 위해 귀중한 생명을 희생하는 것은 가치

298 Yogesh Chadha, *op. cit.*, p.334.
299 B.R. Nanda, *op. cit.*, p.357.

있는 일입니다. 우리는 슬픈 마음으로 존경심과 사랑을 품고 당신의 고귀한 참회에 동참하겠습니다."[300]라며 불가촉천민을 위한 그의 노력을 높이 평가한 타고르였지만 그는 간디의 해석을 비과학적인 것이라고 강하게 비난했다.

"나는 마하트마 간디가 불가촉천민 제도라는 사회적 관습을 맹목적으로 추종해 온 사람들 때문에 신의 진노가 비하르의 어떤 지역에 내리친 것이라고 표현하는 것을 보고는 괴롭고 또 놀라왔다. 그는 그곳을 신이 천벌을 내릴 곳으로 특별히 선택하였다는 것이다. 이런 종류의 비과학적인 자연관이 너무나도 쉽게 많은 국민들에게 받아들여지는 것은 참으로 불행한 일이다. 물리적인 격변은 물리적 요인들의 어떠한 결합에 의해 필연적으로 발생한다는 자명한 진리를 생각할 때 나는 그런 말은 일고의 가치도 없다고 생각한다. 만일 우리가 창조주 자신이 더 이상 개입하지 않고 운행하는 우주법칙의 냉혹성을 믿지 않는디면 엄청난 방법과 규모로 우리를 엄하게 내리치는 것과 같은 것으로 정당화시키는 것이 불가능함을 알게 된다. 우리가 도덕과 우주현상을 연결시킨다면, 우리는 인간의 본성이 가장 악한 행동들이 난무하는 아수라장에서 선을 행하라고 가르치는 신보다도 도덕적으로 더 우월하다는 것을 인정하지 않으면 안 될 것이다. 왜냐하면 우리는 어쩌면 마땅히 처참한 저주를 받아야 함에도 불구하고 안전한 곳에 살고 있는 악인들에게 경각심을 주기 위해서 문명사회의 통치자가 수많은 어린이들과 불가촉천민 촌락들을 포함하여 멋대로 희생시켜 버리는 것을 결코 상상할 수 없기 때문이다. 우리는 인간의 역사가 가장 어두운 종류의 죄악으로부터 해방될 어떤 시기를 지적해 내지는 못하지만 악의

---

300 Louis Fischer, *op. cit.*, p.117.

본거지가 아직도 흔들림 없이 남아 있다는 사실은 아직도 찾을 수 있다. 처참한 가난과 무지의 상태에 있는 굶어 죽어가는 농민들을 잔인하게 몰아내는 공장들, 거의가 허가된 범죄행위의 특수형태인 형사제도(Penal system)가 낳은 세계 도처의 감옥들이 아직도 든든히 서있는 것이다. 그것은 다만 우리 사회의 도덕적 지반이 위험스러운 균열을 보이기 시작하고 또 문명이 붕괴되기에 이르기까지 누적되어 거대한 굳어진 사회적 관습체제에는 중력의 법칙이 거의 작용하지 못한다는 것을 보여줄 뿐이다. 이에 대해 참으로 비극적인 것은 마하트마가 우주적 격변의 사건을 운운함으로써 그 자신보다도 그의 반대자들의 심리에 훨씬 더 적합하게 이용당했다고 하는 따위의 주장이 있다는 사실이다. 만일 반대자들이 이러한 기회를 잡아서 신의 분노로 인한 천벌에 대한 책임을 마하트마와 그의 추종자에게 지우려고 했다고 하더라도 그것이 나를 조금도 놀라게 하지는 못했을 것이다. 우리에 대해 말하자면 우리는 우리 자신의 죄와 잘못이 아무리 많다 하더라도 그것들이 창조의 구조를 끌어내려 파멸에 떨어뜨리기에 충분한 힘을 갖지는 못한다는 믿음 안에서 지극히 안전을 느낀다. 우리 인간들은 죄인이든 성자든 전통의 완고한 수호자든 또는 파괴자든 간에 그 믿음에 의지할 수 있다. 마하트마가 일에 있어서의 놀라운 영감과 두려움 없는 자세와 국민을 생각하는 여린 마음으로 설득하는 것에 대해 지극히 감사하는 우리는 그의 입에서 나오는 어떠한 말이 바로 그들 마음에 비이성적 요소들을 강요할 가능성이 있을 때 깊은 상처와 아픔을 느낀다. 비이성이라 함은 우리가 자유와 자존을 누리지 못하도록 몰고 가는 모든 맹목적인 힘의 원천이 되는 것이다."[301]

---

301 Harijan, 1934/2/16

타고르의 비판에 대해 간디는 <하리잔>에 아래와 같이 기술하였다.

"샨티니케탄의 대시인은 나에게도 위대한 스승이다. 나와 나의 동료들은 우리가 남아프리카에서 오랫동안의 생활을 끝내고 돌아왔을 때 그곳에서 우리의 안식처를 찾은 적이 있었다. 구루데브와 나는 일찍이 우리 사이에 어떤 외견상의 차이점을 발견했다. 그러나 우리의 우정은 그런 차이 때문에 결코 손상되지 않았으며, 이 우정은 내가 비하르의 지진을 불가촉천민 제도의 죄와 연결시킨 것에 대해 타고르가 최근에 말한 것으로도 손상될 수는 없다. 내가 잘못했다고 그가 믿을 때는 항의할 수 있는 권리가 그에게는 있는 것이다. 그에 대한 나의 깊은 존경심은 나로 하여금 그 어떤 다른 비판자의 말보다도 그의 말에 더욱 더 진지하게 귀를 기울이게 한다. 그러나 내가 그의 글을 세 번이나 읽었음에도 불구하고 나는 내가 이 칼럼난에 쓴 내용을 고수하고자 한다. 내가 티네벨리에서 맨 처음 그 사건을 불가촉천민 제도와 연결시켰을 때, 나는 깊이 숙고하고 내가 믿는 대로 말했다. 나는 오랫동안 물질현상은 물질적이고 동시에 정신적인 결과를 낳는다고 믿어 왔다. 나는 그 반대도 똑같이 진리라고 생각한다. 내게 있어서 지진은 결코 신의 변덕이나 단순히 자연적인 힘들이 충돌한 결과는 아니었다. 우리는 신의 모든 법칙을 알지도 못하고 또 그 법칙들이 어떻게 작용하는가 하는 것도 알지 못한다. 최고의 과학자나 위대한 신령주의자의 지식도 한줌의 먼지에 불과하다. 만일 내게 있어서 신이 내 육신의 아버지와 같은 인격적 존재가 아니라면 그는 무한히 한층 더 인격적이다. 그는 내 생활의 가장 작은 사소한 일에도 나를 지배한다. 나는 그의 뜻이 아니면 나뭇잎 하나도 움직일 수 없다는 말을 그대로 믿는다. 내가 숨쉬는 것은 그가 허락함으로써 가능하다. 신과 그의 법은 하나다. 그 법이 곧 신이다. 그에게 속한 어떤 것도 단순한 부속물은 아니다. 그가 곧 부속물 자체이다. 그는 진리요, 사랑이요, 법일 뿐만 아니라 인간의 재간으로 이름 붙여 부를 수 있는 백만 가지 것들이다. 나는 구루데브와 함께 창조주 자신이 전혀 개입하지 않는 우주 법칙의 독자성이 작용하고 있다는 것을 믿는다. 왜냐하면 신은 법이기 때문이다. 그러나 우리는 그의 법이나 각종 법칙들을 충분히 알지 못하며, 우리에게 파국현상으로 나타나는 것들도 마찬가지이다. 왜냐하면 우리는 우주의 법칙들을 충분히 알고 있지 못하기 때문이다. 가뭄, 홍수, 지진 따위의 자연의 재난들은 설사 그것들이 물리적인 원인에 의해 발생하는 것으로만 보이는 것 같을지라도 내게 있어서는 다소 인간의 도덕률들과 관계되어 있다. 그러므로 나는 그 지진이 불가촉천민 제도라는 죄악 때문에 내려진 하나의 처벌임을 직감적으로 느꼈다. 물론 극우 힌두들은 그것이 불가촉천민 제도를 반대하는 주장을 하고 다닌 나의 범죄 때문이었다고 말할 권리를 얼마든지 가지고 있다. 나의 신앙은 회개와 자기정화를 행하도록 명령한다. 나는 자연법칙들의 활동에 대해 내가 형편없이 무식하다는 것을 인정한다. 그러나 내가 회의론자들에게 신의 존재를 설명하지 못하면서도 그를 믿지 않을 수 없는 것과 같이, 그 똑같은 방식으로 나는 비하르의 재난과 불가촉천민 제도의 죄악성이 연결된다는 것을 증명할 수는 없을지라도 직감적으로 그 연결을 느끼는 것이다. 만일 나의 믿음이 잘못된 것으로 판명된다 하더라도 그러한 믿음은 나에게 그리고 나와 함께 믿는 사람들에게 도움을 줄 것이다. 왜냐하면 불가촉천민 제도가 하나의 죄악(저주)이라고 가정함으로써 우리는 자기정화를 위해 더욱 더 철저한 노력을 기울이도록 자극을 받게 될 것이기 때문이다. 나는 그러한 생각의 위험성을 충분히 잘 알고 있다. 그러나 만일 내가 비난을 받을까 두려워서 나와 가장 가깝고 또 친한 사람들이 수난을 당하고 있을 때, 공개적으로 나의 신념을 천명하지 않는다면 나는 진실하지 못하고 비겁한 사람이 되어버릴 것이다. 그 지진의 물리적 효과는 곧 잊어버릴 것이며 부분적으로라도 회복될 것이다. 그러나 그것이 불가촉천민 제도의 죄악에 대한 신의 진노의 한 표현이고, 우리가 그 사건으로부터 윤리적 교훈을 배우지 않고 그 죄악에 대해 회개하지 못한다면 이는 무서운 결과를 낳게 될 것이다. '우리 자신의 죄악과 잘못이 아무리 많다 하더라도 창조의 질서에서 그 구조를 끌어내려 파멸에 이르게 할 만큼의 충분한 힘을 가지고 있지 못하다.'는 타고르 선생의 믿음을 나는 갖고 있지 못하다. 반대로 나는 우리 자신의 죄가 그러한 구조를 파괴시키는 데에 있어서 어떤 단순한 물리적 현상보다도 더 큰 힘을 갖는다는 믿음을 갖고 있다. 물질과 정신 사이에는 뗄 수 없는 연결이 있다. 그 결합의 결과들에 대한 우리의 무지는 그 결합을 아주 신비스러운 것으로 만들고 우리 마음속에 공포심을 넣어 준다. 그러나 그 무지가 이들을 회복시키지는 못한다. 그 연결에 대한 생생한 인식은 많은 사람들로 하여금 모

라빈드라나트 타고르와 함께

든 물리적 파국을 그들 자신의 윤리성 고양을 위해 활용할 수 있게 하였다. 우주 현상과 인간 행동 사이에 연관이 있다는 것은 내게는 나를 신에게 더욱 가까이 이끌어 가고 나를 겸손하게 하며 나로 하여금 신을 더욱 쉽게 대면하게 해주는 살아있는 신앙이다. 만일 무지의 심연으로부터 내가 그것을 나의 반대자들을 엄벌하기 위해 이용한다면 그러한 신념은 우스꽝스러운 미신이 되고 말 것이다."[302]

지진으로 인해 하리잔을 위한 여행을 마감하며(1934년 8월) 그는 불가촉천민 제도는 이제 거의 사라지게 되었다고 선언하였다.

4) 갈등과 고뇌

(1) 건설적 프로그램

많은 국민회의 당원들은 이제 시민불복종 운동이 끝나가고 있는 것으로 생각하고 있었다. 시민불복종 운동으로 유죄 판결을 받은 사람들의 숫자로도 이것이 증명되었다. 1932년1월 14,803명이던 것이 그 해 5월에는 3,818명, 9월에는 2,791명이었다. 사실 하리잔을 위한 간디의 단식은 정치적, 사회적 문제에 국민적 관심을 떠나게 한 것도 사실이었다. 간디는 대중이 사띠아그라하의 진정한 의미를 이해하지 못했다고 생각하고 모든 국민회의 당원들에게 스와라즈를 위하여 시민 저항운동을 중단할 것을 권유해야겠다는 결론을 내리고 그 일을 자신에게 맡겨 줄 것을 요구했다. 국민회의 지도자들 대부분은 간디의 제안을 환영했으나 당시 감옥에 있던 네루는 그 소식은 "'칼침을 맞는 고통'으로 오랫동안 그와 나를 묶고 있던 신의의 줄들이 끊어지는 느낌이었다."고 밝혔다.[303]

---

302 *Ibid.*,

1934년 5월 정부의 허가 아래 전인도국민회의 위원회가 파트나에 모여 간디의 정책 제안을 승인했다. 그것은 시민불복종 운동의 중지였다. 그러나 간디가 필요하다고 생각할 때는 언제든지 다시 시작한다는 단서는 달아 놓았다. 그 후 정부는 국민회의에 대한 금지령을 철회했다.[304] 하지만 간디는 다수의 국민회의의 지식인들이 그의 생각과 접근 방법에 회의적이며 자신이 조직의 성장에 도움이 되기보다는 방해가 될 것으로 생각되었다. 카디를 입는 것도, 비폭력 구호도 하나의 외침에 불과했다. 특히 불가촉천민 문제에 대한 간디의 접근 방법은 시민 저항 투쟁의 진전에 방해만 한 것으로 여겨지고 있었다. 1934년 10월 28일 국민회의 봄베이 총회에서 간디는 공식적으로 국민회의 당원에서 물러났다. 그러나 그의 주도 하에 '건설적 프로그램'이 통과되었는데 간디는 이제 새로운 열정으로 적어도 3년간 '건설적 프로그램'에 전념하기로 하고 전국을 여행하기로 했다. 그의 관심은 주로 비정치적인 것으로 깨끗한 식수공급, 위생 식단, 건전한 교육제도, 자급자족 경제, 카디, 가내 수공업, 반불가촉천민 제도 등이었다.

(2) 개인적 갈등

1936년 12월 간디는 고혈압 등 지병으로 병원에 입원 수술을 받는다. 회복될 무렵 그는 유혹을 받는다. 간디는 12월 26일 <하리잔>에 자신의 심정을 이렇게 표현했다.

"몇 달 전 봄베이에 있을 때 가장 어두운 시간이 찾아왔다. 유혹의 시간이었다. 잠을 자고 있는데 갑자기 여자를 보고 싶다는 생각이 들었다. 거의 40년 동안 본능

303 Yogesh Chadha, *op. cit.*, p.334.
304 Ibid,, p.335.

을 이기려고 노력했던 사람으로서 이 무서운 경험은 아주 고통스러웠다. 나는 결국 그 감정을 이겨냈지만, 내 인생의 가장 어두운 시간이었다. 만일 내가 그 감정에 굴복했다면 그것으로 나는 완전히 파멸하고 말았을 것이다."[305]

이 무렵 간디는 자식 문제로 큰 괴로움을 겪는다. 장남 하리랄의 인생은 아버지에겐 큰 고통이었다. 그는 아내와 자식을 버리고 주정뱅이가 되어 방탕한 생활을 하고 있었다. 거기에다 압둘라라는 이름으로 이슬람으로 개종까지 하였다. 아버지에 대한 도전 행위였다. 간디는 성실하지 못한 하리랄을 이슬람교도들에게 알리고자 <하리잔>에 '나의 수많은 이슬람 친구들에게'라는 제목의 글을 썼다.

"그를 받아들인 것이 진정한 마음에서 나온 것인지 또는 이기적인 고려에서 결정된 것이었는지, 나는 심각한 의문을 갖고 있습니다. 내 아들 하리랄을 아는 사람들은 모두 그가 오랫동안 술에 중독되었으며, 소문이 좋지 않은 집에 드나들었다는 것을 알고 있습니다. 그에게는 그의 많은 죄를 용서해준 매우 헌신적인 아내와 장성한 딸 둘과 아들 하나가 있습니다. 그는 가족 부양을 포기한 지 오래되었습니다. 만일 내가 걱정하는 대로 그가 전과 같이 폐인 상태에 있다면 하리랄의 배교는 힌두교의 손실이 아니라 오히려 그를 받아들인 이슬람이 이슬람을 약화시키는 요인이 될 것입니다. 물론 개종이라는 것은 피조물의 마음을 알고 있는 유일한 창조주와 한 인간 사이의 일입니다. 깨끗한 마음 없이 이루어지는 개종은 신과 종교에 대한 부정입니다. 깨끗한 마음 없이 이루어지는 개종은 신을 믿는 사람들에게 기쁨이 아니라 슬픔을 주는 것일 뿐입니다. 나는 그가 진실로 신을 섬기는 사람이 된다면 압둘라라는 이름을 쓰든 하리랄이라는 이름을 쓰든 상관치 않습니다. 두 이름 모두 진정으로 신을 섬기는 사람이라는 뜻이니까요."[306]

불효한 장남에 대한 어머니의 애끊는 모정도 있었다.

---

305 Louis Fischer, *op. cit.*, p.126.
306 Yogesh Chada, *op. cit.*, pp.340-341.

"얼마 전에 네가 마드라스에서 자정에 술에 취해 무질서한 행동을 하다 구속되었다는 소식을 들었다. 나는 너의 행동에 무척 괴로웠다. 너에게 무슨 말을 해야 할지 모르겠구나. 여러 해 동안 성실하게 살라고 그렇게 타일렀지만 너는 더 나빠지는구나. 우리는 너 때문에 큰 괴로움을 겪는다. 장남인 네가 우리 적이 되었으니 이 무슨 불행이냐! 나를 가장 슬프게 하는 것은 네가 요사이 무턱대고 아버지를 비난하는 일이다. 물론 아버지는 말없이 조용히 계신다. 네 아버지는 언제나 너를 용서했지만, 신은 절대 용서하지 않을 것이다. 매일 아침 신문을 볼 때 마다 너의 악행이 보도되지 않을까 두렵다. 밤에 잠이 안 오면 요즘은 어디에 있으며, 무얼 먹을까, 누구의 집에 묵고 있을까 하고 너의 생각을 한다. 때로는 너를 만나보고 싶은 마음이 아주 간절해질 때도 있지만 네가 어디 있는지도 모르고 내가 너를 우연히 만난다 할지라도 혹시 네가 나를 모욕하지나 않을까 두렵기도 하다. 나는 네가 왜 조상의 종교를 바꾸었는지도 모르겠구나. 나는 네가 사는 방식을 조용히 용기 있게 개선해 나가기를 바란다."[307]

간디가 자식들에게 훌륭한 아버지 역할을 다하였다고는 볼 수 없을 것이다. 그는 자식들이 어린 성자들이 되기를 기대하며 학식보다는 인격을, 전문 직업보다는 대중봉사가 더 가치가 있다는 이유로 정규 교육을 시키지 않았던 것이다. 그는 유럽식 학교 교육을 비판하고 대화를 통해 자식들을 가르치려 하였으나 그것마저 매일 한 시간도 할애해 주지 못한 자신을 유감스럽게 여겼다. 이상적인 아버지의 역할을 하지 못한 것에 대해 자식들은 불평을 했고 그 자신은 후회하기도 했다.[308]

장남 하리랄은 1911년 아버지의 이와 같은 교육에 반발하여 아흐메다바드에서 고등학교를 다니기 위해 남아프리카를 떠났다. 장남은 초기에 아버지가 변호사로서 성공하였던 때가 가장 좋은 시절이었으며 그 후 아버지의 검소한 생활을 망상이라며 불평하기도 했다. 그는 자

---

307 *Ibid.*, pp.341-342.
308 Judith M. Brown, *op. cit.*, p.41.

식들이 아버지의 우선순위에서 첫째가 아닌 맨 나중에 있음을 분개했다. 나머지 아들들은 불가피한 일로 아버지를 이해하였다.

(3) 수바스 찬드라 보스와의 갈등

간디가 민주적이고 반대파에게도 관용을 보인 것은 사실이었다. 그러나 그러한 과정에서 그의 지도력이 도전을 받게 되면 그는 여느 조직의 지도자와 마찬가지로 냉혹한 태도를 보인 면이 있다. 바로 그 일례가 국민회의 의장인 보스의 축출이다.

일부 영향력 있는 국민회의의 지도자들은 조건부로 연방구도를 받아들일 것을 주장하였고 한편 국민회의 좌파에서는 국민회의가 연방구도를 받아들이는 것을 저지하려는 움직임이 나타났다. 1938년 간디의 승인 아래 국민회의 의장이 된 보스는 반 연방주의를 모토로 재임을 위해 출마를 결심하였다. 반 연방주의자인 자신이 국민회의 의장이 되어 연방제를 강제하려는 시도에 저항하는 운동이 필요하다는 주장이었다. 국민회의의 최고위원회와 간디는 보스의 결정에 불쾌해 했다. 선거일은 1939년 1월 29일이었다. 간디와 운영위원들은 시따라마야(Sitaramayya)를 후보로 내세웠다.

보스는 출마의 의지를 언론에 발표했다.

> "이것은 개인적인 문제가 아닙니다. 인도에서 반제국주의 투쟁이 점차 확대되면서 새로운 아이디어, 사상, 이념, 문제 등이 생겼습니다. 따라서 사람들은 인도의 국민회의 의장 선거는 다른 나라에서와 마찬가지로 분명한 문제의식과 프로그램을 놓고 싸워야 하며, 그렇게 되면 선거는 쟁점을 분명히 하고 여론의 동향을 파악하는 데 도움을 줄 것으로 생각하게 되었습니다."[309]

---

309 Yogesh Chadha, *op. cit.*, 1998, p.353.

며칠 뒤 바르돌리에서 파텔을 비롯한 7명의 운영위원은 간디의 지시에 따라 보스의 성명에 이의를 제기하였다.

"의장 선거는 그 지위에 걸맞게 언제나 만장일치로 치러져 왔다. 따라서 정치적 역량과 프로그램을 놓고 선거논쟁을 벌이는 것에 우리는 반대한다."

간디의 반대에도 불구하고 보스는 승리를 자신하고 있었고 결국 상대 후보를 누르고 승리하였다. 보스의 승리는 보수파들에게 충격을 주었다. 간디는 보스의 재선을 분명히 반대했고 시따라마야를 후보로 내세웠기 때문에 시따라마야의 패배를 자신의 패배로 받아들였다. 간디는 이제 성자라기보다는 정치가답게 무자비하게 일을 추진해 나갔다. 그는 분명하고 일관된 목적 - 보스를 추방하는 일 - 을 가지고 있었다.

보스도 간디의 지원 없이는 제 기능을 다 할 수 없다고 생각하여 수차례 간디를 만나고 그의 노움을 요청하였지만 간디의 의지는 확고했다. 국민회의의 운영위원 선출을 놓고 보수파(간디) 벽을 넘지 못한 보스는 결국 사표를 제출하게 된다.[310] 결국 간디는 자신의 리더십에 반기를 든 유일한 인물을 내쫓는 데 성공하였다. 이제 보스와 그의 좌파는 패배한 것이나 다름없었다. 보스는 국민회의 내에 급진적이고 반제국주의자들을 모아 '전진 블록'(Forward Bloc)이라는 새로운 당파를 만들었다. 간디가 참석한 봄베이에서 열린 전인도국민회의 위원회는 두 개의 결의안을 채택했는데 그중 하나는 국민회의 당원은 해당 주 국민회의 위원회의 허가 없이 어떤 형태의 사띠야그라하 운동을 벌이거나 제안할 수 없다는 것이고, 다른 하나는 국민회의의 지방 내각과

310 *Ibid.*, p.358.

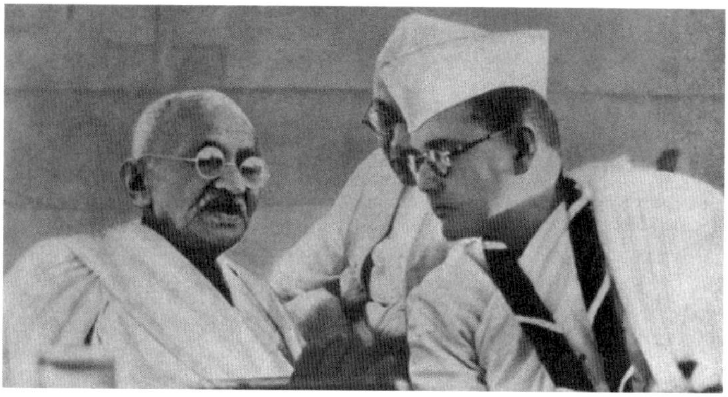

1938년 보스와 함께 한 간디

지방 국민회의 위원회 사이의 관계를 규정하는 것이었다. 보스를 비롯한 사회주의자들은 이 결의안을 반대했지만 논의 끝에 다수로 통과되었다. 좌파 그룹은 위의 국민회의 위원회의 결의안에 반대 시위를 벌였는데 1939년 8월 와르다에서 열린 국민회의 운영위원회는 보스의 의도적인 규율위반을 이유로 보스의 국민회의 벵갈 위원회 위원장 자격 박탈과 3년간 국민회의의 어떤 직위도 맡지 못하도록 하는 징계를 내렸다.[311]

보스와 간디 두 사람은 조국의 독립을 쟁취하는 방법을 놓고 의견이 달랐다. 보스는 인도가 필요로 하는 것은 현대적이고, 전투적이고, 낙관적인 모습이라고 생각했으며, 또 간디의 비폭력주의와 물레 돌리는 것을 수동적이고 후진적인 모습이라고 반대했다. 그는 인도는 현대적 무기로 적들과 싸워야 하며, 비폭력 원칙에 집착할 필요가 없다고 주장하였다. 그의 강한 애국심은 감옥에서 동생에게 보낸 편지에 잘 나타나 있다.

311 Yogesh Chadha, *op. cit.*, pp.358-359.

"국민회의의 정치를 생각할 때마다 앞으로 우리는 국민회의 최고 지도부와 싸우는 데 더 많은 에너지와 시간을 바쳐야 된다고 생각된다. 만일 권력이 그처럼 비열하고 복수심이 강한 사람들에게 주어진다면 독립을 쟁취했을 때 이 나라가 과연 어떻게 될까? 만약 우리가 지금 싸우지 않는다면 권력이 그들의 손으로 넘어가는 것을 막을 수 없을 것이다. 우리가 그들과 지금 싸워야 하는 또 하나의 이유는 그들이 국가 재건에 대해 아무런 구상이 없다는 것이다. 간디주의는 인도를 자유롭게 할 것 이다. 그러나 만일 독립된 인도가 간디주의 - 비폭력적 원칙 - 에 의해 재건이 추진된다면 인도는 약탈적인 강대국들의 재물이 될 것이다."[312]

1940년 6월 보스는 마지막으로 세바그람 아슈람으로 간디를 찾아가 서로 깊은 대화를 나누었다.

"간디: 보스, 나는 언제나 당신을 사랑했고 존경했습니다. 당신은 대중 운동을 진개하는 데 관심이 많았고 투쟁을 좋아하지요. 당신은 너무 감정적입니다. 나는 이제 나이도 많고 서둘러 어떤 일을 해서는 안 됩니다. 당신의 조국에 대한 사랑과 독립을 쟁취하려는 의지는 누구에게도 뒤지지 않으며 당신의 성실성은 자명합니다. 당신의 자기희생과 고통 인내의 정신은 누구도 따라갈 수 없습니다. 그러나 나는 이와 같은 장점들이 좀 더 적당한 시기에 사용되기를 바랍니다."

"보스: 지금이 가장 적당한 시기이고 인도가 투쟁을 전개할 수 있는 다른 어떤 상황도 생각할 수 없습니다."

"간디: 왜 나중에 더 나은 기회를 가질 수 없다고 생각합니까? 나는 우리가 그런 기회를 많이 가질 것을 확신합니다. 이번 전쟁에서 영국이 승리하든 패배하든 영국은 약해질 것입니다. 영국은 인도를 통치하는 책임을 떠맡을 힘이 없을 것이고 결국 인도의 독립을 인정하는 것 외에는 다른 방법이 없을 것입니다. 나는 정치

---

312 *Ibid.*, p.360.

적으로나 도덕적으로나 현시점에서 서둘러 운동을 전개해서는 안 된다고 생각합니다. 나의 양심은 좀 더 나은 때를 기다리라고 말하고 있습니다."

"보스: 바부, 당신이 말씀하시면 나라 전체가 거기에 호응할 것입니다."

"간디: 이 순간 나라가 준비되어 있다 하더라도 나는 적당한 시기가 아니기 때문에 어떤 일도 하지 않을 것입니다."

"보스: 당신이 지금이 적당한 시기가 아니라고 생각한다면 나는 당신의 허락과 축복을 받고 싶습니다."

"간디: 당신에게 내 허락은 필요 없습니다. 적당한 때가 아니라고 생각하는 운동을 내가 어떻게 허락하겠습니까. 지금 그 운동은 도덕적으로도 정당화 할 수 없습니다. 당신은 위대한 지도자의 자질을 갖고 있습니다. 당신의 양심이 지금이 운동을 전개할 최적의 시기라고 말한다면 그대로 밀고 나가고 최선을 다하십시오. 만약 당신이 성공한다면 내가 맨 먼저 축하하겠습니다. 그러나 당신에게 나의 충고는 서두르지 말라는 것입니다. 당신은 너무 감정적이며, 당신을 지지하겠다고 말하는 사람들이 어려운 시기가 왔을 때 모두 당신을 따르지는 않는다는 것을 알아야 합니다. 따라서 무슨 일을 하든 주의하십시오. 언제든지 나한테 편지도 쓰고 조언을 구하세요. 내 마음은 언제나 당신과 함께 있으며 당신과 당신 가족에 대한 나의 사랑은 이루 다 말할 수 없습니다. 따라서 나는 당신이 불필요한 고통을 야기하는 어떤 일도 하지 않기를 바랍니다. 나는 당신에게 인도는 앞으로 더 나은 기회를 갖게 될 것이고 지금보다 더 나은 상황에서 영국과 싸우게 될 것이라고 다시 한 번 말하고 싶습니다."[313]

우리는 여기서 두 사람의 애정과 존경심은 무한하고 현실을 보는 관점은 상이함을 발견할 수 있다.

6. '인도를 떠나라' 운동(Quit India Movement)

1) 제2차 세계대전과 간디

1939년 4월 유럽에서 2차 대전의 징후가 있자 인도정부는 전쟁이나

313 *Ibid.*, pp.360-361.

전쟁의 위협이 있을 경우 비상권력을 행사할 수 있는 힘을 영국으로부터 부여받았다. 이에 국민회의는 인도국민의 동의없이 전쟁에 인도를 끌어들이거나 인도자원을 사용하려는 어떤 시도도 반대한다는 결의안을 발표하였다. 사실 이것은 제2차 세계대전의 막바지까지 국민회의의 기본 정책이었다. 그럼에도 영국정부는 국민회의의 결의를 무시하고 인도군인들을 이집트와 싱가포르에 파병하였다. 제2차 세계대전이 시작되던 1939년 9월 3일 영국은 독일의 폴란드 침공에 대한 대응으로 독일과의 전쟁을 선포했다. 인도 총독 린리스고(Linlithgow; 1936-1943)경은 인도도 전시 비상사태임을 선언했다.[314] 총독의 선언은 전쟁에 인도의 자동개입을 뜻하는 것으로 인도인들을 완전히 무시한 모욕적 처사였다. 하지만 이것은 영국지배에 대한 국민회의의 투쟁결속을 더욱 강화하는 계기가 되었다.

1939년 9월 15일 국민회의 운영위원회는 "파시즘과 나치즘의 이념과 실행 그리고 그들의 전쟁과 폭력 나아가 인간의 억압을 전적으로 반대하며 그리고 영국정부는 전쟁의 진정한 목적과 현재와 미래에 있어서 인도의 지위에 관한 정책을 분명히 제시할 것을 요구하고 이 조건이 받아들여지면 전쟁을 위한 노력에 협력하겠다."는 결의안을 내놓았으며, 이어 10월 10일에는 "인도는 독립된 국가로 선포되어야 한다."고 부연하였다.[315] 사실 이보다 먼저 1938년 하리뿌르 국민회의에서 채택된 결의안에도 '인도는 제국주의자들의 전쟁에 당사자가 될 수 없으며 나아가 인도의 인적·물적 자원을 영국제국주의를 위해 이용당하는 것을 허용하지 않는다.'고 선언하였던 것이다.

간디는 영국에 대한 지원은 무엇이든 조건 없이 비폭력적으로 이루

314 Anil Chandra Banerjee, *op. cit.*, p.687
315 *Ibid.*

1939년 비서인 마하데브 데사이와 함께

어져야 한다는 주장을 고집하였으나 그는 네루가 초안한 위의 결의안을 지지했다. 한편 진나는 총독이 전시 비상사태임을 선언한 직후 그를 찾아가 이슬람 세력의 협력을 약속하면서 반 이슬람정책을 고수해 온 국민회의 지방정부들을 즉시 해산하라고 요구하였다.

간디, 네루, 보스, 파텔, 진나 등 다양한 인도의 지도자 50여 명을 면담한 총독은 1939년 10월 17일 '인도정책에서 영국의 목표는 자치령의 지위이며, 1935년 인도 통치법은 전쟁이 끝날 때 인도인의 의견을 수렴하고, 소수 집단의 의견을 고려하여 수정할 수 있다.'는 성명을 발표했다.[316] 간디는 인도주의적 관점에서 영국과 프랑스에 공감한다고 말하고 히틀러는 '신을 모르고 야만적인 힘만을 내세우는 자'라고 말하면서도 총독의 성명은 매우 실망스럽고 '빵을 요구한 국민회의에게 돌을 준 것'[317]이며 그것은 분할통치를 계속 강행하려는 것이라며 강하게 비난하였다. 운영위원회(10월 22일)는 총독의 성명을 '전적으로 만족스럽지 못한 것으로 선언하고 국민회의는 그것이 제국주의 정책을 재확인하는 것이기에 대영제국에 어떠한 도움도 줄 수 없다'는 입장을 분명히 했다.

히틀러의 전쟁으로 야기된 위기는 국민회의로 하여금 영국과 대치국면을 피할 수 없게 만들었다. 국민회의의 주 내각은 인도의 정치적 야

316 Anil Chandra Banerjee, *op. cit.*, p.679.
317 Stanley Wolpert, *Gandhi's Passion*, p.192.

망을 충족시켜 줄 수 있는 영국의 확약 없이 영국정부의 전쟁 사업에 협력을 할 수 없었던 것이다. 모든 국민회의 주 내각은 운영위원회로부터 사퇴를 종용받았고 1939년 10월 27일과 11월 15일 사이 국민회의의 6개 주 지방 내각은 사퇴했다. 이것은 사실상 1935년의 인도 통치법의 붕괴를 의미하는 것이었다. 간디는 국민회의의 지방행정부들이 사퇴한다면 무슬림연맹의 정치적 입지만 강화시키고 영국이 인도를 군사화하는 구실을 제공할 것이라는 사실을 예견하고 있었다.

진나는 "12월 22일 금요일을 '구원과 감사의 날, 반 이슬람 정책을 편 국민회의 체제가 마침내 기능을 멈춤으로써 구원을 얻은 날'이라고 선언하고, 지난 2년 반 동안의 억압, 불의로부터 구원해주신 알라신에게 감사의 기도를 드리자."고 제안했다.[318] 이러한 중대한 시기에 국민회의 내각의 사퇴는 국민회의의 영국 정부에 대한 영향력도 줄어들었고 이후 8년간 재야에서 활동하게 하였다. 진나와 무슬림연맹은 국민회의 내각들과 맞서 싸우는 일에서 벗어나 그들 당파의 목표에 관심을 집중하였다.

1940년 3월, 라호르에서 열린 무슬림연맹 회의에서 진나는 약 10만 명의 이슬람교도를 모아 놓고 파키스탄이라는 국가건설을 선언했다.

"우리의 힌두 친구들이 이슬람과 힌두교의 진정한 본성을 왜 이해를 못하는지 모르겠습니다. 이 둘은 엄밀한 의미에서 종교가 아니라 서로 다른 사회 질서입니다. 따라서 힌두교도와 이슬람교도가 공동의 국가를 발전시켜 나간다는 것은 하나의 꿈입니다. 하나의 인도 국가라는 이러한 그릇된 개념은 이미 그 한계를 뛰어 넘었고, 대부분의 문제들을 일으키는 원인이 되었으며, 우리가 제때에 우리 생각들을 바로잡

---

318 *Ibid.*

지 않으면 인도를 파멸로 이끌 것입니다. 힌두교도와 이슬람교도는 두 개의 서로 다른 종교, 철학, 사회적 관습, 문학을 가지고 있습니다. 그들은 서로 결혼하지도 않고, 식사도 하지 않습니다. 사실 이 둘은 서로 갈등하는 개념에 기초한 서로 다른 두 문명에 속해 있습니다. 이 둘의 삶의 양상은 서로 다릅니다. 힌두교도와 이슬람교도는 서로 다른 역사의 원천으로부터 영감을 얻는 것이 분명합니다. 그러한 두 민족을 하나의 국가로 묶으려 한다면, 그래서 수적으로 한쪽은 소수로 다른 쪽은 다수로 묶으려 한다면 점차 불만이 팽배하여 결국에는 그런 국가의 정부는 파괴되고 말 것입니다. 무슬림들은 알려진 대로 소수가 아닙니다. 무슬림들은 하나의 민족으로서 그들의 조국, 그들의 영토, 그들의 국가를 가져야 합니다. 우리는 자유롭고 독립된 민중으로서 이웃들과 평화롭게 살기를 원합니다."[319]

파키스탄 결의안은 인도의 북서부 지역과 동부지역처럼 이슬람교도가 다수인 지역을 묶어 주권을 가진 독립된 국가(Pakistan - Land of Pure)를 구성하지 않으면 무슬림들은 어떠한 헌법 계획도 받아들일 수 없다고 밝혔다. 네루는 그것을 '정신 나간 음모', 간디는 '허구'라고 말하면서 '그에 대한 타협은 있을 수 없다'고 말했지만 그로부터 7년이 지난 후 파키스탄은 탄생되었다.

라호르 결의안에 큰 상처를 받은 간디는 <하리잔>에 글을 실었다. "두 국가 이론은 진리가 아니다. 인도의 여러 주에 거주하는 이슬람교도는 힌두나 기독교 형제들로부터 분리할 수 없다. 이슬람교도나 기독교인들은 힌두교에서 개종한 사람들이거나 개종자들의 후손이다. 그들의 종교가 바뀌었다고 해서 그들이 살고 있는 지역에서 벗어나는 것

319 M.D. Zafar, *A Short History of Pakistan*, pp.105-105.

은 아니다. 영국인이 이슬람으로 개종을 해도 국적은 바뀌지 않는 것과 같은 것이다. 나의 영혼은 힌두와 이슬람이 두 개의 대립적인 문화와 교리를 대표한다는 개념을 거부한다. 그런 주장에 동의하는 것은 나에게는 신을 부인하는 것이다. 나는 전적으로 코란의 신은 동시에 바가바드 기따의 신이라고 믿기 때문이다."[320]

나치 독일의 유럽 국가들에 대한 침략에 대해 간디는 히틀러에게 비폭력의 장점을 알리고 전쟁의 중지를 호소하는 공개서한을 보냈다(1939.7.23).

"친구에게, 나에게는 적이 없습니다. 지난 33년간 나의 삶에서 가장 중요한 일은 인종, 피부색, 이념에 관계 없이 인류가 친구가 되어 인류 전체의 우정을 도모하는 것이었습니다. 보편적 우애라는 신념하에 살아온 인류 다수가 당신의 행동 - 체코슬로바키아, 폴란드, 덴마크를 침략한 일 - 을 어떻게 보고 있는지 생각해 보기를 바랍니다. 당신의 인생관은 그러한 강탈을 고귀한 행동으로 여긴다는 것을 알고 있지만 우리는 어렸을 때부터 그런 행동들은 인간의 품위를 무너뜨리는 어리석은 행동이라고 배워 왔습니다. 따라서 우리는 결코 당신의 무력이 성공하기를 바랄 수가 없습니다. 우리의 입장은 확고합니다. 우리는 나치즘 못지않게 영국 제국주의에도 저항합니다. 인류의 5분의 1은 정당하지 못한 수단에 의해 영국의 지배하에 놓여 있습니다. 우리가 영국 제국주의에 저항하는 것은 영국민에게 해를 가하려는 것이 아닙니다. 우리는 전장에서 그들을 패배시키려는 것이 아니라 그들을 개조하기를 바라고 있습니다. 우리는 영국의 통치에 비무장으로 저항하고 있습니다. 그들을 개조시키든 개조시키지 못하든 우리는 비폭력, 비협조를

320 Yogesh Chadha, *op. cit.*, p.369.

통해 그들의 통치를 불가능하게 만들 것입니다. 이것은 본질상 패배할 수 없는 방법입니다. 우리의 통치자는 땅과 몸은 가질지 모르지만 우리 영혼은 가지지 못할 것입니다. 약탈자에 대한 어떤 악의도 없이, 그들에게 무릎을 꿇기보다는 목숨을 내놓겠다고 각오한 사람들이 인도에 많이 있다면, 그들은 폭력의 압제로부터 자유를 찾을 수 있는 길을 보여주게 될 것입니다. 인도에는 그러한 사람들이 많으며 그들은 지난 20년 동안 훈련을 해왔습니다. 비폭력기술에는 패배가 없습니다. 그것은 행동이냐 죽음이냐 이지만 죽이거나 상해를 가하는 것은 아닙니다. 영국이 아니라 하더라도 어떤 다른 세력이 당신의 방법을 발전시켜, 당신의 무기로 틀림없이 당신을 물리칠 것입니다. 당신은 자존심이 강한 당신 민족에게 아무런 유산을 남기지 못하고 있습니다. 아무리 잘 계획된 것이라 해도 그들은 잔인한 행위에서 자부심을 느낄 수 없습니다. 따라서 나는 인류의 이름으로 당신에게 전쟁을 중지하라고 호소합니다."[321]

이보다 먼저 히틀러의 유대인 박해에 대하여 간디는 그들에게 비폭력의 길을 따르라는 조언을 하였는데 이것은 상당한 반응을 불러왔다.[322]

"나는 유대인들에게 전적으로 연민의 정을 느낀다. 그들은 기독교의 불가촉천민이었다. 기독교도가 그들을 상대하는 방식과 힌두교도가 불가촉천민을 대하는 방식은 매우 유사하다. 두 경우 모두 그들에 대한 비인간적 대우를 정당화하기 위해 종교적 승인에 의지했으나 독일의 유대인 학대는 역사상 유례가 없는 것이다. 옛날의 폭군들도 히틀러처럼 미쳤던 적은 없다. 만약 인류의 이름으로 인류를 위해 정당화

321 *Ibid.*, pp.365-366.
322 *Harijan*, 1938/11/26.

할 수 있는 전쟁이 있다면, 전 인류에 대한 무자비한 박해를 막기 위해 독일에 대한 전쟁이야말로 전적으로 정당화될 수 있을 것이다. 그러나 나는 어떤 전쟁도 믿지 않는다. 독일은 폭력의 벌거벗은 모습이 얼마나 잔인하고 무서운가를 보여주고 있다. 유대인들이 조직화되고 수치를 모르는 박해에 저항할 수 있을까? 나는 있다고 생각한다. 내가 유대인으로 독일에서 태어나 그곳에서 생계를 유지하고 산다면 나는 독일인과 똑같이 독일이 내 고향이라고 주장하고 추방당하는 것도 거부하고, 차별적인 대우도 거부할 것이다. 영국, 프랑스, 미국이 독일에 적대관계를 선언한다 해도 (유대인들에게) 그것은 어떠한 내적인 기쁨과 힘을 가져올 수 없다. 오히려 히틀러의 계산된 폭력은 그러한 선언에 대한 첫 번째 응답으로 유대인들을 대량 학살하는 결과를 가져올 지도 모른다. 그러나 만약 유대인들이 자발적으로 희생을 각오한다면, 방금 말한 대량학살의 날도 여호와가 폭군의 손에서 그 민족을 구원해주는 감사와 기쁨의 날로 바뀔 수 있을 것이다. 신을 두려워하는 사람들은 죽음을 두려워하지 않기 때문이다. 독일의 유대인들은 남아프리카의 인도인들보다 더 나은 보호를 받으며 사띠아그라하(비폭력 투쟁)를 제안할 수 있다. 유대인들은 독일에서 결속된 동질적 공동체를 이루고 있다. 그들은 남아프리카의 인도인들보다 훨씬 재능이 많으며, 그들은 세계의 여론을 등에 업고 있다. 만약 용기와 비전을 가진 어떤 사람이 그들에게 비폭력 행동을 지도한다면 그들의 절망의 겨울은 눈 깜짝할 사이에 희망의 여름으로 바뀔 수도 있을 것이다. 여호와가 그들에게 준 고난의 힘을 소유한 비무장의 사람들은 차분하고 결단력 있는 자세로 현재의 비열한 인간 사냥에 맞설 수 있다. 독일의 유대인들은 독일인들이 인간의 존엄을 높이 평가하도록 바꾸어 놓는다는 의미에서 영원한 승리를 거두게 될 것이다. 그들은 기존의 공헌과 기여에다 비폭력

행동이라는 뛰어난 기여를 더할 것이다."

진정으로 비폭력적이 되려면 적이 폭력적이라도 적을 사랑해야 한다는 간디의 비폭력 이론은 이해가 되지만 학살당하고 있는 유대인들에게 히틀러를 위해 기도하라고까지 한 그의 충고는 유대인을 격노하게 하였다.

간디는 비폭력 저항이 장기적으로 효과를 발휘한다며 이렇게 썼다. "고난을 겪는 사람들은 자신의 생애 안에 그 결과를 볼 필요가 없다. 만일 그들의 신앙이 살아있다면 결과는 확실하다는 믿음을 가져야 한다."[323]

1940년 3월 람가르(Ramgar) 국민회의에서는 지도자들 사이에 전쟁 정책에 대한 많은 차이점이 표출되었다. 많은 인도인들은 간디의 비폭력주의에 회의를 갖게 되었다. 의장인 아자드는 공개적으로 국민회의는 반전론자들의 단체가 아니라 인도의 자유를 쟁취하려는 조직임을 선언하였다. 국민회의 운영위원회는 마하트마의 평화주의(Pacifism)에 동조하지 않으며, 영국의 곤경이 새로운 출발을 위한 좋은 기회라고 생각했다. 1940년 6월 21일 국민회의는 간디의 비폭력과 함께 나아갈 수 없다고 단호하게 선언했다. 이로써 간디와 국민회의 운영위원회는 서로 다른 노선을 택하였다. 간디는 운영위원회의 결정에 대해 이렇게 썼다.

"국민회의에게는 비폭력이 늘 정책의 문제였으나 나에게 그것은 신념이다. 비폭력의 전파는 내 인생의 사명이기 때문에 나는 어떤 상황에서도 비폭력을 추구해야 한다."[324]

---

323 *Harijan*, 1939/5/27.
324 Yogesh Chadha, *op. cit.*, p.370.

이 무렵 간디는 그 어느 때보다 '최고의 비폭력'에 몰두해 있었으며, 어떤 상황 하에서도 인도의 전쟁 참여를 반대해 왔다. 아힌사의 실패 원인을 그는 사람들이 그것의 신성한 힘을 불신하기 때문이며 그리고 다양한 문화를 가진 인도사회의 종교적 갈등으로 여겼다. 유럽의 전쟁에서 영국이 아주 어려운 상황에 직면해 있을 때 간디는 모든 영국인들에게 비폭력으로 나치즘과 싸우라고 호소하였다.

"나는 영국이 패배하기를 바라지 않으며 또한 영국이 잔인한 힘의 경쟁에서 승리하기를 바라지도 않습니다. 나는 영국이 나치와의 전쟁이라는 불명예스러운 장으로 들어가는 것을 원하지 않습니다. 나는 영국이 무기 없이 비폭력의 무기로 나치즘과 싸우기를 바랍니다. 무기가 영국이나 인류를 구하는 데 무익하다는 것을 알고, 무기를 내려놓기를 바랍니다. 히틀러나 무솔리니로 하여금 영국이 소유하고 있는 것 가운데 그들이 원하는 것을 가져가게 하십시오. 모든 것을 내주되 영국민의 영혼과 정신만은 주지 마십시오. 그리고 그들에게 충성을 하지는 마십시오."[325]

1940년 5월 유럽에서 독일의 승리가 이어지자 영국은 처칠을 수상으로 하는 새 정부가 구성되었다. 반 히틀러 전쟁에서 인도의 적극적인 협력을 얻어내기 위하여 총독은 진나와 간디, 사바르까르(힌두 마하사바 지도자) 등을 만나고 다음과 같은 성명을 발표했다(August Offer 1940.8.8).

"첫째, 총독최고위원회와 전쟁자문위원회의를 구성하여 많은 인도인 대표들을 참여시키고 둘째, 영국정부는 그의 권위가 크고 강력한 요소들에 의해 거부되는 어떠한 정부 조직에 권력을 이양하지 않을 것

---

325 *Ibid.*, p.369.

이며 셋째, 새로운 헌법을 구성하는 일차적인 책임은 인도인에게 있다는 원칙 등이 수용되었다."[326] 국민회의 지도자들은 물론 간디도 총독의 성명에 실망을 나타냈다.

9월 15일 봄베이에서 개최된 전인도국민회의 운영위원회는 자유인도의 요구를 무시하고 억압해 온 영국에 대항하여 사띠야그라하 투쟁을 전개하기로 하고 간디에게 모든 것을 맡아 지도해 달라고 요청하였다. 나아가 국민회의의 간디에 대한 충성도 재확인하였다. 간디는 이제 국민회의 지도자 자리를 받아들이는 것을 거절할 수가 없었다.

"내가 지금 떠맡는 책임은 아마 내 평생 떠맡았던 그 어느 책임보다 중요한 것입니다. 나는 영국이 패배하거나 모욕을 당하기를 바라지 않습니다. 그것은 내가 영국인을 사랑하고 독일인을 미워하기 때문이 아닙니다. 나는 독일인들이 하나의 민족으로서 영국인들이나 이탈리아인들보다 못하다고 생각하지 않습니다. 우리 모두는 거대한 인간 가족의 구성원들입니다. 나는 인도인들이 우월하다고 주장하지도 않습니다. 나는 인도라고 불리는 지구의 이 조그만 곳에 사는 인간 가족만이 아니라 모든 인간 가족 전체를 향해 선의를 가질 때에만 인도와 인도의 자유를 흠 없이 유지할 수 있습니다. 나는 나의 정체성이 훼손되지 않기를 바랍니다. 그것을 잃어버리면 나는 영국인들이나 인도에도 아무런 도움이 될 수 없기 때문입니다. 나는 봄베이를 돌아다니며 이 전쟁, 유럽에서 자행되고 있는 이 형제 살육전쟁에 아무런 관계가 없다고 말할 수 있는 자유를 요구합니다. 나는 용맹을 존경하지만 이런 전쟁에서의 용맹이 무슨 소용이 있습니까? 나는 어리석음과 무지를 개탄합니다. 이런 사람들은 자기들이 무엇을 위해 싸우는지 모릅니다. 나

326 Anil Chandra Banerjee, *op. cit.*, pp.714-715.

는 거기에 참여할 수도 없고, 국민회의가 참여하기를 바라지도 않습니다. 나는 여러분의 이름으로 총독에게 가겠습니다. 우리는 당신을 난처하게 만들고 싶지도 않고 전쟁 노력과 관련하여 당신 목적에서 벗어나게 하고 싶지도 않습니다. 우리는 우리 길을 가고, 당신은 당신의 길을 갑니다. 민중이 우리와 함께 한다면 우리 민족은 전쟁 수행 사업을 하지 않게 될 것입니다. 그러나 만일 도덕적 압력 외에 어떤 압력을 이용하지 않았는데도 국민이 전쟁 사업에 협조한다면 우리로서도 불평을 할 이유가 없습니다. 만일 당신이 토후, 지주에게서, 또 지위가 높건 낮건 누구에게서든 협조를 얻을 수 있다면 그렇게 하십시오. 그러나 우리도 목소리를 낼 수 있게 해주십시오. 당신이 나의 제안을 받아들인다면 그것은 당신의 자랑거리가 될 것입니다. 당신은 현재 생사의 갈림길에 서 있지만, 우리에게 이런 자유를 준다면 그것은 당신에게 명예가 될 것입니다."[327]

간디는 개인적이고 상징적 시민불복종 운동을 시작하는 방향으로 나아갔다. 간디는 총독에게 미리 통지한 뒤에 제자들 가운데 한 사람인 비노바 바베(V. Bhave)에게 공개적으로 반전 운동의 공식적 선언을 요청했다. 바베에 대해 간디는 이렇게 적었다.

"그는 나와 같이 종파간의 화합을 믿는 사람이다. 그는 정치 분야에서 많은 사람들의 시선을 받은 적이 없다. 그는 조용히 건설적인 일을 하는 것이 효과적임을 잘 알고 있다. 그는 철저히 전쟁을 반대하는 사람이다."[328] 바베는 1940년 10월 17일 와르다(Wardha)에서 항의를 시작하여 몇 개 마을에서 전쟁 반대 연설을 하다가 체포되어 3개월 징역형을 선고 받았다. 네루는 한 번도 연설을 하지 못한 상태에서 구속되고

327 Yogesh Chadha, *op. cit.*, pp.371-372.
328 Stanley Wolpert, *op. cit.*, p.201.

그 다음에는 파텔, 사로지니 나이두, 마울라나 아자드 등이 감옥으로 끌려갔다. 1941년 5월에 이르자 1만 5천 명이 감옥에 갇혔으며, 항의는 일반적으로 비폭력적이었다. 이 무렵 다카에서는 힌두-무슬림사이의 소요로 방화와 약탈, 살인이 계속되었으며 이후에도 아흐메다바드와 봄베이, 비하르, 벵갈에서 두 집단 간의 유혈 폭력사태는 계속되었다. 개인적인 시민불복종 운동은 1년 정도 지속되었으나, 1941년 12월 초 일본의 전쟁 개입을 앞두고 대중적 지지를 받기 원했던 정부는 체포된 사람들을 석방하기 시작했다. 사실 간디의 이 운동은 영국의 전쟁 정책에 아무런 영향력을 주지 못하였던 것이 사실이었다.

1941년 12월 7일 일본의 진주만 폭격 이후 전선이 확대되면서 일본군은 말레이 반도와 버마를 거쳐 인도의 문 앞까지 밀고 들어왔다. 일부에서는 영국제국주의의 종말이 임박했다고 믿었다. 이와 같은 새로운 위기에 간디와 국민회의 지도자들 사이에 의견 차이는 커져 갔다. 국민회의 운영위원회는 다시 전쟁 지원과 인도 독립정부를 맞바꾸고 싶었으나, 간디는 전쟁을 대가로 독립을 얻는 것은 그의 비폭력 신념과 일치하지 않기 때문에 잘못된 것이라고 생각했다. 그래서 마하트마는 다시 한 번 국민회의의 지도자 자리에서 물러났다.

일본이 랑군을 점령하고(1942.3) 인도의 문을 두드리기 시작하자 인도는 연합국의 기지로서 중요한 위치를 차지하게 되었다. 윈스턴 처칠은 전투에서 인도의 지원을 얻기 위한 외교적 노력으로 헌법적인 해결책을 모색하지 않을 수 없었다. 루스벨트(Roosevelt)도 워싱턴을 방문한 처칠에게 인도와 영국 사이에 새로운 관계설정 다시 말하여 정치적 해결을 요구하였고 그 결과 크립스(Stafford Cripps) 사절단이 파견 되었다.[329] 루스벨트 대통령과 윈스턴 처칠은 '대서양 헌장'(Atlantic

Charter, 1941.8)을 발표하였다. 이 문서에서 모든 사람들은 자신들의 정부 형태를 선택할 권리가 있으며, 강제로 주권과 자치 정부를 박탈당한 민족이 주권과 자치를 회복하는 것을 두 정상은 보고 싶다는 희망을 피력하였다. 인도인들은 이 새로운 자유 헌장에 기뻐하였으나, 처칠은 서둘러 하원에서 대서양 헌장은 인도에는 적용되지 않는다고 선언했다.[330]

루스벨트 대통령은 개인적으로는 인도의 독립을 지지하고 처칠에게도 그것을 권유하였지만 미국이 영국과 가까운 것은 어쩔 수 없는 일이었다. 미국대통령의 사절인 루이스 대령을 만난 네루는 미군에 대한 게릴라 지원을 약속하고 국민회의는 미국의 뜻을 따를 준비가 되어 있다고 말했다. 그러나 간디는 미군이든 중국군이든 인도에 외국 군인이 들어오는 것을 결코 용인하지 않았다. "나는 미국의 원조가 무엇을 뜻하는지 알고 있다. 인도를 방어한다는 모든 조치들 가운데서 인도를 위한 자유를 나는 전혀 볼 수 없다. 그것은 대영제국의 방어를 위한 진정한 조치들이다."[331]

당시 하원의장이었던 크립스는 사회주의자로 노동당의 지도자였다. 그는 개인적으로 자유를 향한 인도인의 열망에 공감하고 있었다. 3월 22일 뉴델리에 도착한 스태포드 크립스 경은 다양한 정치적 견해를 대표하는 지도자들을 만났다. 스태포드 경이 마하트마에게 보여준 정부의 초안에는 인도 연방에 완전한 자치령적 지위가 부여되고, 헌법은 인도인들이 스스로 제정할 것이며, 영연방으로부터 탈퇴할 수 있는 권력을 갖는다는 내용들이 들어 있었다. 이것은 겉보기에는 통일된 인도

329 B.R. Nanda, *op. cit.*, p.449.
330 *Ibid.*, p.688.
331 Stanley Wolpert, *op. cit.*, p.202.

에 대한 국민회의의 요구에 부응하는 것이었으나 여기에는 조건들이 많이 들어 있었다. 인도 연방에 소속되기를 원치 않은 주나 토후국은 탈퇴할 권리가 있었으며, 전쟁이 지속되는 기간에는 영국의 통치가 그대로 유지된다는 것이었다. 간디는 그 제안을 '망해가는 은행의 기일이 지난 수표'로 묘사했다.[332] 인도민족의 자결은 원칙적으로 수용되지만, 연방 비가입이라는 새로운 원칙은 인도의 통일이라는 원칙에 심각한 타격일 수밖에 없었다. 각 주들과 토후국들이 무수히 분할될 수 있는 가능성이 있고 그 국가 중 다수는 전제적 통치에 대한 군사적 보호를 받기 위해 영국에 의존할 것이며 그러면 정치적 경제적 통일도 있을 수 없으며 영국은 계속하여 지배권을 행사할 것이기 때문이다. 그러나 더 중요한 문제는 인도의 전쟁 사업을 다루는 조항이었다. "전쟁기간 중 그리고 전쟁이 끝나고 새로운 헌법이 제정될 때까지 영국 정부는 전체적인 전쟁 사업의 일부로서 인도의 방어를 책임지고, 통제와 지휘를 유지한다."[333] 간디는 이것을 절대 받아들일 수 없었다. 영국의 제안은 국민회의뿐만이 아니라 모든 당파나 집단에 의해 거부되었다. 스태포드 경은 결국 빈손으로 델리를 떠났다. 많은 비판자들은 간디의 비타협적 태도 때문에 국민회의가 크립스의 제안을 거부했다고 비난했다. 그러나 네루는 "간디는 부인의 병 때문에 델리를 떠나있어 그 이후의 협상들은 그와는 아무런 관계가 없다"고 밝혔다.[334]

파키스탄의 건국이 언급되지는 않았지만 영국은 이슬람교도가 다수인 주들 가운데 몇 주의 연방 비가입을 통한 분리의 가능성을 처음으로 인정했다. 간디의 오랜 친구이고 국민회의에서 막강한 영향력을 행

332 Yogesh Chadha, *op. cit.*, p.375.
333 Anil Chandra Banerjee, *op. cit.*, p.717.
334 Jawaharlal Nehru, The Discovery of India, 1974, p.610.

사하는 라자고팔차리(Rajagopalchari)는 간디와 의견을 달리하는 두 주제가 있었다. 그중 하나는 파키스탄으로 분리하겠다는 무슬림연맹의 요구를 이제는 수용하여 최대한 고통을 줄여서 인도대륙을 분리하도록 진나와 협상을 해야 한다는 것과 전쟁이 진행되는 동안에는 총독정부를 도우라는 것이었다. 그는 그러한 협력이 영국뿐만이 아니라 인도에도 유익한 일이라는 것을 확신하였다. 그러나 그는 간디를 설득할 수 없어 결국 국민회의를 떠났다.

2) '인도를 떠나라' 운동(Quit India Movement)

크립스 사절단의 실패와 일본 침략의 위협은 간디의 입장에 분명한 변화를 가져왔다. 간디는 이제 영국이 순순히 인도를 떠나야 하고 그러면 인도는 다시 태어날 것이라고 생각했다. 간디는 영국의 존재가 일본의 침략을 유인하는 것이며 영국의 철수는 그러한 유혹을 물리칠 수 있을 것이라고 주장했다. "만일 영국이 질서 있게 시간에 맞추어 인도를 떠난다면, 일본은 인도를 그냥 내버려둘 것이다. 일본은 인도와 싸우는 것이 아니라 대영제국과 싸우고 있는 것이다. 만일 인도가 자유를 얻는다면 무엇보다 먼저 일본과 협상을 할 수도 있을 것이다. 만일 영국이 철수한 후 일본이 인도에 들어온다면 모든 인도인은 일본 침략자들에 대항하여 비폭력 저항을 할 것이다."[335] 일본이 침략해 올 경우 간디는 그들에게 주거를 제공하지 않을 것과 강제적 부역을 거부하고, 우리가 그들을 원하지 않는다는 것을 그들 스스로 느끼게 해야 한다고 주장하였다.

간디는 1942년 6월 7일 <하리잔>에 다음과 같이 기술하였다.

---

335 Anil Chandra Banerjee, *op. cit.*, p.687.

“나는 인도가 외국의 굴레를 벗어버리는 데 필요한 비폭력 힘을 개발하기를 기다리고 또 기다렸다. 그러나 이제 나의 입장은 바뀌었다. 이제는 더 기다릴 수 없다는 느낌이다. 계속 기다리다가는 지구 최후의 날까지 기다려야 할지도 모르겠다. 나는 이 나라의 어느 수준의 준비 상태를 위해 기도해 왔고 일해 왔지만, 그런 상태는 절대 오지 않을지도 모른다. 그러는 사이에 나는 우리 모두를 위협하는 불길에 휩싸일지도 모르겠다. 그래서 나는 분명히 모험을 무릅쓰고라도 민중에게 노예상태에 저항하라고 결정하였다.”

간디는 ‘모든 영국인에게’라는 글에서 영국인들에게 인도로부터 떠날 것을 호소했다.

“영국 정치가들은 인도의 참전에 대해 쉽게 말합니다. 그러나 인도는 공식적으로 전쟁선언에 대해 의견을 교환한 적이 한 번도 없습니다. 왜 그래야 합니까? 인도는 인도인들의 것이 아니라 영국인들의 것입니다. 인도는 영국의 소유로 여겨져 왔습니다. 영국인들은 실제로 인도를 마음대로 다루고 있습니다. 그들은 모든 전쟁에 반대하는 나에게 여러 가지 방법으로 전쟁 세금을 물게 만듭니다. 정복자에게 하는 기여는 사실 어떤 것도 자발적일 수 없습니다. 인도가 영국의 전쟁에 강제적으로 참여해서 무슨 이익을 얻겠습니까? 용감한 인도 병사들은 인도에 아무런 이익을 가져다주지 못할 것입니다. 나의 국민은 이런 생각을 가질 수도 있고 그렇지 않을 수도 있습니다. 미국에서 노예제가 폐지되었을 때 많은 노예들이 저항했고 울기도 했습니다. 노예제도의 폐지는 남북 사이에 피비린내 나는 전쟁의 결과입니다. 나는 그보다 더 고차원적인 어떤 것을 요구합니다. 설사 우리 가운데 일부가 저항을 한다 해도 나는 피 흘리지 않는 식민지배의 종식과 새로운 시대를 요구합니다."[336]

사태의 새로운 전개과정에서 자신의 오랜 입장을 수정한 간디는 와르다에서 열린(1942.7.14) 운영위원회에서 국민회의의 주도권을 행사하게 된다. 운영위원회는 영국에 대해 대규모의 비폭력 저항운동을 제안하는 간디의 '인도를 떠나라'라는 운동 결의안을 채택하였다. 그것의 주 내용은 아래와 같다.

"인도에서 영국의 지배는 즉시 끝나야 하며 이것은 인도를 위해서만이 아니라 세계의 안전과 나치즘, 파시즘, 군국주의, 제국주의의 종말을 위해서 필요한 것이다. 그러나 만약 현 상황이 계속 된다면 국민회의는 모든 비폭력 힘을 동원하여 이에 맞설 것이다. 그리고 국민회의는 연합군을 난처하게 할 의사가 전혀 없으며 나아가 연합군의 인도주둔에 동의한다."[337] 결론적으로 만약 영국의 인도 철수에 대한 호소가 받아들여지지 않을 경우 마하트마 간디의 지도아래 모든 비폭력적 힘을 동원하여 광범위한 시민불복종 운동을 전개할 것이라고 주상했다. 시민 저항운동에 참여할 사람들에 대한 간디의 지시내용은 다음과 같다. "우리의 사띠아그라하 투쟁의 목적은 영국의 지배자들을 물러가게 하고 인도 전체의 독립을 달성하는 일이다. 모든 사띠아그라히들은 투쟁에 참여하기 전에 독립을 달성할 때까지 끝까지 투쟁을 계속해야 한다는 사실을 명심하고 자유가 아니면 죽음을 불사하겠다는 맹세를 해야 한다"[338] 그때 간디가 내건 구호가 '까레가 야 마레가(행동으로 옮길 것인가 아니면 죽을 것인가)'이었다. 이 구호는 영국인들을 향해 외친 모든 인도인들이의 함성이요 절규였다.

---

336 Yogesh Chadha, *op. cit.*, p.379.
337 Anil Chandra Banerjee, *op. cit.*, p.687.
338 Stanley Wolpert, *op. cit.*, p.394.

1942년 8월 7일, 국민회의 전인도위원회는 예정대로 봄베이에 모여 비폭력 대중 투쟁을 촉구하는 운영위원회의 7월 14일 결의안을 승인했다. '인도해방 결의안'으로 알려진 이 결의안은 인도를 위하여 그리고 연합국의 승리를 위하여 영국은 인도의 통치를 끝내고 '인도를 떠나라'는 주장이었다.

결의안은 또 모든 국민을 대표하는 임시정부 구성을 제의하고 이 정부는 제헌의회를 구성하여 연방헌법을 제정할 것임을 약속하였다. 나아가 연합국의 방위능력을 위태롭게 할 생각이 전혀 없음을 밝혔다. "이 단계에서 행동을 안 하거나 외국정부에 복종하는 일은 인도를 격하시키고 방위능력과 침략에 대한 저항력을 감퇴시킬 뿐만이 아니라 연합국 국민에 대한 봉사도 아니다."[339] 마지막으로 자유와 독립에 대한 인도의 양도할 수 없는 권리를 쟁취하기 위해 간디의 지도하에 비폭력 대중투쟁을 전개하는 것을 승인한다고 맺고 있다. 따라서 이 결의안은 간디가 결정단안을 내릴 때만 효력이 발생하게 되어 있었다. 영국철수 결의안이 통과된 뒤인 8월 8일 간디는 엄숙히 다음과 같이 선포하였다.

"그렇게 될 수만 있다면 나는 즉시, 오늘밤, 동이 트기 전에 자유를 원합니다. 자유는 종파간의 화합이 이루어질 때까지 기다릴 수 없습니다. 국민회의는 자유를 쟁취해야 합니다. 아니면 그런 노력 속에서 소멸해야 합니다. 여기 내가 여러분 에게 드리는 짧은 만트라(주문)가 있습니다. 여러분은 이것을 가슴속에 새기고 숨을 쉴 때마다 표현하십시오. 그 만트라는 '행동이냐 아니면 죽음이냐' 이것입니다. 우리는 인도를 자유롭게 하거나, 아니면 그런 노력 가운데서 죽을 것입니다. 우리

339 Jawaharlal Nehru, *op. cit.*, p.478.

는 노예제가 영속화되는 것을 보고서는 살 수 없습니다. 신과 자신의 양심을 증인으로 하여 이제 자유를 쟁취할 때까지 쉬지 않겠다고 맹세하십시오. 여러분 모두는 이 순간 자유를 느껴야 하고, 여러분 자신을 자유로운 사람으로 생각해야 하며, 이미 자유로워진 것처럼, 더 이상 제국주의에 짓밟히지 않는 것처럼 행동해야 합니다. 자유가 오기 전에 먼저 자유의 정신을 함양해야 합니다. 노예의 사슬은 스스로 자유인이라고 생각하는 순간 끊어집니다."[340]

1942년 자와하르 랄 네루와 함께

전인도국민회의의 압도적인 지지를 받은 이 결의안은 궁극적으로는 인도의 독립을 가져오겠지만 모든 국민회의 지도자들의 체포와 앞으로의 험난한 길을 예고하기도 하였다. 바로 다음 날 간디, 네루, 아자드 등 국민회의의 최고지도자들이 체포되어 뿌나의 아가칸 궁으로 끌려갔다. 간디는 외쳤다. "사띠아그라히들은 삶을 위해서가 아니라 죽음을 향해 나아가야 한다. 각 개인이 죽기를 각오하고 나아갈 때에만 국가는 살아남을 수 있다."[341]

1주일 안에 모든 국민회의 지도자들이 체포되었으며 전인도국민회의 위원회와 지방 국민회의 위원회들은 모두 불법 조직으로 선포되었다. 민족 지도자들의 체포는 대중의 폭력시위를 낳았고, 정부는 이런 시위들을 가혹하게 진압하였다. 영국 철수를 외치는 폭동의 불길은 갇혀 있는 지도자들조차 도저히 통제할 수 없는 방향으로 불타올랐다.

340 Yogesh Chadha, *op. cit.*, p.382.
341 *Ibid.*

간디의 비폭력 비협력 프로그램은 실행되기도 전에 간디를 비롯한 지도자들이 체포되었기 때문에 완전히 다른 성격의 운동으로 변했다. 도시 농촌 가릴 것 없이 사람들이 모여 영국의 지배와 권력의 상징으로 여겨지는 장소들을 공격했다. 기차역과 우체국에 방화했으며, 경찰서를 비롯한 정부 건물들도 공격했다. 저항자들은 전화선을 끊고, 다리를 폭파시키고, 철도를 뜯어냈다. 운동기간은 불과 몇 주였지만 매우 강력했다. 비하르와 연합 주 동부의 무질서 상태가 가장 심각하고 광범위했다. 그곳은 한동안 무정부 상태였으며, 통신이 두절되어 벵골과 아삼의 동부 여러 주를 비롯해 일본군과 맞서 동쪽 국경을 지키는 군인들은 인도 북부와 전혀 교신을 할 수 없었다. 경찰과 군 등 정부의 공권력은 심각한 타격을 받았다. 8월부터 11월까지 수백 명의 사상자를 내고 6만 명이 넘는 사람이 체포되면서 봉기는 점차 힘을 잃기 시작했다. 이 운동의 지도자는 자야프라까쉬 나라얀이었으며 펀잡과 북서 변경 주, 신드를 제외한 전 지역에서 전개되었다. 국민회의의 기록에 의하면 250개의 기차 정거장이 파괴되었고, 550개의 우체국이 공격을 받았고, 3500여 곳의 전신주가 잘렸으며, 70개의 경찰서와 정부 빌딩이 불탔고, 900명의 경찰이 죽고 많은 수가 부상당했으며, 군인은 11명이 죽은 것으로 되어 있으나 이 통계는 어디까지나 정확한 것은 아니다.[342]

영국정부는 인도에 자유와 독립, 주권을 양도할 의사가 없었다. 처칠은 영국 철수 요구에 대하여 다음과 같이 선언했다. "우리는 장기간 시간을 정해 두지 않고 인도의 실질적 지배자로 남아 있을 계획이다. 우리는 우리 것을 지킬 것이다. 나는 대영제국의 해체를 주관하기 위

342 Anil Chandra Banerjee, *op. cit.*, p.689.

해 왕의 총리가 된 것은 아니다."[343] 처칠은 대영제국을 붕괴시키려는 간디를 몹시 싫어했다. 간디는 영국의 선전을 비판하고, 폭력에 대한 책임을 부인했으며, 국민회의 지도부에게 죄를 묻지 말 것을 요구했으나 총독은 그의 비판과 요구를 받아들이지 않았다.

'영국은 인도를 떠나라'라는 운동은 실패로 끝났다. 그로 인해 국민회의 당원 다수가 3년 동안 감옥에서 지낸 반면 진나의 무슬림연맹은 이 기회를 최대한 활용하여 전국에서 세력을 확장했다. 간디는 진나와 무슬림연맹에게 국민회의의 이 운동에 동참하여 인류를 위한 자유와 민주주의를 함께 성취하자고 요청하였다. 그러나 진나는 '영국 철수 운동을 영국정부로 하여금 국민회의 통치에 항복을 강요하는 처사'로 비난하며 강력히 반대하였다. 스태포드 크립스 경은 합헌적 형태의 정부도 없는 상황에서 인도를 떠나라고 영국에 최후통첩을 한 간디를 비판하면서 '일본에 대항하는 우리의 공동 작전의 안전한 기지'로 인도를 계속 유지해나가야 한다고 주장했다. 라자고팔차리도 대체 정부도 없이 영국정부의 철수는 국가와 사회의 해체를 가져온다며 우려하기도 하였다.

총독은 전국에서 일어난 폭력의 책임이 간디에게 있다고 보았으며, 간디는 정부의 성명들은 진실이 아니며 그리고 무고한 사람들에게 부당한 처우를 했다고 주장하였다. 간디는 자신의 오명을 씻기 위해 사띠야그라히로서 단식에 의해 육신을 십자가에 매달기로 결심했다. 간디는 2월 9일부터 21일간 단식을 시작하겠다고 통고했다. 총독은 그의 단식을 정치적 협박(힌사)의 한 형태로 간주한다고 비난했지만 간디의 단식은 누구를 협박하려는 것이 아니라 총독에게 무죄를 알리고 납득

343 Yogesh Chadha, *op. cit.*, p.384.

시키기 위한 것이었다. 간디의 단식은 1943년 2월 10일에 시작되어 3월 3일 끝났다.

제2차 세계대전에서 연합군을 지지하지 않았던 사실과 인도를 떠나라는 운동을 전개한 이후로 영국 정치가들은 간디를 적으로 간주하였다. 처칠은 독일의 런던 공습기간에 인도와 협상을 벌이는 일은 생각하지도 못했고 전쟁 동안 국민회의의 모든 행동은 영국인들에게는 반역일수 밖에 없었다.

처칠의 목표는 대영제국을 세계 제일의 세력으로 유지하는 것이었다. 그는 왕권과 세습적 계급, 제국을 사랑하였으며 지나간 대영제국의 영광은 그에게는 우상이었다. 인도는 영국의 재산이었는데 그가 쉽게 영국의 재산을 포기할 수는 없었던 것이다. 그는 수상이 되면서 물러 날 때까지(1940-45) 간디와의 투쟁을 계속하였다. 정부와 국민회의 사이의 정치적 균열은 이제 돌이킬 수 없는 사실이 되었고 영국 당국과 1942년의 소요를 둘러싼 무익한 논쟁은 계속되었다. 간디는 1944년 5월에, 나머지 지도자들은 1945년 5월에 석방되었다.

비협력 운동과 마찬가지로 '인도를 떠나라'는 운동도 어떤 적극적인 정치적 목적을 달성하는 데는 실패하였다. 이 운동이 실패한 이유로는 지도자가 없는 상황에서 반란 그룹의 활동이 조직적이지 못했고 서로 협조도 되지 않은 반면 폭동을 진압하려는 총독정부의 의지가 강력했다는 것이다. 그리고 어떤 정치단체도 이 운동을 지지하지 않았다는 사실이다. 무슬림연맹, 힌두 마하사바, 인도 공산당도 이 운동을 반대했다. 그러나 이 운동이 단순한 실패로 끝난 것은 아니었다. 그것은 자유를 향한 인도 국민들의 의지를 분명하게 천명하였으며, 그리고 영국 지배가 더 이상 오랫동안 지속할 수 없다는 국민적 여망을 형성하는

데 크게 기여하였기 때문이다.

이 기간 간디와 진나의 사상적 괴리감은 더 깊어 갔다. 진나는 전쟁이 끝나기 전 파키스탄을 인정하라고 촉구했고 간디는 그와 같은 주장을 받아들일 수 없었다. 간디에게는 힌두-무슬림의 화합이 우선이었고 진나는 파키스탄의 분리 독립이 우선이었다. 결국 두 사람은 합의에 이르지 못했고 그 후 인도는 피바다로 물들게 되었다.

4

인도의 독립과 간디 시대의 종언

1. 마하트마 간디와 무함마드 알리 진나의 갈등

1) 진나와 국민회의

진나(1876.12.26-1948.9.11)는 파키스탄을 건설한 무슬림연맹(All India Muslim League)의 지도자이며 공식적으로 '위대한 지도자'(Quaid -e-Azam), '건국의 아버지'(Baba-e-Quam)로 호칭된다. 진나는 부유한 상인의 아들로 카라치에서 태어났다. 그의 아버지 진나바이(Jinnahbhai, 1857-1901)는 진나가 태어나기 전 구자라트의 카티아와르(Kathiawar)에서 신드(Sindh)로 이주하였다. 어떤 사람은 진나의 조상들은 힌두 라즈뿌트이며 나중에 이슬람으로 개종하였다고 보고 있다.[344] 그는 16세에 봄베이 대학 시험에 합격하고 그 후 카라치에 있는 자기 가문의 회사와 큰 거래가 있는 런던의 회사(Graham's Shipping and Trading

---

344 Ahmed S.Akbar, *Jinnah, Pakistan and Islamic Identity*, p.320.

Company)에 수습직원으로 가게 된다. 영국으로 떠나기 전 그는 어머니의 강요로 결혼을 하였으나 몇 개월 후 아내는 죽게 된다. 런던에 체류하면서 진나는 수습직원을 그만두고 법을 공부하기 위하여 법학원(Lincoln's Inn)에 입학하게 된다. 3년 후 진나는 변호사가 되며 이때부터 그는 정치에 관심을 가지게 된다. 진나는 인도의 정치 지도자 다다바이 나오로지와 메흐타를 존경하였으며 인도의 자치정부에 대한 헌법적인 관계를 공부하였지만 그는 인도에 있는 영국 관리들의 오만함과 그들에 의해 자행되는 인종차별을 비난하지는 않았다.[345] 귀국 후 그는 봄베이에서 유능한 변호사로 이름을 얻게 된다. 진나는 당대에 가장 앞서가는 국민회의 당원 가운데 한 사람이었다. 힌두교도와 이슬람교도 사이의 협력을 이끌어내기 위해 그가 기울인 노력은 널리 인정을 받았다.

고팔 크리슈나 고칼레는 진나에 대해 이렇게 말했다.

"그는 진실한 사람이며 모든 당파적 편견으로부터 자유로워 힌두-이슬람의 화합과 통일을 이루어 낼 수 있는 사절이 될 수 있을 것이다."[346] 진나는 1917년 무슬림연맹 회의에서 일부 이슬람교도가 힌두의 지배에 대해 가지고 있는 두려움에 대해 이렇게 말했다.

"두려워하지 마십시오. 그것은 여러분에게 겁을 주어 자치정부에 필수적인 협력과 통일을 이루지 못하게 하려는 마귀입니다."[347]

큰 키(6피트)에 마른 체구를 가진 진나는 고급 양복을 입고 호화스러운 생활을 했기 때문에 매우 서구화된 코스모폴리탄 귀족이라는 인상을 준다. 그는 말년에 양복을 벗고 이슬람의 셰르와니와 셸와르

345 http://www.pakistan.gov.pk/Quaid/politician7.htm
346 Yogesh Chadha, *op. cit.*, p.349.
347 *Ibid.*

(Sherwani and Shelwar)복장으로 바꾸었다. 진나는 크게 성공한 변호사로서 재치 있고 영리하면서도 강한 이기적인 면을 지녔다. 무슬림연맹의 동료가 당신도 간디처럼 3등실 기차를 타고 다니면 정치적으로 도움이 될 것이라고 조언하자 그는 화를 내며 '나에게 이렇게 하라, 저렇게 하라, 하지 말라. 내가 쓰는 돈은 너의 돈이 아니다. 나는 내가 하고 싶은 대로 하면서 살 것이다.'고 하였다. 그는 유순한 동시에 무자비하기도 하여 자신이 틀릴 때도 오만한 태도로 화를 잘 냈지만, 그의 목적의 정직성에는 의문의 여지가 없는 사람이었다.[348] 10대 후반에 첫 아내를 잃은 진나는 나이 마흔에 파르시교도인 열여섯 살의 소녀를 만났다. 딘샤우 페티트 경(Sir. Dinshaw Petit)의 딸인 루텐바이라는 소녀는 매우 아름다웠고 매력적이었다. 루텐바이(Ruttenbai)는 진나의 정치적 역할을 매우 존경했으며, 그와의 결혼을 원했지만 진나는 나이 차이를 이유로 단념시키려 했다. 딘샤우 경은 두 사람의 이야기에 당혹한 나머지 진나가 미성년인 자신의 딸을 만나지 못하게 하였다. 그러나 루텐바이가 성년이 되자 두 사람은 결혼을 했다. 그러나 이들 부부는 매우 어려운 시기를 맞게 되었고, 나이와 습관의 차이 때문에 어려움은 가중되었다. 결국 루텐바이는 봄베이 집을 떠나 타지마할 호텔에 자리를 잡았고, 그곳에서 병이 든 지 두 달 만에 세상을 떠났다. 그녀의 나이 스물여덟이었다. 이렇게 두 번의 결혼의 비극적 실패로 인해 복잡하고 어려운 세상을 혼자 살아가게 된 것이 진나의 정치적 행로에도 적지 않은 영향을 주었을 것으로 생각된다.

무슬림의 자각 운동 지도자들이 반 힌두. 반 국민회의 호소에도 불구하고 소수의 무슬림이 국민회의에 참여하였는데 진나도 그 가운데

348 Yogesh Chadha, *op. cit.*, p.347.

한 사람이었다. 진나는 1896년 최대 정치 조직인 국민회의에 가입하였는데 교육과 법, 문화, 산업 등에 유익을 가져오는 영국의 영향력을 고려하여 직접적인 독립을 주장하지는 않았다. 그는 60명의 제국입법위원회의 한 사람으로 유아결혼 방지법(Child Marriages Restraint Act)과 인도 육사(Indian Military Academy)를 설립하는 데 기여하기도 하였다.[349] 그는 1차 대전 기간에는 앞으로 인도인들에게 정치적 자유가 주어지리라는 기대 속에 영국의 전쟁을 도왔다.

1913년 무슬림연맹은 무슬림과 힌두 사이의 우의와 화합을 도모하고, 나아가 영국의 보호 아래 합법적인 방법을 통해 기존 행정제도를 점진적으로 개혁하여 인도 국민 사이에 공공심을 함양시키고, 각 공동체간에 협력함으로써 인도에 적절한 자치제도를 성취시킨다는 새로운 목표를 세웠다. 힌두-무슬림 사이의 이같은 화목한 분위기 속에서 국민회의와 무슬림연맹은 1916년 12월 러크나우에서 합동회의를 개최하고 공동목표를 협의하였다. 러크나우 협정이라고 불리는 힌두-무슬림 사이의 첫 협정에서 힌두와 무슬림은 서로 다른 두 개의 공동체라는 것을 인정하면서 정치적 개혁과 자치 실현을 위해서는 통일된 행동으로서 영국 정부에 공동 대처한다는 행동의 일체를 보여주었다.

힌두-무슬림 합동회의에서 이슬람의 정치적 목적과 힌두의 그것을 동일시했던 진나는 인도가 상이한 인종, 문화, 종교 등을 가지고 있지만 "인도인은 자치에 대한 적응성을 입증하기로 결의해야 하며 힌두-무슬림 화해는 통일정부가 출현하는 신호"[350]라고 강조하였다. 또 다른 무슬림지도자인 토후 마하무다바드도 "국가의 이익이 최상의 것이므로 우리는 무슬림이 먼저냐 혹은 힌두가 먼저냐 하는 문제를 논할

349 http://www.pakistan.gov.pk/Quaid/politician7.htm

350 Ram Gopal, *Indian Muslims: A Political History*, p.131.

필요가 없다. 우리는 양쪽 모두이며 상위의 문제는 의미가 없다. 무슬림연맹은 무슬림에게 종교를 위해서만큼 국가를 위해서도 희생정신을 발휘하도록 가르쳐왔다."[351]며 종파의 구별 없는 인도국민의 단합을 촉구하였다.

진나는 이 무렵 띨락이 창설한 인도 자치연맹의 주요 리더였다. 이 단체는 온건파만의 국민회의 활동에 실망하여 보다 적극적인 자치 투쟁을 벌이기 위한 것이었다. 이 무렵 간디는 자치운동에 참여하지도 않았고 러크나우 협정에도 참여하지 않았다. 이러한 사실은 간디는 당시 인도정치의 주 무대에서 완전히 배재된 반면 진나는 상당히 적극적인 정치활동을 하고 있음을 보여준다.

1928년 12월 캘커타에서 열린 국민회의 총회에서 의장인 모띠랄 네루는 모든 당파의 자문을 얻어 인도 연방 자치령을 위한 헌법 초안을 마련했다. 총회에서는 '네루 보고서'라고 알려진 이 문서를 놓고 의견이 첨예하게 엇갈렸다. 자와하르랄 네루, 수바스 찬드라 보스, 스리니바스 이옌가르 등 젊은 국민회의 당원들은 정부에 대한 온건한 요구에 반대했다. 그들은 즉각적 독립 및 영국과의 완전한 결별을 원했다. 간디가 개입하여 타협안이 제시되었고, 이 안은 수정을 거쳐 채택되었다. 영국에 1년 간 네루 보고서가 권고하는 헌법을 받아들일 기회를 주고, 그것이 받아들여지지 않을 경우 국민회의는 비폭력 비협력 운동을 다시 시작한다는 내용이었다. 네루 보고서는 이슬람교도로부터 비판을 받았다. 오래 전에 간디와 결별한 알리 형제들은 이제 마하트마가 힌두 라지(힌두교도의 통치)를 세우려 한다고 비난했다. 진나가 이끄는 무슬림연맹도 네루 보고서를 거부했다. 네루 보고서는 의도와는 반대

351 *Ibid.*

로 힌두교도와 이슬람교도 사이의 간극을 더 넓히는 결과만을 가져왔고 연맹의 두 파는 결속을 하게 하였던 것이다.[352]

진나는 독자적으로 국민회의와 무슬림연맹을 함께 만족시킬 수 있는 '진나의 14가지 제안'을 냈으나 그의 제안은 국민회의와 여타 정당들에 의해 거부되었다. 사실 네루 리포트와 진나의 제안 사이의 차이는 크지 않았다.[353] 진나는 국민회의와의 타협이 가능할 것으로 생각하였다. 그러나 이것은 국민회의를 떠나고 나서도 힌두-무슬림 단결을 위한 그의 노력을 이해해 주지 못하는 국민회의 지도자들의 큰 실수로 간주되었다. 진나는 이렇게 말했다.

"여러분이 오늘 이 문제를 해결하지 못한다면 우리는 내일 해결하면 됩니다. 그러나 우리의 국가적 이익은 고통을 당합니다. 우리는 이 땅의 아들들이며 함께 살아가야 합니다. 우리는 함께 일해야 하며, 우리의 차이가 무엇이든 피를 흘려서는 안 됩니다. 우리가 합의할 수 없다면 차이점을 인정하고 친구로서 헤어집시다. 나는 다시 한 번 강조하는데 무슬림과 힌두교도가 단결하기 전에는 인도의 발전은 없다고 믿습니다."[354] 이 무렵 진나는 정치적으로는 물론 정신적으로도 큰 어려움에 처했다. 두 번째 결혼한 부인과 별거하고 병마에 시달리던 아내는 1929년 세상을 떠났기 때문이다.

2) 1937년 선거와 분리 독립의 씨앗

영국정부는 1930년 11월부터 1932년 12월 사이 영국 정부대표와 인

---

352 사이먼 위원회와 의견을 같이하는 사피(Mahammad Shafi)와 국민회의와 뜻을 같이 하는 진나.

353 M.D. Zafar, *op. cit.*, p.52.

354 Uma Kaura, *Muslims and Indian Nationalism*, p.45.

도인 단체들의 대표들을 런던에 초청하여 인도의 장래를 위한 통치법 문제 논의를 위한 3차에 걸친 원탁회의를 개최하였는데 불가촉천민의 분리선거 제도와 대표권 문제로 어떠한 합의도 나오지 않았다. 원탁회의에서 어떠한 결과물도 나오지 않고 무슬림연맹 안에서도 단결이 되지 않자 1931년 진나는 정치에 환멸과 무력감을 느끼고 영국으로 건너가 변호사를 개업하였다.

매년 인도에서 친구들이 찾아와 그곳의 상황을 전하면서 그가 많은 일을 할 수 있을 것이라고 설득했음에도 그는 돌아갈 의향이 없었다. 그러다가 이슬람 지도자인 리아콰트 알리 칸이 찾아와, 네루가 어느 모임에서 '진나는 이제 끝났다'라고 말했다고 전하자 화가 난 진나는 오르지 '네루에게 뭔가 보여주기 위해' 영국생활을 접고 귀국하였다.[355] 1934년 진나는 인도로 돌아와 그의 오른 팔인 리아콰트 알리 칸(Liaquat Ali Khan)과 함께 무슬림연맹을 재조직하였다.

국민회의는 1936년 러크나우에서 열린 전당대회에서 인도통치법을 비난했다. 네루는 새 헌법을 '인도에서 영국 제국주의의 지배를 영속화하기 위해 만든 노예제도의 헌장'이라고 말하고 그것은 인도인들에게 권력은 주지 않고 책임만 강요하는 것이라고 선언하였다.[356] 그러나 국민회의는 간디의 승인을 받아 그 헌법(1937년 4월 1일부터 시행) 아래서 선거에 참여하기로 결정하였다. 1937년 2월에 치러진 선거 결과 국민회의는 11개 주 가운데 6개 주에서 절대 다수를 확보했고, 다른 3개 주에서도 단일 다수당이 되었다. 마침내 7월에 6개 주(U.P., Bihar, Orissa, C.P., Madras, Bombay)에서 국민회의 내각이 구성되었으며, 일곱 번째로 북서 변경 주에서도 국민회의 내각이 구성되었다. 1937년

---

355 Stanley Wolpert, *op. cit.*, p.349.
356 B.R. Nanda, *op. cit.*, 1996, p.385.

선거는 다가올 인도역사에 엄청난 파장을 가져왔다. 무슬림연맹의 초라한 선거결과와 승자인 국민회의의 오만한 태도로 인해 둘 사이에 갈등과 불화의 씨앗이 자라 10년 후 인도가 두 나라로 분열되었기 때문이다.

1909년 영국 정부는 힌두와 무슬림들에게 각각 독자적인 선거제도를 시행하였는데 이 제도는 무슬림은 무슬림 입후보자에게, 힌두는 힌두입후보자에게만 투표를 하는 것이었다. 이것은 두 집단의 골을 깊게 분리시키는 정치적 의도에서 나온 것이었다. 인도에서 힌두와 무슬림은 서로 다른 이해관계를 갖고 있는 융화될 수 없는 별개 민족이라는 것을 영국정부가 인정한 것이었다. 그럼에도 1936년까지는 외견상으로는 전국적 통일이라는 모습이 유지되었다.

1935년 인도통치법은 인도인들에게 제한적이기는 하나 실질적인 권력을 주었는데 무슬림연맹은 그때까지도 다수의 힌두가 중앙 정부의 요직을 차지하는 것에 대해 특별한 우려를 표시하지 않았다. 1937년 선거 전 국민회의와 무슬림연맹은 우호적인 것처럼 보였다. 무슬림연맹은 전인도 정당임을 내세웠지만 그 지지자들은 주로 힌두가 다수를 이루는 지역에 한정되어 있었고 거의 알려져 있지 않았다. 따라서 무슬림연맹이 인도의 이슬람을 대표한다는 주장은 사실과 다른 것이었다. 1937년 초까지 무슬림연맹의 의장인 진나는 국민회의가 선거에서 승리하면 힌두가 다수인 주에서 무슬림연맹과 제휴하여 연립 정부를 구성할 것이라고 믿었다. 또 새 헌법에서 연방과 관련된 부분이 효력을 발휘하면 중앙에서도 비슷한 연립이 이루어질 것이라고 그는 기대했다. 그러나 주 선거에서 승리를 거둔 국민회의는 무슬림연맹과 연립을 할 이유가 없다며 연립내각의 가능성을 일제 배격하였던 것이었다.

간디를 포함하여 국민회의 지도자들은 그들이 난처한 상황에 빠져들고 있다는 것을 전혀 알지 못했다.

네루는 연설에서 인도에는 두 당사자 - 국민회의와 영국정부 - 가 있을 뿐이며, '나머지는 그 뒤에 줄을 서야 한다.'고 말함으로써 무슬림연맹의 존재를 무시하였다.[357] 힌두-이슬람 화합을 위해 진나는 간디의 도움을 요청하였으나 거절당하였으며 직접 대화를 희망하였지만 그것마저도 거부당했다.

그해 10월 진나는 무슬림연맹의 의장이 되어 러크나우에서 무슬림연맹 회원 5천명을 앞에두고 국민회의에 대한 반감을 강하게 표출하였다.

"현재 국민회의의 지도자들은 전적으로 힌두교도만을 위한 정책을 전개함으로써 인도의 이슬람교도들을 점점 소외시키고 있습니다. 또한 그들이 6개 주에서 정부를 구성하였으므로 우리가 그들로부터 공정하고 정의로운 관계를 기대할 수 없다는 사실을 똑똑히 보여주었습니다. 그들은 무슬림연맹과의 협력을 거부했으며 무조건적인 항복만을 요구합니다."[358] 막강한 힘과 권위를 보여준 이 연설로 그는 곧 수백만의 이슬람교도들로부터 위대한 지도자로 불리게 되었다. 그는 무슬림연맹이 앞으로 전개해 나갈 투쟁도 당부하였다. "사람이든 어떤 집단이든 근면과 고통 그리고 희생 없이 무언가를 성취할 수는 없다. 인도의 8백만 이슬람 인들은 아무것도 두려워할 것이 없다. 우리의 운명은 우리 자신의 손에 달려 있으며 단합된 힘은 어떠한 위험에도 굳건히 맞서며 어떠한 저항에도 굴하지 않기 때문이다."[359]

357 Stanley Wolpert, *Nehru*, p.222.
358 Stanley Wolpert, *Jinnah of Pakistan*, p.153.
359 Stanley Wolpert, *op. cit.*, p.183.

발라브바이는 앞으로 진나의 정치적 역량을 인지하고 1937년 10월에 간디에게 진나를 만나볼 것을 제안했다. 그러나 간디는 "자와하르랄이 그것을 원하지 않는다."고 대답했다.[360] 진나에 대한 네루의 개인적 사상적 반감은 인도에서 가장 인구가 많은 지역들에서 국민회의와 무슬림연맹이 함께 연립정부를 구성할 수도 있는 기회를 막아버린 것이다. 간디 역시 진나가 지닌 힘을 알고 있었다. 하지만 그는 이슬람의 최고 지도자와 소원해지는 위험을 감수하면서까지 네루와의 관계를 유지하려 했다.

국민회의의 내각이 유나이티드 주 지역을 통치하고 있기는 했지만 인도에서 가장 인구가 많고 다양한 문화가 공존하는 그 지역에서는 여전히 힌두-이슬람의 폭동이 끊이지 않았다. 1938년 3월에는 네루의 출생지이며 국민회의의 본부가 있던 알라하바드에서도 폭동이 일어나 수많은 인명피해가 발생하였다. 간디는 알라하바드의 민중 폭동과 그로 인해 경찰, 심지어 군대의 도움을 요청할 수밖에 없었다는 사실은 아직도 국민회의가 영국 정부를 대체하기에는 적합하지 않다는 사실을 직시해야 한다고 말했다. 국민회의 정치인들의 부패와 족벌주의에 무슬림들은 대부분 고용과 교육에서 부당한 대우를 받고 있다고 느꼈다. 진나는 간디에게 무슬림연맹을 인도에서 적법한 권한을 가진 유일한 이슬람 조직으로 받아들이고, 힌두-이슬람 문제에 대해 아불 칼람 아자드와 같은 국민회의 이슬람교도의 조언을 듣지 말 것을 분명하게 요구했다. 대화는 결실을 맺지 못했지만 진나의 위상은 올라갔다. 그가 새로 얻은 권력은 목표를 향해 달려가고 있는데 그것은 진나 자신을 포함해 누구도 제어할 수가 없었다. 이제 진나는 연방 헌법 내에서

360 *Ibid.*, p.184.

이슬람 소수 집단을 보호한다는 전술을 포기하고 국민회의를 비방하는 동시에 이슬람교도의 감정을 선동하여 무슬림연맹이 국민회의와 맞서 싸울 수 있는 조직으로 강화해 나갔다. 여기에서 힌두와 무슬림, 인도와 파키스탄의 직접적인 분리의 씨앗이 잉태되었다.

이후 인도의 각지에서 힌두-무슬림 간의 갈등과 소요가 끊이지 않았다. 간디는 국민회의가 영국정부를 대체하기에는 아직 이르다는 사실을 받아들이면서 가는 곳마다 종교의 보편성을 역설하였다.

"이슬람의 알라는 기독교의 하나님과 힌두교의 신과도 다르지 않다. 이러한 신에 대한 믿음은 곧 모든 인류가 형제라는 사실을 받아들이는 것이다. 또한 모든 종교가 동등하게 존중되어야 함을 의미한다."[361]

힌두와 무슬림의 화합이 없는 독립은 원하지 않는다는 간디의 호소에도 불구하고 벵갈과 비하르, 연합주에서는 힌두-무슬림 집단 간의 소요와 살상이 계속되었다. 이어 진나는 정치적 그리고 종파적 문제를 헌법의회에서 해결하자는 국민회의의 제안을 일축하였다. 진나는 중앙에 국민회의 정부가 들어서면 이슬람교도가 상당히 위축될 것으로 생각하고 헌법의 연방 부분을 비난했다. 이미 무슬림연맹 안에서는 인도의 이슬람교도를 위한 분리된 조국, 파키스탄의 아이디어가 폭 넓게 받아들

1940년 빠탄의 지도자 압둘 가파르 칸과 함께

361 Stanley Wolpert, *op. cit.*, p.185.

여지고 있었다.

진나는 1938년 12월 26일 파트나의 무슬림연맹에서 다음과 같이 선언했다. "이제 국민회의는 파시즘과 같은 방식으로 힌두-이슬람의 화해에 대한 모든 희망을 불태워 버렸다. 국민회의는 그들이 인도 전체를 대표하는 발언권을 가져야 한다는 엉뚱한 주장을 내세우고 있으며 그들만이 선을 실현할 수 있다고 주장하고 있다. 국민회의는 일개 힌두교도의 단체에 지나지 않는다."[362] 진나는 간디를 국민회의의 배후에 도사린 사악한 천재, 즉 전체 인도에 대한 '힌두교의 지배'를 노리고 있는 인물이라고 비난하면서 무슬림 집단을 자신의 지도하에 효과적으로 단결시켜 나갔다.

제2차 세계대전이 시작되던 1939년 9월 3일 인도 총독 린리스고 경은 인도도 전시 비상사태임을 선언했다. 네루는 전쟁에 대한 국민회의의 결의문을 작성하는 일에 앞장섰다. 그 내용은 대영제국이 인도의 자유와 민주주의를 전쟁의 목표에 포함시킨다는 사실을 먼저 선언하라는 것과 그 다음에 인도는 파시즘과 나치즘에 맞선 세계적인 투쟁에 전적으로 협력하겠다는 것이었다.[363]

한편 진나는 린리스고 경이 인도의 전시상황을 선언한 직후 그를 찾아가 이슬람 세력의 충성스러운 지지를 약속하면서 국민회의의 지방행정부들을 즉시 해체하라고 요구했다. "그들을 정신 차리게 하려면 다른 방법은 없습니다. ...... 그렇지 않으면 그들은 결코 당신들을 돕지 않을 것입니다."[364] 국민회의 주 내각은 인도의 정치적 야망을 충족시켜 줄 수 있는 영국의 확약 없이 영국정부의 전쟁 사업에 협력을 할

362 Stanley Wolpert, *op. cit.*, p.162.
363 Stanley Wolpert, *op. cit.*, p.256.
364 Stanley Wolpert, *op. cit.*, p.171.

수 없었던 것이다. 모든 국민회의 주 내각은 운영위원회로부터 사퇴를 종용 받았고 1939년 10월 27과 11월 15일 사이 국민회의의 6개 주 지방 내각은 사퇴했다. 이것은 사실상 1935년의 인도 통치법의 붕괴를 의미하는 것이었다. 간디는 국민회의의 지방행정부들이 사퇴한다면 무슬림연맹의 정치적 입지만 강화시키고 영국이 인도를 군사화하는 구실을 줄 것이라는 사실을 예견하고 있었다.

1939년 12월 2일 진나는 "12월 22일 금요일을 '구원과 감사의 날, 반이슬람 정책을 편 국민회의 체제가 마침내 기능을 멈춤으로써 구원을 얻은 날'이라고 선언하고, 지난 2년 반 동안의 억압, 불의로부터 구원해주신 신에게 감사의 기도를 드리자"고 제안했다.[365] 이러한 중대한 시기에 국민회의 내각의 사퇴는 국민회의의 영국 정부에 대한 영향력도 줄어들었고 그들을 이후 8년간 재야에서 활동하게 하였다. 진나와 무슬림연맹은 국민회의 내각들과 맞서 싸우는 일에서 벗어나 그의 당파의 목표에 관심을 집중하였다.

1940년 3월 라호르에서 열린 무슬림연맹 회의에서 진나는 약 10만 명의 이슬람교도를 모아 놓고 파키스탄이라는 국가건설을 선언했다. "이슬람 인들이 소수집단이라는 점은 언제나 당연한 사실로 여겨져 왔지만 그것은 잘못된 생각이다. 이슬람 인들은 소수집단이 아니고 하나의 국가다. ...... 인도에서의 문제는 집단 간의 문제가 아니라 분명히 국가 간의 문제이며 그 성격에 맞게 다루어야 한다. 인도의 북서부 지역과 동부지역처럼 이슬람교도가 다수인 지역을 묶어 주권을 가진 독립된 국가를 구성하지 않으면 무슬림들은 어떠한 헌법 계획도 받아들일 수 없다."[366]

---

365 *Ibid.*, p.176.
366 *Ibid.*, pp.194-195.

네루는 그것을 '정신 나간 음모'라고 말했지만 간디는 신중했다. "나는 힌두교도라는 사실이 자랑스럽지만...... 한 사람의 힌두교도로서 힌두-이슬람의 화합을 이루는 일은 성공하지 못했다. 힌두-이슬람의 화합이 없이는 자치가 이루어질 수 없다는 나의 믿음은 변함이 없다."[367]

간디는 분리계획을 '허상'이라고 말하면서 "그에 대한 타협은 있을 수 없다."고 강변했다. "이슬람 인들은 그들끼리만 결속하고 힌두들을 적으로 삼으려는 것인가? 평화는 이슬람인들 사이에서 그들만을 위해서 존재하고 힌두교와 비 이슬람에 대해서는 전쟁뿐이라는 것이 모하멧의 가르침인가? 이러한 생각들을 이슬람 인들의 머릿속에 주입시키는 자들은 이슬람 자체에도 지독한 해악을 미치고 있는 것이다. 이슬람은 그러한 것이 아님을 나는 알고 있다."[368]

라호르 결의안에 큰 상처를 받은 간디는 <하리잔>에 글을 실었다. "두 국가 이론은 진리가 아니다. 인도의 여러 주에 거주하는 이슬람교도는 힌두나 기독교 형제들로부터 분리할 수 없다. 이슬람교도나 기독교인들은 힌두교에서 개종한 사람들이거나 개종자들의 후손이다. 그들의 종교가 바뀌었다고 해서 그들이 살고 있는 지역에서 벗어나는 것은 아니다. 영국인이 이슬람으로 개종을 해도 국적은 바꾸지 않는 것과 같은 것이다."[369]

밝게 미소짓는 간디

367 *CWMG*, Vol.72, pp.26-27.
368 *Ibid.*, pp.29-31.
369 Wolpert, *op. cit.*, p.193.

3) 간디와 진나의 대화

아가 칸 궁에서 나온 간디는 한편 진나와 회담을 가졌다(1944.9.9). 간디는 라자고팔라차리의 제안에 근거하여 대화를 하자고 제안했다. '라자지 제안'이란 만일 무슬림연맹이 인도 독립에 대한 요구에 찬성하고 국민회의를 도와 전쟁기간에 임시정부를 수립한다면, 국민회의는 인도 북서부와 북동부 가운데 이슬람이 다수를 이루는 지역들을 따로 구분하여 이 지역 주민들이 국민투표에 의하여 자유로운 연합 인도에 남을 것인지 아니면 별도의 국가를 세울 것인지를 결정하도록 허용한다는 것이다.[370] 진나는 이 안을 경멸하고 자신과 무슬림연맹은 1940년의 라호르 결의문에서 밝힌 파키스탄의 분리 독립 요구에서 한 발도 물러설 수 없다고 주장했다.

그날 두 사람은 3시간 이상 이야기를 나누었다. 진나는 간디를 '힌두교도들의 국민회의'의 대표자라고 주장한 반면 간디는 '단지 개인자격으로' 왔을 뿐이라고 대답했다. 진나는 자신은 무슬림연맹의 의장 자격으로 이야기하는데, 간디가 국민회의를 대표하지 않는다면 그들의 회담은 무엇을 근거로 이루어지느냐는 것이었다. 이 위대한 두 지도자들은 서로 상대의 힘과 인내의 한계를 시험했던 것이다. 회담 첫날에 진나는 '우리가 먼저 합의에 도달하고 난 다음 영국 정부에게 우리의 결정을 받아들이도록 요구해야 한다.'고 말하면서 전쟁이 끝나기 전인 '지금 당장' 파키스탄을 인정하라고 촉구했다.

"나는 그와 같은 일에는 결코 동참할 수 없다고 이미 말했습니다. 나는 무슬림연맹이 이슬람교도들의 가장 강력한 조직이라는 점은 인정합니다. 또한 당신을 인도의 이슬람 인들을 대표하는 의장으로도 인

---

370 *Ibid.*, p.203.

정하지만 그렇다고 해서 모든 이슬람 인들이 파키스탄으로의 분리를 원한다는 것을 의미하지는 않습니다. 그 지역의 모든 거주자들을 대상으로 투표를 실시하고 그 결과를 봅시다. 요즘 내가 늘 하는 기도는 신께서 내 언행을 잘 이끌어 주셔서 진나의 감정을 상하게 하거나 우리 두 사람이 모두 소중히 여기는 대의에 상처를 내는 말이 내 입 밖으로 나오지 않도록 해달라는 것입니다."[371]

두 지도자는 남아시아의 운명에 대한 각자의 지혜와 능력을 상대에게 설득하기 위해 최선을 다했다. 그들의 18일 간의 대화가 결렬되었음을 언론에 발표하는 자리에서 간디는 "진나가 좋은 사람임을 확신하게 되었지만 그는 인도를 인위적으로 분할하는 것이 그 분할의 영향을 받게 될 민중들에게 행복과 번영을 가져다주리라는 망상에 시달리고 있다."고 말했다.[372] 두 사람은 기질적으로 크게 달랐기 때문에 둘 사이에 합의를 도출하는 일은 매우 어려웠을 것이다. 그러나 이 회담이

1944년 진나와 함께

371 *CWMG*, Vol.78, pp.88-89.
372 *Ibid.*, pp.142-143.

간디의 요청에 따라 진나의 집에서 열렸다는 사실은 국민회의가 힘을 잃고 있는 동안 무슬림연맹이 유리한 위치에 도달하였음을 보여주는 것이다.

간디가 진나와 인도의 상황을 논의한다는 소식이 전해지자 거센 비판이 쏟아졌다. 간디와 만나는 과정을 통해 진나가 자신의 위치를 더욱 공고히 할 것이 분명하였기 때문이었다. 당시 감옥에 있던 네루는 간디가 진나와 회담을 갖고 있다는 사실을 알고 몹시 분개했다. 네루는 국민회의가 파키스탄을 인정해야 한다는 라자고팔차리의 제안을 진나보다 더 경멸하여 '악마의 춤'이라고 일컬었다.

2. 간디의 활동과 고뇌

1) 내각 사절단과 간디

1945년 7월 실시된 영국의 총선거에서 노동당이 승리하여 이제 인도의 자유는 멀지 않다는 희망을 가지게 되었다. 클레멘트 애틀리(Clement Attlee)수상의 새 노동당 정부는 즉시 '인도 자치 정부의 조기 실현'이 목표임을 밝혔다. 9월 19일 런던에서는 애틀리가, 뉴델리에서는 와벨(Wavell 1943-1947)이 1단계로 중앙 및 지방 입법부의 선거를 새로 실시할 예정이라고 발표했다.

1945년 12월에 실시된 인도의 선거 결과는 무슬림연맹이 이슬람 의석들을 장악함으로써 양극적인 정치 구도가 선명하게 드러났으며, 무슬림연맹이 이슬람교도의 유일한 대표자라는 진나의 주장에 힘이 실리게 되었다.

1946년 2월 영국정부는 해군 장관 페틱 로렌스(Pethick Lawrence), 인도장관 스태포드 크립스, 무역위원회 위원장 에이 브이 알렉산더(A.V. Alexander) 등 세 명의 각료를 인도로 보내 임시정부 구성과 자유 인도의 새 헌법제정 문제를 해결하겠다는 결정을 발표하였다. 3월 중순 애틀리 수상은 "나의 동료들은 인도가 가능한 빠르고 안전하게 자유를 획득할 수 있도록 최선을 다하여 돕겠다는 생각을 가지고 인도로 가고 있다."고 말했다.[373]

내각 사절단은 3월24일 뉴델리에 도착한 이후 인도 지도자들과 임시정부와 자유인도의 새 헌법을 만들기 위한 제헌의회 절차를 논의하기 시작했다. 간디는 사절단의 요청을 받아들여 국민회의 운영위원들과 정기적으로 회의를 가졌으며 처음에는 주도적인 역할을 담당하였다. 사절단은 많은 인도 지도자들과 대화를 나누었지만, 국민회의와 무슬림연맹 사이의 괴리를 좁히지 못하고, 헌법을 만들기 위한 어떠한 합의도 도출해 낼 수 없었다. 결국 사절단은 1,2 차에 걸쳐 국민회의와 무슬림연맹의 각각 네 명의 대표를 심라로 초대하여 사절단이 제시한 계획안을 논의하였으나 아무런 성과 없이 5월 12일에 끝났다. 총독 와벨은 진나의 비타협적인 태도가 합의를 가로막는 주요 원인이라고 생각했으며 이때부터 그는 간디나 진나보다 네루를 더 좋아했고 그를 직선적이고 정직한 이상주의자로 생각하였다. "네루를 자주 만나 보았는데 그는 진지하고, 지적이고, 용기가 있습니다. 그러나 간디가 틀리다는 것을 알면서도 그와 맞서는 정치적인 용기는 부족합니다."[374] 사절단도 간디의 충고보다는 네루의 의견을 듣고 상의하는 쪽을 택했다. 그들은 네루가 해로우(Harrow)스쿨과 캠브리지 대학에서 교육을 받은 총명하고 세련된 그리고 인간적인 매력을 갖고 있어 그를 초대 인도수

373 *CWMG*, Vol. 83, p.184.
374 Stanley Wolpert, *op. cit.*, p.347.

상의 가장 강력한 후보로 생각했다.

(1) 내각 사절단 계획

내각 사절단은 자체의 계획을 수립하고 1946년 5월 16일 공포하였다. 이 계획안은 영국의 인도통치를 끝낼 수 있는 합리적 제안으로 널리 수용되었다. 간디는 그것을 영국정부가 현재의 상황에서 내놓을 수 있는 최고의 제안으로 수용한 반면 네루는 파키스탄을 하나의 집단으로 묶어 분리통치를 계속하려는 이중성의 증거라고 해석하고 내각 사절단의 계획이 진나의 요구에 너무 관대하다며 좌절감마저 느낀다고 하였다.[375]

사절단은 인도를 분할하지 않고 3단계 연방 구조(three-tier federal structure)를 제안했다. 중앙에 외무, 국방, 통신과 재정 부분을 통제하는 연방정부(Union of India-영국령 인도와 토후국들을 포함)를 두고 그 아래 두 그룹의 주 - 힌두교도가 다수인 주들과 이슬람교도가 다수인 주들 - 를 두어 각각 자기 그룹 내의 공동의 문제를 처리하며 3단계는 그 이외 다른 문제나 모든 권력이 부여된 개별 주에 관한 것이었다. 토후국들은 나중에 이 3단계에 들어오고 그 조건은 협상하기로 했다. 사절단은 전인도 연방에는 힌두와 이슬람이 각각 똑같은 수의 대표를 보내며, 각 주는 일정 기간이 지난 뒤 연방으로부터 탈퇴할 권리를 가진다고 밝혔다.[376]

사절단은 제헌의회가 주권기구로 연방 헌법 제정과 정권 이양과정에서 일어나는 문제들을 해결하도록 하였다. 제헌의원의 수는 영령인

---

375 Stanley Wolpert, *op. cit.*, pp.220-221.
376 Yogesh Chadha, *op. cit.*, pp.409-410.

도의 292명과 토후국 93명으로 총 385명이었다. 토후국을 제외한 영령 인도의 292명 가운데 무슬림의 비율은 26.7%에 불과했다. 또한 사절단은 인도의 여러 주들을 3개구로 나누었는데 A 구에는 힌두가 다수인 마드라스, 봄베이, U.P., C.P., 비하르와 오리사 주가 들어가고{187(20)}, B 구에는 무슬림이 다수인 펀잡, 북서 변경 주, 신드와 발루치스탄 주로{36(23)}, C구는 힌두와 무슬림이 약간의 차이는 있지만 거의 비슷한 벵갈과 아쌈{70(36)} 주로 구성되었다.[377] (( )의 숫자는 무슬림 의석 수)

사절단은 어떤 주이든지 그룹으로부터 탈퇴할 권한을 가진다는 조항을 통해 북서와 북동부 지역에 별도의 이슬람 지역을 만들고자 하는 무슬림연맹의 요구를 수용하면서 통일된 인도라는 개념은 유지되기를 바랐다. 사절단은 펀잡, 북서 변경 주(힌두와 시크38%), 신드, 발루치스탄, 벵골, 아쌈(힌두와 원주민 48%) 등 여섯 개의 주로 파키스탄을 구성-현재의 경계선을 그대로 두고-하게 해달라는 요구는 그 지역의 비 이슬람교도의 수가 상당히 많기 때문에 거부했고 벵갈과 펀잡을 분할하자는 대안은 두 주에 살고 있는 다수 국민의 희망이나 이해관계가 상충되기 때문에 거부하였다. 그들은 또한 인도가 분할되면 국방력과 통신, 운송 체계에도 많은 문제가 발생할 것을 우려하였다.

진나는 내각 사절단의 계획안을 비판하면서 파키스탄이 유일한 해결책이라고 고집했다. 그럼에도 6월 4일 무슬림연맹은 사절단의 계획안에 '파키스탄의 뿌리'가 들어 있다며 계획안을 받아들여 제헌의회에 참여하기로 하였다.

"인도의 무슬림은 우리가 완전한 독립 주권 국가인 파키스탄을 성취할 때까지는 만족하지 않을 것이다. 그것은 거대한 투쟁이며 계속되

377 Anil Chandra Banerjee, *op. cit.*, pp.730-731.

어 나가는 투쟁이다. 내각 사절단의 제의를 받아들이는 것은 파키스탄을 위한 그대들의 투쟁의 종식이 아니다. 그대들은 파키스탄이 성취될 때까지 투쟁을 계속해야만 한다."[378]

6월 24일 국민회의 운영위원회는 임시정부에 대한 제안을 거부하는 한편 5월 16일자 성명에 포함된 제헌의회에 관한 장기적인 헌법적 제안은 수용하겠다는 의사를 밝혔다. 6월 26일 내각 사절단은 임시정부 계획이 보류되었다고 발표하고 사흘 뒤 인도를 떠났다.[379]

협상 과정 중 주도적인 역할을 한 총독 와벨은 간디를 싫어했다. 간디를 생각할 때 마다 그에게는 영국 철수 운동(Quit India Movement)의 기억이 생생하게 떠올랐다. 이 소요의 전적인 책임이 간디에게 있다는 것이 와벨의 주장이었다.

"1942년 가장 위급한 시기에 내가 총사령관으로서 일본의 침략에 맞서 인도를 지키려 했을 때, 국민회의 지지자들이 광범위한 선동과 폭동으로 동부 전선과 나의 교신을 의도적으로 마비시키려고 했던 기억을 지울 수가 없습니다. 간디의 영향력은 여전히 대단합니다. 어떤 주제나 상황에 있어 그의 사고나 행동은 예측할 수가 없습니다. 그는 아주 모호한 표현을 쓰기 때문에 나중에 그것을 자신에게 유리한 방향으로 해석할 수 있습니다. 지난 40년 간 인도에서 영국의 영향력을 제거하겠다는 그의 생각은 한 번도 흔들린 적이 없습니다. 이 영리하고 불법을 자행하는 나이 많은 정치가에 대해 저는 처음부터 깊은 불신을 갖고 있습니다. 그는 제가 처음 알았을 때보다 훨씬 더 강인해지고 건강도 좋아진 것 같습니다. 2년여 전 제가 석방했을 때는 반죽음의 상태였는데......."[380]

---

378 조길태, 『인도와 파키스탄』, 민음사, 2009, p.183.

379 Anil Chandra Banerjee, *op. cit.*, p.731.

총독은 진나도 싫어하였지만 그를 솔직하고, 적극적이고, 결단력을 보이는 진지한 사람으로 평가했다. 그러나 그의 성격은 알 수가 없으며 외롭고, 우울하고, 자의적이고, 자기중심적인 사람으로 평가하였다.

사절단은 새로운 헌법이 만들어질 때까지 임시정부(총독의 집행위원회)를 즉시 수립할 것을 제안하여 그곳에서 일할 집행위원 14명을 발표했다(6월 16일). 국민회의 6명, 무슬림연맹 5명, 시크교도와 기독교인, 조로아스터교도 각 1명이었다.

1946년 7월 다시 국민회의의 의장으로 취임한 네루는 기자회견에서 "국민회의는 어떠한 합의의 구속도 받지 않고 완전히 자유롭게 그때의 상황에 따라 대응하며 다가오는 제헌의회에 들어갈 것"이라고 밝혔다.[381] 이는 내각 사절단의 계획을 거부한 발언이었고 특히 '지역적 집단들'에 거의 자치에 가까운 지위를 약속한 내용(2단계 안)을 완전히 무시하는 것이었다.

진나는 격분했다. "우리는 권총을 만들었고, 이제 그것을 사용할 때가 왔다."[382] 진나의 권총은 인도의 역사에 유래가 없는 종파적 갈등과 폭력사태를 부르는 전주곡이었다. 진나는 파키스탄을 건설하기 위하여 1946년 8월 16일을 '직접 행동의 날'로 선포했다. 파업과 항의가 조직적으로 계획되었고 폭력이 전 인도에 불붙었다.

1920년 간디가 국민회의를 장악하고 그의 (비폭력)비협력 운동이 국민회의의 정책으로 받아들여지자 진나는 간디의 비폭력 비협력 프로그램을 비난하면서 '당신의 길은 틀린 길이고 나의 길은 옳고 헌법적인 길'이라고 주장하고 간디의 대중 투쟁방법은 힌두와 무슬림 두 종

---

380 Yogesh Chadha, *op. cit.*, p.415.
381 Stanley Wolpert, *op. cit.*, pp.221-222.
382 Yogesh Chadha, *op. cit.*, p.416.

교적 집단을 갈라놓을 것이라고 경고하며 국민회의를 떠났다. 그러한 진나가 이제 헌법적인 길을 버리고 민중에게 폭력을 선동하고 나섰던 것이다.(Govt. of Pakistan, The Statesman: Jinnah's Differences With the Congress)

간디도 네루의 충동적인 언행에 크게 놀랐다. 간디는 네루에게 "만약 그 보도가 사실이라면 그것에 대한 설명을 해야 한다. 우리는 정부가 정한 법의 범위 안에서 일을 해야 한다. 만약 우리가 이 사실을 받아들이지 않으면... 진나의 비난이 사실로 판명될 것이다."[383] 그러나 네루는 진나의 위협도 간디의 우려도 개의치 않고 자신이 했던 말을 한마디도 거두어들이지 않았다.

네루의 이와 같은 주장은 그의 두 번째 실언과 실책이 되었다. 지난 1937년 선거에서 국민회의와 무슬림연맹이 U.P. 주에서 연립 내각을 구성하기로 합의했음에도 국민회의가 압승을 거두자 교만한 나머지 연립내각을 거부하여 힌두-무슬림의 갈등과 결별의 빌미를 준 사람이 바로 네루였다. 또 이번의 발언으로 인도의 통일이라는 희망은 사라지고 종파적 갈등은 극에 달하고 분리 독립으로 치닫게 되었던 것이다. 인도의 정치에 환멸을 느끼고 영국으로 건너가 변호사로 정착하였던 진나가 다시 인도로 돌아오게 한 사람도 바로 네루였다.

진나의 '직접행동의 날' 선포 이후 1946년 8월 16일부터 전 인도는 - 캘커타(8월 16-19), 봄베이(9월 1일), 노아칼리(10월 10일), 비하르(10월 25일), 펀잡(1947년 3월 등) - 전례 없는 대규모의 종파 간의 폭동과 살상이 계속되었다.

수하라와르디(H.S. Suhrawardy)가 이끄는 무슬림연맹의 벵갈 정부는

383 Stanley Wolpert, *op. cit.*, p.222.

'진나의 직접 행동의 날'을 공휴일로 선포했으며, 이후 3일간 캘커타(노아칼리 포함)는 대규모의 살인, 방화, 약탈로 5천 명 이상이 사망했고, 적어도 1만 5천여 명이 중상을 입었으며, 1십만 명이 집을 잃었다. 캘커타의 폭동이 지나간 후 간디는 <하리잔>지에 이렇게 썼다. "만약 힌두들이 자신 있게 용기를 가지고 죽음을 맞이했다면 그것은 힌두교와 인도를 구하고 이 땅의 이슬람교를 정화하는 일이 되었을 것이다. 그러나 실상은 제3자가 개입했고...... 서로 야만적인 살상만 저질렀다."[384]

간디는 나라가 내전상태에 이르렀다고 말했다. 이에 놀란 와벨은 두 집단 간의 갈등을 막는 길은 임시정부 수립에 있다고 생각하고 진나의 무슬림연맹을 네루의 내각에 참여하도록 전력을 기울였다.

사절단의 계획이 실패하고 긴장이 고조되자 정부는 중앙에 강력하고 안정된 정부를 세우는 것이 절실하게 되었다. 1946년 8월 12일 와벨은 네루로 하여금 임시정부를 구성하도록 하였다. 네루는 진나의 직접 행동으로 인한 폭력 사태에도 불구하고 9월 2일 총리로 취임했다. 봄베이에서 폭동이 일어나고 벵갈, 비하르, 그리고 펀잡에까지 약탈과 방화, 살인, 부녀자 겁탈, 개종의 강요가 휩쓸고 있었다. 도시 전체가 무법천지의 지옥으로 변하였지만 국민회의의 의장 크리팔라니(J.B. Kripalani)는 "우리의 대표와 지도자들은 권력의 성으로 들어갔다."고 선언했다.[385]

네루가 임시정부의 총리가 되던 날 간디는 불가촉천민들이 사는 지역에 있었다. 아침 일찍 네루와 각료들이 그를 찾아갔다. 간디는 그들에게 '소금세의 폐지, 힌두교와 이슬람교도의 화합, 불가촉천민 제도

384 *CWMG*, Vol. 85, p.234.
385 Yogesh Chadha, *op. cit.*, p.416.

의 폐지, 카디의 이용' 등을 주문하였다. 그리고 "오늘은 인도 역사에 기념비적인 날입니다. 드디어 완전한 자치로 가는 길이 열렸습니다. 자와하르랄 네루 총리와 그의 동료들이 역할을 잘 한다면 머지않아 완전한 권력이 여러분의 손안에 들어오게 될 것입니다. 이슬람교도가 아직 정부에 들어오지 않았지만 그들은 힌두교도의 형제이며 형제는 분노에 분노로 대응하지 않습니다."라고 간디는 말했다.[386]

9월 2일을 '애도의 날'로 선포한 진나는 "카스트 힌두 파시스트 국민회의와 그들의 추종세력들이 영국과 짜고 인도의 무슬림과 소수 커뮤니티를 지배하려 한다."고 강력히 비난하였으며 무슬림연맹의 지도자 가잔파르 알리 칸은 대중 집회에서 "우리의 직접 행동의 목표는 네루 정부를 마비시키는 것이다."라고 선언하였다.[387] 수백만의 이슬람교도는 새로운 국민회의 정부의 출범을 검은 깃발로 맞이했다. 한편 공동체간의 폭력, 테러, 학살의 불길은 벵골 동부로 퍼져나가, 다카에서 그리고 노아칼리로까지 확산되어 힌두교도가 대량으로 죽어나갔다. 이슬람교도 무리는 힌두교도의 집에 불을 지르고, 사원을 더럽히고, 개종을 강요하고, 여성들을 강간했다. 이에 대한 피의 보복이 계속 이어졌다. 그러나 몇 주 뒤 무슬림연맹은 입장을 바꾸어 임시정부에 들어가기로 합의했다(1946년 10월 26일). 이것은 임시정부를 무력화하기 위한 전술적 행동이었다. 진나 자신은 참여하지 않았지만, 그는 리아콰트 알리 칸과 세 명의 동료, 그리고 불가촉천민 만달(Jogendra Nath Mandal)을 무슬림연맹 측 각료로 참여시켰다. 리아콰트 알리 칸은 재무장관이 되어 무슬림연맹의 정책을 지원해주면서 국민회의의 정책을 방해하고 나아가 정부기능을 마비시켰다. 진나의 지시를 받은 칸의 비

386 *Ibid.*, p.417.
387 B.R. Nanda, *op. cit.*, p.492.

협조 전략은 통일 인도정부가 실현 불가능하다는 것을 입증해 보였다. 이에 와벨과 네루는 국민회의-무슬림연맹 제휴는 절대 불가능하다는 것을 깨닫게 되었다. 무슬림연맹이 임시정부에 가담함으로써 연립정부가 구성되었지만 파키스탄의 독립만이 정치적 혼란과 내전을 피할 수 있는 유일한 길이라는 생각이 국민회의 안에 형성되었다. 결국 네루는 1947년 4월 21일 다음과 같은 발표를 하게 된다. "무슬림연맹이 파키스탄을 원한다면 파키스탄에 편입되기를 원하지 않는 인도의 여타지역을 취하지 않는다는 조건하에서 파키스탄을 가질 수 있다."[388]

두 집단 간의 처참한 인종폭동과 폭력을 막기 위하여 강력한 임시정부가 요구되었지만 임시정부 그 자체가 양분된 집단이고 두 집단의 이해관계가 상충된 상황에서 제헌의회를 구성하고 헌법을 제정한다는 것은 불가능한 일이었다. 새 총독 마운트배튼 경은 서부 펀잡과 동 벵갈, 발루치스탄, 신드에 무슬림 자치 지역을 만들 것을 제안하였고 국민회의도 이 안에 동의하였다. 북서 변경 지역은 1947년 7월 선거를 통하여 파키스탄으로 편입되었고 진나는 10월 라호르에서 파키스탄의 독립을 선언하였다.

(2) 죽음의 현장에서

간디는 그곳에 가지 않으면 마음의 평화가 없다면서 노아칼리로 첫 순례를 떠나기로 결심했다(11월16일). 그곳의 적개심의 살육 현장을 걸어가면서 그는 자기희생으로 끊임없는 살인행위들이 멈추기를 바랐다. 이러한 고통을 흥분하지 않고 평온한 마음으로 받아들이지 못하는 자신을 탓하면서 그는 두 집단의 보복행위의 중단을 호소하였다. "나

388 Louis Fisher, *op. cit.*, p.171.

는 마지막 고통의 등불이 꺼질 때까지 1년 또는 그 이상이라도 벵갈을 떠나지 않을 것입니다. 필요하다면 여기서 죽을 것입니다. 나는 파괴를 묵과하지 않을 것입니다."[389]

노아칼리는 인도에서도 접근하기 어려운 지역 가운데 하나였다. 간디는 아침 4시에 일어나 맨발로 3~4마일을 걸어서 인근마을로 여행하고 거기서 2~3일간 머물면서 주민들과 대화를 나누거나 기도를 하고 또 다음 지역으로 여행했다. 그러한 생활은 1946년 9월부터 약 6개월간 계속되었으며 그 사이 그는 77회 생일을 맞았다. 간디는 12월 5일 노아칼리에서 다음과 같이 적고 있다. "지금의 나의 임무는 나의 인생 가운데 가장 어렵고 복잡한 것입니다. 나는 만일의 경우에 대비하고 있습니다. 여기서 행하느냐 아니면 죽느냐를 실험해 보아야 합니다. 행한다는 것은 여기서 힌두와 이슬람교도가 평화와 형제애 속에 함께 살도록 가르치는 것이고 그렇지 않으면 그러한 노력 속에 나는 죽음을 맞이할 것입니다."[390]

노아칼리지역을 순례할 때 한 사람이 간디에게 힌두들을 다른 지방으로 이주시키려는 제안을 했다. 그는 한 집단을 다른 곳으로 이주시키는 것은 인도의 통일이 불가능하다는 결론을 가져오기 때문에 강하게 거절하였다. 간디는 12월 마지막 날의 기도회에서 인도를 구할 길은 진리와 비폭력, 용기와 사랑뿐임을 다시 강조하였다.

종파적 갈등을 치유하기 위하여 전국을 순회하는 간디

389 *Ibid.*, pp.162-163.
390 *Ibid.*, p.165.

"힌두교도와 이슬람교도가 노아칼리에서 형제애를 가지고 함께 살 수 없다면 인도 전체에서도 마찬가지일 것이고 결국 파키스탄은 피할 수 없을 것이다. 인도는 분할될 것이고 만약 그렇게 된다면 인도는 영원히 잃게 될 것이다."391

노아칼리에 있는 무슬림이 힌두를 공격한 사실이 비하르의 힌두들을 격분시켰다. 비하르에서 힌두 폭도들에 의해 희생된 숫자는 5백여 명으로 확인되었다. 그 후 1천명이 넘는 것으로 추정되었으며 그들 중의 대다수가 이슬람교도였다. 슬픔에 잠긴 간디는 비하르인들에게 스스로 무덤을 파는 행동을 중지하라고 말했다. "비하르는 흉악한 범죄를 저질렀다. 무슬림들은 역사상 그들에게 저질러진 잔학행위들 가운데 이 사건과 비교가 되는 것은 없다고 말하고 있다. 우리는 사랑으로 폭력을 극복해야 한다. 우리가 야만성을 더 잔인한 야만성과 경쟁하려는 것인가?"392

"벵갈의 무슬림연맹 정부 아래서의 상황이 이보다 더 나쁘지는 않다고 해도 나을 것도 없다고 주장하기는 쉽습니다. 그러나 어느 한 쪽의 나쁜 행동이 다른 편의 비슷한 행동을 정당화시켜 주지는 않습니다. 비하르에 있는 이슬람교도를 잔인하게 짓밟는 것이 민족주의입니까? 비하르 힌두들의 잘못된 행동들은 국민회의가 시크교도, 이슬람교도, 기독교도, 파시교도 등을 포함하고 있다고 자랑하지만 사실은 힌두교도 조직이라는 진나의 비난을 정당화시켜 줄지도 모릅니다."393

간디는 힌두들에게 군대나 경찰에 의존하지 말고 그들 자신의 선에 의지해서 생활하고 어디를 가든 두려워하지 말 것을 가르쳤다. 간디는

---

391 *CWMG*, Vol. 86, p.294.
392 *CWMG*, Vol. 87, pp.44-45.
393 Yogesh Chadha, *op. cit.*, p.419.

비폭력이 폭력보다 우월하다고 생각하지만, 무력한 사람들의 비폭력에 동의하지는 않았다.

"그렇게 많은 무슬림이 미친 것은 비극이 아닙니다. 그들 사이에 있는 소수의 힌두들을 죽이는 이슬람교도에게는 용기 같은 것은 없습니다. 힌두들이 납치와 강간, 개종과 여성의 강제 결혼을 보고만 있는 겁쟁이로 전락했다는 사실이 가슴 아픈 비극입니다."[394]

간디는 추종자들에게 마음속에 이슬람교도에 대해 악의를 갖고 있는 사람 또는 지금까지 일어난 일에 대한 분노를 제어할 수 없는 사람은 자신의 뜻을 잘못 전할 수 있다면서 자기 주변에서 물러나 있으라고 주문하기도 하였다.

1947년 1월 2일 간디는 스리람뿌르에서 일행과 함께 마을을 순례하고 있었다. 간디는 힌두-이슬람 화합을 설교하면서 자기희생의 아름다움에 대해 이야기했다. 희생정신이 자기 집단의 벽을 넘지 못하는 사람은 스스로 이기적이 되며 공동체를 이기적으로 만든다고 말했다. 자기희생의 정신은 인류의 안녕과 복지를 향해 나아가야 된다고 강조하였다.

"바다에서 떨어져 나온 물 한 방울은 아무런 좋은 역할도 하지 못하고 사라집니다. 그러나 그 물방울이 바다에 일부분으로 남아 있을 때는 그것은 거대한 배들을 항해하게 하는 영광을 가질 수 있습니다."[395]

한편 간디의 순례에 대한 반대도 계속되었다. 일부 이슬람교도들은 그의 기도회를 보이콧했으며 일부 적대적인 정치인들은 맨발의 마하트마가 가는 길에 깨진 유리와 오물을 뿌려놓기도 했으며 위협적인 구

394 *Ibid.*, p.420.
395 *Ibid.*, p.422.

호가 적힌 플래카드를 내걸기도 했다.

1946년 7월 선출된 제헌의회는 그 해 12월 첫 의회를 열었다. 이에 앞서 1946년 11월 말 애틀리 수상은 내각 사절단의 계획을 구체화하기 위하여 와벨과 함께 네루, 진나, 국방장관 발데브 싱, 리아콰트 알리 칸 등을 런던으로 불러들였다. 그러나 회담은 결렬되었고 네루와 진나의 갈등은 더 깊어만 갔다. 귀국한 네루는 12월 9일 인도 제헌의회를 소집했다. 불참을 선언한 이슬람교도들의 의석은 비어 있었다.

간디는 무슬림연맹이 참석하지 않은 의회는 앞으로 파키스탄이 존재할 것이라는 현실과 나아가 인도의 통일이 불가능하다는 것을 보여주는 것이라고 판단하고 무슬림연맹이 불참한 제헌의회는 소집하지 말아야 했다고 생각했다. 무슬림연맹이 제헌의회에 참석을 거부했기 때문에 네루와 파텔은 무슬림연맹의 각료들이 내각에 남아 있는 것은 무의미하다고 주장했으며, 만일 그들이 그대로 남아 있으면 국민회의가 사퇴하겠다고 위협했다. 평화로운 정권 이양 작업은 완전히 중단되었고 네루와 파텔은 인도의 분할이 가능한 유일한 대안임을 고려하기 시작했다.

2) 마운트배튼과 간디 그리고 파키스탄의 탄생

1947년 2월 20일 애틀리 수상은 하원에서 영국은 1948년 6월안에 분명히 인도를 떠날 것이며 그때까지 인도의 정당들이 전인도 헌법에 합의를 못하면 권력은 중앙정부의 어떤 형태나 혹은 어떤 지역에서는 지금의 지방정부에 또는 인도인들의 이해관계에 가장 합당한 것에 이양될 것이라고 발표하였다.[396] 애틀리는 또한 힌두와 무슬림 사이의 정

396 B,R. Nanda, *op. cit.*, pp.498-499.

치적 난제를 해결하기 위하여 루이스 마운트배튼 경(Lord Louis Mountbatten)을 와벨에 이어 새 총독으로 임명하였다. 1948년 6월까지 책임 있는 인도인들에게 권력을 이양하는 것의 마운트배튼이 부여받은 과제였다. 마운트배튼 경은 부인과 함께 1947년 3월 22일 뉴델리에 도착했다. 그들의 매력과 사교성은 각계의 많은 관심을 끌었다. 인도에 도착한 지 며칠 후부터 총독은 진나와 간디를 초청하여 수차례 개별 회담을 가졌다.

1947년 3월 국민회의 운영위원회는 펀잡의 상황이 악화되자 힌두와 이슬람의 다수 지역을 기초로 하여 펀잡을 분할하자는 제안을 결의 채택하였다. 사전에 상의하거나 보고를 받지 못한 간디로서는 이 결의안이 나라의 분열을 현실로 받아들이는 것으로 도저히 수용할 수 없는 것이었다. 간디의 해명요구에 네루는 "현실을 고려하여 분할을 강요하는 것이 필요했으며 나아가 진나가 요구하는 분할에 대한 유일한 답"이라고 설명하였다.[397] 또한 국민회의 의장인 크리팔라니는 마드라스에서 벵갈 지역의 분할도 '가능하다'고 말했으며 파텔은 "분할에 대한 합의가 이루어지기만 하면 분명히 평화가 찾아올 것"이라고 말했다.[398]

간디는 네루에게 집단 간의 갈등을 근거로 국가를 분할하는 것과 두 개의 국가라는 가설에 대한 자신의 분명한 반대를 다시 상기시켰다. 그러나 네루와 크리팔라니는 간디의 의견을 무시해도 좋다고 생각했다. 인도 전체의 정치 사회적 상황은 갈수록 악화되어 갔다.

3월 말 간디는 마운트배튼을 만나 두 집단 간의 문제 해결을 위한 조언을 했다. "진나를 초청하여 그가 원하는 정부를 중앙에 구성하도

397 Yogesh Chadha, *op. cit.*, p.429.
398 *CWMG*, Vol. 88, p.50.

총독 마운트배튼 부부와 함께

록 하고 국민회의는 나라의 통일을 위하여 무슬림연맹의 정부를 받아들여야 한다."[399] 간디는 무슬림들의 공포가 사라져야 임시정부가 제 기능을 할 수 있으며 나아가 영국이 통일 인도에 권력을 이양한 뒤에 인도인들끼리 의견을 조율하여 파키스탄 같은 나라를 세울 수도 있다고 생각하였다. 마운트배튼은 이와 같은 대담한 제안에 크게 놀랐다. 하지만 이 제안을 들은 네루는 간디가 너무 오랜 기간 델리 밖에 있어서 현실을 제대로 파악하지 못한 것으로 격한 부정적인 반응을 보였다.

간디는 1947년 4월에 이르러 네루나 마운트배튼이 분할을 막기 위한 계획을 받아들일 생각이 전혀 없음을 알게 되었다. 간디를 제외한 국민회의 지도자들은 묵시적으로 통일된 하나의 인도는 불가능하다는 사실을 받아들이고 있었다. 총독의 참모들도 간디의 제안에 끌려 들어

399 Yogesh Chadha, *op. cit.*, p.430.

가지 말고 그의 충고를 듣기만 하라고 조언하였다.

이제 인도의 정치 무대에서 간디의 시대는 막을 내리고 있었다. 간디는 국민회의에 어떠한 영향력을 행사할 수도 없으며, 분할에 반대하는 그의 주장에 더 이상 동의하는 사람들도 없었다. 그는 총독에게도 "유감스럽지만 나의 계획이 모든 관점에서 옳다는 것을 그들에게 확신시킬 수가 없습니다. 따라서 당신의 관심대상에서 나를 제외시켜 주십시오."라고 말하기도 하였다.[400]

벵갈과 비하르 나아가 펀잡에서도 폭력과 살상행위가 계속되자 네루는 마운트배튼에게 힌두교도와 이슬람교도의 수가 비슷한 벵갈과 펀잡의 분할을 포함하기만 하면 국민회의는 분할자체를 반대하지 않는다고 말했다. 무슬림연맹은 겉으로는 이 안에 반대를 표명하였으나 사실 진나는 그 안을 받아들였다. 그로부터 18개월이 지난 후 마운트배튼의 회고다.

"국민회의가 잠정적으로 합의한 분할에는 벵갈과 펀잡의 분할이 포함될 수밖에 없었습니다. 펀잡과 벵갈을 분할하지 않고 통일 인도를 유지하느냐? 아니면 벵갈과 펀잡을 분할하고 인도를 나누느냐? 둘 중의 하나를 선택할 수밖에 없는 현실을 인지한 진나는 결국 후자를 받아 들였습니다. 나는 그때나 지금이나 사절단의 계획(1946년5월 16)대로 통일된 인도만이 올바른 해결책이라고 확신합니다. 그러나 이것은 반드시 양쪽의 합의가 전제되어야만 합니다. 진나는 인도통일 안을 절대로 받아들일 수 없다고 주장했습니다. 그는 분할을 요구했고 파키스탄 국가를 고집했습니다. 반대로 국민회의는 분할되지 않은 통일인도를 원했습니다. 하지만 국민회의의 지도자들은 내전을 피하기 위해서

---

400 *Ibid*, p.431.

분할을 받아들이기로 동의하였던 것입니다."[401] 이렇게 해서 인도의 분할이 이루어지게 되었다.

이 무렵 펀잡과 북서 변경 주에서 힌두들의 대규모 피난 행렬이 델리로 들어오고 있었다. 간디는 펀잡의 힌두교 피난민들에게 "죽이는 것보다 죽임을 당하는 것이 더 용기 있고 가치 있는 일"[402]이라면서 그는 피난민들에게 만약 자신들을 공격하는 자들을 그들의 적극적인 자기희생과 비폭력의 힘으로 변화시킬 수 없다면 모두 고향으로 되돌아가서 비폭력적으로 죽음을 받아들이라고 당부했다.

간디는 델리 외곽의 불가촉천민들과 함께 기거하면서 저녁마다 기도회를 열고 있었다. 기도회 때마다 간디는 힌두 경전은 물론 코란과 성경구절도 인용하였다. 그러나 코란을 인용할 때면 '이곳은 힌두사원이다. 여기서 썩 꺼져버려' 라고 고함을 지르는 거친 항의가 있었다. 간디는 성난 항의자들의 숫자가 늘어가고 기도를 방해하던 자들이 국민자원봉사단(Rashtriya Swayamsevak Sangh) 소속이라는 사실을 알고 몹시 당황하였다. 그런데도 간디는 힌두 광신도들이 여전히 자신을 존경한다고 생각했고 과거 자신을 사랑했던 브라흐만들이 그를 떠났다는 현실을 받아들이려 하지 않았다. 이와 같은 청중들의 적대적 반응은 그의 죽음이 임박하고 있음을 알리는 경고나 다름없는 것이었다. 이후에도 간디는 힌두들로부터 증오와 분노로 가득 찬 편지들을 많이 받았는데, 그 대부분이 그를 이슬람과의 한통속이라거나, 진나의 노예, 모하메드 간디, 공산주의자로 비난하는 내용들이었다.[403]

간디는 이제 자신의 주위에 있는 사람들이 그의 충고에 더 이상 귀

---

401 Louis Fisher, *op. cit.*, p.170.
402 *CWMG*, Vol.87, pp.200-201.
403 *Ibid.*, p.195, p.225.

를 기울이지 않고 있다는 사실을 알아차렸다. "내 생각이 시대와 조화를 이루지 못하는 것일까? 나에게는 이제 예전과 같은 영향력이 없다. ...... 내가 만약 정치를 했더라도 그들과 비슷하게 행동했을 것이다."[404] 이 무렵 간디는 그의 평생의 목표-인도의 독립-와 임박한 분단에 대해 우울한 시간을 보내고 있었다. 이제 인도는 그의 평화와 형제애의 호소에 귀를 막았던 것이다.

마운트배튼 경과 네루는 인도가 영연방에 남아 있는 것과 국가분할을 받아들이는 것에 대해 4월 말에 거의 합의에 이르렀다. 파키스탄의 승인 여부를 놓고 국민회의는 5월 1일 운영위원회를 열어 벵갈과 펀잡의 분할을 포함한 분할 원칙을 받아들이기로 결정하였다.

네루는 "우리는 통일 인도에 큰 목표를 두고 있으나 갈등과 억지와 강요를 막기 위해 인도의 분할을 받아들였다."고 총독에게 알렸다.[405] 마운트배튼은 크게 고무되었고 간디는 자신의 지금 처지가 얼마나 미약하고 비참한가를 느꼈다.

파텔도 처음에는 진나의 협박을 끝까지 힘으로 대처해야 한다고 주장하면서 반대하였다. 하지만 그도 결국은 네루의 입장에 동조하였다. 2년이 지난 후 그는 당시의 입장을 이렇게 설명했다. "우리가 모든 것을 잃게 될지도 모르는 마지막 국면에 달했기 때문에 최후의 선택으로 동의할 수밖에 없었다."

5월 2일 간디는 라젠드라 프라사드에게 불만을 토로했다 "나는 자와하르 랄과 파텔의 죄인이다. 그들이 나를 놓아준다면 나는 가장 먼저 떠나는 기차를 타고 떠날 것이다."[406] 그날 간디는 만약 영국이 독

---

404 *Ibid.*, pp.322-331.
405 Yogesh Chadha, *op. cit.*, pp.432-433.
406 *CWMG*, Vol. 87, p.396.

립과 함께 국가분할을 허용한다면 차라리 '스와라지'를 원치 않는다고 말했다.

운영위원회에 참석한 간디는 국민회의의 결정에 대한 분노를 감추지 않았다. "국민회의는 펀잡과 벵갈의 분할을 조건으로 파키스탄을 승인했습니다. 옛날이나 지금이나 나는 인도의 어떠한 분할도 반대합니다. 하지만 지금 내가 무엇을 할 수 있겠습니까? 내가 할 수 있는 일은 오직 그러한 음모로부터 나 자신을 철저히 분리시키는 것뿐입니다. 신 이외는 어느 누구도 나에게 그것을 수용하라고 강요할 수 없습니다."407

간디는 네루에게 경고했다. "분명히 기억하시오. 만약 당신이 오늘 인도를 분할한다면 우리는 죽음을 눈앞에 두고 있기 때문에 그것의 결과를 피할 수도 있을 것이다. 그러나 다음 세대들은 우리가 물려준 자치에 대해 언제나 우리를 저주할 것이다."408 여기서 분명한 것은 국가분할이 두 나라 사이에 참혹한 비극적 유산이 될 것이라고 그가 예견했다는 사실이다.

밝게 웃는 간디

5월 8일 캘커타로 떠나기 전에 간디는 진나를 만났다. "그와 나 사이에 있었던 일을 다 이야기할 수는 없다. 그러나 모두가 진나를 만나는 나를 막으려 했었다. 그들은 내가 진나와 만나서 무엇을 얻을 수 있느냐고 물었다. 내가 무언가를 얻기 위해 그를 만나러 가는 것인가? 나는 그의 생각을 알고 싶었고

407 Louis Fisher, *op. cit.*, p.173.
408 *CWMG*, Vol.87, pp.402-403.

...... 그와 나 사이에는 우정이 존재한다. 진나도 인도인이다. 무슨 일이 발생하든 나는 그와 같이 동시대를 살아가야 한다."[409] 그가 마운트배튼에게 제안했다가 거절당한 그 대담한 계획을 진나에게 알려주었는지의 여부는 알려지지 않았지만 이것은 두 사람의 마지막 만남이 되었다. 간디는 인도의 분할을 저지하는 것이었고, 진나는 인도를 분할하여 파키스탄이라는 새 국가를 건설하려는 것이었다.

캘커타로 가는 기차에서 간디는 마운트배튼에게 편지를 보내 "영국이 인도를 분할하는 일에 한 당사자가 된다면 그것은 가장 큰 실수가 될 것"이라고 경고했다.[410] 그러나 이미 마운트배튼은 마음을 정한 후였다.

인도의 분할이 기정사실화되고 운영위원회를 주도하는 네루와 파텔은 사실상 간디의 영향력에서 벗어나 있었다. 간디는 내전의 두려움 때문에 분할이 받아들여졌다고 보고 폭력에 굴복하느니 차라리 나라 전체가 재가 되기를 바랐었다. 간디의 우울함은 더욱 깊어만 갔다.

"내 인생의 사업은 끝이 나는 것 같습니다. 신이 더 이상의 모욕으로부터 나를 구해주시기를 기내합니다. 인도의 독립이 위기에 놓여 있을 때 이 늙은이가 얼마나 괴로워했는지 후대에 전해주십시오. 간디는 인도의 생체 절단에 절대 동참하지 않았다고 말해주십시오."[411]

마운트배튼은 5월 14일 국민회의와 무슬림연맹 지도자들이 합의한 분할계획안을 가지고 영국으로 건너가 승인을 받았다. 인도로 오기 전 그는 처칠을 만났다. 처칠은 "만일 진나가 마운트배튼 계획을 받아들이지 않는다면 보수당은 더 이상 진나를 지지하지 않을 것"이라고 분

409 *Ibid.*, pp.432-433.
410 *Ibid.*, pp.435-436.
411 Yogesh Chadha, *op. cit.*, p.433.

명히 말하였다.[412] 처칠의 메시지가 전해지자 그는 그 안을 수용할 수 밖에 없었다. 총독은 애틀리 수상에게 권력 이양 일을 1948년 6월에서 1947년 8월 15일로 앞당기자고 제안하였고 수상은 이 안을 승인하였고 마운트배튼은 6월2일 델리로 돌아왔다.

국민회의 운영위원회는 6월 3일에 모여 마운트배튼 계획을 공식 승인하였다. 간디의 심정은 착잡하였다. 세 당사자(국민회의, 무슬림연맹, 시크교)가 마운트배튼 계획에 서명했다는 소식을 듣자 마하트마는 깊은 한숨을 쉬면서 "신께서 그들을 보호하시고, 그들에게 모든 지혜를 주소서."라고 말하였다.[413] 1947년 6월 14일 마운트배튼 계획에 대한 운영위원회의 입장을 추인하기 위해 전인도국민회의 위원회가 열렸을 때, 간디는 위원들에게 지도자들이 한 약속들을 존중해줄 것을 요청했다. 간디는 나라의 분단에 깊은 상처를 받았다고 말하면서도, 운영위원회의 결정을 확신과 의무감으로 받아들여야 하며 그들의 결정을 거부할 경우 어려운 문제에 직면하게 될 것임을 강조하였다. "나는 오늘 우리 가운데서 그 힘(거부할)을 발견할 수 없습니다. 만약 여러분이 그러한 힘을 가졌다면 나는 여러분과 함께 할 것입니다. 그리고 만약 제가 충분한 힘을 가졌다면 나 혼자서라도 반란의 깃발을 들겠습니다. 나는 그렇게 할 수 있는 조건들을 발견할 수가 없습니다."[414] 이 말은 분할 안을 수용할 수밖에 없음을 시인하는 것이었다. 일부에서는 아마도 간디가 또 다른 사띠야그라하 운동 전개를 고심했던 것 같으나 고령(77)과 네루와 파텔 등 가장 가까운 동료들의 지원이 없는 상황에서 포기했던 것으로 추측했다.

---

412 Dietmar Rothermund, *Mahatma Gandhi: An Essay in Political Biography*, pp.123-124.

413 Yogesh Chadha, *op. cit.*, p.434.

414 *Ibid.*

국민회의는 무슬림연맹이 원하는 것을 얻으면 종파간의 증오를 중단할 것이라는 기대 때문에 마운트배튼 계획을 받아들였다. 국민회의 의장인 크리팔라니는 인도의 분할이라는 대가를 치른다 해도 영국 통치로부터 자유를 얻는 것이 '인도에 가장 필요한 일'이라고 생각했다. "현재 우리에게는 불행한 일이지만 간디가 정책들을 내놓는다 해도 그 정책들은 주로 다른 사람들에 의하여 집행되는데, 이 다른 사람들이란 간디와 같은 사고방식으로 바뀌지 않는 사람들입니다. 이와 같은 고통 속에서 나는 인도 분할을 받아들인 것입니다."[415]

네루는 국민회의의 마운트배튼 계획의 수용을 정당화하면서 이렇게 말했다.

"인도는 늘 문제를 안고 있고 분열의 위기를 가지고 있습니다. 나의 생각으로는 가까운 장래에 자유를 얻을 수 있는 다른 방법이 없다는 것도 사실이었습니다. 그리하여 우리는 그 계획을 받아들였습니다. 우리 모두 강한 인도를 세웁시다. 만약 다른 사람들이 그 안에 있기를 원하지 않는다면 우리가 어떻게 그들을 강요를 할 수 있으며 왜 강요를 해야 합니까?"[416] 네루는 영국의 작가 무슬리(Leonard Mosley)와의 인터뷰에서 자신의 솔직한 속내를 털어 놓았다.

"솔직히 우리는 오랜 세월 동안 너무 지쳐있습니다. 우리 가운데 다시 감옥에 갈 사람은 거의 없습니다. 우리가 통일 인도를 지지하고 그것을 바란다면 분명히 감옥은 우리를 기다릴 것입니다. 우리는 펀잡에서 불타오르는 것을 보았고 매일 살육 소식을 들었습니다. 마운트배튼의 분할 계획은 탈출구를 제공했고, 우리는 그것을 붙잡았습니다. 만약 간디가 우리에게 그렇게 하지 말라고 했으면 우리는 계속 싸우면서

415 *Ibid.*, p.435.
416 *Ibid.*

기다렸을 것입니다."[417] 이 무렵 간디를 만난 서구 기자는 간디의 모습을 이렇게 적고 있다.

"그는 매우 인간적이었으나 얼굴에는 초조와 피곤, 짜증, 비애와 비통함이 가득했다. 그러면서도 유머 감각은 풍부했다. 그러나 이러한 상황에서도 그에게서 영적인 힘, 인간의 위대함과 정직함의 은은한 향기가 흘러 나왔다."[418]

마운트배튼은 분할의 실제적 결과들을 지켜보면서 8월 15일이라는 시간을 향해 달려갔다. 수백만의 이슬람교도, 힌두교도, 시크교도가 자신들의 신앙에 적대적인 나라에 갇히게 될 것을 우려하여 인도와 파키스탄 사이에 쌍방향 대이동이 시작되었다. 정해진 시한이 다가오자 두 지역에서 동시에 격렬한 폭력, 방화, 약탈, 강간, 대학살이 벌어졌다. 수개월 동안 약 1천5백만 명이 편잡 내에서 이동했다. 그 와중에서 수만 명의 남자와 부녀자, 아이들이 죽임을 당했다. 독립을 목전에 두고 법과 질서, 사회 구조전체가 붕괴되어 완전한 무정부 상태가 되었다.

1947년 6월 15일 전인도국민회의는 마운트배튼 계획을 157대 29, 기권 32표로 통과시켰다. 국회회의 의장인 크리팔라니는 이렇게 설명했다. "저는 한 우물에서 자신들의 명예를 지키기 위해 몸을 던진 여자와 아이들 시체 107구를 보았습니다. 한 사원에서는 똑같은 이유로 남자들에 의해 50명의 젊은 여자들이 피살되었습니다. 이러한 처참한 경험들이 제가 이 문제를 해결하도록 영향을 주었습니다. 어떤 사람은 우리가 두려움에 질려 이러한 결정을 했다고 비난했습니다. 저는 마땅히 그 책임을 져야 하지만 여러분이 비난하는 의미에서의 책임이 아닙니다. 제가 두려워하는 것은 죽은 자나 남편 잃은 부인들의 통곡이나 부

417 *Ibid.*
418 *Ibid.*, p.436.

모 잃은 고아들의 울음소리나 재산의 손상 등이 아닙니다. 제가 두려워하는 것은 우리가 계속 보복행위를 하며 상대방의 존엄성을 짓밟아 나간다면 우리는 결국 동족상잔 혹은 그 이상의 참담한 상태로 갈 수밖에 없다는 것입니다. …… 저는 간디와 지난 30년간을 함께 보냈으며 참파란에서도 함께 일했습니다. 아직까지도 그에 대한 저의 충성심은 조금도 흔들리지 않고 있습니다. …… 제가 그와 의견을 달리했을 때도 항상 그의 정치적 감각이 저의 정돈된 선택보다 훨씬 옳고 정확하다고 생각해왔습니다. 지금 이 상황에서도 그의 대담함이 옳으며, 제 입장은 많은 비판의 여지가 있다고 느끼고 있습니다. 그럼에도 제가 간디와 의견을 달리하는 것은 간디가 아직 대중의 입장에서 문제해결의 방안을 찾지 못했기 때문입니다."[419]

살아 있는 한 인도의 분할을 수용할 수 없다던 간디도 마운트배튼과 파텔과의 회담 후 분할을 피할 수 없는 것으로 받아들였다. "실수도 때로는 좋은 결과를 가져온다. 서사시 『라마야나』에서 왕 라마(Ramchandra)도 아버지의 잘못으로 유배되었다. 그러나 궁극적으로 그의 유배가 자신의 아내(Sita)를 납치한 악마 라반(Ravana)과 맞서 싸워 이기는 결과를 가져왔던 것처럼."

1947년 7월 17일 영국 의회에서 인도독립 법안이 통과되어 영국령 인도는 두 개의 국가-인도와 파키스탄-로 공식 분할되었다. 그러나 두 집단 간의 살인 ,방화, 약탈, 개종의 폭력이 소용돌이 칠 때 그가 실천한 진리와 비폭력, 용서, 사랑, 형제애, 자기희생의 정신은 영원히 위대한 간디의 유산으로 길이 남을 것이다.

---

419 Louis Fisher, *op. cit.*, pp.174-175.

3) 독립과 민족의 대 이동

(1) 힌두-이슬람-시크교의 종파 간 갈등에 선 간디

종교로 인한 증오와 권력욕이 인도를 두 지역으로 분리 독립하게 하였고, 그 결과는 인도전역을 피로 물들였다. 민족주의가 종교적인 분열을 막을 수 없었고 분리 독립의 상처는 너무나 컸었다. 간디는 일생동안 생체가 절단되지 않은 한 나라에서 자유롭고 두려움이 없는 사회에서 살기를 희망하였지만 그는 인도의 분할을 저지할 수 없었다. 인도와 파키스탄으로 분리 독립은 이루어졌고 그로부터 6개월 후 간디는 암살된다.

간디의 유품

① 캘커타에서 독립을 기념하다

영국의회에서 인도 독립법안이 통과되어(1947.7.17) 영국령 인도는 인도와 파키스탄으로 공식 분할되었다. 수상 자와하르 랄 네루가 의회에서 자정이 지나면 인도는 생명과 자유를 깨닫게 될 것이라는 '운명과의 만남(Tryst with Destiny)' 연설을 하고 있을 때 간디는 1년 전 살육으로 얼룩졌던 벵갈의 평화를 지키기 위하여 캘커타에 가 있었다. 일생동안 갈망하고 투쟁해왔던 독립이 이루어졌지만 여러 지역에서 자행되고 있는 종파간의 살육 현장소식에 간디는 기쁨도 평안도 얻을 수 없었다. 그에게는 아직도 전체 인도가 조국이었고 분할의 아이디어를 수용할 수 없었다. 캘커타로 가는 길에 빠뜨나의 대학생들에게 그는 8월 15일부터 자신과 함께 단식을 하자고 제안하였다. "우리에게는 식량, 옷, 기름도 없다. 그런데 축하를 할 필요가 있겠는가? 그 날 우리는 단식을 하고 물레를 돌리고 신에게 기도를 드리자."[420]

'선생님께서 국민들에게 메시지를 발표하지 않으면 그것은 좋은 일이 아닐 것'이라며 정부 관리가 독립을 기념하는 성명서를 부탁하였지만 간디는 아무런 메시지도 없다며 거절하였다. 8월15일 축제기간 중 캘커타에서 단식, 물레질, 기도를 하고 있는 간디의 마음은 무겁고 슬프기만 했다. "나에게 잘못이 있는 것일까? 내가 균형 감각을 잃은 것일까?" 간디가 왜 독립 축하행사에 참석하지 않은 것인지는 그만이 알 수 있는 일이겠지만 분할 수용 후 그가 국민에게 한 "32년 동안의 노력이 이제 불명예스러운 종말을 맞게 되었습니다."[421]라는 그의 말을 되새겨 볼만하다. 마운트배튼은 "이 역사적 순간에 비폭력을 통하여 자유의 기둥을 세운 간디의 은혜를 우리는 잊어서는 안 될 것입니다. 오늘 그가 이곳에 참석하지 않은 것이 매우 안타깝고 유감입니다."[422]라며 간디의 불참을 아쉬워했다.

8월 15일의 독립기념 행사에서 힌두교도와 이슬람교도는 수천 명씩

420 Stanley Wolpert, *op. cit.*, p.240.
421 Louis Fisher, *op. cit.*, p.412.
422 Stanley Wolpert, *op. cit.*, p.406.

무리를 지어 캘커타 거리를 행진하며 화해의 모습을 보여주었다. '힌두-무슬림 바이 – 바이' 간디와 전 주지사 수하르와르디가 함께 나타난 것도 종교집단 간의 친목 분위기를 조성하는 데 기여하였다. 마운트배튼은 캘커타에서의 간디의 평화노력을 이렇게 칭찬했다. "펀잡에서는 5만 5천명의 우리 군대가 대규모 폭동을 진압하고 있다. 벵갈에는 한 사람의 우리 군인이 있지만 폭동이 일어나지 않는다. 나는 그곳을 지키는 한 사람의 국경 수비군에게 찬사를 보낸다."[423]

그 달 말에 펀잡 동부에서 시크교도와 힌두교도가 이슬람교도에게 가혹 행위를 했다는 이야기, 그리고 펀잡 서부에서 이슬람교도가 다른 두 집단에게 가혹행위를 했다는 이야기가 들리면서 캘커타는 다시 동요하기 시작했다. 곧이어 폭력 사태가 벌어져 수십 명이 사망했다. 간디는 9월 1일 짤막한 성명을 발표했다.

"폭동이 계속된다면 내가 살아있는 것이 무슨 소용이 있으며 내가 사람들을 변화시킬 힘조차 없다면 이제 내가 할 수 있는 일이 무엇이 남아 있겠는가? 성난 군중 앞에 얼굴을 내미는 것이 늘 좋은 것만은 아닙니다. 나의 말이 아무런 성과가 없다 할지라도 나의 단식은 효과가 있을 것입니다. 그것이 캘커타에서 효과가 있다면 펀잡의 모든 적대적인 집단의 마을에도 영향을 미칠 수 있을 것입니다. 따라서 나는 오늘 밤부터 단식을 시작하여 폭동이 멈추면 단식을 끝내겠습니다."[424]

살인과 약탈은 계속되었지만 간디의 단식이 성과를 가져왔다. 9월 4일 저녁 "힌두, 이슬람, 시크 등 종교집단과 정치지도자들이 앞으로 캘커타에서 종교집단간의 약탈과 폭력을 허용하지 않겠다"고 문서로 서약했다. 간디는 이곳에 모인 힌두와 이슬람교도들이 다시는 내가 단

---

423 Stanley Wolpert, *op. cit.*, p.241.
424 Louis Fisher, *op. cit.*, p.178.

식을 하게 하는 행동을 하지 않기를 기대한다며 그는 펀잡을 위해 무엇인가를 하기 위하여 캘커타를 떠났다.

"내가 이곳을 떠난 뒤 여러분이 다시 광기로 돌아간다면, 그것은 질그릇 위에서 춤을 추는 것처럼 어리석은 일이 될 것입니다. 여러분이 평화를 지키면 그것은 나를 살리는 것입니다."[425]

② 델리에서

9월 7일 델리에 도착한 간디는 펀잡에서 힌두교와 시크교의 피난민들이 델리에 수 천 명씩 몰려들어오고 있고, 그곳의 이슬람교도들의 잔학행위와 그리고 힌두교도들이 델리의 이슬람교도들에게 보복을 가하기 시작했다는 이야기를 들었다. 간디는 여러 피난민 캠프를 방문했다.

"나는 델리에 있는 비참한 피난민들을 생각합니다. 인도의 동 펀잡지방이나 파키스탄의 서 펀잡 지방에도 비가 내립니다. 57마일에 이르는 피난민 행렬이 서 펀잡에서 인도로 밀려오고 있다고 들었습니다. 그러한 일이 어떻게 일어날 수 있는지 그것은 저 자신을 당황게 하고 있습니다."[426] 57마일의 행렬은 1,500만의 인구가 자기 종교의 본거지를 찾아 고통과 죽음을 피하여 이주하는 무리였다. 파키스탄의 펀잡지방에서 수 세기를 살아온 힌두교와 시크교도들은 고향을 버리고 델리를 향하여 도망쳐 왔다. 그들은 가족전체가 소달구지와 함께 몇 주씩을 걸었고 어른들은 아이들을 목에 태우고 업고 왔다. 아니면 기차의 문이나 지붕에 매달려 무작정 동쪽으로 향했다. 노약자들이 죽으면

425 Yogesh Chadha, *op. cit.*, p.443.
426 Louis Fisher, *op. cit.*, p.180.

그대로 버려지기도 했으며 적대적인 두 집단이 반대방향에서 오면서 마주치면 논밭에서 무의식적인 복수극이 자행되었다. 힌두교도와 시크교도들의 시체를 가득 실은 기차들이 파키스탄으로부터 계속 도착하고 있었고 파키스탄으로 향하는 기차들에는 보복을 피하여 도망가는 이슬람교도들로 인산인해를 이루었다.[427]

광기로 미친 자들과 죽음의 도시에서 마하트마 간디는 힌두교도, 이슬람교도, 시크교도 모두에게 무기를 버리고 서로 사랑하라고 공개적으로 호소하였다. 이슬람교도들을 괴롭히는 힌두교와 시크교도는 그들의 종교를 욕되게 하고 인도에 씻을 수 없는 해악을 끼치고 있으며 R.S.S.는 그들의 편협성과 불관용으로 힌두이즘을 욕되게 하고 있다고 비판했다. 이슬람교도의 잔학 행위가 결코 힌두교도의 잔학행위를 정당화해 줄 수 있는 것은 아니라며 악을 악으로 갚는 양측의 폭력을 비난하였다.

"자유를 쟁취한 지금 사람들은 미친 광기에 사로잡힌 것인가? 그렇게 많은 희생을 치루고 쟁취한 자유를 광기에 취해 내던져버리다니? 이 얼마나 부끄러운 노릇인가!"[428]

이 광기를 멈출 수 있는 간디의 대안은 아주 단순한 것이었다. 용기와 자신의 정화와 분노를 없애는 것이었다. 10만 명이 넘는 시크교도 집회에서 간디는 이슬람교도에 대한 폭력을 비난하였다. "여러분들의 마음을 깨끗이 하세요. 그러면 다른 종교 집단도 당신들을 따를 것입니다. 우리가 가장 먼저 해야 할 일은 이슬람교도들의 잘못을 찾아내려 하지 말고 우리 자신의 잘못을 들여다보아야 합니다. 이슬람교도들에게 잘못이 없다는 것이 아닙니다. 그들은 아주 많은 잘못을 저질렀

---

427 Kushwant Singh, *Train to Pakistan*, pp.1-3.
428 Stanley Wolpert, *op. cit.*, p.244.

습니다. 그러나 그들의 악행들을 생각하기 시작하면 우리는 인도를 위해 아무 일도 할 수 없을 것입니다."[429]

델리가 불타고 인도가 살육의 장으로 변해버렸다. 파키스탄에 힌두교도가 한 사람도 남아 있지 않고, 인도에 이슬람교도가 하나도 남아 있지 않는 상황으로 치닫고 있었다. 하지만 이제 늙고 쇠약한 간디의 말에 귀를 기울이는 사람은 거의 없었다.

(2) 카슈미르(Kashmir) 문제

토후국(Princely States)인 카슈미르는 인구의 3/4이 무슬림이며 인도와 파키스탄 양 지역에 걸쳐있어 군사전략적으로 아주 중요한 지역이었다. 독립과 함께 영국의 간접 통치를 받고 있던 토후국들은 인도와 파키스탄 중 하나의 국가를 선택하도록 부여받았다. 인구비율로 본다면 카슈미르는 파키스탄에 속해야하지만 다수의 카슈미르 인들은 인도로 편입되기를 희망하였다(당시 60% 이상이 무슬림임). 카슈미르의 힌두교도인 마하라자 하리싱은 카슈미르를 인도에도 파키스탄에도 편입시키기를 거부했다. 이 무렵 카슈미르의 민족지도자인 세이크 압둘라는 델리에서 열린 한 무슬림 집회에서 인도와의 합병을 호소하였고 또한 열렬한 지지를 받았다(1947.10.20). 이에 불안감을 느낀 파키스탄은 10월 22인 파키스탄 북서부의 파탄 족 무장 부족세력을 카슈미르 내부로 침투시켰다. 이것이 최초의 공격이었다. 파키스탄 정부는 이 침략자들을 '해방군'으로 부르며 카슈미르 내 부족들의 봉기라고 선전했다. 인도는 사전에 계획된 명백한 전면 공격으로 받아들였다. 침투 사건 이틀 후(10월 24일) 마하라자 하리싱은 인도에 도움을 요청하였

429 Louis Fisher, *op. cit.*, p.181.

고 네루 수상은 파병을 승인하고 인도와의 합병을 합법화하였다.[430] 이에 따라 인도는 28일 일단의 중무장한 병력을 카슈미르에 공수하여 파키스탄 해방군의 진격을 저지시켰다. 그러나 점령지 철수문제를 놓고 양측의 갈등이 심화되자 네루는 1948년 1월 1일 이 문제를 유엔 안보리에 상정시켰다.

간디는 늘 강조해온 것처럼 카슈미르에 대해서도 자결권을 존중했고 모든 권력의 폭력적인 강요에는 반대했다.

"카슈미르의 국민들이 파키스탄을 선택한다면 지구상의 어떠한 권력도 그들의 선택을 막을 수는 없다. 그들에게 스스로 결정할 자유가 주어져야 한다."[431] 그러나 네루는 카슈미르의 정책에 관해서는 그 누구의 말도 듣지 않았다. 네루의 조상들은 18세기 초 무갈 제국이 붕괴될 무렵 카슈미르 골짜기에서 부와 명예를 얻기 위하여 넓은 평야인 델리로 이주해 왔다. 이미 오래전에 카슈미르를 떠나왔지만 네루는 자신이 '카슈미르 사람'이라는 정체성을 강조하면서 어떠한 희생을 감수하더라도 그 지역을 결코 파키스탄에 넘겨줄 수 없다고 결심했다. "만약 카슈미르가 파키스탄으로 넘어간다면 그것은 나에게는 비극이 될 것이다."[432]

10월 25일 네루는 다음과 같은 전보를 보내 의혹을 갖고 있는 애틀리 수상을 안심시킨다. "카슈미르 주에 심각한 상황이 발생하여 그곳 내부의 안정을 회복하기 위해 인도가 원조를 보내야 한다. 이 원조가 카슈미르를 인도로 편입시키는 데 영향력을 행사하려는 것은 아니다. 합병의 문제는 카슈미르의 국민들에 의해 결정될 것이다."[433] 하지만

---

430 라윤도, 『인도와 파키스탄의 분쟁연구』

431 *CWMG*, Vol. 89, pp.413-414

432 Stanley Wolpert, *op. cit.*, pp.247-248.

네루는 스리나가르의 군인들에게 "카슈미르의 문제가 우리에게 맡겨졌다. 그것은 파키스탄과 우리 사이의 문제를 해결하는 데 여러 면에서 도움이 될 것이다. 나는 여러분들을 자랑스럽게 생각한다. 여러분들은 카슈미르를 구했을 뿐 아니라 인도의 자존심을 되찾아주었다."라고 군인들을 격려하였다.[434]

진나가 네루와 인도가 사기와 폭력을 동원하여 카슈미르를 점령하려 한다고 비난하자 마운트배튼은 카슈미르 문제의 협상과 휴전을 위해 네루와 함께 진나를 만나기로 약속하였지만 마지막 순간에 네루는 만남을 회피하였다.

"나는 라호르에 가서 진나와 의논해야 할 이유가 없고 토론할 의제도 없다. 법과 질서가 완전히 회복되기 전에는 국민투표가 실시될 수 없다는 것은 분명하다. 나는 그곳에 국민투표가 실시될 가망성은 없다고 생각한다."[435]

영국정부에게는 언제나 비폭력을 충고했는데 왜 인도정부에는 그렇게 조언하지 않느냐는 질문을 받고(11월 5일) 간디는 이렇게 대답했다. "아무도 나의 말을 듣지 않는다. ......나는 나의 비폭력을 결코 버린 적이 없다. ......사람들이 나의 말을 듣는다면 나는 지금 우리가 하고 있는 것처럼 군대를 보내지는 않았을 것이다. 그리고 만약 군대를 보냈다면 그것은 비폭력의 군대일 것이다."[436]

간디는 파키스탄과 인도가 함께 마주앉아 카슈미르 문제를 협상하든가 아니면 공명정대한 중제자의 도움으로 문제를 해결하라고 충고

---

433 Stanley Wolpert, *op. cit.*, pp.413-415.
434 *Ibid.*, pp.418-420.
435 *CWMG*, Vol.89, pp.458-460.
436 *Ibid.*, pp.480-482.

하였다. “만약 내가 나선다면 파키스탄의 태도가 어떠하건 나는 그들의 대표를 인도로 초청하여 만나 의견을 나누고 해결책을 유도해낼 수 있을 것이다. 적어도 우리는 평화로운 이웃으로 살아가기 위한 합의에 이르러야 한다. ……양측 모두 많은 실수를 했다. 그렇다고 해서 그러한 실수들을 계속 고집해서는 안 된다. 그러면 결국 전쟁 속에서 우리는 파멸하고 말 것이다.”[437]

간디가 염려한 것은 전쟁의 물질적 손실과 인명의 희생이었다. 그러나 네루는 마하트마 간디가 제시한 평화적인 해결책을 아무 반응도 없이 무시하였다.

어떠한 시대 어느 곳에서도 비폭력만이 모든 폭력을 근절시킬 수 있는 유일한 힘이라는 믿음을 아직도 그가 간직하고 있었지만 황야에서 짖어대는 소리에 지나지 않는 그의 외침에 귀를 기울이는 사람은 없었다.

(3) 정부와 국민회의 비판

1947년 말 간디는 무력감과 절망감에 빠진 자신의 처지를 이렇게 표현했다. “오늘 나는 무력하고 무능하다. …그리고 파산했다. 요즈음 나는 동료들과 아무런 대화도 못한다. 내가 과거에 했던 말들도 가치가 없어졌다.”[438] 하지만 그는 정치적 사안에 대해 아주 무관심하지는 않았다.

인도의 독립운동이 남긴 제일의 유산은 국민회의였다. 독립 후 국민회의는 하나의 거대한 정당이 되어 국민의 적극적 지지를 받음으로써

---

437 *CWMG*, Vol.90, p.357.
438 *CWMG*, Vol.89, p.493.

국가와 거의 동일시 되었다. 그러나 국민회의를 정당으로는 생각하지 않는 간디는 11월에 열린 마지막 국민회의 집행위원회에 참석하여 "이제 이 조직을 없애야 한다."고 말했다.

"국민회의는 이미 부패하기 시작했습니다. 그것은 당원들이 더 이상 정직하지 않다는 것입니다. 이기적인 자들이 국민회의를 장악하면 국민회의는 제 기능을 잘 할 수 없습니다. ……그들이 하얀 카디 옷을 입고 품위 있는 체하지만 마음속은 군다(악당)들일 뿐입니다. 그들이 국민회의를 장악한다면 우리가 어떻게 목적을 달성할 수 있겠습니까?"[439]

국민회의와 정부는 간디가 일생동안 장려해온 천민복지, 방적, 기초교육, 위생과 자연요법 등의 건설적인 일들에 대해서는 거의 아무런 관심과 노력도 기울이지 않았다. 정부를 신뢰하지 않은 간디는 12월이 되자 네루의 국민회의 정부를 공격하기 시작했다. "진정한 민주주의는 국민 복지를 증진시키는 것이다. 좋은 정부의 실험은 최소한의 통제로 최대한의 국민의 복지를 가져오면 된다. ……나의 견해로는 가난과 실업이 존재하는 체제는 단 하루도 생존할 가치가 없다고 생각한다."[440]

간디는 정부를 향해 군비를 삭감하고 건실적인 복지를 위한 예산을 증액하라고 촉구했을 뿐 아니라 관료들의 봉급도 대폭 삭감하고 높은 보수를 지불해야 하는 공무원들을 고용하기보다는 자원봉사자들을 더 많이 활용할 것을 요구했으며 물레 돌리는 것을 잊어버린 것도 함께 비판했다.

그는 의회와 정부의 관료주의, 독직, 부정부패, 암거래, 폭리 등을 공개적으로 비판하였다. "우리가 소망하는 꿈의 사회 질서는 현재의 국

439 Yogesh Chadha, *op. cit.*, p.458.
440 Stanley Wolpert, *op. cit.*, p.252.

민회의로는 실현할 수 없다는 사실을 인식해야 합니다. 너무 많은 부정부패에 나는 놀라고 있습니다."[441]

파키스탄으로 가서 그곳 사람들을 진정시키고 싶었지만 델리에 폭력과 살상행위가 계속되자 간디는 종파 간 모두의 양심 회복을 위한 그의 마지막 단식을 발표했다.

(4) 간디의 영향력 쇠퇴

① 정치적 영향력

간디는 분할되지 않은 인도에서 자유롭고 두려움 없이 살기를 희망하였다. 결국 종교로 인한 증오와 권력욕으로 두 지역이 분리 독립되었고 그 결과 인도와 파키스탄은 피로 물들었다. 간디는 정치와 경제 그리고 사회적인 문제에 있어서 네루와 많은 의견의 차이가 있음을 공개적으로 시인했다. 1945년 간디는 네루에게 이같이 말했다. "우리 두 사람은 오직 인도의 독립을 위해서 살아간다. 나는 이미 늙었고 당신은 젊다. 나는 당신을 나의 후계자로 여긴다. 나도 후계자를 이해해야 하고 나의 후계자도 나를 이해해야 한다."[442] 하지만 이후 독립과 국가건설 문제를 놓고 두 사람은 간디가 생을 마감할 때까지 의견의 충돌을 보였다.

수심에 찬 간디

441 Louis Fisher, *op. cit.*, p.182.

442 Dhananjay Keer, *Mahatma Gandhi: Political Saint and Unarmed Prophet*, p.736.

간디는 1947년 4월에 이르러 자와하르랄 네루나 총독 마운트배튼이 분할을 피하기 위한 노력을 받아들일 의향이 전혀 없음을 알게 되었다. 이제 간디의 시대는 막을 내리고 있었다. 간디는 국민회의에 어떠한 영향력을 행사할 수도 없으며, 분할에 반대하는 그의 주장에 동의하는 사람들도 없음을 분명히 느꼈다.

간디는 정치적 후계자로 여겼던 네루가 이제는 자신이 하는 말을 전혀 수용하지 않는다고 생각했다. "집행위원회의 위원들과 나 사이의 의견 차이에 대해 생각해 볼수록 우리 모두가 마음에 간직하고 있는 대의에 있어서 나의 존재가 해가 되지는 않을지 몰라도 내가 더 이상 이곳에 있을 필요는 없다는 생각이 앞선다."[443](1947년 6월 9일) 마지막까지 분리 독립을 반대하고 간디와 함께한 인물은 아자드였다. "분리는 오직 국가의 지도에만 있을 뿐이며 국민의 마음속에 있는 것이 아니다. 확신하건데 분립은 단명으로 끝날 것이다."[444] 이제 인도는 간디의 평화와 형제애의 호소에 귀를 막았다. 간디는 그의 평생의 목표였던 인도의 독립과 임박한 분단 나아가 인도의 장래에 대해 불안한 심정을 이렇게 표현했다.

"나의 필생의 사업은 이제 끝나는 것 같습니다. 신이 더 이상의 모욕으로부터 나를 구해주시기를 기도합니다. 내가 살아서 그것을 증언하지는 못할지라도 내가 염려하는 악이 인도를 덮치고 인도의 독립이 위기에 처해 있을 때 내가 얼마나 괴로워했으며 결코 간디는 인도의 생체 절단에 가담한 자가 아니라고 전해주십시오."[445]

마운트배튼은 국민회의와 무슬림연맹 지도자들이 합의한 분할계획

443 *CWMG*, Vol.88, p.112.
444 조길태, *op. cit.*, pp.208-209.
445 Yogesh Chadha, *op. cit.*, p.433.

안을 가지고 영국으로 건너가 승인을 받았고 권력 이양 일을 1948년 6월에서 1947년 8월 15일로 앞당겼다. 1947년 6월 15일 마운트배튼 계획을 찬성 153 반대 29로 통과시키면서 국민회의 의장인 크리팔라니는 이렇게 설명했다. "제가 두려워하는 것은 우리가 계속 보복행위를 하며 상대방에 대한 경멸을 쌓아간다면 우리는 결국 동족끼리 싸우는 참담한 상태로밖에 갈 수 없다는 것입니다. 그분에 대한 나의 충성은 변함이 없습니다. 그가 늘 옳지만 제가 간디의 의견을 따르지 않는 것은 그가 국민 대중을 중심으로 문제를 해결하는 방법을 아직까지 발견하지 못했기 때문입니다."[446]

살아 있는 한 인도의 분할을 수용할 수 없다던 간디도 마운트배튼과 파텔을 만나고 난 후 국민회의 지도자들과 무슬림연맹 그리고 영국정부가 합의한 분할 계획안을 불가피한 것으로 받아들였다. 자신의 생각을 거두어들인 간디의 행동은 국민회의의 분열도 막았다.

1947년 7월 17일 영국 의회에서 인도독립법안이 통과되어 영국령 인도는 두 개의 국가 - 인도와 파키스탄 - 로 공식 분할되었다. 그렇게도 기다리고 가슴에 품었던 독립을 맞이하였지만 간디는 기쁘지 않았다. 인도와 파키스탄의 여러 곳에서 벌어지는 종파간의 충돌을 걱정하며 그는 독립축제에 참여하지 않고 캘커타에 가 있었다. 정부 관리가 1947년 8월 15일을 기념하는 성명서 부탁도 사양하였다. 8월 14 밤 자정 네루는 독립인도의 첫 수상으로서 의회에서 '운명과의 만남'이라는 연설을 하고 있었다. "오늘 우리는 불운했던 한 시대를 끝내고 인도는 다시 자신을 재발견했습니다. 미래는 안락하거나 편안하지도 않을 것이며 우리가 자주 했던 맹세들을 이행하기 위해 끊임없는 노력으로 이

446 Louis Fisher, *op. cit.*, p.175.

어질 것입니다. 인도에 대한 봉사는 고통당하는 수백만에 대한 봉사를 의미합니다. 그것은 가난과 무지와 질병과 기회의 불평등을 끝내는 일입니다. 우리 세대의 가장 위대한 사람의 열망은 모든 사람의 눈에서 눈물을 닦아주는 일입니다. 그것은 우리의 능력 밖의 일인지도 모릅니다."447

간디는 정부에서 권력을 잡으려 한 적은 없지만 네루와 파텔이 마운트배튼의 총독자리를 자신에게 넘겨주기를 기대하고 있었다. 독립된 인도의 총독은 인도인이 맡아야 되고 또한 자신이 그 자리를 맡을 자격이 있다고 생각했다. 간디의 마음을 더욱 아프게 한 것은 진나는 파키스탄의 국가원수가 되었다는 사실이었다. 마운트배튼은 인도와 파키스탄 두 나라의 총독을 희망하고 진나를 설득했지만 진나는 그 제안을 거부하였다. 만약 간디가 인도의 총독이 되었다면 진나와 간디와의 대화를 통해 두 종교 간의 대학살을 피할 수도 있지 않았을까? 하는 기대를 해본다.

한편 네루와 라젠드라 프라사드는 마운트배튼에게 자치인도의 첫 총독이 되어 달라고 제안했다. 마운트배튼은 인도의 독립을 선언하는 이 역사적인 순간에 이곳에 간디가가 참석하지 않은 것에 대해 유감을 표하며 독립인도의 첫 총독의 지위를 수락하였다.

마운트배튼은 주어진 자신의 임무(권력이양)를 완수했고 독립된 인도의 총독자리는 인도의 국부로 칭송받는 간디가 적합하고 그에게 넘겨 줄 준비도 되어 있었다. 그러나 네루는 단호하게 간디의 총독 취임을 반대하였다. 마운트배튼이 간디를 만나 '인도 총독의 자리에서 물러나고 싶다'는 의사를 전하자 며칠 후 간디는 마운트배튼에게 편지를

---

447 Stanley Wolpert, *op. cit.*, pp.4-5.

보냈다. “네루와 의견을 나누었습니다만 그의 입장은 단호합니다. 그는 현재의 악천후가 깨끗이 걷히기 전까지는 어떠한 상황 변화도 없을 것이라고 말합니다. 날씨가 개이려면 3개월은 더 지나야 할 것입니다(1947.10.23.).”[448] 그 석 달이 간디의 인생에 남은 마지막이 될 줄을 누가 알았겠는가? 이전에 간디가 마운트배튼을 만나 진나에게 네루의 자리를 넘겨주는 것이 인도의 문제를 해결하는 최선책이라고 조언한 사실을 네루는 가슴에 품고 있었을 것이다.

8월 15일의 독립 행사에서 종교집단들은 친목의 모습을 보여주었다. 사람들은 거리에서 ‘힌두-무슬림 바이 - 바이’를 외쳤다. 간디가 걱정하는 것은 캘커타의 평화였다. 캘커타가 분할되어 서 벵갈의 작은 수도로 되고 이전에는 다수를 차지했던 이슬람교도가 1/4로 줄어들었다. 간디와 전 주지사 수르와르디는 “우리는 캘커타에 있는 모든 힌두교도와 이슬람교도들이 원래 살던 자기 집으로 안전하게 돌아 갈 수 있을 때까지 노력하자”고 다짐하였다(1947.8.11). 8월15일 간디는 캘커타에서 단식, 물레질, 기도를 했다. 기도에 대한 간디의 믿음은 철저했다.

“기도는 우리의 매일의 행동에 질서와 평화를 가져오는 유일한 수단입니다. 인간은 신 앞에 자신의 모든 약함을 인정하고, 빈손으로 완전히 순종하는 정신으로 나아가야 합니다. 그러면 신은 당신을 세상 앞에 세우고, 모든 악으로부터 보호하실 것입니다. 우리 모두 편협하고, 비천하고, 거짓으로 가득한 우리의 마음을 깨끗하게 해달라고 신에게 기도합시다. 그러면 신은 분명히 우리의 기도에 응답하실 것입니다.”[449]

정부와 당을 운영하는 방식을 놓고 파텔과 네루 사이의 불화는 간디에

---

448 *CWMG*, Vol. p.389.
449 Yogesh Chadha, *op. cit.*, p.441.

게는 하나의 큰 고민이었다. 간디는 그들에게 서로 다투지 말고 국가를 위해 헌신을 주문하면서 만약 화합하여 함께 일하는 것이 불가능하면 둘 중 한 사람은 내각을 떠나라고 경고까지 했다. 두 사람은 서로 상대를 위하여 자신이 먼저 사임하겠다고 말했다.

네루는 파텔에게 보낸 편지(1947년 12월 23일)에서 이렇게 말했다.

"만약 내가 수상으로 계속 일을 한다면 나는 나의 자유를 제한받을 수 없고 그리고 어느 정도의 명령권은 수행해야 합니다. 그렇지 않으면 사임하는 것이 좋습니다. 나는 성급한 조치를 내릴 생각은 없으며 또한 당신이 그렇게 하기를 원하지도 않을 것입니다. 불행하게도 당신과 나 둘 중의 한 사람이 정부를 떠나야 한다면 그 일은 위엄과 호의 속에 이루어져야 합니다. 나는 기쁘게 사임하여 당신에게 정권을 넘겨드리고 싶은 것이 저의 마음입니다."[450]

파텔은 이렇게 답장했다.

"나는 어떤 식으로든 당신의 자유를 제한할 생각이 없으며 과거에도 그러한 적이 없습니다. 당신이 사임하거나 권력의 이양은 절대 일어나지 않을 것입니다. 위엄과 호의 속에 이루어져야 한다는 것에는 저도 동의합니다. 당신이 그렇게 하도록 당신을 돕는 데 최선을 다하겠습니다. 그리고 당신은 내가 무능한 동료로 계속 남아있기를 바라지 않을 것입니다."[451]

토후국들을 인도에 편입시키기 위해 델리를 떠나기 전 파텔은 간디에게 사직서를 제출하면서 편지를 썼다.

"이 상황에서 제가 떠나는 것이 개인을 위해서나 국가를 위해서 좋

450 *Ibid.*, p.451.
451 *Ibid.*

을 것 같습니다. 저는 지금 일하고 있는 식으로밖에 달리할 수가 없습니다. 제가 평생 동료들에게 부담이 되고 선생님께 고뇌의 근원이 되는데도 계속 자리를 지키고 있으면 제가 권력욕에 눈이 멀어 사직하지 않는다는 것입니다. 선생님께서 빨리 저를 이 힘든 상황으로부터 구해 주셔야 합니다."[452] 그러나 이 두 사람의 문제는 간디가 죽기 전까지 화해가 되지 않았다.

간디의 단식(1월13일)은 뜻밖의 우려를 가져왔다. 파텔은 그의 단식은 자신을 향한 것이라고 생각하였다. 내무 장관인 파텔은 다수의 인도의 이슬람은 반역자라고 추정할 만한 근거가 있다고 주장했으며 러크나우의 한 대중 연설에서 이렇게 주장하였다.

"인도의 이슬람교도에게 나는 오직 한 가지 질문이 있습니다. 당신들은 왜 카슈미르 문제에 대해서 입을 열지 않고 왜 파키스탄의 행동을 비난하지 않습니까? 이제 같은 배를 타고 항해하다 함께 침몰하거나 함께 헤엄쳐 나오는 것이 여러분의 의무입니다. 솔직히 여러분은 두 마리의 말을 탈 수는 없습니다. 한 마리를 택하세요. 파키스탄에 가기를 원하는 사람들은 그곳에 가서 평화롭게 살 수 있습니다."[453] 그러나 간디는 자신의 단식이 파텔을 비난하는 행동이 아님을 분명히 했다. "발라브바이 파텔의 퉁명스러운 연설은 때때로 본인의 의도와 관계없이 사람들에게 상처를 주지만, 그의 마음은 모두를 포용할 만큼 넓습니다."[454]

간디가 파텔에게 요청한 것은 대영제국의 국고 가운데 파키스탄 몫으로 5억 5천만 루삐를 지불하라는 것이었다. 원래 이 자산은 3개월

452 *Ibid.*, p.452.
453 *Ibid.*, p.448.
454 *Ibid.*, p.449.

전에 지불했어야 되었지만 카슈미르 분쟁이 발발하면서 내각이 만장일치로 지불 보류를 결정했다. 간디는 인도의 행동을 부도덕하다고 비난하면서 설사 파키스탄이 그 돈으로 카슈미르 공격을 위한 무기를 구입한다 해도 그 의무는 반드시 이행해야 한다고 말했다. 펀잡 서부에서 소수 종교 집단에 대한 가혹행위가 계속 늘고 있다는 보고가 있음에도 내각은 파키스탄에게 5억 5천만 루삐를 즉시 지불하기로 결정했다.(1월14일) 이 사건 역시 과격한 젊은 힌두들을 분노하게 하고 그를 죽이려는 음모로 이어졌다.[455] 그날 저녁 펀잡 서부에서 온 시크와 힌두 피난민 집단이 비를라 하우스 앞에서 시위를 벌이며, '피에는 피로', '우리는 복수를 원한다', '간디를 죽게 내버려 둬라'는 등의 구호를 외쳤다.

② 종교적 영향력

8월 15일이 임박해 오자 수백만의 이슬람교도, 힌두교도, 시크교도가 각기 자신들의 신앙나라를 찾아 인도와 파키스탄으로 대이동이 시작되있다. 오고 가는 두 지역에서 격렬한 폭력, 방화, 약탈, 강간, 대학살이 벌어졌다. 수개월 동안 약 1천5백만 명이 펀잡 내에서 서로 이동했다. 그 와중에서 어른 아이 할 것 없이 수 만 명이 희생을 당했다. 독립을 눈앞에 두고 벌어진 완전한 무정부 상태였다.

펀잡과 북서 변경 주에서 힌두들과 시크들의 피난 행렬이 델리로 몰려오고 있었다. 캘커타의 평화가 어느 정도 안정되었을 때 네루는 화합의 상징인 간디를 집단 간의 증오의 불길이 타오르는 펀잡으로 와달라고 전보를 보냈다(9월4일). 기차가 델리 역에 도착했을 때, 파텔과

---

455 Dietmar Rothermund, *op. cit.*, p.127.

측근들이 그에게 다가가 지난 며칠 동안 델리에서 살인, 방화, 약탈이 난무했다고 전해주었다. 펀잡의 시크교도와 힌두교도 피난민들이 델리로 쏟아져 들어오면서 그곳의 학살이야기에 주민들이 자극을 받아 보복한 행위였다. 방기(하리잔) 마을의 간디의 숙소는 피난민들로 넘쳐 그는 친구 집인 비를라(Birla) 하우스에 거처를 정했다. 간디는 원래 델리에 며칠 있다가 펀잡으로 떠날 계획이었으나 델리가 종교집단 간의 전쟁터로 변하자 계획을 바꾸었다. 간디는 종교적 광기에 미쳐버린 사람들의 마음에서 폭력성을 정화하는 일에 나섰다. “간디는 피난민들에게 두려움 없이 진실되게 살아야 하며 복수심이나 증오를 품지 말고 큰 희생의 대가로 쟁취한 자유의 황금사과를 버려서는 안 된다.”고 말하였다.[456] 간디는 힌두교도와 이슬람교도는 모두 하나의 신의 자식들이라며 ‘잊고 용서하고 악의나 증오를 품지 말며 고통을 의연하게 견디라’고 강조하였다.

델리에서 간디는 저녁마다 기도회를 열었다. 그는 힌두 경전은 물론 코란과 성경구절도 인용하였다. 코란을 인용하자 한 청년이 “코란을 낭송하는 것은 우리 어머니와 누이들, 사랑하는 친지들의 죽음을 모욕하는 것이다. 이곳에서 그런 것을 낭송하면 가만두지 않겠다. 간디 무르다바드(죽어라)”라고 소리쳤다.[457] 간디는 성난 항의자들의 숫자가 늘고 기도를 방해하던 자들이 R.S.S. 소속이라는 사실을 알고 당황하였다. 전투적인 힌두교 청년 조직인 R.S.S.는 이슬람교도들에게 폭력적인 보복을 계속 가하여 그들을 파키스탄으로 쫓아내고 있었다.

1947년 여름 이후 간디의 영향력은 더욱 약화되었다. 간디는 힌두들로부터 증오와 분노의 편지들을 많이 받았는데, 그 대부분이 그를 ‘이

---

456 *CWMG*, Vol.89, pp.169-170.
457 *Ibid.*, p.195.

슬람과의 한통속' 또는 '이슬람을 편애한다', '진나의 노예', '모하메드 간디', '공산주의자 간디' 등 원색적으로 비난하는 내용들이었다.

캘커타에서 일부 젊은이들이 그를 힌두교도의 적이라고 비난하자 간디는 말했다.

"내가 힌두가문에서 태어났고, 힌두교 교리를 지키며 생활방식도 힌두교도인 내가 어떻게 힌두교도의 적이 될 수가 있습니까? 그것은 여러분의 관용성이 없음을 보여주는 것입니다."[458] 기도회에서 간디는 힌두교도와 시크교도에게 먼저 관용을 촉구했다. "왜 그들이 먼저 증오의 물결을 막는 행동을 주도할 수 없는가? 힌두들은 쫓겨난 이슬람교도들에게 원래의 자기들의 집으로 돌아오라고 초대하는 용기를 보여 주어야 한다. 이것은 폭력으로 인해 일어났던 일들을 원상으로 되돌릴 수 있을 것이며, 모든 피난민들이 안전하게 고향으로 돌아가 자신들의 도시와 촌락을 자랑스럽게 여길 것이다."[459] 그러나 힌두교도와 시크교도는 본래의 자기 집으로 돌아가는 것을 두려워했으며, 또한 간디가 파키스탄으로 달아난 이슬람교도에게 돌아오라고 초대하라지만 힌두들은 그들의 집을 비워주고 싶지도 않았다. 파키스탄으로부터 피난민의 유입이 계속되자 피난민 수용소는 불만과 절망으로 가득 찼다. 델리의 폭동은 진정되었지만, 경찰과 군대가 없으면 걷잡을 수 없는 상황이었다.

암살 바로 전 날 간디는 <라이프>지의 기자로부터 다음과 같은 질문을 받았다.

"만약 비행기가 실제로 한 도시에 원자탄을 투하한다면 아힌사를

---

458 *Ibid.*, pp.169-170.
459 Yogesh Chadha, *op. cit.*, p.445.

믿는 사람들은 어떻게 해야 합니까?"

"아힌사는 파괴할 수 없는 유일한 것이다. 비폭력의 병사들은 피난처를 찾아 뛰어서는 안 된다. 그들은 수천 명의 군인들 속에서 당당히 서서 두려움 없이 하늘을 쳐다보며 조종사를 위해 기도해야 한다. 그들의 희생은 헛되지 않을 것이다." 이것은 비폭력에 대한 그의 믿음을 세계에 전하는 그의 마지막 메시지가 되었다.[460]

4) 간디의 고뇌

(1) 종교적 집단 간의 화해

종교적 집단 간의 충돌과 살상행위가 그치지 않자 1948년 1월 12일 간디는 단식(마지막)을 하겠다는 계획을 발표했다. "나는 힌두교도와 시크교도 그리고 이슬람교도들 사이에 마음에서 우러나오는 우정이 있기를 바란다. 지금은 그러한 우정은 존재하지 않는다. 단식은 사띠야그라하 투사가 할 수 있는 최후의 수단이다. 모든 종교집단이 외적인 압력에 의해서가 아니라 의무감을 깨닫고 스스로 마음의 재결합을 이루었다고 생각하면 단식을 끝내겠다. 이번 단식은 힌두교도와 이슬람교도들에 대한 것일 뿐만이 아니라 거짓된 모습으로 가장하고 그들 자신과 나 그리고 사회를 배신한 자들에 대한 것이기도 하다."[461]

단식으로 간디의 상태가 악화되면서 델리에서는 종교집단간의 화해를 도모하려는 공동의 노력이 시작되었다. 네루는 이러한 목적을 달성하기 위해 대중 연설을 했고, 국민회의의 의장인 라젠드라 프라사드는 조직의 구성원들과 분쟁을 조정하고 마하트마를 만족시킬 만한 우정

---

460 Geoffrey Ashe, *Gandhi*, pp.381-382.
461 *CWMG*, Vol. 90, p.409.

의 공동 평화서약을 도출해내려고 노력했다. 시위대가 거리를 누비면서 힌두-이슬람 단결을 요구하기 시작했고 토후들이나 파키스탄의 이슬람교도들을 비롯하여 인도 전역으로부터 화해의 소식이 수 없이 도착했다.

국민회의 의장 라젠드라 프라사드(1월 18일)는 모든 종교집단의 대표들로 이루어진 '중앙 평화 위원회'의 1백 명이 넘는 위원들을 데리고 비를라 하우스를 찾아갔다. 네루와 아자드는 미리 와 있었다. 프라사드는 간디에게 단식을 끝낼 것을 호소하는 델리의 종교집단 간의 평화를 서약하는 선언문을 낭독했다.

"우리는 힌두교도, 이슬람교도, 시크교도, 그 밖의 다른 공동체의 구성원들이 델리에서 진정한 우애 속에서 다시 형제처럼 살아가는 것이 우리의 간절한 희망임을 밝힙니다. 우리는 이슬람교도의 생명, 재산, 신앙을 보호할 것이며, 델리에서 일어났던 사건들은 다시는 일어나지 않게 할 것을 맹세합니다. 무슬림이 떠나 현재 힌두교도와 시크교도가 차지하고 있는 이슬람 사원들은 즉시 돌려 줄 것입니다........무슬림들의 지역을 강제로 차지하지 않을 것입니다. 이곳을 떠난 이슬람교도가 다시 델리로 돌아오겠다면 우리는 크게 환영하고 그들은 이전에 하던 사업을 계속할 수 있을 것입니다. 이 모든 것은 우리 모두의 노력으로 이루어졌으며 경찰이나 군인의 도움은 없었음을 밝힙니다. 우리는 선생님께서 우리를 믿고 단식을 중단해 주시고 앞으로도 저희들을 이끌어 주실 것을 간곡히 요망합니다."[462] 간디는 힌두교도, 이슬람교도, 시크교도, 기독교도, 유대교도, 심지어 힌두 마하사바와 R.S.S.의 구성원까지 서명에 참여했다는 사실을 알고 기뻐하며 덧붙였다. "델리는 인

462 Yogesh Chadha, *op. cit.*, p.454.

도의 심장부이며, 여러분은 델리의 정수입니다. 여러분이 인도의 힌두교도, 시크교도, 이슬람교도가 모두 형제라는 사실을 그들로 하여금 깨닫게 하지 못한다면 두 자치령의 미래는 암울할 것입니다. 그 둘이 싸운다면 인도는 어떻게 되겠습니까?"[463]

간절히 응답을 기다린 대표단에게 간디가 마침내 입을 열었다.

"단식을 중단하겠습니다. 신의 뜻이 이루어졌습니다. 여러분 모두가 증인이 되어주십시오."

이어 기도회가 열려 불교, 이슬람교, 파르시교 경전을 읽었고 간디의 수행원들은 그가 가장 좋아하는 찬송가 147장 (주 달려 죽은 십자가)을 불렀다.

주 달려 죽은 십자가 우리가 생각할 때에
세상에 속한 욕심을 헛된 줄 알고 버리네
죽으신 구주 밖에는 자랑을 말게 하소서
보혈의 공로입어서 교만한 마음을 버리네

이어 힌두교의 만트라가 이어졌다.

비진리에서 진리로,
어둠에서 빛으로,
죽음에서 영생으로
나를 이끄소서.

---

463 *Ibid.*

(2) 국민회의에 대한 소망

11월에 소집된 국민회의 집행위원회에서 간디는 '이제 이 조직을 없애야 한다'고까지 말했다.[464] 간디는 오래 전부터 독립이 되면 국민회의는 사회봉사에 헌신하는 조직으로 바꾸어 어떤 정부가 권력을 잡든 도덕적 압력을 행사하는 것으로 만족해야한다고 주장해 왔다. 간디는 국민회의의 부패가 점점 증가하는 것과 자유를 위해 일하고 희생했던 당원들이 이제 권력의 유혹에 굴복하고 있는 현실을 부끄러워했다.

"국민회의는 독자적인 전통을 가지고 있습니다. 국민회의는 60년이 넘게 영국 정부와 싸워 왔습니다. 국민회의 당원들은 이제 이 정부가 그들의 정부라고 생각합니다. 솔직히 누구나 국민의 종이 될 수는 있으나 그들의 지도자는 될 수 없습니다. 봉사의 정신이 없다면 우리는 자신들이나 친척, 친구들의 목적을 위해서 국민회의의 요직을 차지하여 자신들만의 이익을 챙기려고만 합니다. 그리하여 어디에서나 국민회의 당원들은 권력과 후광을 얻기 위해 동분서주 합니다. 내가 두려워하는 것은 이런 일이 계속된다면, 우리는 국민회의의 조직을 바로잡을 수도 없으며 정부에 있는 사람들도 국민회의를 효과적으로 운영할 수 없다는 것입니다.

정부는 오직 군사적인 힘만 갖고 있는 것 같습니다. 하지만 그 힘만으로는 정부를 움직일 수 없습니다. 정부의 진정한 힘은 여러분의 손안에 있습니다. 그들의 힘은 여러분이 그들에게 위임한 것입니다. 그리하여 여러분이 자신의 정부를 가지게 되면 여러분은 정부의 주인이 되는 것입니다. 정부의 진정한 힘이 우리의 손안에 있다는 것을 알게 된다면 우리는 그것을 합법적으로 이용해야 합니다.

---

464 *CWMG*, Vol. 90, pp.38-40.

국민회의는 이미 썩었고 당원들은 더 이상 정직하지 않습니다. 이기적인 자들이 국민회의를 장악하면 국민회의는 제 기능을 할 수 없습니다. 현재 국민회의에는 여러 그룹이 있으며, 그들 모두는 국민회의를 장악하려는 한 가지 생각뿐입니다. 그들은 겉으로는 하얀 카디 옷을 입고 존경받는 인물처럼 행동하지만 속마음은 군다(더럽고 나쁜 사람)들입니다. 국민회의의 지휘권이 그들의 손에 넘어가면 어떻게 우리의 목적을 달성할 수 있겠습니까? 국민회의는 특정 정당이나 그룹이 아니라 나라 전체에 봉사하는 것을 목표로 하고 있습니다."[465]

간디는 국민회의와 정부 고관들의 부유한 생활에도 마음이 상했다. 국민은 심각한 식량 부족으로 빈곤에 시달리는 나라에서 정부에서 행하는 만찬파티 관행과 주지사나 장관들이 궁궐 같은 집에 거주하는 이유는 물론 그들에게 배당되는 무장 경호원도 그는 이해할 수 없었다. 간디는 국민회의가 정부와 관련을 맺는다면 그것은 곧 봉사하는 정당에서 권력과 특권에 매달리는 정당으로 바뀔 것이라고 예언했다. 1월 27일 마하트마는 이렇게 경고했다.

"국민회의는 정치적 자유는 쟁취하였지만 아직 경제적 자유, 사회적 자유, 도덕적 자유는 이루지 못했습니다. 이러한 자유들은 건설적이고, 덜 흥분되고, 극적이지도 않아 정치적 자유를 얻는 것보다 더 어렵습니다. 민주주의로 어렵게 접근하면서 국민회의는 불가피하게 부패선거구를 만들었고 이름뿐인 공공단체와 대중적 민주 제도를 만들어 냈습니다. 이제 국민회의는 이 세상을 향하여 신의 종일뿐 그 이하도 그 이상도 아니라고 선언해야 합니다. 국민회의가 보기 사나운 권력 싸움과 부패에 빠지면 어느 날 그 이름조차 발견할 수 없게 될 것입니다."[466] 1월

465 Yogesh Chadha, *op. cit.*, pp.457-458.
466 *Ibid.*, p.459.

29일 간디는 이제 독립이라는 정치적 목적을 이룩했으니, 현재의 국민회의는 해체하여 자기희생적인 촌락건설 노동자 단체인 '로크 세바크 상그'(공공 봉사자 조직)로 바꾸어 오직 사회적, 도덕적, 경제적 개혁과 건설적 프로그램에만 헌신하자고 제안했다.

3. 간디시대의 막이 내리다

1) 마지막 단식

1월 12일 간디는 모든 종파의 사람들의 마음속에 진정한 화합이 이루어지고 마음속의 깊은 우정이 있기를 소망한다며 그때까지 무기한 단식을 시작할 것이라고 말했다. 그는 무능한 자신과 국민회의의 이기심과 부정부패 그리고 양 자치령의 소수집단들에 가해진 범죄행위들에 대한 참회의 뜻으로 죽음까지도 각오한 단식을 감행하기로 했다.

"인도가 힌두교와 시크교, 이슬람교로 파괴되고 있는데 무능한 목격자가 되기보다는 나에게는 죽음이 영광스러운 구원이 될 것입니다."[467]

인도정부는 분할과 함께 파키스탄에 주었어야 할 5억 5천만 루피를 돌려주지 않고 있었는데 단식 3일 후 간디는 파키스탄에 5억 5천만 루피 지불을 촉구하는 편지를 네루 정부에 보냈다. 이후 내각은 협의를 거쳐 모두 지불하였는데 이에 대해 간디는 이렇게 말했다. "이것은 무슬림에 대한 유화정책이 아니다. 이러한 인도정부 태도는 카슈미르 문제뿐만 아니라 두 자치령간의 모든 문제해결을 위한 원만한 해결책으로 연결되어야 한다. 지금의 적대감은 신뢰와 우정으로 대체되어야 한

---

467 Louis Fisher, *op. cit.*, p.183.

다."[468]

간디는 두 자치령 사이에 온전한 우정이 이루어져 모든 집단의 구성원들이 어떤 두려움도 없이 상대 지역으로 자유롭게 왕래할 수 있게 될 때까지 단식을 고집하였다.

단식이 시작된 이후 국민회의 의장인 라젠드라 프라사드의 집에서는 단순한 폭력행위의 중지가 아니라 다른 집단 간의 진정한 평화를 위한 회의가 계속 열리고 있었다. 마침내 1월 18일 힌두교도, 시크교도, 기독교도, 유태교도, R.S.S.와 힌두 마하사바의 대표들, 파키스탄의 고등 판무관, 프라사드, 네루, 아자드 등은 간디를 만나러 갔다. 그들은 힌디어와 우르두어로 된 7개 항목의 선언문을 통해 "델리에서 진정한 우애 속에서 형제들처럼 살아가겠으며 무슬림들의 생명과 재산과 믿음을 보호 하겠다"고 맹세하였다.[469] 이슬람사원은 반환되었고 도피하거나 숨어 지내던 이슬람 상인들은 사업을 재개하였다. 단식을 중단한 간디의 뺨 위로 감격의 눈물이 흘러 내렸다.

파키스탄 외상은 '간디의 단식에 호응하여 두 영토 간의 우정이 새롭게 소망의 물결로 대륙을 휩쓸고 있다.'고 호응하였다.

2) 음모와 암살

(암살 이후 재판과정에서 나온 증거에 의하면) 간디의 암살 계획은 1947년 8월 인도 분단 때 나투람 고드세(Nathuram Godse)와 나라얀 압테(Narayan Apte)가 처음 생각했다. 두 사람은 영국인들이 저지른 인도 분할과 그것을 받아들인 국민회의에 대한 분노와 배신감으로 가득했

---

468 *CWMG*, Vol. 90, pp.435-436.
469 *Ibid.*, p.444.

다. 그들은 분할의 책임이 있는 무슬림에 대한 간디의 우유부단한 친유화 정책을 암살 이유로 내세웠다. 그러나 암살 계획은 여러 가지 이유로 지연되다가 11월이 되어서야 무기와 그리고 음모에 가담할 사람들 등 구체적인 계획들이 마련되었다. 그들이 간디를 암살한다는 마지막 결정은 1월 12일 마하트마가 무기한 단식을 발표했을 때 나왔다. 고드세와 압테가 가장 격분하고 결심을 하게 한 것은 간디가 인도 정부에 압력을 넣어 파키스탄에 5억 5천만 루피를 주게 하였다는 사실이었다.[470]

나투람 고드세와 나라얀 압테는 마라티어 신문 <힌두 라슈트라>의 편집자와 경영자였다. 그들은 정치적 권리를 위해 이슬람교도와 투쟁을 벌여 힌두교도가 통일과 부흥을 이루어야 한다는 것이었다. 그들의 통일 운동의 목표는 인도의 생체 절단을 막는 것이었다. 그러나 이것은 이미 지나간 과거가 되었다.

델리에서(1월 17일) 음모의 세 주모자(고드세, 압테, 카르카레)들은 마리나 호텔에 묵으면서 저녁 때 비를라 하우스로 가서 간디의 기도회에 참석하였으며 다음 날 아침 사전 답사까지 마쳤다. 이날은 간디가 단식을 끝내기로 결정한 날이었으며 하루 이틀 뒤면 간디가 다시 나와 기도회를 열 것이 분명했다.

1월 20일 오후 5시 무렵 나투람 고드세, 카르카레, 파와, 압테, 바드게, 키스타이야, 고팔이 비를라 하우스에 도착했을 때 이미 기도 모임은 시작되었다. 사전계획에 의하면 파와가 폭탄을 터뜨리고 그 혼란의 와중에 권총과 수류탄으로 간디를 암살한다는 것이었다. 간디가 비를라 하우스의 연단에서 '무슬림의 적은 또한 인도의 적이다' 라며 진리

470 Yogesh Chadha, *op. cit.*, pp.476-477.

와 비폭력을 강조하는 순간 간디의 뒤쪽에서 수류탄이 터졌다. 갑자기 폭음이 들렸으나 아무도 총을 쏘지 않았고 수류탄을 던지지도 않았다. 군중들은 사방으로 달아났지만 간디는 아무 일도 일어나지 않은 것처럼 연설을 계속했다. 현장에서 체포된 청년은 펀잡에서 온 피난민 마단랄 파와(Madanlal Pahwa)이었다. 나머지 여섯 명의 공모자들은 집 밖으로 도망쳐 택시를 타고 달아났다.[471]

스무 살의 힌두인 마단랄 파와는 지금은 파키스탄에 속한 소도시 팍파탄 출신이었다. 그는 1947년 초에 대규모 폭동이 발생할 때까지 그곳에 살았다. 그는 탈출하기 전 다수인 이슬람 폭도가 힌두들을 학살하는 것을 목격했다. 그는 뿌나 근처의 아메드나가르로 가서 피난민 수용소에서 몇 주를 보냈다. 이 무렵 그는 고드세, 압테와 만나게 되었으며, 그들은 파와를 간디 암살음모에 가담시키기로 하였다. 체포된 마단랄은 힌두교도가 펀잡 지방에서 총살당하는 것을 목격한 후 간디를 죽이려는 음모에 가담했다고 밝혔다. 그는 자신이 피난민으로 힌두 애국자이고 단독 범행이라며 동료 음모자들을 끝까지 거론하지 않았다.[472] 마단랄을 제외한 다른 음모자들은 유유히 델리를 빠져나가 다음 음모를 실행에 옮기게 되었다. 힌두 광신도 젊은이들이 탄 택시를 뒤쫓아 간 경찰은 없었다.

사건 후 열흘 동안 델리 경찰들은 파와를 조사하였다. 어찌된 일인지 내무장관 발라브바이 파텔도, 봄베이 지방정부의 내무장관인 모라지 데사이도, 또 경찰도 뿌나와 봄베이로 도망간 음모자들을 쫓고 찾아내는 일에 적극적이지 않았다. 경찰은 음모자들이 묵었던 힌두 마하사바 건물을 조사하지 않았음은 물론 고드세와 압테를 개인적으로 알

471 *Ibid.*, p.486.
472 *CWMG*, Vol. 90, p.465.

고 있는 아슈토시 라히리(Ashutosh Lahiri)도 조사하지 않았다.[473] 이것은 정부 고위관리들과 경찰의 이해할 수 없는 태도로 또 다른 의혹까지 받게 되었다.

파와가 체포되고, 두려움을 느낀 바드게는 음모에 불참을 선언했다. 나투람 고드세와 고팔 고드세, 압테와 카르카레는 즉각 행동으로 옮겨야 한다고 생각했다. 파와가 경찰의 심문을 받으면서 입을 열 가능성을 우려했기 때문이다. 마단랄 파와는 경찰에서 고문을 당하기도 하였지만 음모자들이 끝까지 경찰의 추적을 피하게 만들어 주었고 그 시간 음모자들은 결정적 공격을 준비하였다. 고드세는 동생 고팔을 암살에 가담시키지 않기로 하여 이제 음모에는 압테, 카르카레, 고드세 세 사람만 남았다.

1월 26일 밤 나투람 고드세, 압테, 카르카레는 봄베이 교외에서 비밀회의를 가졌다. 고드세는 자기 혼자 그 임무를 수행할 수 있으며 모든 책임을 떠맡겠다고 고집하여 압테와 카르카레는 동료로서 그를 돕기로 했다.[474]

1월 29일 파키스탄의 대학살에서 살아남은 피난민 일부가 간디를 찾아왔다. 그들은 대단히 흥분하고 분노한 상태였다. 한 사람이 간디에게 강하게 항의했다. "왜 쉬고 있지 않습니까? 당신은 이미 충분히 해를 끼쳤고 우리를 완전히 망하게 했습니다. 이제 우리를 떠나 히말라야로 들어가세요."

간디도 거칠게 대답했다. "나의 히말라야는 이곳입니다. 여러분의 고통을 덜어주고 여러분에게 봉사하다 죽는 것이 나에게는 히말라야

473 Yogesh Chadha, *op. cit.*, p.489.
474 *Ibid.*, p.490.

암살 하루 전 기도회장으로 가는 간디

에 가는 것과 같습니다."[475]

간디는 죽음을 예견했는지도 모르겠다. 1948년 1월 30일 그는 오전 3시 30분에 일어나 기도를 하고 전날 밤에 다하지 못했던 국민회의의 새로운 규약을 손질하고 있었다. 어떤 사람이 건강이 좋지 않은데도 불구하고 일을 너무 열심히 한다고 하자 간디는 '내일이면 내가 여기 없을지도 모르지 않습니까?'라고 되물었던 것이다. 비를라 하우스에 대한 경찰의 경비가 강화되었지만 간디는 기도회에 참석하는 자들의 경찰의 몸수색은 허락하지 않았다.

"만일 내가 죽는다면 기도회장에서 죽고 싶습니다. 내무장관인 파텔이 화로부터 나를 보호해줄 수 있다고 믿는다면 그것은 잘못된 것입니다. 신이 나를 보호할 뿐입니다."[476]

간디의 암살 전 몇 주 동안 일부의 음모자들이 그의 목숨을 위협하고 있다는 사실은 감지되었다. 그것은 간디의 연설에 반대하는 보고문,

475 Yogesh Chadha, *op. cit.*, p.460.
476 *Ibid.*, p.461.

그를 친 이슬람이라고 비난하는 유인물 형태로 나타났다. 비를라 하우스를 찾는 사람들 가운데 간디가 '민중과의 유대관계를 잃었다'고 공개적으로 비난하며 정계 은퇴를 촉구하는 사람들도 점점 늘어났다.

간디도 자신의 생명이 폭력의 위협에 노출되어 있다는 사실을 잘 알고 있었다. 분단 직전과 직후의 무정부 상태에서 힌두교도, 시크교도, 이슬람교도가 모두 이성을 잃고 잔혹 행위를 일삼을 때 피해를 당한 사람들이 그에게 분노와 악감정을 갖고 위협적인 존재로 부각되었다.

고드세와 압테는 리볼버 권총을 구하여 1월 29일 아침 델리에 도착했다. 다음 날 오후 4시 30분, 나투람 고드세는 땅가(자전거 인력거)를 타고 비를라 하우스로 향했다. 몇 분 뒤 압테와 키르카레도 다른 땅가를 타고 그 뒤를 따랐다. 기도회 장에는 5백여 명의 사람들이 모여 있었다. 카키색 옷을 입은 고드세는 인파 속으로 끼어들었고 압테와 카르카레도 사람들 사이를 뚫고 고드세 양쪽에 섰다. 갑자기 모인 사람들이 움직이기 시작했다. 간디가 지나갈 길을 터주기 위해서였다. 간디는 '지팡이' 역할을 하는 두 소녀 마누와 아바에게 몸을 기대고 잔디밭을 가로질러 기도회 장으로 갔다. 기다리던 사람들이 길을 터주며 그를 향해 고개를 숙여 경의를 표했다. 간디는 두 소녀의 어깨에서 손을 떼고, 잠시 미소를 지으며 서서 두 손을 모으고 '나마스까르' 인사를 했다. 순간 카키색 재킷을 입은 젊은 남자가 군중 속을 나와 아바와 마누를 밀어젖혔다. 그는 간디와 가까이 마주서자 권총 세 발을 쏘았다. 합장 인사를 하던 간디의 두 손이 천천히 아래로 떨어졌다.

"헤 라마."(오, 라마신이여.) 간디는 그렇게 중얼거리고 바닥에 쓰러졌다. 오후 5시 17분 몇 분이 안 되어 의사는 그의 사망을 선고했다. 20세기를 풍미했던 성자요 정치가요, 비폭력의 대명사인 마하트마 간디는 힌두 광신자인 37세의 힌두 마하사바의 당원인 나투람 고드세에 의해 암살로 생을 마감하게 되었다.

고드세는 연기가 나는 권총을 든 채 그 자리에 서 있었다. 체포된 뒤 그는 "지금 내가 한 행동에 대해 결코 후회하지 않는다."고 말했다.[477]

며칠이 안 되어 음모자들은 모두 체포되었다. 모든 음모자들에 대한 철저한 심문을 통하여 암살 음모와 그 실행과정이 밝혀졌으며 경찰과 정부 관리들의 무성의한 조사도 드러났다. 암살 주범인 나투람 고드세와 나라얀 압테는 1949년 11월 15일 "아칸드 바라트 아마르 라헤"(분리되지 않은 인도여 영원하라) 구호를 외치며 교수대에서 생을 마감하였다.

3) 애도의 물결

간디의 암살은 전 세계를 울렸다. 세계 모든 주요 국가의 정치 지도자들과 종교지도자들이 평화의 사도, 간디의 서거에 조의를 표했다. 마운트배튼 경은 간디의 고귀한 삶을 실천함으로써 고통 받는 세계가 구원받기를 희망한다고 말했다. 펄벅(Pearl S. Buck) 여사는 간디의 암살을 '또 다른 십자가의 못 박힘'이라고 표현했으며 '모든 인류의 양심의 대변인'(미국 국무장관 조지 C. 마셜), '다른 역사의 시기에 속한 사람처럼 보이는 가장 위대한 시민'(영국 총리 클레멘트 애틀리), '개인적 성품과 모범으로 자신의 세대의 사상에 깊은 영향을 준 인물'(어윈 경), '일반적인 정치적 간교한 활동이나 속임수 게임만이 아니라 도덕적으로 설득력 있는 삶의 모범도 사람들을 모으는 강력한 힘이 될 수

477 *Ibid.*, p.470.

있음을 보여준 사람'(앨버트 아인슈타인) 등의 표현으로 그의 죽음을 애도하였다.[478]

<뉴욕 타임스>는 이렇게 썼다.

"다른 사람들은 권력과 부를 위해 노력한 반면, 간디는 완전함을 위해 노력했다. 그의 정치적 영향력이 퇴조함과 더불어 그의 사랑의 힘은 더욱 강해졌다. 그는 신약성경대로 적을 사랑하려 하였으며, 자신을 경멸하는 사람들에게도 선으로 대했다. 이제 그는 역사속의 인물이 되었다."[479]

마하트마 간디는 일생동안 모든 고난을 열정적으로 끌어안고 자신의 내면의 소리를 따라 당당하게 진리와 사랑의 메시지를 전하고 실천하였다. 생의 마지막을 그는 병든 자, 가난한 자, 소외된 자들을 위해 봉사하고 헌신하는 삶을 살고자 노력했다. 식민지하에서 인도의 독립을 위한 투쟁과 그리고 편견과 증오의 상징인 종교와 카스트의 갈등으로부터 인도인을 해방시키려는 그의 노력은 인도역사에 길이 남을 것이다. 비록 육신은 총탄에 의해 죽음을 맞이하여 역사적 인물이 되었지만 그의 진리 추구와 사랑의 실천은 인도만이 아니라 이 지구상에 영원한 빛으로 길이길이 남을 것이다.

간디의 시신은 판자에 얹어 바깥 발코니에 내어 놓고 군중들로 하여금 지도자의 마지막 모습을 보게 하였다. 그날 저녁 네루는 라디오를 통해 그의 죽음을 애도했다.

"우리 삶에서 빛이 사라졌습니다.... 우리가 '바부'라고 부르는, 우리의 사랑하는 지도자, 우리민족의 아버지는 더 이상 계시지 않습니다....

478 *Ibid.*, p.467.
479 *Ibid.*

화장터로 운구되는 간디의 유해

우리는 이제 그에게 달려가서 조언을 구할 수도 없고 위로를 받을 수도 없습니다. 이것은 나에게만이 아니라 이 나라의 수많은 사람들에게도 엄청난 충격입니다. 오랜 세월 동안 이 나라를 비추어온 그 빛은 앞으로도 이 나라를 비출 것이고, 천 년 뒤에도 이 나라에서 그 빛은 보여 질 것이고, 세상은 그 빛을 볼 것이며, 그 빛은 수많은 사람들의 마음에 평안을 줄 것입니다. 그 빛은 살아 있는 진리를 나타내기 때문입니다. 영원한 그분은 영원한 진리와 함께 우리와 함께 하면서 우리에게 올바른 길을 제시해 주셨고, 우리를 잘못으로부터 구해내셨으며, 이 나라를 자유로 인도하셨습니다. 이 모든 것이 이미 이루어졌지만 앞으로 우리가 할 일은 더 많습니다. 우리는 그분이 불필요하다거나, 임무를 다했다고는 결코 생각하지 않습니다. 그러나 특히 우리가 많은

안치된 간디의 유해

어려움에 직면해 있는 지금, 그분이 우리와 함께 계시지 않다는 것은 견디기 어려운 충격입니다."[480]

밤새도록 조문이 이어졌고 간디의 제자들은 힌두의식에 따라 마지막 여행준비를 하였다. 오전 11시 시신은 뚜껑을 덮지 않은 관에 넣은 다음 운구차에 실려 야무나 강변으로 향했다. 네루, 파텔, 크리팔라니, 라젠드라 프라사드를 비롯한 각료들과 수많은 시민들이 영구차의 앞뒤를 따라 행진했다. 영구차 앞에는 람다스와 데브다스도 있었다. 둘째 아들 마니랄은 남아프리카에 있었고 장남 하리랄은 그날 밤 화장터를 찾아왔다. 길가에는 "마하트마 간디 끼 자이"(마하트마 간디의 승리)를 외치는 애도의 소리가 이어졌다. 행렬이 성스러운 강 야무나의 강변까지 10킬로미터를 가는 데 거의 5시간이 걸렸다.

480 *Ibid.*, p.464.

오후 4시 15분 람다스는 아버지의 화장 장작더미에 불을 붙였다. 사람들은 '베다'의 구절을 노래했다.

"해와 공기와 불이 그대의 성스러운 영혼을 보호하여 주소서. 그대가 축복받은 자들이 가는 곳으로 가셨음을 알기 때문에 그대가 사랑하던 이 땅의 사람들은 그대가 떠나는 것을 슬퍼하지 않습니다. 모든 강과 바다의 물이 그대에게 도움이 되기를 바라며, 그대가 모든 생명체를 위해 선한 일을 하실 때 그대를 돕기 바랍니다. 그대가 좋은 일을 하실 때 사방의 모든 공간이 그대에게 열리기를 ...."[481]

1948년 2월 13일 마누와 압하, 수실라, 데브다스, 람다스는 네루와 각료들과 함께 간디의 유골을 알라하바드의 강가 강과 야무나 강과 사라스와띠 강이 합류하는 성스러운 곳에 뿌렸다.

오늘날 많은 사람들이 간디를 추앙하고 회상하는 것은 그때나 지금

뉴델리에 있는 간디의 유해가 화장된 곳(라즈가트로 부른다)

481 Yogesh Chadha, *op. cit.*, p.466.

이나 그의 메시지는 진리였다는 사실일 것이다. 비폭력의 사도가 폭력의 희생물이 되었다는 것은 아이러니가 아닐 수 없다. 인도의 독립과 하나의 인도를 위하여 일생동안 그가 외치고 실천한 비폭력, 용서, 사랑, 형제애, 희생정신은 우리에게 영원히 기억될 것이다.

20세기 인도는 분명히 '마하트마 간디 끼 자이'(마하트마 간디의 승리)였고, 그의 이름은 '마하트마 간디 아마르 호 가이'(마하트마 간디는 영원히 죽지 않으리)라는 구호처럼 영원히 역사에 길이 남을 것이다.

참고문헌

Ahmed, S. Akbar, *Jinnah, Pakistan and Islamic Identity: The search for saladin,* London: Routledge, 1997

A.L. Basham, *The Father of The Nation*, Ashish Publishing House, 1988

Anil Chandra Banerjee, *The New History of Modern India*, K P Bagchi Company, 1983

Antony Copley, *Gandhi Against the Tide*, Oxford University Press, 1993

Asha Rani, *Gandhian Non-Violence*, S.V. Printers, 1986

Asha Rani, *Gandhian Non-Violence and India's Freedom Struggle,* Shree Publishing House, 1981

Bipin Pal, *Memories of My Life and Times*, Calcutta, 1932

Bruce Campbell, *A History of the Theosophical Movement*, Berkely, 1980

B.R. Nanda, *Mahatma Gandhi*, A Biography, Beacon Press, 1958

B.R. Nanda, *Mahatma Gandhi*, Oxford University Press, 1996

B.R. Nanda, *Mahatma Gandhi*, Oxford University Press, 1958

B.R. Nanda. Gandhi, Oxford University Press. 1958

B.C. Das & G.P.Mishra, *Gandhi in Today's India*, Ashish Publishing House, 1979

Dennis Dalton, *Mahatma Gandhi/ Nonviolent Power in Action*, Columbia University Press, 1993

D. G. Tendulkar, Mahatma, *Life of Mohandas Karamchand Gandhi*, Publication Division, Govt. of India, 1988

Dhananjay Keer, *Mahatma Gandhi*, Political Saint and Unarmed Prophet, 1973

Dietmar Rothermund, *Mahatma Gandhi(An Essay in Political Biography)*, Manohar, 1998

Dinkar, Ramdhari Singh, *Sanskriti Ke Char Adhayay*, Udayachal, 1977

D. K. Misra, *Gandhian Thought*, Research Publication,1978

Erikh Erikson, *Gandhi's Truth*, W.W. Morton Company, New York, 1969

Farquhar, J. N, *The Crown of Hinduism*, Oxford University Press, 1971

G.A.Netesan, *Reminiscences in Mahatma Gandhiji*, 1944

G.A.Netesan, *Speeches and Writings of Mahatma Gandhi*

Geoffrey Ashe, *Gandhi,* Cooper Square Press, 1968

Hiren, Mukerjee, *Gandhiji : A Study*, People's Publishing House, 1979

James D Hunt, *Gandhi in London*, Promilla & Co publishers,1983

Jawaharlal Nehru, *The Discovery of India*, Asia Publishing House, 1974

Judith M. Brown, *Gandhi, Prisoner of Hope,* Oxford University Press, 1992

Judith M. Brown, *Gandhi's Rise to Power in Indian Politics 1915-1922*, Cambridge University Press, 1972

Krishna Kripalani, *Gandhi: A Life*, National Book Trust, 1982

K.S. Bharathi, *Satyagraha of M.K. Gandhi*, Mans Publishing Company, 1990

Kushwant Singh, *Train to Pakistan*

Louis Fischer, *Gandhi*, New American Library, 1954

Louis Fischer, *The Life of Mahatma Gandhi*, London: Harper Collins, 1997

M.D. Zafar, *A Short History of Pakistan*, Lahore: Aziz Publishers, 1985

M.K. Gandhi, *An Autobiography*, Navajivan Publishers House, 1976

M.K. Gandhi, *Collected Works of Mahatma Gandhi(CWMG)*, Vol. 17, 66, 72, 75, 78, 84, 89, 90, 91, Ahmedabad, Navajivan Trust, 1967-1984

M.K. Gandhi, *Hind Swaraj*

M.K. Gandhi, *Satyagrah in South Africa*, Navajivan Publishing House, 1979

M.K. Gandhi, *The Story of My Experiments with Truth*, Navajvan Publishing House, 1976

Mishra, M. M. Umesh, *Braratiya Darshan*, Hindi Samiti, 1975

Raghavan Iyer, *The Essential Writings of Mahatma Gandhi*, Oxford University Press, 1993

Raghavan Iyer, *The Moral & Political Thought of Mahatma Gandhi*, New Delhi: Oxford University Press, 1973

Ram Gopal, *Indian Muslims: A Political History(1858-1947)*, India: South Asia Books, 1959

Roman Rolland, *Mahatma Gandhi*, Govt. of India, 1990

Robert Payne, *The Life and Death of Mahatma Gandhi*, Rupa & Co, 1999

Satyabrata Patel, *Hinduism*, New Delhi: Associated Publishing House, 1980

S.H. Patel, *Gandhi and Swaraj*, Deep & Deep Publications, 1968

Sumit Sarkar, *Modern India*(1885-1947), Macmilan India Limited, 1986

Stanley Wolpert, *Jinnah of Pakistan,* Oxford University Press, 1984

Stanley Wolpert, *Nehru: A Tryst with Destiny,* Oxford University Press, 1996

Stanley Wolpert, *Gandhi's Passion*, Oxford University Press, 2001

Syed Mahmud, *The Khilafat and England*, Patna, 1921

Thapar, Romila, *A History of India*, Vol. I, II, Penguin Books, 1966

Uma Kaura, *Muslims and Indian Nationalism: The emergence of the demand for India's Partition 1928-1940,* South Asia Books, 1977

U.S. Mohan Rao, *The Message of Mahatma Gandhi*, Govt. of India, 1968

Ved Mehta, *Mahatma Gandhi and His Apostles*, Penguin Books, 1977

Yogesh Chada, *Rediscovering Gandhi*, London: Arrow, 1997

김재성 외, 『인도사회와 신불교운동』, 한길사

라윤도, 『인도와 파키스탄의 분쟁연구』

이상수 역, 『암베드까르 평전』, 필맥

이은구, 『힌두교의 이해』, 세창출판사

조길태, 『인도사』, 민음사

조길태, 『인도 민족주의 운동사』, 신서원

조길태, 『인도와 파키스탄』, 민음사

허우성 역, 『진리와 비폭력』, 소명출판

간디 연보

1869 10월 2일, 아버지 까람찬드 간디와 어머니 뿌뜰리바이 사이의 막내로 구자라트 주의 포르반다르에서 출생.

1876 부모와 함께 라즈코트로 이주.

1882 13세 때 까스뚜르바와 결혼.

1888 9월 4일, 19세에 변호사가 되기 위해 영국 유학길에 오름. 장남 하리랄 출생

1891 런던 이너 템플 법학원을 수료하고 변호사 자격을 취득하여 귀국. 봄베이와 라즈코트에 변호사 개업.

1892 차남 마니랄 출생

1893 남아프리카의 다다 아브둘라 회사로부터 소송사건을 의뢰받고 남아프리카로 가다.

1894 나탈 인도국민 회의를 결성하고 인도인들의 선거권 박탈 법안에 대한 청원서 제출.

1895 인도인들에 대한 인두세(3파운드) 철폐투쟁 개시.

1896 가족을 데리러 일시 귀국.

1897 1월 13일, 남아프리카로 돌아가다. 삼남 람다스 출생

1899 보어 전쟁에서 인도인들로 구성된 위생병 부대를 만들어 영국을

돕다.

1900 사남 데바다스 출생

1901 인도로 귀국해 국내 각지를 여행하고 캘커타 국민회의 대회에 참석하여 지도자들을 만나다. 봄베이에서 변호사개업.

1902 12월, 남아프리카 인도인들이 영국의 식민지상 쳄버린을 만나기 위해 간디를 불러 다시 남아프리카로 가다.

1903 요한네스버그에 변호사소 개업.

1904 더반 근처 피닉스 정착촌 개척 공동생활 시작하다. 주간신문 『인디언 오피니언』 창간.

1906 줄루족의 반란 때 위생병 부대를 조직하여 6주 동안 봉사. 금욕생활(브라흐마짜르야)선언. 9월 11일, 아시아인 등록법에 반대하는 최초의 사띠야그라하 운동 전개. 영국에 가서 엘진 식민지 장관과 몰리 인도 담당 장관과 면담을 통해 악법의 철폐를 호소하다.

1908 1월, 징역 2개월의 수감. 8월 16일 트란스발의 스뮤츠 장군의 폐기협약 위반에 대해 사띠야그라하 재개.

1909 6월 23일. 아시아인 등록법 문제 해결을 위해 런던에 가서 영국지도자들을 만나다. 11월 아무런 성과 없이 남아프리카로 돌아옴. 『힌드스와라지』(인도의 자치) 발행.

1910 요한네스버그 교외에 사띠야그라히들을 위한 자급자족 생활 공동체인 톨스토이 농장을 만들다. 변호사 일을 포기하고 이 농장에서 생활.

1913 3월 14일, 케이프 법원은 인도나 남아프리카에서 힌두, 무슬림의식으로 거행된 결혼의 무효화를 선언하다. 이에 남자들은 물론 여자들도 사띠야그라하 운동에 참여. 여성들의 투옥으로 광산노동자들도 파업에 동참. 11월 6일, 남녀 2천여 명이 국경을 넘어 트란스발로 행진. 12월 인도총독 하딩경은 영국정부를 비판하고 부당한 법안에 대하여 벌이는 사띠야그라히들의 투쟁을 지지하다.

1914 1월 간디와 스뮤츠 장군과의 타협안 합의. 남아프리카에서 8년간의 사티야그라하 투쟁 승리. 남아프리카를 떠나 영국으로 떠나다. 제 1차 세계대전 발발.

1915 1월 9일, 22년 만에 귀국. 5월 아흐메다바드에 사바르마띠 아슈람 건립.

1916 2월 바나라스 힌두대학교에서 연설.

1917 비하르 참파란 지역에서 인디고 소작농들을 위한 최초의 사띠야그라하 운동을 전개하여 승리하다.

1918 2월, 아흐메다바드에서 방직 공장 소유주와 노동자 사이의 파업 분쟁 해결을 위한 사띠야그라하 운동을 전개하여 승리하다. 3월, 케다 지역 소작농들의 농지세 면제를 위한 사띠야그라하 운동을 전개하여 승리하다.

1919 혁명 활동의 혐의자에 대하여 재판 없이도 투옥할 수 있는 로울라트 법안에 반대하는 사띠야그라하(총파업)를 진개. 암리트사르의 잘리안왈라 공원에서 다이어 장군에 의한 대학살 사건과 여러 곳에서 폭력이 발생하자 운동을 중지하다. 10월부터 영어판 『영 인디아』와 구자라트어판 『나바지반』 두 주간신문을 통해 공공 활동을 시작하다. 11월 전인두 킬라파트위원회 의장으로 선출되다.

1920 8월 1일 자신의 훈장과 타이틀을 반납하고 전국적인 비협력 운동 전개.

1921 전인도에 비협력 운동 불붙다.

1922 2월, 차우리 차우라 지역에서 경찰서를 공격하여 22명의 경찰이 사망하자 간디는 일체의 시민 불복종 운동을 중단하고 단식에 돌입하다. 3월 18일, 아흐메다바드에서 선동죄로 6년형의 선고를 받고 예라브다 감옥에 수감되다.

1924 맹장염 수술 후 석방됨. 이후 건설적 프로그램(스와데시의 증진, 불가촉천민제의 타파, 힌두 무슬림의 화합 등)과 국민회의 조직문제의

해결에 진력하다.

1925 자서전 『나의 진리와의 실험 이야기』 집필 시작.

1928 『남아프리카에서의 사띠야그라하』 저서를 출판하다.

1929 12월 라호르에서 열린 국민회의 대회에서 네루는 의장으로 피선되어 완전 독립을 결의함.

1930 국민회의가 1월 26일을 독립 기념일로 선포함. 영국정부의 전매사업인 소금법에 불복종하기 위하여 3월 12일부터 4월 6일까지 79명의 사띠야그라히들과 함께 사바르마띠 아슈람에서 단디에 이르는 241마일의 행진을 감행하다. 5월 4일 체포되어 1931년 1월 26일까지 복역.

1931 3월 어윈-간디 협약에 의하여 자가 수요를 위한 소금 생산은 허용되어 시민 불복종 운동 중단. 9월 12일, 제2차 원탁회의에 참가하기 위해 런던에 도착. 불가촉천민의 분리선거구 요구로 암베드까르와 갈등, 12월 28일, 아무런 성과 없이 빈손으로 귀국.

1932 1월 4일, 예라브다 감옥에 투옥. 맥도날드 수상의 불가촉천민을 위한 독자적인 선거제도지지선언이 있자 목숨을 걸고 단식에 돌입(9월20일). 단식한 지 6일 후에 영국의 동의 아래 힌두와 불가촉천민 사이에 예라브다 협정이 체결되어 단식을 끝냄. 하리잔 봉사단 결성.

1933 『영 인디아』를 『하리잔』으로 개명. 사바르마띠 아슈람을 해산하고 세바그람에 정착. 11월, 하리잔 복지 운동을 위해 10개월간 전국 순회.

1934 5월, 국민회의가 간디의 시민 불복종 운동 완전 정지를 결의하다. 10월 국민회의의 지도부에서 물러나 '건설적 프로그램' 운동에 전념.

1937 2월, 주 의회 선거에서 국민회의 압승(11개 지방 중 9개 지역에서 무슬림 연맹을 배제한 국민회의 내각 구성, 분리독립의 씨앗이 되다).

1939 1월, 국민회의 의장인 보스와 갈등. 제2차 세계대전 발발. 히틀러에게 서신을 보냄. 11월 국민회의 주 정부의 내각 총 사퇴.

1940 3월 진나 라호르에서 파키스탄 국가 건설 선언. 9월, 국민회의의 지도자로 다시 복귀. 참전 반대와 개인적 불복종 운동 전개(비노바 바베).

1942 일본이 랑군점령. 영국이 파견한 스태퍼드 크립스 사절단의 제안을 거부하다. 7월, 국민회의는 인도의 완전 독립을 요구하는 간디의 '영국은 인도를 떠나라'라는 비폭력 운동 결의안을 채택. 8월, 다른 지도자들과 함께 체포됨. 수 백 명의 사상자를 낸 전국적 민중봉기 일어남.

1944 감옥에 있는 동안 아내 까스뚜르바 사망. 5월 석방되다. 진나가 주도하는 무슬림 연맹과의 화해 노력 실패.

1946 3월, 영국의 애틀리 수상 내각 사절단 파견. 총독 와벨의 주재 아래 심라 회담 성과 없이 종결. 네루와 진나 갈등. 진나의 직접 행동의 날(8월 16일) 선포로 힌두-무슬림 충돌 학살로 변함. 9월 2일 네루 임시정부 수상 취임. 11월부터 이듬 해 3월까지 캘커타와 비하르 순례.

1947 2월 20일, 애틀리 수상은 1948년 6월까지 권력이양을 발표하며 마운트배튼을 새 총독으로 임명하다. 애틀리 수상은 국민회의와 무슬림 연맹이 합의한 분할 안을 승인하며 권력 이양 일을 1947년 8월 15일로 앞당기다. 6월 15일 국민회의는 마운트배튼의 분할 안을 최종 승인하다. 8월 15일, 두 국가는 분할 독립. 간디는 이를 비극적 유산임을 경고하며 캘커타에서 이슬람교와 힌두교의 화해를 위해 단식.

1948 1월 20일, 마단 랄이 비를라 하우스에서 간디의 암살을 기도하다. 1월 30일, 힌두교 광신자인 나투람 고드세에 의해 암살로 생을 마감하다.

찾아보기

ㄹ

ㅁ

ㅇ

마하트마 간디 평전

초판 인쇄 2013년 9월 23일
초판 발행 2013년 9월 30일

지은이 이정호
발행인 박 철
발행처 한국외국어대학교 출판부
130-791 서울특별시 동대문구 이문로 107
전화 02)2173-2495~7
FAX 02)2173-3363
홈페이지 http://press.hufs.ac.kr
전자우편 press@hufs.ac.kr
출판등록 제6-6호(1969. 4. 30)
디자인·편집 (주)이환디앤비 02)2254-4301
인쇄·제본 네오프린텍(주) 02)718-3111

ISBN 978-89-7464-883-1 03990 정가 16,000원

* 잘못된 책은 교환하여 드립니다.

HUEBOOKS는 한국외국어대학교출판부의 인문학도서 Sub Brand이다. 한국외대의 영문명인 HUFS, 사람을 위하는 Humanism, 교육의 Education, 색조의 Hue의 다의적인 뜻으로 해석할 수 있으며, 인문학도서 출판에 대한 의지가 담겨있다